深圳统计年鉴

SHENZHEN STATISTICAL YEARBOOK

2021

总第 31 期

深圳市统计局
Shenzhen Municipality Bureau of Statistics
国家统计局深圳调查队
Survey Office of the National Bureau of Statistics in Shenzhen
编

中国统计出版社
China Statistics Press

图书在版编目（CIP）数据

深圳统计年鉴. 2021 = Shenzhen Statistical Yearbook 2021 : 汉英对照 / 深圳市统计局, 国家统计局深圳调查队编. -- 北京 : 中国统计出版社, 2021.12
ISBN 978-7-5037-9748-4

Ⅰ. ①深… Ⅱ. ①深… ②国… Ⅲ. ①统计资料一深圳一2021一年鉴一汉、英 Ⅳ. ①C832.653-54

中国版本图书馆CIP数据核字(2021)第252404号

深圳统计年鉴—2021

作　　者/ 深圳市统计局 国家统计局深圳调查队
责任编辑/ 钟钰
执行编辑/ 李立红
装帧设计/ 深圳市美嘉美印刷有限公司
出版发行/ 中国统计出版社有限公司
地　　址/ 北京市丰台区西三环南路甲6号
邮政编码/ 100073
电　　话/ 邮购（010）63376909　书店（010）68783171
网　　址/ http://www.zgtjcbs.com
印　　刷/ 深圳市美嘉美印刷有限公司
经　　销/ 新华书店
开　　本/ 890mm×1240mm 1/16
字　　数/ 750千字
印　　张/ 26.5
版　　别/ 2021年12月第1版
版　　次/ 2021年12月第1次印刷
定　　价/ 320.00元 Price: 320.00yuan(RMB)

如有印装差错，由本社发行部调换。

《深圳统计年鉴—2021》

编委会和编辑工作人员

Shenzhen Statistical Yearbook 2021

EDITORIAL BOARD AND EDITORIAL STAFF

编 辑 说 明

1.为方便国外读者查阅，本年鉴在目录、统计表及指标解释等内容上按中英文对照编辑。

2.本年鉴全面系统地介绍了深圳市国民经济和社会发展情况，主要指标着重反映了2020年深圳市经济和社会各方面所取得的成就，也收录了深圳建市以来历年统计数据。统计资料内容分为19个部分，即：（1）综合；（2）国民经济核算；（3）人口和劳动力；（4）工业和能源；（5）建筑业；（6）运输和邮电；（7）农业；（8）固定资产投资；（9）房地产开发；（10）商业和物价；（11）财政收支；（12）金融保险业；（13）对外经济贸易和旅游；（14）劳动工资；（15）科学技术；（16）文化和教育；（17）卫生、社会保障和社会福利业；（18）城市建设和环境保护；（19）人民生活。为了便于读者正确使用资料，还附上了主要统计指标解释。

3.根据最新掌握到的统计资料以及国家新的统计制度之规定，本期年鉴对过去发表的一些重要统计资料重新予以核实，对部分历史数据进行了修订。因此，读者在使用历史资料时，凡与本年鉴有出入的，均以本年鉴为准。

4.本年鉴中的部分数据由于单位取舍不同产生的计算误差均未作机械调整。

5.为便于读者使用，本年鉴特编制了主要指标的定基指数、环比指数和年平均增长速度。

6.本年鉴使用的符号说明："..."表示该项统计指标数据不足本表最小单位数；"空白"表示数据为零或无该项数据；"#"表示其中项。

7.2017年起，人口、社会劳动者人数、职工工资、"企业一套表"调查单位、地区生产总值及分行业增加值、新兴产业增加值、农业、工业、建筑业、固定资产投资、社会消费零售总额、发电量、能源等包含深汕特别合作区计入数，增速按同口径计算。

8.限于我们的水平，本年鉴仍存在不足乃至错漏，希望读者不吝批评指正，帮助我们改进编辑工作，以期更好地为广大读者服务。

EDITOR'S NOTE

Ⅰ. The contents, pictures and lists of this book are translated into Chinese and English in order for the foreigners.

Ⅱ.*Shenzhen Statistical Yearbook 2021* contains comprehensive statistics of Shenzhen's social and economic development in 2020 and selected data of some important years and of the period after the establishment of the city. This book is composed of 19 parts. They include: 1. General Survey; 2.National Economic Accounting; 3.Population and Labor Force; 4.Industry and Energy; 5.Construction; 6.Transport, Postal and Telecommunication services; 7.Agriculture; 8.Investment in Fixed Assets; 9.Real Estate; 10.Commerce and Price; 11.Fiscal Revenue and Expenditure; 12.Finance and Insurance; 13.Foreign Trade and Tourism; 14.Labor Force and Wage; 15. Science and Technology; 16.Culture and Education; 17.Public Health, Social Security and Social Welfare; 18.Urban Constructions and Environmental Protection; 19.People's Livelihood. Interpretation of major statistical indicators attached is a useful tool for readers of this book.

Ⅲ.We adjust some important historical data based on the nearest data and state new statistical system. So in any case the data of this book shall be deemed as the authoritative ones.

Ⅳ.Statistical discrepancies in this book due to rounding are not adjusted.

Ⅴ.This book specially edit the fixed-base index, chain base index and average annual growth rate in order for the convinces by reader's usage.

Ⅵ.Notations used in the yearbook: "..." indicates that the figure is not large enough to be measured with the smallest unit in the table,and "blank space" indicates data are zero, or are not available, "#" indicates major item in a category.

Ⅶ.Since 2017, the population,the number of employed persons, the wages of employees, the "enterprise set of table" survey units, the gross domestic product (GDP) and the added value of sub-industries, the added value of strategic emerging industries, statistics of agriculture, industry, construction, investment in fixed assets, the total retail sales, electricity, energy consumption have included Shenzhen-Shanwei Special Cooperation Zone. The growth rate is calculated according to the same caliber.

Ⅷ.There are a lot of shortages and faults in the yearbook because of our limited level. For a better editing, we welcome all candid comments and criticism from our readers.

目　录
CONTENTS

一、综合
GENERAL SURVEY

二、国民经济核算
NATIONAL ECONOMIC ACCOUNTING

三 、人口和劳动力
POPULATION AND LABOR FORCE

四、工业和能源
INDUSTRY AND ENERGY

八、固定资产投资
INVESTMENT IN FIXED ASSETS

九、房地产开发
REAL ESTATE DEVELOPMENT

十、商业和物价
COMMERCE AND PRICE

十三、对外经济贸易和旅游
FOREIGN TRADE AND TOURISM

十五、科学技术
SCIENCE AND TECHNOLOGY

十六、文化和教育
CULTURE AND EDUCATION

01 第一部分

综合

GENERAL SURVEY

CHAPTER

1-1 行政区划（2020年）
ADMINISTRATIVE DIVISION（2020）

单位：个 （unit）

地 区 Region		街道办事处 Urban Subdistrict Office	居民委员会 Neighbourhood Committees
全 市	**Total**	**74**	**787**
福田区	Futian	10	92
罗湖区	Luohu	10	112
盐田区	Yantian	4	23
南山区	Nanshan	8	107
宝安区	Baoan	10	140
龙岗区	Longgang	11	119
龙华区	Longhua	6	110
坪山区	Pingshan	6	23
光明区	Guangming	6	31
大鹏新区	Dapeng	3	25
深汕特别合作区	Shenzhen-Shanwei Special Cooperation Zone	4（镇）	5

1-2 分区调查土地面积、人口及人口密度（2020年）
SURVEY LAND AREA，POPULATION AND DENSITY OF POPULATION IN DISTRICTS（2020）

地 区 Region		调查土地面积（平方公里）（2018年） Survey Land Area (sq.km)（2018）	年末常住人口（万人） Year-end Permanent Population (10 000pesons)	常住户籍人口 Permanent Registered Population	常住非户籍人口 Permanent Non-registered Population	人口密度（人/平方公里）（2018年） Density Of Population (person/sq.km) (2018)
全 市	**Total**	**1 997.47**	**1 763.38**	**514.10**	**1 249.28**	**6 484**
福田区	Futian	78.66	155.41	74.99	80.42	20 769
罗湖区	Luohu	78.75	114.75	50.88	63.87	13 205
盐田区	Yantian	74.99	21.43	8.62	12.81	3 239
南山区	Nanshan	187.53	180.42	85.79	94.62	7 965
宝安区	Baoan	396.61	449.11	88.58	360.52	8 214
龙岗区	Longgang	388.22	399.90	110.17	289.73	6 147
龙华区	Longhua	175.58	254.32	59.21	195.11	9 527
坪山区	Pingshan	166.31	55.43	12.06	43.37	2 684
光明区	Guangming	155.44	110.35	14.41	95.94	4 021
大鹏新区	Dapeng	295.38	15.69	4.44	11.26	518
深汕特别合作区	Shenzhen-Shanwei Special Cooperation Zone	—	6.57	4.96	1.61	—

注：1. 按照国家目前的人口统计制度以及市政府《深圳市人口统计监测办法》，自2006年起，深圳常住户籍人口指拥有深圳红印户口，在深圳居住半年以上的人口。

Note：Since 2006, according to the country's current demographic system and Shenzhen demographic monitoring methods promulgated by Shenzhen Municipal government, the data of permanent registered population refers to people who have registered and lived in Shenzhen over half a year.

2. 按照相关规定，从2016年开始，原常住人口中的户籍人口、非户籍人口名称分别改为常住户籍人口和常住非户籍人口。

Since 2016, according to relevant regulations, the figure of registered population and non-registered population has changed to the figure of permanent registered population and permanent non-registered population.

3. 全市人口密度不含深汕特别合作区。

Total density of population does not include Shenzhen-Shanwei Special Cooperation Zone.

4. 2020年常住户籍人口根据第七次全国人口普查结果及口径计算。

The population of permanent registered in 2020 is calculated based on the results of the seventh national census.

1-3 各时期国民经济和社会发展统计指标总量及年均增长速度

ANNUAL AVERAGE GROWTH RATE OF MAIN NATIONAL ECONOMIC AND SOCIAL DEVELOPMENT INDICATORS OF EACH PERIOD

年 份 Year		年末常住人口(万人) Year-end Permanent Population (10 000persons)	常住户籍人口 Permanent Registered Population	常住非户籍人口 Permanent Non-registered Population	年末就业人员合计(万人) Number of Employed Persons (10 000persons)	#在岗职工 Fully Employed Staff and Workers	#私营个[illegible]就业人员 Self-employed Individual
1979		31.41	31.26	0.15	13.95	4.02	[illegible]41
1980		33.29	32.09	1.20	14.89	4.86	[illegible]38
"六五"时期	**"Sixth Five-year" Period**						
1981		36.69	33.39	3.30	15.36	5.31	0[illegible]13
1982		44.95	35.45	9.50	18.49	8.28	0[illegible]11
1983		59.52	40.52	19.00	22.37	12.57	0[illegible]22
1984		74.13	43.52	30.61	27.26	18.33	0[illegible]50
1985		88.15	47.86	40.29	32.61	22.66	0[illegible]54
年均增长速度(%)	**Annual Average Growth Rate(%)**	**21.5**	**8.3**	**101.9**	**17.0**	**36.1**	**1[illegible].0**
"七五"时期	**"Seventh Five-year" Period**						
1986		93.56	51.45	42.11	36.04	25.88	0[illegible]3
1987		105.44	55.60	49.84	44.30	32.29	1[illegible]0
1988		120.14	60.14	60.00	54.53	41.74	1[illegible]9
1989		141.60	64.82	76.78	93.65	48.24	2[illegible]9
1990		167.78	68.65	99.13	109.22	55.41	3.[illegible]6
年均增长速度(%)	**Annual Average Growth Rate(%)**	**13.7**	**7.5**	**19.7**	**27.3**	**19.6**	**3[illegible]3**
"八五"时期	**"Eighth Five-year" Period**						
1991		226.76	73.22	153.54	149.32	64.89	4.[illegible]7
1992		268.02	80.22	187.80	175.97	71.10	12.[illegible]3
1993		335.97	87.69	248.28	220.81	78.11	38.[illegible]4
1994		412.71	93.97	318.74	273.00	82.29	54.[illegible]3
1995		449.15	99.16	349.99	298.51	88.75	72.[illegible]7
年均增长速度(%)	**Annual Average Growth Rate(%)**	**21.8**	**7.6**	**28.7**	**22.3**	**9.9**	**84[illegible]7**
"九五"时期	**"Ninth Five-year" Period**						
1996		482.89	103.38	379.51	322.12	89.13	87.[illegible]4
1997		527.75	109.46	418.29	353.53	91.18	103.[illegible]
1998		580.33	114.60	465.73	390.33	91.93	114.[illegible]
1999		632.56	119.85	512.71	426.89	92.52	120.[illegible]
2000		701.24	124.92	576.32	474.97	93.36	139.[illegible]
年均增长速度(%)	**Annual Average Growth Rate(%)**	**9.3**	**4.7**	**10.5**	**9.7**	**1.3**	**14[illegible]**
"十五"时期	**"Tenth Five-year" Period**						
2001		724.57	132.04	592.53	491.30	94.88	152.6[illegible]
2002		746.62	139.45	607.17	509.74	101.76	166.8[illegible]
2003		778.27	150.93	627.34	535.89	108.20	187.7[illegible]
2004		800.80	165.13	635.67	562.17	135.88	204.1[illegible]
2005		827.75	181.93	645.82	576.26	165.38	210.8[illegible]
年均增长速度(%)	**Annual Average Growth Rate(%)**	**3.4**	**7.8**	**2.3**	**3.9**	**10.4**	**8.[illegible]**
"十一五"时期	**"Eleventh Five-year" Period**						
2006		871.10	196.83	674.27	609.76	184.25	250.7[illegible]
2007		912.37	212.38	699.99	647.11	193.04	279.8[illegible]
2008		954.28	228.07	726.21	682.35	198.35	301.9[illegible]
2009		995.01	241.45	753.56	723.61	220.16	326.5[illegible]
2010		1 037.20	251.03	786.17	758.14	251.09	376.6[illegible]
年均增长速度(%)	**Annual Average Growth Rate(%)**	**4.6**	**6.7**	**4.0**	**5.6**	**8.7**	**12.[illegible]**
"十二五"时期	**"Twelfth Five-year" Period**						
2011		1 122.94	267.90	855.04	828.86	261.43	414.7[illegible]
2012		1 195.85	287.62	908.23	898.54	277.9	453.52
2013		1 257.17	310.47	946.70	967.14	445.84	456.64
2014		1 317.86	332.21	985.65	1 034.58	448.93	510.32
2015		1 408.05	354.99	1 053.06	1 100.80	447.41	559.74
年均增长速度(%)	**Annual Average Growth Rate(%)**	**6.3**	**7.2**	**6.0**	**7.7**	**12.2**	**8.2**
"十三五"时期	**"Thirteenth Five-year"Period**						
2016		1 495.35	384.52	1 110.83	1 165.73	442.55	616.43
2017		1 587.31	434.72	1 152.59	1 229.26	447.32	654.48
2018		1 666.12	454.70	1 211.42	1 291.31	466.91	709.11
2019		1 710.40	494.78	1 215.62	1 283.37	475.04	782.42
2020		1 763.38	514.10	1 249.28	1 292.29	488.66	784.55
年均增长速度(%)	**Annual Average Growth Rate(%)**	**4.5**	**7.3**	**3.5**	**3.3**	**1.8**	**7.0**
以1979年为基期年平均增长速度(%)	**Annual Average Growth Rate from 1979(%)**	**10.3**	**7.0**	**24.6**	**11.7**	**12.4**	**20.2**

1-3 续表 1 continued

年份 Year		地区生产总值(万元) Gross Domestic Product (10 000yuan)	第一产业 Primary Industry	第二产业 Secondary Industry	第三产业 Tertiary Industry	人均地区生产总值(元) Gross Domestic Product Per Capita (yuan)	固定资产投资额(万元) Investment in Fixed Assets (10 000yuan)	#房地产开发投资 Investment in Real Estate Development
1979		19 638	7 273	4 017	8 348	606	5 938	
1980		27 012	7 803	7 036	12 173	835	13 801	
“六五”时期	**"Sixth Five-year" Period**							
1981		49 576	13 343	16 019	20 214	1 417	29 684	
1982		82 573	18 960	31 439	32 174	2 023	73 750	
1983		131 212	22 614	55 848	52 750	2 512	108 320	
1984		234 161	25 932	106 606	101 623	3 504	194 572	
1985		390 222	26 111	163 586	200 525	4 809	333 235	
年均增长速度(%)	**Average Annual Growth Rate(%)**	**50.3**	**13.8**	**86.9**	**49.2**	**25.1**	**89.0**	
“七五”时期	**"Seventh Five-year" Period**							
1986		416 451	32 907	163 185	220 359	4 584	248 551	
1987		559 015	46 519	220 463	292 033	5 349	285 193	
1988		869 807	57 005	359 230	453 572	6 477	436 191	
1989		1 156 565	68 615	505 361	582 589	6 710	499 919	
1990		1 716 665	70 220	769 319	877 126	8 724	623 380	112 000
年均增长速度(%)	**Average Annual Growth Rate(%)**	**22.4**	**8.7**	**33.1**	**16.2**	**7.6**	**13.3**	
“八五”时期	**"Eighth Five-year" Period**							
1991		2 366 630	808 36	1 126 084	1 159 710	11 997	912 324	255 600
1992		3 173 194	105 914	1 522 432	1 544 848	12 827	1 782 322	714 900
1993		4 531 445	108 615	2 420 214	2 002 616	15 005	2 477 875	1 027 700
1994		6 346 711	134 152	3 357 972	2 854 587	16 954	2 819 413	1 304 600
1995		8 427 933	124 122	4 223 744	4 080 067	19 558	2 758 243	1 030 368
年均增长速度(%)	**Average Annual Growth Rate(%)**	**30.9**	**-0.6**	**33.4**	**29.6**	**6.7**	**34.6**	**55.9**
“九五”时期	**"Ninth Five-year" Period**							
1996		10 505 121	148 796	5 081 045	5 275 280	22 542	3 275 270	1 248 251
1997		13 023 008	147 660	6 209 018	6 666 330	25 772	3 930 657	1 366 545
1998		15 449 472	151 764	7 508 019	7 789 689	27 885	4 803 901	1 674 854
1999		18 246 876	150 445	9 154 443	8 941 988	30 088	5 695 878	2 152 541
2000		22 192 015	155 656	11 087 644	10 948 715	33 276	6 771 205	2 609 694
年均增长速度(%)	**Average Annual Growth Rate(%)**	**16.5**	**2.9**	**17.2**	**15.8**	**6.7**	**19.7**	**20.4**
“十五”时期	**"Tenth Five-year" Period**							
2001		25 229 474	160 413	12 583 983	12 485 078	35 390	6 863 749	3 156 364
2002		30 172 384	166 587	14 980 113	15 025 684	41 018	7 881 459	3 884 445
2003		36 401 435	142 048	18 562 162	17 697 225	47 743	9 491 016	4 126 636
2004		43 502 928	123 264	22 643 124	20 736 540	55 099	10 925 571	4 342 432
2005		50 357 678	97 385	27 096 861	23 163 432	61 844	11 823 245	4 236 865
年均增长速度(%)	**Average Annual Growth Rate(%)**	**16.4**	**-9.0**	**19.2**	**13.6**	**11.9**	**11.8**	**10.2**
“十一五”时期	**"Eleventh Five-year" Period**							
2006		59 206 612	68 851	31 449 697	27 688 064	69 702	12 736 693	4 620 940
2007		69 252 268	77 374	35 135 153	34 039 741	77 660	13 450 037	4 610 422
2008		79 414 328	77 952	39 702 375	39 634 001	85 088	14 676 043	4 404 897
2009		85 144 707	63 527	40 003 477	45 077 703	87 360	17 091 514	4 374 590
2010		100 690 553	61 069	47 279 430	53 350 054	99 095	19 447 008	4 584 693
年均增长速度(%)	**Annual Average Growth Rate(%)**	**13.5**	**-17.2**	**13.4**	**13.7**	**8.6**	**10.5**	**1.6**
“十二五”时期	**"Twelfth Five-year" Period**							
2011		119 228 085	62 231	56 019 374	63 146 480	110 389	20 609 180	5 147 362
2012		134 962 675	61 302	60 453 948	74 447 425	116 407	23 144 319	7 368 421
2013		152 342 436	63 504	66 647 456	85 631 476	124 208	24 901 970	8 769 002
2014		167 953 507	57 579	72 321 670	95 574 258	130 448	27 174 226	10 694 855
2015		184 368 359	72 084	76 874 089	107 422 186	135 271	32 983 076	13 310 333
年均增长速度(%)	**Average Annual Growth Rate(%)**	**9.8**	**-7.3**	**8.8**	**10.6**	**3.5**	**11.1**	**23.8**
“十三五”时期	**"Thirteenth Five-year"Period**							
2016		206 857 358	82 840	83 240 899	123 533 619	142 494	40 781 638	17 565 209
2017		232 802 719	195 721	93 375 209	139 231 789	150 739	51 473 152	21 358 565
2018		252 660 771	226 072	99 958 664	152 476 035	155 320	20.6	23.6
2019		269 923 266	255 772	104 019 993	165 647 501	159 883	18.8	15.9
2020		276 702 398	257 876	104 540 132	171 904 390	159 309	8.2	16.4
年均增长速度(%)	**Annual Average Growth Rate(%)**	**7.1**	**6.7**	**6.5**	**7.5**	**2.1**	**-**	**-**
以1979年为基期年平均增长速度(%)	**Annual Average Growth Rate from 1979(%)**	**21.1**	**-0.6**	**26.4**	**20.6**	**9.9**	**-**	**-**

注：固定资产投资额及房地产投资额2018年及以后为增长速度（%）。

Note：The data of Investment in Fixed Assets and in Real Estate Development is growth rate from 2018（%）.

1-3 续表 2 continued

年　份 Year		地方一般公共预算收入(万元) Local Financial Revenue (10 000yuan)	地方一般公共预算支出(万元) Local Financial Expenditure (10 000yuan)	农林牧渔业总产值(万元) Gross Output Value of Agriculture,Forestry, Animal Husbandry and Fishery (10 000yuan)	规模以上工业总产值(万元) Gross Output Value of Industry Above Designated Size (10 000yuan)	社会消费品零售总额(万元) Retail Sales of Consumer Goods (10 000yuan)
1979		1 721	2 971	13 106	6 061	11 259
1980		3 043	4 003	16 938	8 444	19 [illegible]15
“六五” 时期	**"Sixth Five-year" Period**					
1981		8 787	8 411	24 181	24 282	34 229
1982		9 163	8 815	26 929	36 212	54 [illegible]85
1983		15 605	15 025	29 083	72 041	123 [illegible]94
1984		29 435	27 954	40 416	166 803	201 [illegible]07
1985		62 894	58 651	45 821	241 213	265 [illegible]42
年均增长速度(%)	**Annual Average Growth Rate(%)**	**83.3**	**71.1**	**9.1**	**99.4**	**[illegible]3.4**
“七五” 时期	**"Seventh Five-year" Period**					
1986		74 160	68 073	49 552	330 454	273 [illegible]12
1987		87 521	69 688	73 772	547 722	324 [illegible]64
1988		146 521	110 992	99 404	993 775	502 [illegible]30
1989		228 668	173 007	108 015	1 440 533	545 [illegible]41
1990		217 037	198 073	119 205	2 104 696	667 [illegible]80
年均增长速度(%)	**Annual Average Growth Rate(%)**	**28.1**	**27.6**	**14.9**	**46.3**	**[illegible].2**
“八五” 时期	**"Eighth Five-year" Period**					
1991		273 291	243 012	143 063	3 077 749	828 [illegible]41
1992		429 599	420 035	185 297	4 198 920	1 939 [illegible]6
1993		672 507	593 327	192 880	6 550 051	2 760 [illegible]96
1994		743 992	746 181	224 776	9 939 113	3 778 [illegible]6
1995		880 174	934 041	232 653	11 106 974	4 634 [illegible]55
年均增长速度(%)	**Annual Average Growth Rate(%)**	**32.3**	**36.4**	**-0.4**	**33.9**	**3[illegible].7**
“九五” 时期	**"Ninth Five-year" Period**					
1996		1 317 490	1 380 376	273 246	12 992 240	5 293 5[illegible]2
1997		1 420 557	1 394 181	270 889	15 175 861	5 906 2[illegible]4
1998		1 643 884	1 767 714	298 174	20 519 485	6 539 1[illegible]3
1999		1 842 085	2 108 978	299 662	23 006 355	7 361 7[illegible]5
2000		2 219 184	2 250 441	311 359	29 502 786	8 537 2[illegible]7
年均增长速度(%)	**Annual Average Growth Rate(%)**	**20.3**	**19.2**	**6.0**	**20.8**	**1[illegible]0**
“十五” 时期	**"Tenth Five-year" Period**					
2001		2 624 944	2 537 019	327 111	36 141 861	9 727 1[illegible]9
2002		2 659 287	3 077 761	340 757	43 180 816	11 087 7[illegible]9
2003		2 908 370	3 489 526	337 406	63 514 355	13 023 3[illegible]4
2004		3 214 680	3 775 720	299 939	80 205 911	15 080 2[illegible]
2005		4 123 785	5 991 560	217 369	98 675 451	17 546 7[illegible]
年均增长速度(%)	**Annual Average Growth Rate(%)**	**13.2**	**21.6**	**-**	**24.7**	**15[illegible]**
“十一五” 时期	**"Eleventh Five-year" Period**					
2006		5 008 827	5 714 231	180 017	119 286 001	20 513 5[illegible]
2007		6 580 555	7 279 677	171 380	139 580 064	23 460 9[illegible]
2008		8 003 603	8 898 555	187 859	158 601 076	27 984 7[illegible]
2009		8 808 168	10 008 394	154 760	154 162 429	31 634 7[illegible]
2010		11 068 166	12 660 668	150 467	185 268 200	36 360 97[illegible]
年均增长速度(%)	**Annual Average Growth Rate(%)**	**21.8**	**16.1**	**-**	**12.0**	**15.[illegible]**
“十二五” 时期	**"Twelfth Five-year" Period**					
2011		13 395 728	15 905 599	152 533	204 307 516	42 451 85[illegible]
2012		14 820 800	15 690 071	148 572	213 637 447	49 188 89[illegible]
2013		17 312 618	16 908 280	139 479	230 952 085	55 390 63[illegible]
2014		20 827 326	21 661 841	129 156	247 775 911	61 457 83[illegible]
2015		27 268 543	35 216 708	159 515	255 424 444	64 231 05[illegible]
年均增长速度(%)	**Annual Average Growth Rate(%)**	**19.8**	**22.7**	**-**	**7.4**	**12.[illegible]**
“十三五” 时期	**"Thirteenth Five-year"Period**					
2016		31 364 923	42 110 429	190 940	272 922 943	70 021 46[illegible]
2017		33 321 303	45 938 003	388 609	321 191 539	77 895 21[illegible]
2018		35 384 414	42 825 598	424 606	354 390 190	85 195 00[illegible]
2019		37 733 831	45 527 336	481 641	373 261 578	91 444 58[illegible]
2020		38 574 618	41 784 235	488 467	384 607 880	86 648 29[illegible]
年均增长速度(%)	**Annual Average Growth Rate(%)**	**8.0**	**3.5**	**-**	**5.7**	**6.2**
以1979年为基期年平均增长速度(%)	**Annual Average Growth Rate from 1979(%)**	**27.8**	**26.2**	**-**	**28.9**	**22.8**

1-3 续表 3 continued

年 份	Year	全社会货运量(万吨) Freight Traffic Volume (10 000tons)	全社会客运量(万人) Passenger Traffic (10 000person)	港口货物吞吐量(万吨) Cargo Handled at Seaport (10 000tons)	邮电业务总量(万元) Revenue from Postal and Telecommunic-ations Services (10 000yuan)	进出口总额(万美元) Total Imports and Exports (USD10 000)	出口总额 Exports	进口总额 Imports
1979				10	138	1 676	930	746
1980				30	190	1 751	1 124	627
"六五"时期	"Sixth Five-year" Period							
1981				70	340	2 807	1 745	1 062
1982				91	520	2 534	1 597	937
1983				141	567	78 642	6 230	72 412
1984				210	923	107 247	26 539	80 708
1985				327	1 761	130 632	56 340	74 292
年均增长速度(%)	**Annual Average Growth Rate(%)**			**36.1**	**56.1**	**136.9**	**118.8**	**159.9**
"七五"时期	"Seventh Five-year" Period							
1986		1 521	3 973	302	2 633	184 696	72 552	112 144
1987		1 627	4 268	485	4 880	255 784	141 354	114 430
1988		1 704	5 858	734	14 826	344 277	184 949	159 328
1989		1 383	6 349	956	21 293	375 259	217 428	157 831
1990		1 349	8 833	1 292	55 356	1 570 136	815 165	754 971
年均增长速度(%)	**Annual Average Growth Rate(%)**			**31.6**	**78.9**	**33.2**	**39.7**	**27.2**
"八五"时期	"Eighth Five-year" Period							
1991		1 486	6 400	1 563	84 927	1 947 635	986 240	961 395
1992		1 801	8 135	1 956	114 492	2 357 562	1 200 019	1 157 543
1993		2 050	10 218	2 541	174 045	2 820 392	1 421 776	1 398 616
1994		2 604	8 531	3 002	259 432	3 498 281	1 830 921	1 667 360
1995		3 542	8 261	3 080	368 945	3 876 960	2 052 736	1 824 224
年均增长速度(%)	**Annual Average Growth Rate(%)**	**21.3**	**-1.3**	**19.0**	**46.1**	**19.8**	**20.3**	**19.3**
"九五"时期	"Ninth Five-year" Period							
1996		3 647	8 281	3 021	462 261	3 905 342	2 120 781	1 784 561
1997		3 853	8 515	3 357	610 111	4 500 921	2 561 844	1 939 077
1998		4 050	8 484	3 444	764 658	4 527 417	2 639 611	1 887 806
1999		4 274	8 754	4 663	982 686	5 042 750	2 820 811	2 221 939
2000		4 697	9 346	5 697	1 336 000	6 393 982	3 456 333	2 937 649
年均增长速度(%)	**Annual Average Growth Rate(%)**	**5.8**	**2.5**	**13.1**	**29.4**	**10.5**	**11.0**	**10.0**
"十五"时期	"Tenth Five-year" Period							
2001		5 147	9 869	6 643	1 419 000	6 861 055	3 747 955	3 113 100
2002		5 683	10 632	8 767	1 644 200	8 723 148	4 655 704	4 067 444
2003		6 478	10 471	11 220	1 980 300	11 739 941	6 296 201	5 443 733
2004		7 168	12 019	13 537	2 660 100	14 728 302	7 784 632	6 943 670
2005		8 249	12 602	15 351	3 208 000	18 281 689	10 151 829	8 129 860
年均增长速度(%)	**Annual Average Growth Rate(%)**	**15.9**	**6.2**	**21.9**	**26.3**	**23.4**	**24.0**	**22.6**
"十一五"时期	"Eleventh Five-year" Period							
2006		11 429	13 965	17 598	3 795 000	23 738 573	13 609 556	10 129 017
2007		13 678	15 056	19 994	5 135 400	28 753 345	16 849 299	11 904 046
2008		19 570	154 283	21 125	6 117 500	29 995 499	17 971 995	12 023 504
2009		22 367	146 316	19 365	6 765 200	27 016 306	16 197 825	10 818 481
2010		26 174	156 203	22 098	2 937 000	34 674 930	20 418 355	14 256 575
年均增长速度(%)	**Annual Average Growth Rate(%)**	**-**	**-**	**7.6**	**20.5**	**13.5**	**14.8**	**10.8**
"十二五"时期	"Twelfth Five-year" Period							
2011		28 901	168 447	22 325	3 562 600	41 409 312	24 551 760	16 857 552
2012		28 678	184 982	22 807	5 635 800	46 683 020	27 136 163	19 546 857
2013		27 512	12 059	23 398	6 229 900	53 747 437	30 570 191	23 177 246
2014		29 382	15 103	22 324	7 619 900	48 774 049	28 436 157	20 337 892
2015		32 475	16 511	21 706	10 403 200	44 245 863	26 403 895	17 841 968
年均增长速度(%)	**Annual Average Growth Rate(%)**	**-**	**-**	**-0.4**	**-**	**5.0**	**5.3**	**4.5**
"十三五"时期	"Thirteenth Five-year"Period							
2016		31 163	16 979	21 410	17 150 200	39 843 893	23 754 674	16 089 218
2017		32 269	18 160	24 136	16 455 500	41 414 596	24 435 790	16 978 806
2018		32 764	19 864	25 127	27 824 427	45 372 921	24 604 111	20 768 810
2019		43 529	21 284	25 785	40 390 310	43 147 567	24 212 399	18 935 168
2020		41 483	13 750	26 506	44 702 800	44 080 709	24 531 052	19 549 657
年均增长速度(%)	**Annual Average Growth Rate(%)**	**-**	**-**	**4.1**	**-**	**-0.1**	**-1.4**	**1.8**
以1979年为基期年平均增长速度(%)	**Annual Average Growth Rate from 1979(%)**	**-**	**-**	**21.2**	**-**	**24.9**	**25.1**	**24.7**

1-3 续表 4 continued

年 份	Year	国内金融机构人民币存款(万元) RMB deposits of domestic financial institutions (10 000yuan)	国内金融机构人民币贷款(万元) RMB loans of domestic financial institutions (10 000yuan)	医院数(个) Hospital (unit)	医院病床(张) Hospital Beds (unit)	卫生技术人员(人) Medical Technical Personnel (person)	# 执业医师(人) Licensed Doctors (person)
1979		10 125	7 523	25	597	988	[illegible]64
1980		20 284	13 422	24	643	1 088	[illegible]38
"六五"时期	"Sixth Five-year" Period						
1981		48 713	23 944	24	790	1 270	[illegible]18
1982		63 707	63 013	26	717	1 609	[illegible]8
1983		112 554	119 471	30	1 023	2 343	1 [illegible]73
1984		349 763	451 034	29	1 634	3 064	1 [illegible]34
1985		302 567	537 014	31	1 885	3 857	1 [illegible]2
年均增长速度(%)	**Annual Average Growth Rate(%)**	**71.7**	**109.1**	**5.3**	**24.0**	**28.8**	**3[illegible].6**
"七五"时期	"Seventh Five-year" Period						
1986		551 112	730 855	32	2 028	4 657	2 [illegible]7
1987		808 545	1 065 176	34	2 225	5 117	2 408
1988		1 317 381	1 536 202	35	2 496	5 715	2 754
1989		1 376 310	1 789 834	35	2 838	6 451	3 1[illegible]3
1990		1 946 923	2 386 157	38	3 108	6 996	3 426
年均增长速度(%)	**Annual Average Growth Rate(%)**	**45.1**	**34.8**	**4.2**	**10.5**	**12.6**	**1[illegible]0**
"八五"时期	"Eighth Five-year" Period						
1991		3 009 164	2 797 500	41	3 498	7 618	3 7[illegible]7
1992		5 504 616	3 707 067	45	4 466	8 571	4 2[illegible]7
1993		6 573 461	5 015 868	45	5 168	9 388	4 7[illegible]8
1994		9 333 699	6 421 390	48	6 040	11 034	5 3[illegible]7
1995		12 029 322	7 863 364	63	6 640	12 449	6 0[illegible]0
年均增长速度(%)	**Annual Average Growth Rate(%)**	**43.9**	**26.9**	**10.6**	**16.4**	**12.2**	**12[illegible]0**
"九五"时期	"Ninth Five-year" Period						
1996		15 334 600	9 652 000	65	7 105	14 652	7 266
1997		18 227 000	12 025 800	72	7 813	14 932	7 400
1998		22 383 700	15 503 700	72	8 353	14 975	7 1[illegible]1
1999		25 589 900	18 481 600	71	8 720	15 143	7 0[illegible]
2000		31 690 000	22 921 800	72	9 616	15 720	7 41[illegible]
年均增长速度(%)	**Annual Average Growth Rate(%)**	**21.4**	**23.9**	**2.7**	**7.7**	**4.8**	**4[illegible]**
"十五"时期	"Tenth Five-year" Period						
2001		40 925 700	28 607 500	75	10 542	17 135	8 0[illegible]
2002		49 527 300	35 142 800	77	11 808	18 615	7 85[illegible]
2003		60 794 800	45 250 500	85	12 607	21 234	8 90[illegible]
2004		71 007 500	52 427 700	87	14 186	22 895	9 84[illegible]
2005		84 781 600	61 680 400	97	15 577	25 681	10 96[illegible]
年均增长速度(%)	**Annual Average Growth Rate(%)**	**21.8**	**21.9**	**6.1**	**10.1**	**10.3**	**8.[illegible]**
"十一五"时期	"Eleventh Five-year" Period						
2006		95 404 200	67 553 200	99	16 193	43 266	16 23[illegible]
2007		114 957 900	79 654 500	101	16 766	46 877	17 45[illegible]
2008		130 112 400	90 584 600	100	18 435	50 608	18 80[illegible]
2009		169 381 900	116 463 400	101	19 872	53 778	19 96[illegible]
2010		202 107 500	137 081 600	107	21 166	54 081	20 12[illegible]
年均增长速度(%)	**Annual Average Growth Rate(%)**	**19.0**	**17.3**	**2.0**	**6.3**	**16.1**	**12.[illegible]**
"十二五"时期	"Twelfth Five-year" Period						
2011		227 823 900	157 149 600	110	22 322	58 059	21 51[illegible]
2012		259 102 400	173 054 700	115	26 124	61 961	22 83[illegible]
2013		298 309 900	198 035 800	117	27 079	65 782	24 22[illegible]
2014		445 892 900	228 053 900	122	28 853	69 936	25 72[illegible]
2015		518 061 800	271 299 900	123	31 425	74 884	27 83[illegible]
年均增长速度(%)	**Annual Average Growth Rate(%)**	**-**	**-**	**2.8**	**8.2**	**6.7**	**6.[illegible]**
"十三五"时期	"Thirteenth Five-year"Period						
2016		577 933 000	340 342 900	134	38 124	78 826	29 30[illegible]
2017		627 604 000	399 406 100	135	39 899	85 282	31 838
2018		668 905 100	470 245 800	139	43 569	93 660	34 747
2019		776 717 100	546 023 600	144	47 366	102 788	38 519
2020		950 969 400	630 918 200	144	57 642	106 261	40 757
年均增长速度(%)	**Annual Average Growth Rate(%)**	**12.9**	**18.4**	**3.2**	**12.9**	**7.2**	**7.9**
以1979年为基期年平均增长速度(%)	**Annual Average Growth Rate from 1979(%)**	**-**	**-**	**4.4**	**11.8**	**12.1**	**12.2**

注： 2015年起，人民银行调整了金融机构存贷款统计口径，2014年数据相应调整。

Note:From 2015, the statistical range of RMB deposits(loans) of domestic financial institutions have been adjusted, the data of 2014 have been adjusted by the same caliber.

年 份 Year		在校学生数(人) (person) Students Enrollment 普通高等学校 Institutions of Higher Education	普通中学 Regular Secondary Schools	小 学 Primary Schools	城镇单位在岗职工工资总额(万元) Total Wage Bill of Fully Employed Staff and Workers in Urban Units (10 000yuan)	在岗职工年平均工资(元) Average Wage of Fully Employed Staff and Workers (yuan)	居民人均可支配收入(元) Per Capita Disposable Income of Residents (yuan)
1979			13 686	47 022	2 952	769	
1980			12 296	49 168	4 366	979	
"六五"时期	**"Sixth Five-year" Period**						
1981			13 088	51 560	5 930	1 132	
1982			17 080	54 538	10 000	1 366	
1983		216	20 982	56 319	16 142	1 545	
1984		1 236	27 636	62 021	35 306	2 179	
1985		3 206	35 334	70 277	51 912	2 418	1 915
年均增长速度(%)	**Annual Average Growth Rate(%)**		**23.5**	**7.4**	**64.1**	**19.8**	
"七五"时期	**"Seventh Five-year" Period**						
1986		3 478	40 208	77 884	59 773	2 452	1 817
1987		4 330	44 910	84 601	80 013	2 677	2 091
1988		4 710	43 267	96 474	134 218	3 388	2 569
1989		4 419	45 056	104 041	179 042	3 858	3 657
1990		3 964	46 473	111 711	227 392	4 304	4 127
年均增长速度(%)	**Annual Average Growth Rate(%)**	**4.3**	**5.6**	**9.7**	**34.4**	**12.2**	**16.6**
"八五"时期	**"Eighth Five-year" Period**						
1991		3 779	50 625	118 460	307 950	5 016	4 564
1992		3 653	55 857	127 978	403 790	5 931	5 783
1993		3 680	60 337	139 272	619 647	8 145	7 737
1994		4 227	66 073	147 186	852 332	10 572	10 503
1995		5 291	71 540	157 210	1 076 083	12 276	12 771
年均增长速度(%)	**Annual Average Growth Rate(%)**	**5.9**	**9.0**	**7.1**	**36.5**	**23.3**	**25.3**
"九五"时期	**"Ninth Five-year" Period**						
1996		6 493	76 949	170 983	1 284 558	14 507	16 296
1997		7 601	82 155	190 192	1 479 515	16 531	18 579
1998		8 497	86 009	215 652	1 674 771	18 381	19 214
1999		10 568	91 260	256 060	1 890 338	20 714	19 520
2000		14 123	106 996	313 852	2 113 366	23 039	20 906
年均增长速度(%)	**Annual Average Growth Rate(%)**	**21.7**	**8.4**	**14.8**	**14.6**	**13.2**	**10.4**
"十五"时期	**"Tenth Five-year" Period**						
2001		18 743	126 190	363 657	2 441 713	25 941	22 760
2002		26 778	150 654	415 097	2 832 799	28 218	24 941
2003		32 106	179 628	469 684	3 259 896	30 611	25 936
2004		41 251	211 224	526 419	4 192 834	31 928	27 596
2005		45 314	240 508	566 278	5 167 453	32 476	21 494
年均增长速度(%)	**Annual Average Growth Rate(%)**	**26.3**	**17.6**	**12.5**	**18.1**	**7.4**	**7.5**
"十一五"时期	**"Eleventh Five-year" Period**						
2006		51 220	256 630	564 891	6 296 568	35 107	22 567
2007		58 910	279 180	575 160	7 335 805	38 798	24 301
2008		64 675	298 939	585 852	8 674 142	43 454	26 729
2009		66 952	316 024	589 481	10 029 764	46 723	29 245
2010		67 324	334 752	618 459	12 338 778	50 456	32 381
年均增长速度(%)	**Annual Average Growth Rate(%)**	**8.2**	**6.8**	**1.8**	**19.0**	**9.2**	**8.5**
"十二五"时期	**"Twelfth Five-year" Period**						
2011		70 004	346 942	651 307	14 384 948	55 143	36 505
2012		75 570	359 643	683 058	16 421 777	59 010	40 742
2013		82 401	371 735	730 232	28 135 080	62 619	44 653
2014		87 674	378 690	793 178	32 879 754	72 651	40 948
2015		90 511	385 221	864 841	36 627 244	81 034	44 633
年均增长速度(%)	**Annual Average Growth Rate(%)**	**6.1**	**2.8**	**6.9**	**24.3**	**9.9**	**-**
"十三五"时期	**"Thirteenth Five-year"Period**						
2016		91 883	396 455	910 974	39 940 453	89 757	48 695
2017		96 702	417 641	964 510	44 697 603	100 173	52 938
2018		103 829	448 004	1 027 969	52 364 784	111 709	57 544
2019		113 214	477 390	1 068 992	61 109 638	127 757	62 522
2020		136 184	517 630	1 091 179	68 054 574	139 436	64 878
年均增长速度(%)	**Annual Average Growth Rate(%)**	**8.5**	**6.1**	**4.8**	**13.2**	**11.5**	**7.8**
以1979年为基期年平均增长速度(%)	**Annual Average Growth Rate from 1979(%)**	**19.0**	**9.3**	**8.0**	**27.6**	**13.5**	**-**

注：1.普通高等学校在校学生数年平均增长速度以1983年为基期。
Note:Annual average growth rate of the student number in institutions of higher education is based on 1983.
2.居民人均可支配收入2014年起为城乡一体化住户调查新口径数据。
Per Capita Disposable Income of Resident has been a new caliber of Urban-rural Integration Household Survey since 2014.

1-4 主要年份国民经济主要指标比例关系

PERCENTAGE OF MAIN NATIONAL ECONOMIC INDICATORS IN MAIN YEARS

年 份 Year	以就业人员人数为100 Employed Persons=100			以地区生产总值为100 Gross Domestic Product=100			以固定资产投资总额为100 Investment in Fixed Assets=100	
	第一产业 Primary Industry	第二产业 Secondary Industry	第三产业 Tertiary Industry	第一产业 Primary Industry	第二产业 Secondary Industry	第三产业 Tertiary Industry	非房地产开发项目 Non-Real Estate Development	房地产开发项目 Real Estate Development
1979				37.0	20.5	42.5	100.0	
1980				28.9	26.0	45.1	100.0	
1985				6.7	41.9	51.4	100.0	
1990	6.1	69.8	24.1	4.1	44.8	51.1	82.0	18.0
1995	1.5	66.0	32.5	1.5	50.1	48.4	62.6	37.4
2000	0.8	57.0	42.2	0.7	50.0	49.3	61.5	38.5
2001	0.7	55.7	43.6	0.6	49.9	49.5	54.0	46.0
2002	0.8	55.8	43.5	0.6	49.6	49.8	50.7	49.3
2003	0.8	57.0	42.2	0.4	51.0	48.6	56.5	43.5
2004	0.5	57.6	41.9	0.3	52.0	47.7	60.3	39.7
2005	0.5	57.7	41.8	0.2	53.8	46.0	64.2	35.8
2006	0.3	57.4	42.3	0.1	53.1	46.8	63.7	36.3
2007	0.1	54.1	45.8	0.1	50.7	49.2	65.7	34.3
2008	0.1	54.1	45.8	0.1	50.0	49.9	70.0	30.0
2009	0.1	53.9	46.0	0.1	47.0	52.9	74.4	25.6
2010	...	51.5	48.5	0.1	46.9	53.0	76.4	23.6
2011	...	49.6	50.3	0.1	47.0	52.9	75.0	25.0
2012	...	47.0	53.0	...	44.8	55.2	68.2	31.8
2013	...	44.9	55.1	...	43.8	56.2	64.8	35.2
2014	...	43.5	56.5	...	43.1	56.9	60.6	39.4
2015	...	43.5	56.5	...	41.7	58.3	59.6	40.4
2016	...	41.1	58.9	...	40.3	59.7	56.9	43.1
2017	0.1	40.4	59.5	0.1	40.1	59.8	58.5	41.5
2018	0.1	39.9	60.0	0.1	39.6	60.3	57.3	42.7
2019	0.1	39.7	60.2	0.1	38.5	61.4	58.4	41.6
2020	0.1	38.6	61.3	0.1	37.8	62.1	55.2	44.8

1-4 续表 continued

年 份 Year	以货运量为100 Freight Traffic=100			
	铁路 Railways	公路 Highways	水运 Waterways	民航 Civil Aviation
1979				
1980				
1985				
1990	10.9	78.2	10.9	
1995	6.2	76.8	16.9	0.1
1996	5.8	77.1	17.0	0.1
1997	7.0	76.8	16.1	0.1
1998	6.4	79.3	14.2	0.1
1999	6.0	81.5	12.3	0.1
2000	6.0	81.4	12.5	0.1
2001	5.7	82.9	11.3	0.1
2002	4.8	84.8	10.3	0.1
2003	4.9	83.9	11.1	0.1
2004	4.9	83.2	11.7	0.2
2005	4.8	83.4	11.7	0.2
2006	2.7	69.3	27.8	0.2
2007	2.4	67.8	29.6	0.2
2008	2.1	76.6	21.2	0.2
2009	2.1	78.8	18.8	0.2
2010	1.5	75.8	22.4	0.3
2011	1.4	75.0	23.3	0.3
2012	1.4	76.7	21.7	0.2
2013	1.3	73.0	25.4	0.2
2014	0.4	71.4	27.9	0.3
2015	0.2	76.3	23.3	0.2
2016	0.3	76.3	23.1	0.3
2017	0.2	74.2	25.3	0.3
2018	0.2	75.1	24.3	0.3
2019	0.3	79.7	19.7	0.3
2020	0.3	79.5	19.9	0.3

1-5 主要年份国民经济和社会发展主要指标平均每人水平

PER CAPITA MAIN NATIONAL ECONOMIC AND SOCIAL DEVELOPMENT INDICATORS IN MAIN YEARS

单位：元 (yuan)

年 份 Year	地区生产总值 Gross Domestic Product	农林牧渔业总产值 Gross Output Value of Griculture,Forestry, Animal Husbandry and Fishery	规模以上工业总产值 Gross Output Value of Industry Above Designated Size	社会消费品零售总额 Retail Sales of Consumer Goods	城镇单位在岗职工年平均工资 Average Wage Bill of Fully Employed Staff and Workers in Urban Units	居民可支配收入 Per Capita Disposable Income of Residents
1980	835	524	261	606	979	
1985	4 809	565	2 973	3 274	2 418	1 915
1990	8 724	606	13 606	3 393	4 304	4 127
1995	19 558	540	25 774	10 754	12 276	12 7[illegible]
2000	33 276	467	44 239	12 801	23 039	20 9[illegible]6
2001	35 390	459	50 697	13 644	25 941	22 7[illegible]
2002	41 018	463	58 702	15 073	28 218	24 9[illegible]1
2003	47 743	443	83 304	17 081	30 611	25 9[illegible]
2004	55 099	380	101 586	19 100	31 928	27 5[illegible]
2005	61 844	267	121 182	21 549	32 476	21 49[illegible]
2006	69 702	211	140 431	24 150	35 107	22 56[illegible]
2007	77 660	192	156 526	26 309	38 798	24 30[illegible]
2008	85 088	201	169 931	29 984	43 454	26 72[illegible]
2009	87 360	159	158 173	32 458	46 723	29 24[illegible]
2010	99 095	148	181 745	35 775	50 456	32 381
2011	110 389	140	188 025	39 198	55 143	36 505
2012	116 407	127	183 248	42 150	59 010	40 742
2013	124 208	113	187 329	44 891	62 619	44 653
2014	130 448	100	191 511	47 470	72 651	40 948
2015	135 271	117	186 556	46 889	81 034	44 633
2016	142 494	131	187 208	48 014	89 757	48 695
2017	150 739	252	207 970	50 428	100 173	52 938
2018	155 320	261	217 856	52 372	111 709	57 544
2019	159 883	285	221 092	54 165	127 757	62 522
2020	159 309	281	221 435	49 887	139 436	64 878

1-6 主要年份国民经济和社会发展主要指标平均每天水平
AVERAGE DAILY LEVEL OF MAIN NATIONAL ECONOMIC AND SOCIAL DEVELOPMENT INDICATORS IN MAIN YEARS

年 份 Year	地区生产总值 (万元) Gross Domestic Product (10 000yuan)	规模以上工业总产值(万元) Gross Output Value of Industry Above Designated Size (10 000yuan)	农林牧渔业总产值 (万元) Gross Output Value of Agriculture,Forestry, Animal Husbandry and Fishery (10 000yuan)	地方一般公共预算收入(万元) Local Financial Revenue (10 000yuan)	货运量 (万吨) Freight Traffic (10 000tons)	客运量 (万人) Passengers Traffic (10 000 person−times)
1979	54	17	36	5		
1980	74	23	46	8		
1985	1 069	661	126	172		
1990	4 703	5 766	327	595	3.70	24.20
1995	23 090	30 430	637	2 411	9.70	22.63
2000	60 800	80 830	853	6 080	12.87	25.61
2001	69 122	99 019	896	7 192	14.10	27.04
2002	82 664	118 304	934	7 286	15.57	29.13
2003	99 730	174 012	924	7 968	17.75	28.69
2004	119 186	219 742	822	8 807	19.64	32.93
2005	137 966	270 344	596	11 298	22.60	34.53
2006	162 210	326 811	493	13 723	31.31	38.26
2007	189 732	382 411	466	18 029	37.47	41.25
2008	217 574	434 523	515	21 928	53.62	422.69
2009	233 273	422 363	424	24 132	61.28	400.86
2010	275 865	507 584	412	30 324	71.71	427.95
2011	326 652	559 747	418	36 701	79.18	461.50
2012	369 761	585 308	407	40 605	78.57	506.80
2013	417 377	632 745	382	47 432	75.38	33.04
2014	460 147	678 838	354	57 061	80.50	41.38
2015	505 119	699 793	437	74 708	88.97	45.23
2016	566 732	747 734	523	85 931	85.38	46.60
2017	637 816	879 977	1 065	91 291	88.41	49.70
2018	692 221	970 932	1 163	96 944	89.76	54.44
2019	739 516	1 022 634	1 320	103 380	119.26	58.31
2020	758 089	1 053 720	1 338	105 684	113.65	37.67

1-6 续表 continued

年 份 Year	用电量 (万千瓦时) Electricity Consumption (10 000kWh)	公共汽（电）车客运人数 (万人次) Bus Passengers (10 000 person−times)	社会消费品零售总额(万元) Retail Sales of Consumer Goods (10 000yuan)	出生人数 (人) Births (person)	死亡人数 (人) Deaths (person)	结婚 (对) Marriages (couple)	离婚 (对) Divorces (couple)
1979			31	22	5		
1980			54	19	5	6	
1985		14.20	728	15	4	18	
1990	985	60.13	1 829	29	5	28	1
1995	2 503	96.96	12 697	35	5	36	3
2000	5 215	117.26	23 390	49	9	39	6
2001	5 816	128.96	26 650	49	6	39	6
2002	7 120	141.60	30 377	62	5	40	6
2003	8 861	139.00	35 680	44	6	53	9
2004	10 693	143.80	41 316	54	6	79	13
2005	12 060	278.40	48 073	66	7	64	15
2006	13 348	337.22	56 202	72	6	112	17
2007	15 557	497.61	64 277	94	7	98	19
2008	15 993	535.44	76 670	101	7	113	19
2009	16 046	585.21	86 671	97	8	134	21
2010	18 179	642.82	99 619	102	17	105	22
2011	19 069	647.61	116 306	114	8	149	27
2012	19 784	625.49	134 764	168	12	146	32
2013	19 994	603.23	151 755	163	9	147	43
2014	21 608	618.46	168 378	185	22	166	43
2015	22 344	566.83	175 975	196	13	165	62
2016	23 317	511.78	191 840	239	14	167	68
2017	24 232	453.22	213 412	319	19	171	70
2018	25 130	446.25	233 411	290	17	180	76
2019	26 959	435.54	250 533	321	19	184	85
2020	26 941	378.19	237 393	270	20	185	108

1-7 企业登记发展情况

THE DEVELOPMENT OF ENTERPRISES REGISTRATION

单位：户 (unit)

年份 Year	企业总数 Total Number of Enterprises	按企业登记类型分 Grouped By Status of Enterprises Registration			按产业分 Grouped By Industry			按注册资本分 Grouped By Registered Capital					
		内资企业 Domestic-funded Enterprises	外资企业 Foreign-funded Enterprises	私营企业 Private Enterprises	第一产业 Primary Industry	第二产业 Secondary Industry	第三产业 Tertiary Industry	100—499万元 (10 000 yuan)	500—999万元 (10 000 yuan)	1000—2999万元 (10 000 yuan)	3000—4999万元 (10 000 yuan)	5000—9999万元 (10 000 yuan)	1亿元以上 (Over 100 million yuan)
1979	501	497	4		1	219	281						
1980	839	821	18		1	400	438						
1981	1 125	1 086	39		2	383	740						
1982	1 798	1 710	88		3	713	1 082						
1983	2 177	1 940	237		6	710	1 461						
1984	4 314	3 761	553		10	1 258	3 046						
1985	6 853	5 972	881		14	1 950	4 889						
1986	7 958	6 902	1 056		21	2 601	5 336						
1987	15 448	14 328	1 120		163	5 718	9 567						
1988	16 341	14 387	1 954		175	4 022	12 144						
1989	18 596	16 026	2 570		212	4 993	13 391	579	365	566	200	203	[illegible]
1990	19 827	15 403	3 895	529	210	5 807	13 810	651	425	646	229	231	[illegible]
1991	22 948	16 629	5 295	1 024	227	6 947	15 774	767	497	756	257	259	[illegible]
1992	28 676	18 469	7 639	2 568	235	9 166	19 275	1 022	643	994	337	324	[illegible]
1993	41 768	25 742	11 802	4 224	295	13 070	28 403	1 820	1 021	1 538	492	448	[illegible]
1994	55 867	31 916	14 767	9 184	269	17 249	38 349	2 568	1 326	1 988	601	533	[illegible]
1995	70 785	37 860	16 765	16 160	426	21 255	49 104	3 431	1 596	2 416	717	627	[illegible]
1996	82 952	44 410	18 011	20 531	456	22 783	59 713	4 418	1 861	2 862	800	714	[illegible]
1997	92 244	47 659	17 093	27 492	452	24 216	67 576	5 916	2 179	3 464	924	833	[illegible]
1998	92 699	45 027	16 161	31 511	422	23 966	68 311	7 198	2 466	3 904	1 046	918	[illegible]
1999	101 942	47 100	17 997	36 845	428	26 453	75 061	8 867	2 818	4 353	1 144	1 013	[illegible]
2000	107 457	46 220	18 151	43 086	397	27 769	79 291	10 982	3 239	4 897	1 259	1 107	[illegible]
2001	120 391	46 328	19 175	54 888	382	31 114	88 895	14 399	3 780	5 711	1 407	1 262	[illegible]
2002	123 923	37 519	19 461	66 943	341	32 103	91 479	18 483	4 406	6 518	1 544	1 381	[illegible]
2003	151 036	39 316	21 883	89 837	359	39 659	111 018	24 219	5 200	7 532	1 715	1 547	[illegible]
2004	181 314	34 278	22 728	124 308	349	47 695	133 270	31 996	6 317	8 730	1 878	1 696	[illegible]
2005	209 443	32 998	24 252	152 193	333	55 579	153 531	39 404	7 618	9 824	2 030	1 837	[illegible]
2006	244 291	25 480	27 055	191 756	347	65 220	178 724	47 121	8 925	10 901	2 169	1 979	[illegible]
2007	283 734	24 423	32 248	227 063	348	75 381	208 005	53 798	11 055	11 961	2 326	2 111	[illegible]
2008	281 238	18 473	32 898	229 867	309	74 044	206 885	59 538	12 658	12 781	2 437	2 197	[illegible]
2009	307 242	16 793	33 386	257 063	302	80 052	226 888	67 746	13 773	13 874	2 585	2 314	1 910
2010	360 912	16 087	35 207	309 618	312	88 870	271 730	78 118	15 220	15 379	2 776	2 483	2 060
2011	417 531	14 278	36 096	367 157	313	92 747	324 471	90 779	18 071	19 513	2 953	3 100	2 690
2012	481 030	12 584	36 969	431 477	344	93 601	387 085	108 436	22 280	24 010	3 461	3 944	3 153
2013	630 060	10 004	38 241	581 815	475	105 257	524 328	154 473	32 900	34 219	4 435	5 841	5 280
2014	843 977	8 250	39 758	795 969	1 340	119 645	722 992	246 435	54 903	53 509	6 967	9 628	9 141
2015	1 133 953	7 873	43 017	1 083 063	1 989	139 431	992 533	361 563	92 836	83 267	10 359	16 040	14 747
2016	1 504 255	8 685	42 621	1 452 949	2 916	166 786	1 334 553	669 393	191 040	114 323	12 034	24 068	19 555
2017	1 769 876	8 602	50 769	1 710 505	3 711	183 071	1 583 094	793 485	208 444	159 248	18 104	31 721	27 997
2018	1 974 650	8 370	65 282	1 900 998	4 188	195 973	1 774 489	714 932	205 654	157 972	17 804	33 296	27 736
2019	2 042 588	7 998	67 940	1 966 650	4 528	201 568	1 836 492	835 020	232 193	172 734	19 450	35 824	29 465
2020	2 268 622	13 775	68 622	2 186 225	4 983	222 665	2 040 974	945 544	254 868	186 918	19 661	37 697	30 718

注： 本表数据由深圳市市场监督管理局提供。
Note: Data in this table are provided by Market Supervision and Regulation Bureau of Shenzhen Municipality.

1-8 “企业一套表”年报分区分行业调查单位（2020年）

NUMBER OF SURVEY UNITS OF “ENTERPRISE SET OF TABLE” BY SECTOR BY DISTRICT（2020）

单位：个 （unit）

地区 District		调查单位 Survey units	工业 Industry	建筑业 Construction	批发零售业 Wholesale and Retail Sales	住宿餐饮业 Hotel and Catering Services	房地产开发经营业 Real Estate	服务业 Services
全　市	**Total**	**35 409**	**11 254**	**1 390**	**10 468**	**1 801**	**758**	**9 738**
福田区	Futian	5 121	180	441	2 126	439	107	1 828
罗湖区	Luohu	2 942	130	97	1 354	277	78	1 006
盐田区	Yantian	553	64	18	140	40	34	257
南山区	Nanshan	8 306	855	225	2 826	494	151	3 755
宝安区	Baoan	7 312	4 302	204	1 340	214	105	1 147
龙岗区	Longgang	4 733	1 940	221	1 435	144	126	867
龙华区	Longhua	3 330	1 622	104	877	112	61	554
坪山区	Pingshan	1 003	648	41	126	29	38	121
光明区	Guangming	1 866	1 422	22	216	30	31	145
大鹏新区	Dapeng	189	66	16	23	20	14	50
深汕特别合作区	Shenzhen-Shanwei Special Cooperation Zone	54	25	1	5	2	13	8

注：　本表中调查单位为年报应报数，与专业报表中的企业单位数存在口径差异。

Note: The number of survey units is the number of units to be reported in the annual report, it differs from the number of enterprise units in the professional report.

1-9 规模以上服务业企业分行业主要财务指标(2020年)

FINANCE INDICATORS OF SERVICE ENTERPRISES ABOVE THE DESIGNATED SIZE BY SECTOR(2020)

指标名称	Item	企业单位数(个) Number of Enterprises (unit)
总计	**Total**	**9 [illegible]35**
交通运输、仓储和邮政业	Transport,Storage and Post	1 5[illegible]3
信息传输、软件和信息技术服务业	Information Transmission,Software and Information Technology	2 1[illegible]5
房地产业	Real Estate	1 64[illegible]
租赁和商务服务业	Leasing and Business Services	2 16[illegible]
科学研究和技术服务业	Scientific Research and Technical Services	1 156
水利、环境和公共设施管理业	Management of Water Conservancy,Enviroment and Public Facilities	122
居民服务、修理和其他服务业	Service to Households,Repair and Other Services	330
教育	Education	213
卫生和社会工作	Health and Social Service	119
文化、体育和娱乐业	Culture,Sports and Entertainment	280

注： 房地产业不含房地产开发经营。

Note: Real estate development and management is not included in the real estate.

营业收入(亿元) Business Revenue （100 million yuan）	应付职工薪酬(亿元) Benefit Payable of the Employee （100 million yuan）	从业人员平均人数(人) Average Employed Persons (person)
15 743	**3 256**	**2 226 725**
3 224	461	339 278
6 742	1 211	484 780
1 374	392	431 372
2 387	591	493 321
1 359	356	182 844
139	35	47 180
167	79	145 467
123	56	47 391
98	31	22 925
129	44	32 167

1-10 规模以上服务业企业分区主要财务指标(2020年)

FINANCE INDICATORS OF SERVICE ENTERPRISES ABOVE THE DESIGNATED SIZE BY DISTRICT(2020)

地 区	Region	企业单位数(个) Number of Enterprises (unit)	营业收入(亿元) Business Revenue (100 million yuan)	应付职工薪酬(亿元) Benefit Payable of the Employee (100 million yuan)	从业人员平均人数(人) Average Employed Persons (person)
全 市	**Total**	**9 735**	**15 743**	**3 256**	**2 226 725**
福田区	Futian	1 827	3 099	813	648 066
罗湖区	Luohu	1 006	1 147	314	262 103
盐田区	Yantian	257	339	86	38 198
南山区	Nanshan	3 755	7 568	1 277	621 114
宝安区	Baoan	1 145	1 798	322	278 327
龙岗区	Longgang	867	888	265	227 739
龙华区	Longhua	554	467	105	101 805
坪山区	Pingshan	121	45	9	11 763
光明区	Guangming	145	130	22	24 368
大鹏新区	Dapeng	50	246	42	12 379
深汕特别合作区	Shenzhen-Shanwei Special Cooperation Zone	8	15	2	863

主要统计指标解释

行政区划 指国家对行政区域的划分。根据有关法规规定，我国的行政区域划分如下：(1)全国分为省、自治区、直辖市；(2)省、自治区分为自治州、县、自治县、市；(3)自治州分为县、自治县、市；(4)县、自治县分为乡、民族乡、镇；(5)直辖市和较大的市分为区、县；(6)国家在必要时设立的特别行政区。

平均增长速度 平均增长速度表明社会经济现象在一个较长的时期内逐期平均增长变化的程度，它不能根据各个环比增长速度直接求得，但与平均发展速度之间存在着一定的数量关系：平均增长速度＝平均发展速度－1。

平均发展速度是一种根据环比发展速度计算的序时平均数,由于各时期对比的基础不同，所以计算平均发展速度不能采用一般的序时平均数的计算方法，计算方法分为水平法和累计法。水平法，又称几何平均法，即将环比发展速度按连乘法用几何平均数公式计算。累计法，也称方程法，根据一段时期内各年发展水平总和与基期水平的关系，列出方程式计算平均发展速度。水平法着重考虑最后一年所达到的发展水平；累计法着重考虑整个时期累计发展水平的总量。

企业(单位)登记注册类型 是以在工商行政管理机关登记注册的各类企业为划分对象，以工商行政管理部门对企业登记注册的类型为依据，将企业登记注册类型分为内资企业、港澳台商投资企业和外商投资企业三大类。内资企业包括国有企业、集体企业、股份合作企业、联营企业、有限责任公司、股份有限公司、私营公司和其他企业；港澳台商投资企业和外商投资企业分别包括合资经营企业、合作经营企业、独资经营企业和股份有限公司。对不在工商行政管理部门进行登记注册的行政机关、事业单位和社会团体，主要按其经费来源和管理方式进行划分。

私营企业 指由自然人投资设立或由自然人控股，以雇佣劳动为基础的营利性经济组织。包括按照《公司法》《合伙企业法》《私营企业暂行条例》规定登记注册的私营有限责任公司、私营股份有限公司、私营合伙企业和私营独资企业。

外资企业 指依照《中华人民共和国外资企业法》及有关法律的规定，在中国内地由外国投资者全额投资设立的企业。

Explanatory Notes on Main Statistical Indicators

Divisions of Administrative Areas refers to the division of administrative areas by the State. The relative laws stipulate that 1) the whole country is divided into provinces, autonomous regions and municipalities directly under the Central Government; 2) provinces and autonomous regions are further divided into autonomous prefectures, counties, autonomous counties and cities; 3) autonomous prefectures are further divided into counties, autonomous counties and cities; 4) counties and autonomous counties are further divided into townships, ethnic townships and towns 5) municipalities directly under the Central Government and large cities are divided into districts and counties, 6) the State shall, when necessary, establish special administrative regions.

Average Annual Growth Rate shows the average growth rate of social and economic development during a longer period. It can not be directly calculated by chain based growth rate. The relation is:

Average Annual Growth Rate = Average Speed of Development − 1

Average speed of development is the time series average of speed which calculated by chain based. Because the reference bases during the different periods are not same, average speed of development can not be calculated by the general method. Level approach and accumulative approach for calculating average speed of development rate are applied The "level approach" , or the method of calculating the geometric average, is derived by the formula of geometric average of the chain−based speeds of development, or comparing the level of the last year of the interval with that of the beginning year; the other is called the "accumulative approach" or the "algebraic average" , "equation" method which is derived by the summation of the actual figure of each year in the interval divided by the figure in the base year. The level approach focuses on the level of the last year, while the accumulative approach emphasizes the aggregate development in the duration.

Registration Status of Enterprises Enterprises are classified into 3 categories, namely domestic−funded enterprises, enterprises with investment from Hong Kong, Macau and Taiwan, and enterprises with foreign investment according to the registration status of an enterprise in industrial and commercial administration agencies. Domestic−funded enterprises include State−owned enterprises, collective−owned enterprises, cooperative enterprises, joint ownership enterprises, limited liability corporations, share−holding corporations Ltd., private enterprises and other enterprises. Included in the enterprises with investment from Hong Kong, Macau and Taiwan and enterprises with foreign investment are joint−venture enterprises, cooperative enterprises, sole investment enterprises and share−holding corporations Ltd. For government agencies, institutions and social organizations which are not registered in industrial and commercial administration agencies, they are classified mainly by their sources of funding and manner of management.

Private Enterprises refer to profit−making economic units invested and established by natural persons, or controlled by natural persons using employed labour. Included in this category are private limited liability corporations, private share−holding corporations Ltd., private partnership enterprises and private−funded enterprises registered in accordance with the Company Law, the Law on Partnership Business and Interim Regulations on Private Enterprises .

Enterprises with Sole (exclusive) Foreign Investment refer to enterprises established in the mainland of China with exclusive investment from foreign investors in accordance with the Law of the People' s Republic of China on Wholly Foreign−owned Enterprises and other relevant laws.

Share−holding Corporations Ltd. with Foreign Investment refer to share−holding corporations Ltd. established with the approval from the former Ministry of Foreign Trade and Economic Relations in line with relevant State regulations where the share of investment from foreign investors exceeds 25% of the total registered capital of the corporation. In case the share of foreign investment is less than 25% of the total registered capital, the enterprise is to be classified as domestic-funded share-holding corporation Ltd.

02 第二部分 国民经济核算

NATIONAL ECONOMIC ACCOUNTING

CHAPTER

2-1 国民经济核算主要指标

MAIN INDICATORS OF NATIONAL ECONOMIC ACCOUNTING

项 目	Item	2000	2010	2018	2019	2020
地区生产总值 (亿元)	Gross Domestic Product (100 million yuan)	2219.20	10069.06	25 266.08	26 992.33	27 [illegible]0.24
第一产业	Primary Industry	15.57	6.11	22.61	25.58	25.79
第二产业	Secondary Industry	1108.76	4727.94	9 995.87	10 402.00	10 [illegible]4[illegible]1
第三产业	Tertiary Industry	1094.87	5335.01	15 247.60	16 564.75	17 [illegible]0.44
地区生产总值增长速度(%)	Growth Rates of Gross Domestic Product (%)	16.3	12.3	7.7	6.7	3.1
第一产业	Primary Industry	3.1	−11.2	7.3	5.9	−3.1
第二产业	Secondary Industry	18.5	13.8	9.2	4.4	[illegible].9
第三产业	Tertiary Industry	13.8	10.7	6.7	8.3	3.9
地区生产总值构成 (%)	Composition of Gross Domestic Product (%)	100.0	100.0	100.0	100.0	100.0
第一产业	Primary Industry	0.7	0.1	0.1	0.1	0.1
第二产业	Secondary Industry	50.0	46.9	39.6	38.5	37.8
第三产业	Tertiary Industry	49.3	53.0	60.3	61.4	62.1
地区生产总值贡献率(%)	Share of the Contribution of the Three Strata of Industry (%)	100.0	100.0	100.0	100.0	100.0
第一产业	Primary Industry	0.1	…	0.1	0.1	−0.1
第二产业	Secondary Industry	62.5	59.0	49.1	27.5	25.5
第三产业	Tertiary Industry	37.4	41.0	50.8	72.4	74.6
地区生产总值拉动率(%)	Contribution of the Three Strata of Industry to GDP Growth (%)	16.3	12.3	7.7	6.7	3.1
第一产业	Primary Industry	…	…	…	…	…
第二产业	Secondary Industry	10.2	7.3	3.8	1.8	0.8
第三产业	Tertiary Industry	6.1	5.0	3.9	4.8	2.3
人均地区生产总值(元)	Per Capita Gross Domestic Product (yuan)	33276	99 095	155 320	159 883	1[illegible] 3[illegible]9
人均地区生产总值增长速度 (%)	Growth Rates of Per Capita Gross Domestic Product (%)	5.8	7.8	2.3	2.8	0.2
支出法地区生产总值(亿元)	Gross Domestic Product by Expenditure Approach (100 million yuan)	2219.20	10069.06			
最终消费支出	Final Consumption Expenditures	862.55	4104.02			
资本形成总额	Gross Capital Formation	895.61	3117.82			
货物和服务净流出	Net Exports of Goods and Services	461.03	2847.22			
支出法地区生产总值构成(%)	Composition of Gross Domestic Product by Expenditure Approach(%)	100	100			
最终消费支出	Final Consumption Expenditures	38.9	40.7			
资本形成总额	Gross Capital Formation	40.3	31.0			
货物和服务净流出	Net Exports of Goods and Services	20.8	28.3			

注： 2008-2018年地区生产总值及相关指标已根据全国第四次经济普查结果进行修订（相关表同），2010-2020年人均地区生产总值及其增速已按全国第七次人口普查结果修订（相关表同）。

Note: The data of gross domestic product (GDP) and related data in 2008-2018 have been revised by the fourth national economic census (The same related).The data of per capita gross and its growth rate in 2010-2020 have been revised in accordance with the results of the 7th National Population Census (the same related).

2-2 地区生产总值

GROSS DOMESTIC PRODUCT

单位：万元 （10 000 yuan）

年 份 Year	地区生产总值 Gross Domestic Product	第一产业 Primary Industry	第二产业 Secondary Industry	第三产业 Tertiary Industry	#工业 Industry	#建筑业 Construction
1979	19 638	7 273	4 017	8 348	2 313	1 704
1980	27 012	7 803	7 036	12 173	3 726	3 310
1981	49 576	13 343	16 019	20 214	8 311	7 708
1982	82 573	18 960	31 439	32 174	9 540	21 899
1983	131 212	22 614	55 848	52 750	22 466	33 382
1984	234 161	25 932	106 606	101 623	51 802	54 804
1985	390 222	26 111	163 586	200 525	102 137	61 449
1986	416 451	32 907	163 185	220 359	106 606	56 579
1987	559 015	46 519	220 463	292 033	164 445	56 018
1988	869 807	57 005	359 230	453 572	274 787	84 443
1989	1 156 565	68 615	505 361	582 589	400 579	104 782
1990	1 716 665	70 220	769 319	877 126	644 947	124 372
1991	2 366 630	80 836	1 126 084	1 159 710	928 846	197 238
1992	3 173 194	105 914	1 522 432	1 544 848	1 176 087	346 345
1993	4 531 445	108 615	2 420 214	2 002 616	1 810 085	610 129
1994	6 346 711	134 152	3 357 972	2 854 587	2 671 299	686 673
1995	8 427 933	124 122	4 223 744	4 080 067	3 372 392	851 352
1996	10 505 121	148 796	5 081 045	5 275 280	4 198 625	882 420
1997	13 023 008	147 660	6 209 018	6 666 330	5 222 504	986 514
1998	15 449 472	151 764	7 508 019	7 789 689	6 377 088	1 130 931
1999	18 246 876	150 445	9 154 443	8 941 988	7 930 052	1 224 391
2000	22 192 015	155 656	11 087 644	10 948 715	9 828 530	1 259 114
2001	25 229 474	160 413	12 583 983	12 485 078	11 310 767	1 273 216
2002	30 172 384	166 587	14 980 113	15 025 684	13 670 904	1 309 209
2003	36 401 435	142 048	18 562 162	17 697 225	17 081 204	1 480 958
2004	43 502 928	123 264	22 643 124	20 736 540	21 092 158	1 550 966
2005	50 357 678	97 385	27 096 861	23 163 432	25 559 271	1 537 590
2006	59 206 612	68 851	31 449 697	27 688 064	29 775 384	1 674 313
2007	69 252 268	77 374	35 135 153	34 039 741	33 338 681	1 796 472
2008	79 414 328	77 952	39 702 375	39 634 001	37 763 310	2 035 734
2009	85 144 707	63 527	40 003 477	45 077 703	37 714 165	2 389 132
2010	100 690 553	61 069	47 279 430	53 350 054	44 412 171	2 988 839
2011	119 228 085	62 231	56 019 374	63 146 480	52 551 689	3 616 537
2012	134 962 675	61 302	60 453 948	74 447 425	56 612 498	4 007 427
2013	152 342 436	63 504	66 647 456	85 631 476	62 075 756	4 784 966
2014	167 953 507	57 579	72 321 670	95 574 258	67 540 427	4 996 571
2015	184 368 359	72 084	76 874 089	107 422 186	71 897 943	5 176 630
2016	206 857 358	82 840	83 240 899	123 533 619	77 700 983	5 744 316
2017	232 802 719	195 721	93 375 209	139 231 789	87 012 431	6 551 483
2018	252 660 771	226 072	99 958 664	152 476 035	92 093 512	8 076 830
2019	269 923 266	255 772	104 019 993	165 647 501	95 327 413	8 907 806
2020	276 702 398	257 876	104 540 132	171 904 390	95 281 190	9 466 063

注：1.本表按当年价格计算。2013-2017年，使用《国民经济行业分类》（GB/T 4754-2011），2018年开始使用《国民经济行业分类》（GB/T 4754-2017）。
Note:Data of this table are calculated at current prices. The Industrial Classification of the National Economy (GB/T 4754-2011) is introduced in 2013 -2017, the Industrial Classification of the National Economy (GB/T 4754-2017) is introduced from 2018.
2.根据研发支出纳入GDP核算及全国第三次农业普查结果，对1995-2016年地区生产总值进行了修订。
According to the new GDP Accounting Methodology and the Third National Agricultural Census,the data of GDP from 1995 to 2016 have been revised.

单位：万元

2-2 续表 continued（10 000 yuan）

年 份 Year	#交通运输、仓储和邮政业 Transportation,Storage and Post Services	#批发和零售业 Wholesale and Retail Sales	#住宿和餐饮业 Hotels and Catering Services	#金融业 Financial Intermediation	#房地产 Real Estate	人均地区生产总值(元) Gross Domestic Product Per Capita(yuan)
1979	1 175	3 111	1 050	1 586	467	606
1980	1 798	4 301	1 452	2 325	688	835
1981	2 908	7 104	2 398	3 883	1 152	1 417
1982	4 890	10 758	3 631	6 274	1 850	2 023
1983	7 715	16 868	5 694	11 183	3 181	2 5[illegible]2
1984	14 866	29 948	10 108	22 865	6 301	3 504
1985	25 519	55 943	18 882	46 522	14 759	4 809
1986	35 475	59 200	21 278	50 620	15 420	4 584
1987	54 144	71 776	30 897	62 962	17 347	5 6[illegible]8
1988	71 317	114 899	41 883	119 543	35 016	7 7[illegible]2
1989	90 993	117 160	42 744	150 856	53 831	8 8[illegible]8
1990	112 692	152 877	51 823	240 157	91 396	1[illegible] 097
1991	147 651	239 760	59 056	266 849	155 372	1[illegible] 997
1992	166 595	333 580	84 904	332 492	236 652	1[illegible] 827
1993	190 248	449 485	144 272	405 899	328 708	1[illegible] [illegible]05
1994	245 271	583 961	288 170	596 275	472 171	1[illegible] 954
1995	400 843	779 177	405 147	887 865	673 506	1[illegible] 558
1996	500 073	1 128 234	432 463	1 118 350	842 883	2[illegible] 542
1997	487 346	1 339 511	478 192	1 562 531	955 661	25 772
1998	546 558	1 532 951	538 158	1 809 703	1 062 525	2[illegible] 885
1999	629 825	1 822 078	573 446	1 965 044	1 193 283	30 083
2000	788 014	2 271 487	613 559	2 215 391	1 585 464	3[illegible] 275
2001	857 909	2 618 467	633 105	2 393 224	1 818 950	35 390
2002	1 057 835	3 174 034	728 976	2 487 213	2 348 995	41 018
2003	1 300 797	3 901 304	713 120	2 620 765	3 184 157	47 743
2004	1 893 093	4 601 915	841 186	2 730 844	4 110 367	55 099
2005	2 211 684	5 202 044	971 905	3 056 820	4 449 012	61 844
2006	2 576 875	5 738 239	1 166 653	4 626 637	5 202 637	69 702
2007	2 991 969	6 608 000	1 262 695	7 657 042	6 130 153	77 660
2008	3 077 314	7 729 584	1 655 958	9 693 615	4 897 340	85 088
2009	3 059 808	8 629 694	1 707 615	11 089 131	6 840 798	87 360
2010	3 528 098	10 686 591	2 032 023	13 406 600	7 596 426	99 095
2011	3 867 477	13 293 723	2 339 913	16 071 702	8 702 163	110 389
2012	4 121 725	16 484 265	2 539 718	17 784 089	10 995 084	116 407
2013	4 653 729	18 699 504	2 726 207	20 395 568	11 991 307	124 208
2014	5 029 744	19 788 111	3 166 209	23 150 102	13 273 974	130 448
2015	5 439 028	19 931 736	3 365 946	26 619 170	15 765 051	135 271
2016	6 304 467	21 484 852	3 566 051	30 175 521	18 030 420	142 494
2017	7 056 760	23 047 432	3 915 062	31 602 393	19 373 385	150 739
2018	7 383 665	24 387 387	4 162 900	33 518 852	21 693 578	155 320
2019	7 835 583	25 129 465	4 572 110	36 097 351	23 553 086	159 383
2020	7 138 379	23 117 089	3 785 249	41 896 323	25 739 545	159 [illegible]9

2-3 地区生产总值三次产业构成
COMPOSITION OF GROSS DOMESTIC PRODUCT BY THREE INDUSTRIES

单位：%　　　　(%)

年 份 Year	地区生产总值 Gross Domestic Product	第一产业 Primary Industry	第二产业 Secondary Industry	第三产业 Tertiary Industry	#工业 Industry	#建筑业 Construction
1979	100	37.0	20.5	42.5	11.8	8.7
1980	100	28.9	26.0	45.1	13.8	12.3
1981	100	26.9	32.3	40.8	16.8	15.5
1982	100	22.9	38.1	39.0	11.6	26.5
1983	100	17.2	42.6	40.2	17.1	25.4
1984	100	11.1	45.5	43.4	22.1	23.4
1985	100	6.7	41.9	51.4	26.2	15.7
1986	100	7.9	39.2	52.9	25.6	13.6
1987	100	8.3	39.4	52.3	29.4	10.0
1988	100	6.6	41.3	52.1	31.6	9.7
1989	100	5.9	43.7	50.4	34.6	9.1
1990	100	4.1	44.8	51.1	37.6	7.2
1991	100	3.4	47.6	49.0	39.2	8.3
1992	100	3.3	48.0	48.7	37.1	10.9
1993	100	2.4	53.4	44.2	39.9	13.5
1994	100	2.1	52.9	45.0	42.1	10.8
1995	100	1.5	50.1	48.4	40.0	10.1
1996	100	1.4	48.4	50.2	40.0	8.4
1997	100	1.1	47.7	51.2	40.1	7.6
1998	100	1.0	48.6	50.4	41.3	7.3
1999	100	0.8	50.2	49.0	43.5	6.7
2000	100	0.7	50.0	49.3	44.3	5.7
2001	100	0.6	49.9	49.5	44.8	5.0
2002	100	0.6	49.6	49.8	45.3	4.3
2003	100	0.4	51.0	48.6	46.9	4.1
2004	100	0.3	52.0	47.7	48.5	3.6
2005	100	0.2	53.8	46.0	50.8	3.1
2006	100	0.1	53.1	46.8	50.3	2.8
2007	100	0.1	50.7	49.2	48.1	2.6
2008	100	0.1	50.0	49.9	47.6	2.6
2009	100	0.1	47.0	52.9	44.3	2.8
2010	100	0.1	46.9	53.0	44.1	3.0
2011	100	0.1	47.0	52.9	44.1	3.0
2012	100	…	44.8	55.2	41.9	3.0
2013	100	…	43.8	56.2	40.7	3.1
2014	100	…	43.1	56.9	40.2	3.0
2015	100	…	41.7	58.3	39.0	2.8
2016	100	…	40.3	59.7	37.6	2.8
2017	100	0.1	40.1	59.8	37.4	2.8
2018	100	0.1	39.6	60.3	36.4	3.2
2019	100	0.1	38.5	61.4	35.3	3.3
2020	100	0.1	37.8	62.1	34.5	3.4

2-4 地区生产总值指数

INDICES OF GROSS DOMESTIC PRODUCT

（以1979年为100） （1979=100）

年 份 Year	地区生产总值 Gross Domestic Product	第一产业 Primary Industry	第二产业 Secondary Industry	第三产业 Tertiary Industry	#工业 Industry	#建筑业 Construction	人均地区生产总值 Gross Domestic Product Per Capita
1980	162.7	103.0	175.8	209.5	163.3	197.0	163.0
1981	250.2	132.0	445.6	307.9	406.5	512.1	231.3
1982	396.4	182.2	730.5	504.9	415.5	1 266.1	314.7
1983	627.5	192.8	1 181.7	873.5	869.2	1 713.0	389.3
1984	1 003.3	198.8	2 347.6	1 392.7	2 003.6	2 932.6	486.5
1985	1 249.4	196.8	4 011.2	1 550.9	4 383.4	3 378.4	499.0
1986	1 283.1	231.8	4 269.3	1 537.1	4 825.1	3 324.3	457.7
1987	1 609.0	242.0	5 767.9	1 882.1	7 226.5	3 287.7	524.1
1988	2 186.6	225.1	8 306.0	2 547.1	10 603.7	4 398.9	528.3
1989	2 595.5	280.0	11 472.9	2 678.4	15 030.4	5 423.9	542.8
1990	3 439.1	298.5	16 760.4	3 286.1	22 789.5	6 508.7	720.5
1991	4 677.1	312.8	23 700.4	4 358.6	31 743.9	10 023.4	768.4
1992	6 229.9	313.7	30 607.2	6 090.4	38 297.6	17 530.9	816.2
1993	8 155.5	316.0	42 975.4	7 448.8	52 846.0	26 192.0	875.2
1994	10 677.8	296.3	58 131.1	9 463.8	74 928.7	29 569.3	924.5
1995	13 227.0	289.9	70 891.1	12 018.9	92 702.6	33 803.6	994.8
1996	15 536.5	295.4	82 789.4	14 254.2	110 656.0	35 406.1	1 080.5
1997	18 206.7	295.2	96 546.4	16 844.2	130 287.0	39 175.2	1 167.7
1998	21 083.9	302.6	113 120.0	19 266.0	153 331.2	44 746.7	1 233.5
1999	24 387.9	323.8	132 489.3	21 966.4	181 117.4	49 804.2	1 303.3
2000	28 366.1	333.9	156 948.8	24 995.1	219 191.5	51 114.1	1 378.5
2001	32 492.7	355.7	179 593.2	28 690.2	254 028.8	52 640.8	1 477.2
2002	37 622.4	377.5	211 073.8	32 751.6	302 438.3	54 803.2	1 557.6
2003	44 823.3	321.5	263 911.8	37 150.6	382 601.3	60 414.9	1 [illegible]05.3
2004	52 624.3	262.5	319 807.5	42 131.5	471 135.0	59 558.7	2 [illegible]60.2
2005	60 651.6	208.9	376 945.9	47 310.5	561 072.0	59 711.8	2 414.0
2006	70 788.8	145.1	439 342.6	55 400.7	656 927.5	64 324.1	2 700.5
2007	81 271.7	133.7	501 631.7	64 043.1	754 110.7	66 287.1	2 [illegible]53.5
2008	91 305.8	110.8	562 545.6	72 137.3	849 814.6	67 028.2	3 [illegible]70.5
2009	101 799.3	91.7	622 328.6	81 166.9	936 427.7	80 698.8	3 285.1
2010	114 361.4	81.4	708 238.4	89 871.0	1 063 704.6	95 379.4	3 647.7
2011	125 915.7	76.4	790 886.0	97 720.3	1 189 135.3	104 801.2	3 778.3
2012	138 715.4	79.4	851 752.0	109 856.3	1 280 605.7	112 949.3	3 877.5
2013	153 448.9	59.2	933 505.5	122 540.6	1 408 563.9	118 337.0	4 054.3
2014	167 128.2	53.5	1 006 605.7	134 616.2	1 523 955.4	120 425.7	4 207.0
2015	182 127.6	55.8	1 081 522.0	148 435.5	1 639 665.2	124 722.4	4 330.3
2016	199 154.6	55.5	1 170 216.3	163 541.9	1 772 350.6	136 418.2	4 446.2
2017	216 697.9	70.2	1 275 298.3	177 717.5	1 934 879.4	144 154.3	4 566.7
2018	233 491.6	75.3	1 392 712.4	189 663.2	2 106 470.4	164 369.5	4 671.7
2019	249 023.6	79.8	1 453 570.3	205 409.3	2 192 417.1	177 900.4	4 800.3
2020	256 620.3	77.3	1 481 126.8	213 344.2	2 226 147.8	189 346.7	4 808.3
年平均增长率 Average Annual Growth Rate	**21.1**	**-0.6**	**26.4**	**20.6**	**27.7**	**20.2**	**9.9**

注： 本表按可比价格计算。

Note: Data in this table are calculated at constant prices.

2-5 地区生产总值指数

INDICES OF GROSS DOMESTIC PRODUCT

（以上年为100）　　　　(Preceding Year=100)

年份 Year	地区生产总值 Gross Domestic Product	第一产业 Primary Industry	第二产业 Secondary Industry	第三产业 Tertiary Industry	#工业 Industry	#建筑业 Construction	人均地区生产总值 Gross Domestic Product Per Capita
1980	162.7	103.0	175.8	209.5	163.3	197.0	163.0
1981	153.8	128.2	253.5	146.9	248.9	259.9	142.2
1982	158.4	138.0	163.9	164.0	102.2	247.2	135.8
1983	158.3	105.8	161.8	173.0	209.2	135.3	123.7
1984	159.9	103.1	198.7	159.4	230.5	171.2	125.0
1985	124.5	99.0	170.9	111.4	218.8	115.2	102.6
1986	102.7	117.8	106.4	99.1	110.1	98.4	91.7
1987	125.4	104.4	135.1	122.4	149.8	98.9	114.5
1988	135.9	93.0	144.0	135.3	146.7	133.8	119.9
1989	118.7	124.4	138.1	105.2	141.7	123.3	102.3
1990	132.5	106.6	146.1	122.7	151.6	120.0	112.1
1991	136.0	104.8	141.4	132.6	139.3	154.0	106.6
1992	133.2	100.3	129.1	139.7	120.6	174.9	106.2
1993	130.9	100.7	140.4	122.3	138.0	149.4	107.2
1994	130.9	93.8	135.3	127.1	141.8	112.9	105.6
1995	123.9	97.9	122.0	127.0	123.7	114.3	107.6
1996	117.5	101.9	116.8	118.6	119.4	104.7	108.6
1997	117.2	99.9	116.6	118.2	117.7	110.6	108.1
1998	115.8	102.5	117.2	114.4	117.7	114.2	105.6
1999	115.7	107.0	117.1	114.0	118.1	111.3	105.7
2000	116.3	103.1	118.5	113.8	121.0	102.6	105.8
2001	114.5	106.5	114.4	114.8	115.9	103.0	107.2
2002	115.8	106.1	117.5	114.2	119.1	104.1	112.2
2003	119.1	85.2	125.0	113.4	126.5	110.2	114.9
2004	117.4	81.7	121.2	113.4	123.1	98.6	113.4
2005	115.3	79.6	117.9	112.3	119.1	100.3	111.8
2006	116.7	69.5	116.6	117.1	117.1	107.7	111.9
2007	114.8	92.1	114.2	115.6	114.8	103.1	109.4
2008	112.3	82.9	112.1	112.6	112.7	101.1	107.3
2009	111.5	82.8	110.6	112.5	110.2	120.4	106.8
2010	112.3	88.8	113.8	110.7	113.6	118.2	107.8
2011	110.1	93.9	111.7	108.7	111.8	109.9	103.6
2012	110.2	103.9	107.7	112.4	107.7	107.8	102.6
2013	110.6	74.6	109.6	111.5	110.0	104.8	104.6
2014	108.9	90.4	107.8	109.9	108.2	101.8	103.8
2015	109.0	104.2	107.4	110.3	107.6	103.6	102.9
2016	109.3	99.6	108.2	110.2	108.1	109.4	102.7
2017	108.8	126.4	109.0	108.7	109.2	105.7	102.7
2018	107.7	107.3	109.2	106.7	108.9	114.0	102.3
2019	106.7	105.9	104.4	108.3	104.1	108.2	102.8
2020	103.1	96.9	101.9	103.9	101.5	106.4	100.2

注： 1. 本表按可比价格计算。
Note: Data in this table are calculated at constant prices.
2. 2011年由于国家统计局在我市开展房屋租赁业调查试点，涉及核算方法调整，因此本表2011年数据按上年同口径计算。
The data of 2011 in this table are calculated at the same caliber of last year, because of accounting method adjustments by National Bureau of Statistics survey pilot to carry out the rental industry in the city.

2-6 三次产业贡献率

SHARE OF THE CONTRIBUTIONS OF THE THREE STRATA OF INDUSTRY

单位：%　　　　(%)

年　份 Year	地区生产总值 Gross Domestic Product	第一产业 Primary Industry	第二产业 Secondary Industry	第三产业 Tertiary Industry	#工业 Industry	#建筑业 Construction
1980	100	1.9	12.3	85.8	6.5	5.3
1981	100	13.5	31.4	55.1	17.8	13.5
1982	100	14.0	19.8	66.2	0.4	19.4
1983	100	1.9	19.8	78.3	12.6	7.2
1984	100	0.6	31.6	67.8	19.3	12.3
1985	100	−0.3	68.7	31.6	61.9	6.8
1986	100	42.3	77.8	−20.1	83.9	−6.1
1987	100	1.3	46.7	52.0	47.2	−0.5
1988	100	−1.2	44.7	56.5	37.4	7.3
1989	100	5.5	78.8	15.7	69.3	9.5
1990	100	0.9	63.7	35.4	58.9	4.8
1991	100	0.5	57.0	42.5	46.3	10.7
1992	100	…	45.2	54.8	27.0	18.2
1993	100	0.1	65.3	34.6	48.4	16.9
1994	100	−0.3	61.1	39.2	56.1	5.0
1995	100	−0.1	50.9	49.2	44.7	6.2
1996	100	0.1	52.4	47.5	49.8	2.6
1997	100	…	52.4	47.6	47.1	5.3
1998	100	0.1	58.6	41.3	51.3	7.3
1999	100	0.3	59.6	40.1	53.9	5.8
2000	100	0.1	62.5	37.4	61.3	1.2
2001	100	0.3	49.6	50.1	48.4	1.2
2002	100	0.3	55.4	44.3	54.1	1.3
2003	100	−0.5	66.3	34.2	63.8	2.5
2004	100	−0.5	64.7	35.8	65.0	−0.3
2005	100	−0.4	64.3	36.1	64.2	0.1
2006	100	−0.4	53.3	47.1	51.9	1.4
2007	100	−0.1	51.5	48.6	50.9	0.5
2008	100	−0.1	52.5	47.6	52.3	0.2
2009	100	−0.1	49.2	50.9	45.3	4.0
2010	100	…	59.0	41.0	55.6	3.6
2011	100	…	54.2	45.8	51.5	2.9
2012	100	…	36.1	63.9	33.9	2.3
2013	100	−0.1	42.1	58.0	41.2	1.3
2014	100	…	40.5	59.5	40.0	0.5
2015	100	…	37.9	62.1	36.6	1.0
2016	100	…	36.6	63.4	33.8	2.8
2017	100	0.2	42.1	57.7	40.2	1.8
2018	100	0.1	49.1	50.8	44.3	4.9
2019	100	0.1	27.5	72.4	24.0	3.6
2020	100	−0.1	25.5	74.6	19.2	6.2

注：产业贡献率指各产业增加值增量与地区生产总值增量之比。

Note:Industrial contribution rate refers to the proportion of the increment of every industrial value added to the increment of GDP.

2-7 三次产业拉动力

CONTRIBUTION OF THE THREE STRATA OF INDUSTRY

单位：百分点 (percentage points)

年 份 Year	地区生产总值 Gross Domestic Product	第一产业 Primary Industry	第二产业 Secondary Industry	第三产业 Tertiary Industry	#工业 Industry	#建筑业 Construction
1980	62.7	1.2	7.7	53.8	4.1	3.6
1981	53.8	7.3	16.9	29.6	9.6	7.3
1982	58.4	8.2	11.5	38.7	0.2	11.3
1983	58.3	1.1	11.5	45.7	7.3	4.2
1984	59.9	0.4	18.9	40.6	11.6	7.3
1985	24.5	−0.1	16.9	7.7	15.2	1.7
1986	2.7	1.1	2.1	−0.5	2.3	−0.2
1987	25.4	0.3	11.9	13.2	12.0	−0.1
1988	35.9	−0.4	16.0	20.3	13.4	2.6
1989	18.7	1.0	14.8	2.9	13.0	1.8
1990	32.5	0.3	20.7	11.5	19.1	1.6
1991	36.0	0.2	20.5	15.3	16.7	3.8
1992	33.2	…	15.0	18.2	9.0	6.0
1993	30.9	…	20.2	10.7	15.0	5.2
1994	30.9	−0.1	18.9	12.1	17.3	1.6
1995	23.9	…	12.2	11.7	10.7	1.5
1996	17.5	…	9.2	8.3	8.7	0.5
1997	17.2	…	9.0	8.2	8.1	0.9
1998	15.8	…	9.3	6.5	8.1	1.2
1999	15.7	…	9.4	6.3	8.5	0.9
2000	16.3	…	10.2	6.1	10.0	0.2
2001	14.5	…	7.2	7.3	7.0	0.2
2002	15.8	…	8.8	7.0	8.5	0.2
2003	19.1	−0.1	12.7	6.5	12.2	0.5
2004	17.4	−0.1	11.3	6.2	11.3	−0.1
2005	15.3	−0.1	9.9	5.5	9.8	…
2006	16.7	−0.1	8.9	7.9	8.7	0.2
2007	14.8	…	7.6	7.2	7.5	0.1
2008	12.3	…	6.5	5.8	6.5	…
2009	11.5	…	5.7	5.8	5.2	0.5
2010	12.3	…	7.3	5.0	6.9	0.4
2011	10.1	…	5.5	4.6	5.2	0.3
2012	10.2	…	3.7	6.5	3.4	0.2
2013	10.6	…	4.5	6.1	4.4	0.1
2014	8.9	…	3.6	5.3	3.6	…
2015	9.0	…	3.4	5.6	3.3	0.1
2016	9.3	…	3.4	5.9	3.2	0.3
2017	8.8	…	3.7	5.1	3.5	0.2
2018	7.7	…	3.8	3.9	3.4	0.4
2019	6.7	…	1.8	4.8	1.6	0.2
2020	3.1	…	0.8	2.3	0.6	0.2

注： 1. 本表按可比价格计算。
Note: The data in this table are calculated at constant prices.
2. 产业拉动指地区生产总值增长速度与各产业贡献率之乘积。
Industrial pulling rate is the growth rate of GDP multiplying industrial contribution rate.

2-8 各行业增加值

VALUE ADDED BY SECTOR

单位：万元

指标名称	Item	2013
合计	**Total**	**152 34[illegible] 436**
农林牧渔业	Agriculture, Forestry, Animal Husbandry and Fishery	6[illegible] 49[illegible]
工　业	Industry	62 07[illegible] 75[illegible]
建筑业	Construction	4 78[illegible] 965
批发和零售业	Wholesale and Retail Sales	18 699 504
交通运输、仓储和邮政业	Transportation,Storage and Post	4 653 729
住宿和餐饮业	Hotels and Catering Services	2 726 207
信息传输、软件和信息技术服务业	Information Transmission, Software and Information Technology	8 405 556
金融业	Financial Intermediation	20 395 568
房地产业	Real Estate	11 991 307
租赁和商务服务业	Leasing and Business Services	5 092 240
科学研究和技术服务业	Scientific Research and Technical Service	3 702 476
水利、环境和公共设施管理业	Management of Water Conservancy, Environment and Public Facilities	484 [illegible]84
居民服务、修理和其他服务业	Services to Households, Repair and Other Services	1 683 270
教育	Education	2 592 [illegible]25
卫生和社会工作	Health and Social Work	1 718 219
文化、体育和娱乐业	Culture ,Sports and Entertainment	694 447
公共管理、社会保障和社会组织	Public Management, Social Security and Social Organizations	2 576 [illegible]3
第一产业	Primary Industry	63 5[illegible]4
第二产业	Secondary Industry	66 647 4[illegible]6
第三产业	Tertiary Industry	85 631 4[illegible]6

(10 000 yuan)

2014	2015	2016	2017	2018	2019	2020
167 953 507	**184 368 359**	**206 857 358**	**232 802 719**	**252 660 771**	**269 923 266**	**276 702 398**
59 854	74 991	86 264	203 482	235 445	263 706	267 129
67 540 427	71 897 943	77 700 983	87 012 431	92 093 512	95 327 413	95 281 190
4 996 571	5 176 630	5 744 316	6 551 483	8 076 830	8 907 806	9 466 063
19 788 111	19 931 736	21 484 852	23 047 432	24 387 387	25 129 465	23 117 089
5 029 744	5 439 028	6 304 467	7 056 760	7 383 665	7 835 583	7 138 379
3 166 209	3 365 946	3 566 051	3 915 062	4 162 900	4 572 110	3 785 249
9 713 998	11 652 885	15 068 762	19 405 531	22 478 210	26 504 885	28 834 904
23 150 102	26 619 170	30 175 521	31 602 393	33 518 852	36 097 351	41 896 323
13 273 974	15 765 051	18 030 420	19 373 385	21 693 578	23 553 086	25 739 545
5 773 644	6 230 813	6 809 903	9 312 096	11 001 089	12 023 712	11 959 506
4 162 195	4 953 664	5 327 028	6 990 007	7 499 291	8 190 977	8 252 926
504 046	601 118	629 727	720 215	726 546	741 873	840 169
1 970 833	2 241 841	2 564 369	2 530 361	2 963 313	3 286 622	2 903 239
3 174 106	3 881 708	5 105 603	5 377 651	5 947 724	6 689 816	7 024 995
1 997 020	2 335 719	3 047 488	3 323 329	3 593 120	4 013 085	4 180 760
725 120	798 481	1 002 897	1 036 188	1 190 132	1 116 157	945 397
2 927 553	3 401 635	4 208 707	5 344 913	5 709 177	5 669 619	5 069 536
57 579	72 084	82 840	195 721	226 072	255 772	257 876
72 321 670	76 874 089	83 240 899	93 375 209	99 958 664	104 019 993	104 540 132
95 574 258	107 422 186	123 533 619	139 231 789	152 476 035	165 647 501	171 904 390

2-9 各行业增加值比重

PROPORTION OF VALUE ADDED BY SECTOR

单位：%　　　　　　　　　　　　　　　　　　　　　　　　　　　　　　(%)

指标名称	Item	2016	2017	2018	2019	2020
合计	**Total**	**100**	**100**	**100**	**100**	**100**
农林牧渔业	Agriculture, Forestry, Animal Husbandry and Fishery	…	0.1	0.1	0.1	0.1
工　业	Industry	37.6	37.4	36.4	35.3	34.4
建筑业	Construction	2.8	2.8	3.2	3.3	3.4
批发和零售业	Wholesale and Retail Sales	10.4	9.9	9.6	9.3	8.4
交通运输、仓储和邮政业	Transportation,Storage and Post	3.0	3.0	2.9	2.9	2.5
住宿和餐饮业	Hotels and Catering Services	1.7	1.7	1.6	1.7	1.4
信息传输、软件和信息技术服务业	Information Transmission, Software and Information Technology	7.3	8.3	8.9	9.8	10.4
金融业	Financial Intermediation	14.6	13.6	13.3	13.4	15.1
房地产业	Real Estate	8.7	8.3	8.6	8.7	9.3
租赁和商务服务业	Leasing and Business Services	3.3	4.0	4.3	4.5	4.3
科学研究和技术服务业	Scientific Research and Technical Service	2.6	3.0	3.0	3.0	3.0
水利、环境和公共设施管理业	Management of Water Conservancy, Environment and Public Facilities	0.3	0.3	0.3	0.3	0.3
居民服务、修理和其他服务业	Services to Households, Repair and Other Services	1.2	1.1	1.2	1.2	1.2
教育	Education	2.5	2.3	2.4	2.5	2.5
卫生和社会工作	Health and Social Work	1.5	1.4	1.4	1.5	1.5
文化、体育和娱乐业	Culture ,Sports and Entertainment	0.5	0.5	0.5	0.4	0.3
公共管理、社会保障和社会组织	Public Management, Social Security and Social Organizations	2.0	2.3	2.3	2.1	1.8
第一产业	Primary Industry	…	0.1	0.1	0.1	0.1
第二产业	Secondary Industry	40.3	40.1	39.6	38.5	37.8
第三产业	Tertiary Industry	59.7	59.8	60.3	61.4	62.1

2-10 各行业增加值增长率

GROWTH RATE OF VALUE ADDED BY INDUSTRIES

单位：% (%)

指标名称	Item	2016	2017	2018	2019	2020
合计	**Total**	**9.3**	**8.8**	**7.7**	**6.7**	**3.1**
农林牧渔业	Agriculture, Forestry, Animal Husbandry and Fishery	0.3	24.9	7.0	5.3	−2.6
工 业	Industry	8.1	9.2	8.9	4.1	1.5
建筑业	Construction	9.4	5.7	14.0	8.2	6.4
批发和零售业	Wholesale and Retail Sales	6.0	4.6	3.7	2.5	−3.3
交通运输、仓储和邮政业	Transportation,Storage and Post	10.9	21.5	10.2	7.5	−0.9
住宿和餐饮业	Hotels and Catering Services	2.8	5.7	2.4	5.1	−20.4
信息传输、软件和信息技术服务业	Information Transmission, Software and Information Technology	26.9	21.4	12.7	17.7	11.3
金融业	Financial Intermediation	11.6	2.3	3.7	8.9	9.1
房地产业	Real Estate	−0.6	3.6	9.0	7.4	4.3
租赁和商务服务业	Leasing and Business Services	5.1	22.4	13.1	9.8	3.7
科学研究和技术服务业	Scientific Research and Technical Service	4.4	19.9	3.3	7.7	2.4
水利、环境和公共设施管理业	Management of Water Conservancy, Environment and Public Facilities	5.5	15.6	2.6	1.8	13.5
居民服务、修理和其他服务业	Services to Households, Repair and Other Services	7.8	−9.3	12.9	7.5	−1.5
教育	Education	22.3	7.6	3.6	12.1	1.9
卫生和社会工作	Health and Social Work	22.1	6.9	3.4	7.5	4.0
文化、体育和娱乐业	Culture ,Sports and Entertainment	21.5	1.0	12.7	−7.2	−13.3
公共管理、社会保障和社会组织	Public Management, Social Security and Social Organizations	18.1	10.8	3.3	−1.0	1.6
第一产业	Primary Industry	−0.4	26.4	7.3	5.9	−3.1
第二产业	Secondary Industry	8.2	9.0	9.2	4.4	1.9
第三产业	Tertiary Industry	10.2	8.7	6.7	8.3	3.9

2-11 各行业增加值构成项目（2018年）

COMPONENTS OF VALUE ADDED BY SECTOR（2018）

单位：万元 (10 000 yuan)

行 业	Sector	地区生产总值 Gross Domestic Product	劳动者报酬 Laborers' Remun-eration	生产税净额 Net Taxes on Production	固定资产折旧 Depreciation of Fixed Assets	营业盈余 Operating Surplus
合计	**Total**	**252 660 771**	**129 492 818**	**30 808 571**	**27 582 328**	**64 777 054**
农林牧渔业	Agriculture, Forestry, Animal Husbandry and Fishery	235 445	234 969		476	
工 业	Industry	92 093 512	49 363 854	11 436 592	10 915 098	20 377 963
建筑业	Construction	8 076 830	5 843 141	842 836	384 002	1 006 852
批发和零售业	Wholesale and Retail Sales	24 387 387	12 604 638	5 969 015	1 478 132	4 335 602
交通运输、仓储和邮政业	Transportation,Storage and Post	7 383 665	4 490 936	356 203	1 504 199	1 032 328
住宿和餐饮业	Hotels and Catering Services	4 162 900	2 655 597	186 773	271 889	1 048 641
信息传输、软件和信息技术服务业	Information Transmission, Software and Information Technology	22 478 210	10 208 495	1 706 322	1 679 941	8 883 451
金融业	Financial Intermediation	33 518 852	8 488 377	3 566 162	825 733	20 638 580
房地产业	Real Estate	21 693 578	4 745 333	4 686 481	6 494 904	5 766 860
租赁和商务服务业	Leasing and Business Services	11 001 089	8 383 173	1 025 381	1 101 993	490 542
科学研究和技术服务业	Scientific Research and Technical Service	7 499 291	4 929 139	584 154	1 259 898	726 101
水利、环境和公共设施管理业	Management of Water Conservancy, Environment and Public Facilities	726 546	448 903	115 994	81 692	79 957
居民服务、修理和其他服务业	Services to Households, Repair and Other Services	2 963 313	2 488 574	105 734	227 484	141 521
教育	Education	5 947 724	5 086 813	56 519	710 758	93 633
卫生和社会工作	Health and Social Work	3 593 120	3 176 867	23 799	228 710	163 744
文化、体育和娱乐业	Culture ,Sports and Entertainment	1 190 132	948 159	134 727	158 787	−51 541
公共管理、社会保障和社会组织	Public Management, Social Security and Social Organizations	5 709 177	5 395 851	11 878	258 632	42 816
第一产业	Primary Industry	226 072	225 601		471	
第二产业	Secondary Industry	99 958 664	55 095 278	12 261 362	11 258 244	21 343 780
第三产业	Tertiary Industry	152 476 035	74 171 938	18 547 209	16 323 614	43 433 274

注：本表按当年价格计算。
Note: Data of this table are calculated at current prices.

2-12 支出法地区生产总值

GROSS DOMESTIC PRODUCT BY EXPENDITURE APPROACH

单位：万元 (10 000 yuan)

年 份 Year	支出法地区生产总值 Gross Domestic Product by Expenditure Approach	最终消费Final Consumption Expenditure	资本形成总额 Gross Capital Formation	货物和服务净流出 Net Exports of Goods and Services	最终消费率 (消费率)(%) Final Consumption Rate (%)	资本形成率 (投资率)(%) Capital Formation Rate (%)
1992	3 173 194	1 158 215	1 526 307	488 672	36.5	48.1
1993	4 531 445	1 617 614	2 213 934	699 897	35.7	48.9
1994	6 346 711	2 093 226	3 017 863	1 235 622	33.0	47.6
1995	8 427 933	2 742 791	3 807 527	1 877 615	32.5	45.2
1996	10 505 121	3 508 245	4 660 386	2 336 490	33.4	44.4
1997	13 023 008	4 507 268	5 406 112	3 109 628	34.6	41.5
1998	15 449 472	5 432 212	6 357 560	3 659 700	35.2	41.2
1999	18 246 876	6 478 688	7 569 528	4 198 660	35.5	41.5
2000	22 192 015	8 625 540	8 956 134	4 610 341	38.9	40.4
2001	25 229 474	10 811 876	9 784 206	4 633 392	42.9	38.8
2002	30 172 384	13 772 558	11 425 350	4 974 476	45.6	37.9
2003	36 401 435	17 033 512	13 825 437	5 542 486	46.8	38.0
2004	43 502 928	20 486 914	16 865 205	6 150 809	47.1	38.8
2005	50 357 678	17 984 720	21 489 620	10 883 338	35.7	42.7
2006	59 206 612	21 196 299	23 805 590	14 204 723	35.8	40.2
2007	69 252 268	25 014 503	25 397 333	18 840 432	36.1	36.7
2008	79 414 328	29 261 285	26 939 868	23 213 175	36.8	33.9
2009	85 144 707	34 493 436	27 314 916	23 336 355	40.5	32.1
2010	100 690 553	41 040 155	31 178 180	28 472 218	40.8	31.0
2011	119 228 085	47 296 824	37 352 900	34 578 361	39.7	31.3
2012	134 962 675	55 146 505	39 500 176	40 315 994	40.9	29.3
2013	152 342 436	60 104 622	46 636 489	45 601 325	39.5	30.6
2014	167 953 507	68 825 568	51 675 598	47 452 341	41.0	30.8
2015	184 368 359	75 965 321	56 883 034	51 520 004	41.2	30.9
2016	206 857 358	83 311 563	69 005 378	54 540 417	40.3	33.4
2017	232 802 719	92 627 786	78 070 930	62 104 003	39.8	33.5

注： 本表按当年价格计算。
Note: Data of this table are calculated at current prices.

2-13 各区地区生产总值

GROSS DOMESTIC PRODUCT BY DISTRICT

单位：万元

年 份 Year	福田区 Futian	罗湖区 Luohu	盐田区 Yantian	南山区 Nanshan	大宝安区 Original Baoan
2000	5 027 506	2 937 569	506 406	5 035 461	4 631 824
2001	5 656 978	3 175 776	609 770	5 710 571	5 309 682
2002	6 688 282	3 717 578	801 778	6 771 890	6 434 846
2003	7 972 713	4 271 370	1 039 501	8 285 677	7 847 425
2004	9 210 878	4 894 426	1 238 610	9 849 216	9 775 229
2005	10 340 815	5 301 055	1 474 060	11 363 967	11 736 821
2006	11 647 097	5 933 161	1 721 439	12 665 819	15 252 352
2007	13 133 597	7 108 138	2 021 615	14 658 195	18 240 553
2008	15 204 504	8 162 693	2 264 261	16 713 631	20 863 743
2009	16 359 674	8 848 615	2 520 353	17 294 987	22 321 547
2010	18 788 014	10 363 416	2 881 114	20 459 279	26 910 483
2011	20 934 837	12 024 593	3 270 442	24 432 827	32 882 453
2012	23 757 257	13 582 520	3 661 787	28 360 020	35 073 623
2013	27 146 439	14 942 336	4 104 196	32 230 645	39 431 743
2014	29 590 406	16 253 301	4 501 469	34 649 427	44 982 436
2015	32 561 471	17 275 004	4 864 379	37 155 228	49 480 569
2016	37 251 259	19 451 634	5 288 452	44 114 622	57 018 305
2017	40 078 722	21 277 594	5 737 993	51 815 811	43 136 488
2018	42 750 878	22 351 587	6 010 459	57 476 580	
2019	45 741 421	23 357 022	6 262 046	62 790 561	
2020	47 541 626	23 752 767	6 581 486	65 022 227	

注：1.本表按当年价格计算。
Note: Data of this table are calculated at current prices.

2.2007年以来，深圳陆续设立功能新区及新行政区，表中大宝安区数据2007年及以前为原宝安区数据，2008-2012年包含宝安区和光明新区，2013-2016年包含宝安区、龙华新区和光明新区，2017年包含宝安区和光明新区。大龙岗区数据2008年及以前为原龙岗区数据，2009-2012年包含龙岗区和坪山新区，2013-2016年包含龙岗区、坪山新区和大鹏新区，2017年包含龙岗区和大鹏新区。

Since 2007, functional zones and new administrative districts have been established in Shenzhen. The data of Original Baoan were the data of Baoan in 2007 and before, included Baoan and Guangming in 2008-2012, included Baoan, Longhua and Guangming in 2013-2016, included Baoan and Guangming in 2017. The data of Original Longgang were the data of Longgang in 2008 and before, included Longgang and Pingshan in 2009-2012, included Longgang, Pingshan and Dapeng in 2013-2016, included Longgang and Dapeng in 2017.

3.分区地区生产总值数据2016年以前未做研发支出纳入修订，亦未根据全国第四次经济普查结果进行修订。

Research and development expenditure wasn't included in GDP and the GDP data hasn't been revised by the fourth national economic census before 2016 in this table.

(10 000 yuan)

宝安区 Baoan	龙华区 Longhua	光明区 Guangming	大龙岗区 Original Longgang	龙岗区 Longgang	坪山区 Pingshan	大鹏新区 Dapeng	深汕特别合作区 Shenzhen–Shanwei Special Cooperation Zone
			3 685 749				
			4 362 097				
			5 230 810				
			6 440 549				
			7 853 069				
			9 292 360				
			10 915 756				
			12 853 603				
19 007 885		1 860 863	14 654 083				
20 097 230		2 224 317	15 557 666	13 875 047	1 682 619		
24 039 809		2 870 674	18 330 756	16 054 058	2 276 698		
29 023 850		3 858 603	21 613 446	18 834 935	2 778 511		
30 032 656		5 045 967	25 274 465	21 821 979	3 452 486		
20 442 625	13 157 156	5 835 962	27 867 330	21 532 826	3 871 849	2 462 655	
23 681 533	14 980 767	6 320 136	30 041 168	23 210 811	4 237 273	2 593 084	
26 416 174	16 355 110	6 709 285	33 691 983	26 366 531	4 580 534	2 744 918	
30 650 496	18 989 724	7 378 085	43 733 086	35 302 953	5 319 842	3 110 291	
34 596 420	21 559 365	8 540 068	42 736 583	39 427 108	6 118 943	3 309 475	341 220
36 217 763	24 011 068	9 176 863		43 889 663	6 980 257	3 406 108	389 545
38 193 404	24 468 329	10 171 144		47 360 879	7 615 240	3 434 344	528 875
38 468 672	24 928 607	11 007 714		47 444 851	8 010 532	3 403 528	540 388

2-14 各区地区生产总值指数

INDICES OF GROSS DOMESTIC PRODUCT BY DISTRICT

（以上年为100）

年 份 Year	福田区 Futian	罗湖区 Luohu	盐田区 Yantian	南山区 Nanshan	大宝安区 Original Baoan
2001	113.4	111.3	116.5	115.1	114.3
2002	113.7	111.8	126.6	115.6	118.7
2003	116.5	111.5	127.0	121.7	120.4
2004	112.9	111.4	116.5	117.1	122.9
2005	110.9	107.8	118.5	114.8	119.1
2006	114.0	113.4	116.2	112.7	121.[illegible]
2007	112.7	112.9	116.0	110.6	118.2
2008	110.3	109.1	110.9	112.1	113.3
2009	110.2	107.7	110.2	111.4	112.2
2010	110.8	108.7	110.5	112.2	115.1
2011	108.5	108.2	110.0	111.6	114.5
2012	109.0	108.6	110.0	111.6	108.4
2013	110.3	109.2	110.1	112.0	109.[illegible]
2014	108.9	108.0	108.9	109.0	109.[illegible]
2015	109.0	108.0	108.9	109.3	108.6
2016	108.8	108.9	108.8	109.6	108.6
2017	108.2	108.2	108.6	109.2	109.4
2018	107.4	107.1	107.0	105.1	
2019	107.2	105.7	105.9	108.0	
2020	103.6	101.5	105.8	105.1	

注： 本表按可比价格计算。
Note: Data in this table are calculated at constant prices.

(Preceding Year=100)

宝安区 Baoan	龙华区 Longhua	光明区 Guangming	大龙岗区 Original Longgang	龙岗区 Longgang	坪山区 Pingshan	大鹏新区 Dapeng	深汕特别合作区 Shenzhen-Shanwei Special Cooperation Zone
			120.4				
			116.9				
			122.3				
			120.1				
			118.6				
			119.2				
			118.5				
			114.2				
			110.9				
		128.2	113.0		127.7		
		128.5	111.8		114.5		
		125.1	111.4		115.2		
111.6	104.0	115.5	110.7	111.2	113.1		
109.6	108.0	111.0	108.9	109.5	110.0	103.7	
109.0	108.0	109.4	109.6	110.5	109.4	104.0	
108.8	108.1	109.2	110.2	110.0	112.7	106.9	
109.3	108.6	109.9	109.7	109.9	112.2	106.7	117.2
108.6	109.6	107.2		111.0	110.0	106.0	107.1
106.0	101.3	108.0		108.1	108.5	104.3	133.1
102.0	103.0	105.7		101.1	104.5	100.2	105.0

2-15 各区分行业增加值（2020年）

VALUE ADDED OF SECTOR BY DISTRICT （2020）

单位：万元

行 业	Sector	福田区 Futian	罗湖区 Luohu	盐田区 Yantian	南山区 Nanshan
地区生产总值	**Gross Domestic Product**	**47 541 626**	**23 752 767**	**6 581 486**	**65 02[illegible] 227**
农林牧渔业	Farming,Forestry,Animal Husbandry and Fishery	16 519	9 173	1 692	12[illegible]66
工业	Industry	1 817 900	793 926	637 770	17 798 133
建筑业	Construction	1 597 735	676 062	192 661	2 308 [illegible]28
批发和零售业	Wholesale and Retail Trade	5 510 250	3 425 955	578 272	3 517 434
交通运输、仓储和邮政业	Transport,Storage and Post	1 559 482	425 255	925 181	1 270 5[illegible]
住宿和餐饮业	Hotels and Catering Services	586 728	473 115	56 131	619 842
金融业	Financial Intermediation	20 247 645	9 368 589	639 122	5 599 17[illegible]
房地产业	Real Estate	3 722 045	2 435 588	1 311 660	6 314 656
其他服务业	Other Services	12 483 322	6 145 104	2 238 997	27 581 648
第一产业	Primary Industry	16 519	9 173	1 692	11 826
第二产业	Secondary Industry	3 412 086	1 467 507	823 412	20 006 075
第三产业	Tertiary Industry	44 113 021	22 276 087	5 756 382	45 004 326

注： 本表按当年价格计算。
Note: Date of this table are calculated at current prices.

(10 000 yuan)

宝安区 Baoan	龙岗区 Longgang	龙华区 Longhua	坪山区 Pingshan	光明区 Guangming	大鹏新区 Dapeng	深汕特别合作区 Shenzhen-Shanwei Special Cooperation Zone
38 468 672	**47 444 851**	**24 928 607**	**8 010 532**	**11 007 714**	**3 403 528**	**540 388**
4 401	9 917	5 127	10 048	21 785	12 701	163 200
16 875 404	32 480 580	11 191 949	4 656 975	6 990 325	1 899 764	138 414
1 769 041	995 746	888 741	458 784	434 000	105 840	39 325
3 370 368	2 963 179	2 587 109	396 794	695 399	58 932	13 397
1 706 488	543 272	549 425	48 575	74 669	33 374	2 065
881 483	433 828	521 379	71 784	110 619	16 640	13 700
2 309 637	1 570 425	1 324 150	358 109	361 346	108 260	9 863
4 148 895	2 618 256	3 725 348	665 298	684 847	100 226	12 726
7 402 955	5 829 648	4 135 379	1 344 165	1 634 724	1 067 791	147 698
4 401	9 917	5 127	10 048	21 785	12 001	155 387
18 583 532	33 467 361	12 068 277	5 114 642	7 414 433	2 005 156	177 651
19 880 739	13 967 573	12 855 203	2 885 842	3 571 496	1 386 371	207 350

2-16 各区分行业增加值增长率（2020年）

GROWTH RATE OF VALUE ADDED OF SECTOR BY DISTRICT（2020）

单位：%

行业	Sector	福田区 Futian	罗湖区 Luohu	盐田区 Yantian	南山区 Nanshan
地区生产总值	**Gross Domestic Product**	**3.6**	**1.5**	**5.8**	**5.[illegible]**
农林牧渔业	Farming,Forestry,Animal Husbandry and Fishery	−24.3	−22.2	−25.2	38.[illegible]
工业	Industry	0.1	−16.3	−5.3	3.9
建筑业	Construction	−16.9	−9.1	22.6	8.9
批发和零售业	Wholesale and Retail Trade	−2.2	−2.7	−11.3	−6.1
交通运输、仓储和邮政业	Transport,Storage and Post	−2.8	5.8	0.2	8.4
住宿和餐饮业	Hotels and Catering Services	−20.3	−25.2	−23.9	−22.3
金融业	Financial Intermediation	10.4	8.5	9.8	[illegible].7
房地产业	Real Estate	−1.3	3.7	18.4	[illegible].3
其他服务业	Other Services	3.9	1.6	13.5	7.5
第一产业	Primary Industry	−24.3	−22.2	−25.2	50.2
第二产业	Secondary Industry	−7.3	−13.9	−1.1	4.4
第三产业	Tertiary Industry	4.6	2.8	7.0	5.5

注： 本表按可比价格计算。

Note: Data in this table are calculated at constant prices.

(%)

宝安区 Baoan	龙岗区 Longgang	龙华区 Longhua	坪山区 Pingshan	光明区 Guangming	大鹏新区 Dapeng	深汕特别合作区 Shenzhen-Shanwei Special Cooperation Zone
2.0	**1.1**	**3.0**	**4.5**	**5.7**	**0.2**	**5.0**
−23.8	20.1	55.5	14.8	−11.7	41.0	0.8
0.4	0.7	1.9	5.0	4.6	−4.0	−8.7
28.1	0.7	27.8	28.0	30.5	−15.5	6.2
−4.0	−2.5	1.5	−4.0	−1.1	−35.1	−6.0
−6.9	4.4	−7.5	6.6	9.8	−0.8	−12.1
−21.3	−19.9	−8.7	−22.0	−19.3	−9.0	−9.6
4.8	6.1	6.8	0.7	2.7	22.3	11.3
2.6	6.3	6.5	1.3	19.5	39.9	5.1
10.5	4.7	2.7	3.5	7.2	9.2	29.6
−23.8	20.1	55.5	14.8	−11.7	37.1	0.1
2.1	0.7	3.3	6.2	5.7	−4.6	−6.0
1.9	2.4	2.7	0.7	6.0	8.0	19.9

2-17 战略性新兴产业发展情况（2020年）
STEATEGIC EMERGING INDUSTRY（2020）

单位：亿元 （100 million yuan）

指标	Indicators	增加值 Added Value	增长率（%） Growth Rate
合计	**Total**	**10 272.72**	**3.1**
新一代信息技术	New Generation of Information Technology Industry	4 893.45	2.6
数字经济	Digital Economy Industry	1 601.03	−0.2
高端装备制造	High−end Equipment Manufacturing Industry	1 380.69	1.8
绿色低碳	Green Low Carbon Industry	1 227.04	5.2
海洋经济	Marine Economy Industry	427.76	[illegible].4
新材料	New Material Industry	334.50	−[illegible].2
生物医药	Biomedicine Industry	408.25	2[illegible]4

注：1. 本表增长率按可比价格计算。
Note: Growth Rate are calculated at constant prices in this table.
2. 战略性新兴产业为深圳相关产业发展规划的口径，与国家、广东省及内地城市有所不同。
The caliber of emerging industries is formulated in accordance with the relevant industrial development plan of Shenzhen, which is different from that of the nation, Guangdong and other cities.
3. 表中产业按照《深圳市战略性新兴产业统计报表制度（2019年10月）》规定统计口径进行指标测算。
The industries in the table are calculated according to the statistical standards specified in the *Shenzhen Strategic Emerging Industry Statistical Report System (October 2019)*.

主要统计指标解释

国内生产总值（GDP） 指按市场价格计算的一个国家（或地区）所有常住单位在一定时期内生产活动的最终成果。国内生产总值有三种表现形态，即价值形态、收入形态和产品形态。从价值形态看，它是所有常住单位在一定时期内生产的全部货物和服务价值与同期投入的全部非固定资产货物和服务价值的差额，即所有常住单位的增加值之和；从收入形态看，它是所有常住单位在一定时期内创造并分配给常住单位和非常住单位的初次收入之和；从产品形态看，它是所有常住单位在一定时期内最终使用的货物和服务价值与货物和服务净出口价值之和。在实际核算中，国内生产总值有三种计算方法，即生产法、收入法和支出法。三种方法分别从不同的方面反映国内生产总值及其构成。

对于一个地区来说，称为地区生产总值或地区GDP。

劳动者报酬 指劳动者因从事生产活动所获得的全部报酬。包括劳动者获得的各种形式的工资、奖金和津贴，既有货币形式的，也有实物形式的，还包括劳动者所享受的公费医疗和医药卫生费、上下班交通补贴、单位支付的社会保险费、住房公积金等。对于个体经济来说，其所有者所获得的劳动报酬和经营利润不易区分，这两部分统一作为劳动者报酬处理。

生产税净额 指生产税减生产补贴后的差额。生产税指政府对生产单位从事生产、销售和经营活动以及因从事生产活动使用某些生产要素（如固定资产、土地、劳动力）所征收的各种税、附加费和规费。生产补贴与生产税相反，指政府对生产单位的单方面转移支付，因此视为负生产税，包括政策性亏损补贴、价格补贴等。

固定资产折旧 指一定时期内为弥补固定资产损耗按照规定的固定资产折旧率提取的固定资产折旧，或按国民经济核算统一规定的折旧率虚拟计算的固定资产折旧。它反映了固定资产在当期生产中的转移价值。各类企业和企业化管理的事业单位的固定资产折旧是指实际计提的折旧费；不计提折旧的政府机关、非企业化管理的事业单位和居民住房的固定资产折旧是按照统一规定的折旧率和固定资产原值计算的虚拟折旧。原则上，固定资产折旧应按固定资产的重置价值计算，但是目前我国尚不具备对全社会固定资产进行重估价的基础，所以暂时还不能采用这种办法。

营业盈余 指常住单位创造的增加值扣除劳动者报酬、生产税净额和固定资产折旧后的余额。它相当于企业的营业利润加上生产税补贴，但要扣除从利润中开支的工资和福利等。

支出法国内（地区）生产总值 指一个国家（或地区）所有常住单位在一定时期内用于最终消费、资本形成总额，以及货物和服务净出口的总额，它反映本期生产的国内生产总值的使用情况。

最终消费 指常住单位在一定时期内对于货物和服务的全部最终消费支出，也就是常住单位为满足物质、文化和精神生活的需要，从本国经济领土和国外购买的货物和服务的支出，不包括非常住单位在本国经济领土内的消费支出。最终消费分为居民消费和政府消费。

居民消费 指常住居民对货物和服务的全部最终消费支出。它除了常住居民直接以货币形式购买货物和服务的消费之外，还包括以其他方式获得的货物和服务的消费，即单位以实物报酬及实物转移的形式提供给劳动者的货物和服务；居民生产并由居民自己消费的货物和服务，其中的服务仅指居民的自有住房服务和付酬的家庭服务；金融机构提供的金融媒介服务；保险公司提供的保险服务。

政府消费 指政府部门为全社会提供公共服务的消费支出和免费或以较低价格向居民提供的消费货物和服务净支出。前者等于政府服务的产出价值减去政府单位所获得的经营收入后的价值，政府服务的产出价值等于它的经常性业务支出加上固定资产折旧；后者等于政府部门免费或以较低价格向住户提供的货物和服务的市场价值减去向居民收取的价值。

资本形成总额 指常住单位在一定时期内获得的减处置的固定资产加存货的净变动额，包括固定资本形成总额和存货增加。

固定资本形成总额 指生产者在一定时期内获得的固定资产减处置的固定资产的价值总额。固定资产是通过生产活动生产出来的，其使用年限在一年以上，单位价值在规定标准以上的资产，不包括自然资产。固定资本形成总额分有形固定资本形成总额和无形固定资本形成总额。有形固定资本形成总额包括一定时期内完成的建筑工程、安装工程、设备工器具购置（减处置）价值以及土地改良、新增役、种、奶、毛、娱乐用牲畜和新增经济林木价值。无形固定资本形成总额包括矿藏的勘探、计算机软件等获得减处置。

存货增加 指常住单位存货实物量变动的市场价值，即期末价值减期初价值的差额，再扣除当期由于价格变动而产生的持有收益。存货增加可以是正值，也可以是负值；正值表示存货增加，负值表示存货减少。它包括生产单位购进的原材料、燃料和储备物资等存货，以及生产单位生产的产成品、在制品存货等。

货物和服务净流出 指货物和服务流出减货物和服务流入的差额。流出包括常住单位向非常住单位出售或无偿转让的各种货物和服务的价值；流入包括常住单位从非常住单位购买或无偿得到的各种货物和服务价值。由于服务活动的提供与使用同时发生，因此服务的流入流出业务并不发生出入境现象，一般把常住单位从非常住单位得到的服务作为流入，常住单位向非常住单位提供的服务作为流出。

三次产业 根据社会生产活动历史发展的顺序对产业结构的划分，产品直接取自自然界的部门称为第一产业，初级产品进行再加工的部门称为第二产业，为生产和消费提供各种服务的部门称为第三产业。它是世界上通用的产业结构分类，但各国的划分不尽一致。我国的三次产业划分是：

第一产业是指农、林、牧、渔业（不含农、林、牧、渔专业及辅助性活动）。

第二产业是指采矿业（不含开采专业及辅助性活动），制造业（不含金属制品、机械和设备修理业），电力、热力、燃气及水生产和供应业，建筑业。

第三产业即服务业，是指除第一产业、第二产业以外的其他行业。

Explanatory Notes on Main Statistical Indicators

Gross domestic product (GDP) refers to the final products at market prices produced by all resident units in a country during a certain period of time.Gross domestic product is expressed in three different perspectives,namely value,income and products respectively.GDP in its value perspective refers to the balance of total value of all goods and services produced by all resident units during a certain period of time,minus the total value of input of goods and services of the nature of non–fixed assets;in other words,it is the sum of the value–added of all resident units.GDP from the perspective of income includes the primary income created by all resident units and distributed to resident and non–resident units.GDP from the perspective of products refers to the value of all goods and services for final demand by all resident units plus the net exports of goods and services during a given period of time.In the practice of national accounting,gross domestic product is calculated from three approaches,namely production approach,income approach and expenditure approach,which reflect gross domestic product and its composition from different angles.

For a region, it is called as Gross Regional Product(GRP) or regional GDP.

Laborers' Remuneration refers to the whole payment of various forms earned by laborers from productive activities they are engaged in, including wages, bonuses and allowances earned in monetary form and in kind, as well as free medical services provided to the laborers and the medicine expenses, traffic subsidies, and social insurance fee and housing fund paid by the laborers' working units for them. In terms of individual economy, since laborers' remuneration is not easily distinguished from the operating profit, both are treated as laborers' remuneration.

Net Taxes on Production refers to taxes on production less subsidies on production.The taxes on production refers to the various taxes,extra charges and fees levied on the production units on their production,sale and business activities as well as on the use of some factors of production,such as fixed assets,land and labour in the production activities they are engaged in.In contrast to taxes on production,subsidies on production refer to the unilateral government transfer to the production units and are therefore regarded as negative taxes on production.They include subsidies on the loss due to implementation of government policies,price subsidies,etc.

Depreciation of Fixed Assets refers to the depreciation of fixed assets of a given period, drawn in accordance with the stipulated depreciation rate for the purpose of compensating the wear loss of the fixed assets or the depreciation of fixed assets calculated in a fictitious way in accordance with the stipulated unified depreciation rate in the national economic accounting system. It reflects the value of transfer of the fixed assets in the production of the current period. The depreciation of fixed assets in various enterprises and institutions managed as enterprises refers to the depreciation expenses actually drawn and calculated as part of the cost. In government agencies and institutions not managed as enterprises which do not draw the depreciation expenses, as well as for the houses of residents, the depreciation of fixed assets is the imputed depreciation, which is calculated in accordance with the stipulated unified depreciation rate and the original value of the fixed assets. In principle, the depreciation of fixed assets should be calculated on the basis of the repurchase value of the fixed assets. However, there is no actual condition to reevaluate all the fixed assets in China. Therefore, the above–mentioned methods are temporarily adopted at present.

Operating Surplus refers to the balance of the value–added created by the resident units deducting the laborers' remuneration, net taxes on production and the depreciation of fixed assets. It is equivalent to the business profit of the enterprises plus subsidies on production, but the wages and welfare expenses paid from the profits should be deducted.

GDP by Expenditure Approach refers to the method of measuring the final results of production activities of a country(region) during a given period from the perspective of final uses.It includes final consumption expenditure,gross capital formation and net export of goods and services.The formula for computation is.:

GDP by expenditure approach = final consumption expenditure + gross capital formation + net export of goods and services

Final Consumption refers to the total expenditure of resident units on final consumption of goods and services in a certain period, namely the expenditure of the resident units for purchases of goods and services from domestic economic territory and abroad to meet the requirements of material, cultural and spiritual life. It excludes the expenditure of nonresident units on consumption in the economic territory of the country. The final consumption is classified into household consumption and government consumption.

Resident Consumption refers to the total expenditure of residents on the final consumption of goods and services. In addition to the consumption of goods and services paid for in monetary form by the residents, the expenditure on goods and services obtained by the residents in other ways is also included in the resident consumption, which includes: (a) goods and services provided to the residents by the units in the form of payment in kind and transfer in kind; (b) goods and services produced and consumed by the residents themselves, where services refer only to services related to residential buildings owned by the residents and paid services for the households; (c) services of financial intermediary provided by financial institutions; and (d) insurance services provided by insurance companies.

Government Consumption refers to the expenditure on the consumption of public services provided by the government to the whole society and the net expenditure on goods and services provided by the government for residents free of charge or at low prices. The former equals the output value of the government services minus the value of operating income obtained by the government departments. The latter equals the market value of goods and services provided by the government free of charge or at low prices for residents minus the value charged by the government on households.

Total Capital Formation refers to the net value of change within a certain period calculated as fixed assets acquired minus those disposed plus inventory, which includes total fixed assets formation and increase in inventory.

Total Fixed Capital Formation refers to the value of fixed assets acquired minus the value of fixed assets disposed within a certain period, where fixed assets refer to assets produced through productive activities with a term of use of over one year and a unit price above designated standards, excluding natural assets. Total fixed capital formation can be classified into total tangible assets formation and total intangible assets formation. Total tangible assets formation includes the value of the construction projects, installation projects completed and the equipment, apparatus and instruments purchased as well as the value of land improved, the value of draught animals, breeding stock, milk, wool and recreational animals and newly-increased economic forest in a certain period. Total intangible assets formation includes value acquired through the prospecting of minerals, computer software, and other operations minus the disposal of them.

Increase in Inventory refers to the market value of the change in inventory in resident units, i.e. the difference in value between the beginning and the end of the period minus benefits acquired through the possession of inventory that have appreciated during the period. The increase in inventory can be positive or negative. A positive value indicates the increase in stock while a negative value indicates the decrease in stock. The inventory includes the raw materials, fuels and reserve materials purchased by the production units as well as the inventory of finished products, semi–finished products and work in progress, etc.

Net Outflow of Goods and Services refers to the difference between the outflow of goods and services and the inflow of goods and services. The outflow includes the value of various goods and services sold or gratuitously transferred by resident units to nonresident units. The inflow includes the value of various goods and services purchased or gratuitously acquired by resident units from non–resident units. As the provision of services and the use of them happen simultaneously, the inflow and outflow of services do not involve border crossing. The acquisition of services by the resident units from nonresident units is usually treated as inflow while the provision of services by the resident units for nonresident units is usually treated as outflow.

Three Industries are the classification of industrial structure according to the historical sequence of development of social production. Primary industry refers to direct extraction of natural resources; secondary industry involves processing of primary products; and tertiary industry provides services of various kinds for production and consumption. Such classification is a common practice in the world, though grouping varies to some extent from country to country. In China the three industries are defined as follows:

Primary industry refers to agriculture， forestry， animal husbandry and fishery industries （not including services in support of agriculture， forestry， animal husbandry and fishery industries）.

Secondary industry refers to mining and quarrying（not including support activities for mining）， manufacturing （not including repair service of metal products， machinery and equipment）， production and supply of electricity， heat， gas and water， and construction.

Tertiary industry refers to all other economic activities not included in the primary or secondary industries.

03 第三部分 人口和劳动力

POPULATION AND LABOR FORCE

CHAPTER

3-1 人口及就业人员主要指标

MAIN INDICATORS OF EMPLOYED PERSONS

项 目	Item	2010	2016	2017	2018	2019	2020
年末常住人口(万人)	**Permanent Population at the Year-end (10 000 persons)**	**1 037.20**	**1 495.35**	**1 587.31**	**1 666.12**	**1 710.40**	**1 763.38**
常住户籍人口	**Permanent Registered Population**						
年末人口数 (万人)	Total Population at the Year−end(10 000 persons)	251.03	384.52	434.72	454.70	494.78	514.[illegible]0
性别比(女=100)	Sex Ratio (female=100)	113.1	104.7	102.7	101.1	99.7	97.8
人口变动情况(‰)	**Status of Population Changes (‰)**						
出生率	Birth Rate	14.50	22.33	25.45	21.58	21.68	17.[illegible]1
死亡率	Death Rate	0.92	1.34	1.53	1.29	1.29	1.27
自然增长率	Natural Growth Rate	13.58	20.99	23.92	20.29	20.39	15.74
就业人员人数(万人)	**Number of Employed Persons (10 000 persons)**	**758.14**	**1 165.73**	**1 229.26**	**1 291.31**	**1 283.37**	**1 [illegible]92.29**
第一产业	Primary Industry	0.37	0.11	1.75	1.58	1.30	1.3[illegible]
第二产业	Secondary Industry	390.35	478.66	496.04	514.74	509.33	[illegible]99.28
第三产业	Tertiary Industry	367.41	686.95	731.47	775.00	772.74	[illegible]91.7[illegible]
#在岗职工	Fully Employed Staff and Workers	251.09	442.55	447.32	466.91	475.04	[illegible]88.66
国有单位	State−owned Units	46.56	41.84	41.92	39.02	46.12	56.8[illegible]
城镇集体单位	Urban Collective−owned Units	1.54	2.35	2.84	1.49	0.74	0.[illegible]
其他单位	Units of Other Types of Ownership	202.99	398.36	402.55	426.39	428.18	[illegible]30.86
#私营个体就业人员	Self−employed Individuals	376.60	616.43	654.48	709.11	782.42	[illegible]84.55
城镇单位在岗职工工资总额 (亿元)	**Total Wage Bill of Fully Employed Staff and Workers in Urban Units (100 million yuan)**	**1 233.88**	**3 994.05**	**4 469.76**	**5 236.48**	**6 110.96**	**6 8[illegible]5.45**
国有单位	State−owned Units	360.37	510.55	623.28	668.23	946.98	1 1[illegible]7.43
城镇集体单位	Urban Collective−owned Units	4.15	13.35	21.20	8.99	5.51	7.72
其他单位	Units of Other Types of Ownership	869.36	3 470.14	3 825.28	4 559.25	5 158.48	5 5[illegible]0.25
城镇单位在岗职工年平均工资(元)	**Average Wage of Fully Employed Staff and Workers in Urban Units (yuan)**	**50 456**	**89 757**	**100 173**	**111 709**	**127 757**	**13[illegible] 436**
国有单位	State−owned Units	79 734	124 927	150 444	172 465	207 654	21[illegible] 25[illegible]
城镇集体单位	Urban Collective−owned Units	27 801	56 682	71 380	67 768	75 138	18[illegible] 99[illegible]
其他单位	Units of Other Types of Ownership	43 939	86 374	95 203	106 353	119 411	12[illegible] 716

注：1.2011−2018年就业人员人数已根据全国第四次经济普查结果进行修订（相关表同）。

Note: The data of employed persons in 2011−2018 have been revised by the fourth national economic census（The same related）.

2.从2020年年报起，对非一套表单位开展抽样调查，年平均工资为推算数，城镇集体单位在岗职工年平均工资受个别单位影响波动较大（相关表同）。

From 2020, a sample survey has been carried out on units that are not "enterprise set of table", the average wage are extrapolations,the average wage of fully employed staff and workers in urban units fluctuate greatly due to the influence of individual units（the same related）.

3.2011−2019年常住人口数已根据第七次全国人口普查结果进行修订（相关表同）。

The number of permanent population from 2011 to 2019 has been revised based on the results of the seventh national census (the same related).

3-2 人口、出生、死亡及自然增长

POPULATION、BIRTH、DEATH AND NATURAL GROWTH

年 份 Year	年末常住人口数 (万人) Year-end Permanent Population (10 000 persons)	常住户籍人口 Permanent Registered Population	常住非户籍人口 Permanent Non-registered Population
1979	31.41	31.26	0.15
1980	33.29	32.09	1.20
1981	36.69	33.39	3.30
1982	44.95	35.45	9.50
1983	59.52	40.52	19.00
1984	74.13	43.52	30.61
1985	88.15	47.86	40.29
1986	93.56	51.45	42.11
1987	105.44	55.60	49.84
1988	120.14	60.14	60.00
1989	141.60	64.82	76.78
1990	167.78	68.65	99.13
1991	226.76	73.22	153.54
1992	268.02	80.22	187.80
1993	335.97	87.69	248.28
1994	412.71	93.97	318.74
1995	449.15	99.16	349.99
1996	482.89	103.38	379.51
1997	527.75	109.46	418.29
1998	580.33	114.60	465.73
1999	632.56	119.85	512.71
2000	701.24	124.92	576.32
2001	724.57	132.04	592.53
2002	746.62	139.45	607.17
2003	778.27	150.93	627.34
2004	800.80	165.13	635.67
2005	827.75	181.93	645.82
2006	871.10	196.83	674.27
2007	912.37	212.38	699.99
2008	954.28	228.07	726.21
2009	995.01	241.45	753.56
2010	1 037.20	251.03	786.17
2011	1 122.94	267.90	855.04
2012	1 195.85	287.62	908.23
2013	1 257.17	310.47	946.70
2014	1 317.86	332.21	985.65
2015	1 408.05	354.99	1 053.06
2016	1 495.35	384.52	1 110.83
2017	1 587.31	434.72	1 152.59
2018	1 666.12	454.70	1 211.42
2019	1 710.40	494.78	1 215.62
2020	1 763.38	514.10	1 249.28

3-2 续表 1 continued

年 份 Year	在年末常住户籍人口中 Among Permanent Registered Population at the Year-end		年平均人口(万人) Average Annual Population (10 000 persons)	
	男性(万人) Male (10 000 persons)	女性(万人) Female (10 000 persons)	按常住人口计算 Permanent Population	按常住户籍人口计算 Permanent Registered Population
1979	14.26	17.00		
1980	14.69	17.40	32.35	31.68
1981	15.51	17.88	34.99	32.74
1982	16.67	18.78	40.82	34.42
1983	20.50	20.02	52.24	37.59
1984	22.01	21.51	66.83	42.[illegible]2
1985	24.32	23.54	81.14	45.59
1986	26.13	25.32	90.86	49.55
1987	28.22	27.38	99.50	53.53
1988	30.49	29.64	112.79	57.87
1989	32.89	31.93	130.87	62.48
1990	34.92	33.73	154.69	66.74
1991	37.27	35.95	197.27	70.94
1992	41.19	39.03	247.39	76.72
1993	45.25	42.44	302.00	83.96
1994	48.62	45.35	374.34	90.83
1995	51.37	47.80	430.93	96.57
1996	53.64	49.75	466.02	101.27
1997	56.79	52.66	505.32	106.64
1998	59.73	54.87	554.04	112.03
1999	62.69	57.16	606.45	117.22
2000	65.21	59.71	666.90	122.39
2001	69.47	62.57	712.91	128.48
2002	73.59	65.86	735.60	13[illegible].75
2003	79.72	71.21	762.45	14[illegible].19
2004	87.58	77.55	789.54	15[illegible].03
2005	96.69	85.24	814.28	17[illegible].53
2006	104.75	92.08	849.42	189.38
2007	112.98	99.40	891.74	204.60
2008	121.22	106.85	933.33	220.22
2009	128.38	113.07	974.65	234.76
2010	133.21	117.82	1 016.11	246.24
2011	141.61	126.29	1 080.07	259.47
2012	151.15	136.47	1 159.40	277.76
2013	161.93	148.54	1 226.51	299.04
2014	172.16	160.05	1 287.52	321.34
2015	182.91	172.08	1 362.96	343.50
2016	196.64	187.88	1 451.70	369.76
2017	220.26	214.46	1 541.33	412.75
2018	228.60	226.10	1 626.72	444.71
2019	247.00	247.79	1 688.26	474.74
2020	254.21	259.89	1 736.89	504.[illegible]4

年 份 Year	出生人口数(人) Population of Birth (person)	出生率(‰) Birth Rate (‰)	死亡人口数(人) Population of Death (person)	死亡率(‰) Death Rate (‰)	自然增长人数(人) Population of Natural Growth(person)	自然增长率(‰) Natural Growth Rate (‰)
1979	7 962	24.60	1 856	5.70	6 106	18.90
1980	6 775	21.40	1 773	5.60	5 002	15.80
1981	7 544	23.00	1 732	5.30	5 812	17.80
1982	6 974	20.30	1 707	5.00	5 267	15.30
1983	5 295	13.90	1 793	4.70	3 502	9.20
1984	5 005	11.50	1 606	3.69	3 399	8.09
1985	5 606	12.27	1 533	3.36	4 073	8.91
1986	6 143	12.37	1 794	3.61	4 349	8.76
1987	6 399	11.95	1 822	3.40	4 577	8.55
1988	8 290	14.32	1 720	2.97	6 570	11.35
1989	8 615	13.79	1 713	2.74	6 902	11.05
1990	10 755	16.11	1 859	2.79	8 896	13.33
1991	11 408	16.08	1 607	2.27	9 801	13.81
1992	11 277	14.07	1 840	2.40	9 437	11.67
1993	12 054	14.36	1 619	1.93	10 435	12.43
1994	12 509	13.77	1 590	1.75	10 919	12.02
1995	12 776	13.23	1 719	1.78	11 057	11.45
1996	13 170	13.00	2 116	2.09	11 054	10.91
1997	13 447	12.64	2 268	2.13	11 179	10.51
1998	13 049	11.65	2 341	2.09	10 708	9.56
1999	14 745	12.58	3 479	2.97	11 266	9.61
2000	17 967	14.68	3 120	2.55	14 847	12.13
2001	18 060	14.06	2 223	1.73	15 837	12.33
2002	22 536	16.60	1 978	1.46	20 558	15.14
2003	⋆15 986	10.63	2 301	1.53	13 685	9.10
2004	19 749	11.58	2 335	1.37	17 414	10.21
2005	24 407	12.64	2 717	1.41	21 690	11.23
2006	26 407	12.53	2 316	1.10	24 091	11.44
2007	34 358	14.54	2 570	1.09	31 788	13.45
2008	36 762	14.12	2 551	0.98	34 211	13.14
2009	37 098	13.70	2 323	0.86	34 775	12.84
2010	40 342	14.50	2 552	0.92	37 790	13.58
2011	41 805	15.42	2 974	1.10	38 831	14.32
2012	61 390	19.38	4 360	1.38	57 030	18.00
2013	59 526	18.84	3 390	1.07	56 136	17.77
2014	67 594	19.89	8 192	2.41	59 402	17.48
2015	71 515	19.64	4 656	1.28	66 859	18.36
2016	87 167	22.33	5 249	1.34	81 918	20.99
2017	116 564	25.45	7 012	1.53	109 552	23.92
2018	105 864	21.58	6 333	1.29	99 531	20.29
2019	117 153	21.68	6 969	1.29	110 184	20.39
2020	98 708	17.01	7 375	1.27	91 333	15.74

注： 自2003年起“出生人口数”“出生率”“死亡人口数”“死亡率”“自然增长人数”“自然增长率”为市卫健委提供。

Note: Since 2003, Population of Birth, Birth Rate, Population of Death, Death Rate, Population of Natural Growth and Natural Growth and Natural Growth Rate are calculated by the statistical coverage from Shenzhen Family Planning Office.

3-3 人口指数

INDICES OF POPULATION

年份 Year	以1979年为100 1979=100 年末常住人口 Permanent Population (Year-end)	常住户籍人口 Permanent Registered Population	常住非户籍人口 Permanent Non-registered Population	以上年为100 Preceding Year=100 年末常住人口 Permanent Population (Year-end)	常住户籍人口 Permanent Registered Population	常住非户籍人口 Permanent Non-registered Population
1980	106.0	102.7	800.0	106.0	102.7	800.0
1981	116.8	106.8	2 200.0	110.2	104.1	275.0
1982	143.1	113.4	6 333.3	122.5	106.2	287.9
1983	189.5	129.6	12 666.7	132.4	114.3	200.0
1984	236.0	139.2	20 406.7	124.5	107.4	161.1
1985	280.6	153.1	26 860.0	118.9	110.0	131.6
1986	297.9	164.6	28 073.3	106.1	107.5	104.5
1987	335.7	177.9	33 226.7	112.7	108.1	118.4
1988	382.5	192.4	40 000.0	113.9	108.2	120.4
1989	450.8	207.4	51 186.7	117.9	107.8	128.0
1990	534.2	219.6	66 086.7	118.5	105.9	129.1
1991	721.9	234.2	102 360.0	135.2	106.7	154.9
1992	853.3	256.6	125 200.0	118.2	109.6	122.3
1993	1 069.6	280.5	165 520.0	125.4	109.3	132.2
1994	1 313.9	300.6	212 493.3	122.8	107.2	128.4
1995	1 430.0	317.2	233 326.7	108.8	105.5	109.8
1996	1 537.4	330.7	253 006.7	107.5	104.3	108.4
1997	1 680.2	350.2	278 860.0	109.3	105.9	110.2
1998	1 847.6	366.6	310 486.7	110.0	104.7	111.3
1999	2 013.9	383.4	341 806.7	109.0	104.6	110.1
2000	2 232.5	399.6	384 213.3	110.9	104.2	112.4
2001	2 306.8	422.4	395 020.0	103.3	105.7	102.8
2002	2 377.0	446.1	404 780.0	103.0	105.6	102.5
2003	2 477.8	482.8	418 226.7	104.2	108.2	103.3
2004	2 549.5	528.2	423 780.0	102.9	109.4	101.3
2005	2 635.3	582.0	430 546.7	103.4	110.2	101.6
2006	2 772.3	629.7	449 490.8	105.2	108.2	104.4
2007	2 902.6	679.4	466 571.5	104.7	107.9	103.8
2008	3 036.1	729.7	483 834.6	104.6	107.4	103.7
2009	3 166.7	772.8	502 220.3	104.3	105.9	103.8
2010	3 299.7	803.7	523 815.8	104.2	104.0	104.3
2011	3 573.6	857.5	569 911.6	108.3	106.7	108.8
2012	3 805.9	921.0	605 246.1	106.5	107.4	106.2
2013	4 000.0	994.7	630 666.4	105.1	108.0	104.2
2014	4 192.0	1 064.3	656 523.7	104.8	107.0	104.1
2015	4 477.1	1 137.7	701 167.3	106.8	106.9	106.3
2016	4 754.7	1 232.1	739 731.5	106.2	108.3	105.5
2017	5 025.7	1 371.3	767 841.3	105.7	111.1	103.8
2018	5 277.0	1 434.4	807 001.2	105.0	104.6	105.1
2019	5 419.5	1 560.6	809 422.2	102.7	108.8	100.3
2020	5 587.5	1 621.5	832 086.0	103.1	103.9	102.8
年平均增长率 Average Annual Growth Rate	**10.3**	**7.0**	**24.6**			

注：本表指数按可比口径计算。

Note: The indexes in this table are calculated by comparable coverage.

3-4 计划生育情况

FAMILY PLANNING

单位：%　　　　　　　　　　　　　　　　　　　　　　　　　　　　　　（%）

指标名称	Item	2017	2018	2019	2020
一孩率	1st Birth Rate	42.3	45.0	48.2	49.2
二孩率	2nd Birth Rate	54.6	49.9	45.8	43.8
多孩率	3rd Birth and Above Rate	3.1	5.1	6.0	7.0
出生人口性别比（女性=100）	Sex Ratio at Birth	113.4	112.5	112.7	114.1
已婚育龄妇女人数（人）	Number of Childbearing Women（person）	1 114 817	1 238 563	1 324 635	1 387 791

3-5 各区年末常住人口数

PERMANENT POPULATION AT THE YEAR-END BY DISTRICT

单位：万人　　　　　　　　　　　　　　　　　　　　　　　　　　（10 000 persons）

区 别	District	2015	2016	2017	2018	2019	2020
全市	**Total**	**1 408.05**	**1 495.35**	**1 587.31**	**1 666.12**	**1 710.40**	**1 763.38**
福田区	Futian	143.67	149.27	151.20	152.89	153.23	155.41
罗湖区	Luohu	100.48	104.01	107.04	109.01	111.41	114.75
盐田区	Yantian	21.71	22.08	21.94	21.82	21.55	21.43
南山区	Nanshan	148.03	156.23	164.02	170.76	173.70	180.42
宝安区	Baoan	378.16	402.50	423.76	443.21	447.13	449.11
龙岗区	Longgang	291.72	312.36	340.31	366.06	384.53	399.90
龙华区	Longhua	196.17	207.28	220.24	234.65	242.71	254.32
坪山区	Pingshan	41.14	47.42	49.81	51.66	52.78	55.43
光明区	Guangming	71.85	78.86	86.92	93.85	101.22	110.35
大鹏新区	Dapeng	15.12	15.33	15.43	15.66	15.67	15.69
深汕特别合作区	Shenzhen-Shanwei Special Cooperation Zone	–	–	6.64	6.55	6.47	6.57

3-6 按行业分的就业人员人数（2020年末）

NUMBER OF EMPLOYED PERSONS AT YEAR-END GROUPED BY SECTOR（2020）

单位：人 (person)

项　目	Item	年末就业人员合计 Number of Employed Persons (year-end)	其中：在岗职工 Fully Employed Staff and Workers
总　计	**Total**	**12 922 923**	**4 88[illegible] 644**
按三次产业分	**Grouped by Industry**		
第一产业	Primary Industry	13 035	483
第二产业	Secondary Industry	4 992 833	2 34[illegible] 937
第三产业	Tertiary Industry	7 917 055	2 542 219
按国民经济行业分	**Grouped by Sector**		
1.农、林、牧、渔业	Agriculture, Forestry, Animal Husbandry and Fishery	13 035	488
2.采矿业	Mining	3 994	3 593
3.制造业	Manufacturing	4 152 099	2 042 240
4.电力、热力、燃气及水生产和供应业	Production and Distribution of Electricity,Heat, Gas and Water	26 203	43 368
5.建筑业	Construction	813 949	254 [illegible]36
6.批发和零售业	Wholesale and Retail Trades	2 186 596	295 [illegible]75
7.交通运输、仓储和邮政业	Transportation, Storage and Post	477 521	204 [illegible]98
8.住宿和餐饮业	Hotels and Catering Services	647 533	103 [illegible]96
9.信息传输、软件和信息技术服务业	Information Transmission, Software and Information Technology	826 825	351 [illegible]32
10.金融业	Financial Intermediation	386 906	206 323
11.房地产业	Real Estate	641 927	286 838
12.租赁和商务服务业	Leasing and Business Services	1 028 839	330 7[illegible]3
13.科学研究和技术服务业	Scientific Research and Technical Service	452 574	137 677
14.水利、环境和公共设施管理业	Management of Water Conservancy, Environment and Public Facilities	70 971	28 352
15.居民服务、修理和其他服务业	Services to Households, Repair and Other Services	397 054	33 155
16.教育	Education	310 085	207 12[illegible]
17.卫生和社会工作	Health and Social Work	157 697	119 943
18.文化、体育和娱乐业	Culture, Sports and Entertainment	113 889	25 95[illegible]
19.公共管理、社会保障和社会组织	Public Management, Social Security and Social Organizations	215 226	211 23[illegible]
20. 国际组织	International Organizations		

注：根据国家劳动统计报表制度的统一规定，从2013年年报起，原属于乡镇企业且符合城镇非私营单位条件的“四上”企业纳入城镇非私营单位就业人员及工资统计范围。后同。

Note: According to the provision of national labor statistics reporting form system, since the year reporting of 2013, the scope of statistics on employed persons in urban corporate unit excluding private units and labor wage covers four above designated size enterprises (refers to industrial enterprises above designated size, construction enterprises by qualification criteria, enterprises above designated size of wholesale trade, retail trade, hotels and catering services), which originally has been included township enterprises and in accordance with the condition of urban corporate unit excluding private units. The same applies to the following tables.

3-7 就业人员人数（年末数）

NUMBER OF EMPLOYED PERSONS AT YEAR-END

单位：万人 （10 000 persons）

年 份 Year	年末就业人员合计 Number of Employed Persons (year-end)	其中：在岗职工 Fully Employed Staff and Workers	国有单位 State-owned Units	城镇集体单位 Urban Collective-owned Units	其他单位 Units of Other Types of Ownership	其中：私营个体就业人员 Self-employed Individuals
1979	13.95	4.02	3.37	0.65		0.41
1980	14.89	4.86	4.05	0.81		0.38
1981	15.36	5.31	4.51	0.80		0.13
1982	18.49	8.28	7.00	1.28		0.11
1983	22.37	12.57	10.10	1.22	1.25	0.22
1984	27.26	18.33	14.14	2.15	2.04	0.50
1985	32.61	22.66	16.84	2.60	3.22	0.64
1986	36.04	25.88	18.97	2.68	4.23	0.93
1987	44.30	32.29	22.04	3.55	6.70	1.10
1988	54.53	41.74	28.04	4.53	9.17	1.69
1989	93.65	48.24	30.34	4.85	13.05	2.19
1990	109.22	55.41	33.85	5.25	16.31	3.36
1991	149.32	64.89	38.77	6.76	19.36	4.87
1992	175.97	71.10	38.85	7.99	24.26	12.33
1993	220.81	78.11	41.45	5.42	31.24	38.84
1994	273.00	82.29	38.71	8.28	35.30	54.63
1995	298.51	88.75	40.17	10.75	37.83	72.17
1996	322.12	89.13	41.07	9.53	38.53	87.14
1997	353.53	91.18	40.92	8.69	41.57	103.59
1998	390.33	91.93	33.75	4.25	53.93	114.79
1999	426.89	92.52	32.94	4.17	55.41	120.86
2000	474.97	93.36	31.00	3.84	58.52	139.88
2001	491.30	94.88	31.31	3.72	59.85	152.68
2002	509.74	101.76	29.62	2.57	69.57	166.88
2003	535.89	108.20	30.10	2.36	75.74	187.72
2004	562.17	135.88	31.94	1.66	102.28	204.16
2005	576.26	165.38	35.85	2.81	126.72	210.87
2006	609.76	184.25	39.85	1.57	142.83	250.77
2007	647.11	193.04	40.03	1.50	151.51	279.83
2008	682.35	198.35	41.31	1.36	155.68	301.97
2009	723.61	220.16	42.89	1.30	175.97	326.52
2010	758.14	251.09	46.56	1.54	202.99	376.60
2011	828.86	261.43	48.92	1.63	210.88	414.70
2012	898.54	277.90	49.58	1.66	226.66	453.52
2013	967.14	445.84	48.60	4.02	393.22	456.64
2014	1 034.58	448.93	42.91	3.36	402.66	510.32
2015	1 100.80	447.41	43.18	2.46	401.77	559.74
2016	1 165.73	442.55	41.84	2.35	398.36	616.43
2017	1 229.26	447.32	41.92	2.84	402.55	654.48
2018	1 291.31	466.91	39.02	1.49	426.39	709.11
2019	1 283.37	475.04	46.12	0.74	428.18	782.42
2020	1 292.29	488.66	56.83	0.97	430.86	784.55

3-8 就业人员人数指数

INDICES OF NUMBER OF EMPLOYED PERSONS

以上年为100 (preceding year=100)

年 份 Year	年末就业人员合计 Number of Employed Persons (year-end)	其中：在岗职工 Fully Employed Staff and Workers	国有单位 State-owned Units	城镇集体单位 Urban Collective-owned Units	其他单位 Units of Other Types of Ownership	其中：私营个体就业人员 Self-employed Individuals
1980	106.7	120.9	120.2	124.6		92.7
1981	103.2	109.3	111.4	98.8		[illegible]
1982	120.4	155.9	155.2	160.0		84.6
1983	121.0	151.8	144.3	95.3		200.1
1984	121.9	145.8	140.0	176.2	163.2	227.3
1985	119.6	123.6	119.1	120.9	157.8	128.1
1986	110.5	114.2	112.6	103.1	131.4	145.3
1987	122.9	124.8	116.2	132.5	158.4	118.3
1988	123.1	129.3	127.2	127.6	136.9	153.6
1989	171.7	115.6	108.2	107.1	142.3	129.6
1990	116.6	114.9	111.6	108.2	125.0	153.4
1991	136.7	117.1	114.5	128.8	118.7	144.9
1992	117.8	109.6	100.2	118.2	125.3	253.2
1993	125.5	109.9	106.7	67.8	128.8	345.0
1994	123.6	105.4	93.4	152.8	113.0	110.7
1995	109.3	107.9	103.8	129.8	107.2	132.1
1996	107.9	100.4	102.2	88.7	101.9	120.7
1997	109.8	102.3	99.6	91.2	107.9	[illegible]
1998	110.4	102.3	84.6	49.2	130.7	[illegible]
1999	109.4	100.6	97.6	98.1	102.7	105.3
2000	111.3	100.9	94.1	92.1	105.6	115.7
2001	103.4	101.6	101.0	96.9	102.3	109.2
2002	103.8	107.2	94.6	69.1	116.2	109.3
2003	105.1	106.3	101.6	91.8	108.9	112.5
2004	104.9	116.4	103.2	69.2	123.2	103.8
2005	102.5	121.7	112.2	169.3	123.9	103.3
2006	105.8	111.4	111.2	55.9	112.7	113.9
2007	106.1	104.8	100.5	95.5	106.1	111.6
2008	105.4	102.8	103.2	90.7	102.8	107.9
2009	106.0	111.0	103.8	95.6	113.0	103.1
2010	104.8	114.0	108.6	118.5	115.4	[illegible]
2011	109.3	104.1	105.1	105.8	103.9	110.1
2012	108.4	106.3	101.3	101.8	107.5	109.4
2013	107.6	160.4	98.0	242.2	173.5	100.7
2014	107.0	100.7	88.3	83.1	102.4	111.8
2015	106.4	99.7	100.6	73.7	99.8	109.7
2016	105.9	98.9	96.9	95.5	102.4	110.1
2017	105.5	101.1	100.2	120.9	101.1	106.2
2018	105.0	104.4	93.1	52.6	105.9	108.3
2019	99.4	101.7	118.2	49.5	100.4	110.3
2020	100.7	102.9	123.2	131.0	100.6	100.3

3-9 分行业城镇单位就业人员人数（2020年末）

NUMBER OF EMPLOYED PERSONS IN URBAN UNITS AT YEAR-END BY SECTOR（2020）

单位：人 (person)

项 目	Item	就业人员 Number of Employed Persons	在岗职工 Fully Employed Staff and Workers
合 计	**Total**	**5 052 706**	**4 886 644**
按执行会计标准类别分	**Grouped by the Implementation of Accounting Standards**		
企业	Enterprises	4 533 650	4 381 060
政府	Government	443 583	432 241
民营非营利组织	Private Non-profit Organizations	73 350	71 290
其他	Others	2 123	2 053
按国民经济行业分	**Grouped by Economic Sector**		
1.农、林、牧、渔业	Agriculture, Forestry, Animal Husbandry and Fishery	642	488
2.采矿业	Mining	3 700	3 693
3.制造业	Manufacturing	2 051 615	2 042 240
4.电力、热力、燃气及水生产和供应业	Production and Supply of Electricity,Heat,Gas and Water	43 491	43 368
5.建筑业	Construction	289 381	254 636
6.批发和零售业	Wholesale and Retail Trades	303 985	295 675
7.交通运输、仓储和邮政业	Transportation, Storage and Post	208 132	204 698
8.住宿和餐饮业	Hotels and Catering Services	114 282	103 396
9.信息传输、软件和信息技术服务业	Information Transmission, Software and Information Technology	357 004	351 082
10.金融业	Financial Intermediation	264 082	206 323
11.房地产业	Real Estate	288 251	286 888
12.租赁和商务服务业	Leasing and Business Services	345 029	330 713
13.科学研究和技术服务业	Scientific Research and Technical Service	139 059	137 677
14.水利、环境和公共设施管理业	Management of Water Conservancy, Environment and Public Facilities	28 484	28 352
15.居民服务、修理和其他服务业	Services to Households, Repair and Other Services	34 016	33 155
16.教育	Education	215 321	207 120
17.卫生和社会工作	Health and Social Work	122 504	119 943
18.文化、体育和娱乐业	Culture, Sports and Entertainment	28 117	25 958
19.公共管理、社会保障和社会组织	Public Management, Social Security and Social Organizations	215 611	211 239
按产业分	**Grouped by Industry**		
第一产业	Primary Industry	642	488
第二产业	Secondary Industry	2 388 187	2 343 937
第三产业	Tertiary Industry	2 663 877	2 542 219

主要统计指标解释

总人口　指一定时点、一定地区范围内有生命的个人的总和。按不同的统计范围可分为常住人口和户籍人口；统计时点通常为每年12月31日24时。

出生率　指某一人口在一定时期（通常为一年）内活产婴儿数与同期总人口的生存人口数（或同期平均总人口、年中人口数）之比。通常以千分比表示。本资料中的出生率指年出生率，其计算公式为：

$$出生率=\frac{年出生人数}{年平均人数}\times 1000‰$$

式中：出生人数指活产婴儿，即胎儿脱离母体时(不管怀孕月数)，有过呼吸或其他生命现象。年平均人数指年初、年底人口数的平均数，也可用年中人口数代替。

死亡率　也称粗死亡率。指一定时期（通常为一年）内全部死亡人数与同期平均总人口之比，反映该时期人口的死亡强度。通常以千分比表示。本资料中的死亡率指年死亡率，其计算公式为：

$$死亡率=\frac{年死亡人数}{年平均人数}\times 1000‰$$

自然增长率　指一定时期（通常为一年）内人口自然增加数（出生人口减死亡人口）与同期平均总人口之比。通常以千分比表示。计算公式为：

$$人口自然增长率=\frac{本年出生人数-本年死亡人数}{年平均人数}\times 1000‰$$

$$=人口出生率-人口死亡率$$

Explanatory Notes on Main Statistical Indicators

Total Population refers to the total number of people alive within a given area at a certain point of time. It can be divided into the permanent population and the population with residence registration according to different statistical coverage. The reference time of the statistics on total population is usually taken at midnight of December 31.

Birth Rate (or Crude Birth Rate) refers to the ratio of the number of births to the average population (or mid–period population) during a certain period of time (usually a year), expressed in ‰. Birth rate in the chapter refers to annual birth rate. The following formula is used:

$$\text{Birth Rate} = \frac{\text{Number of Births}}{\text{Annual Average Population}} \times 1000‰$$

Number of births in the formula refers to live births, i.e. when a baby has breathed or showed any vital phenomena regardless of the length of pregnancy.

Annual average population is the average of the number of population at the beginning of the year and that at the end of the year. Sometimes it is substituted by the mid–year population.

Death Rate (or Crude Death Rate) refers to the ratio of the number of deaths to the average population (or mid–period population) during a certain period of time (usually a year), expressed in ‰. Death rate in the chapter refers to annual death rate. The following formula is used:

$$\text{Death Rate} = \frac{\text{Number of Deaths}}{\text{Annual Average Population}} \times 1000‰$$

Natural Growth Rate of Population refers to the ratio of natural increase in population (number of births minus number of deaths) in a certain period of time (usually a year) to the average population (or mid–period population) of the same period, expressed in ‰. The following formula is applied:

$$\begin{matrix}\text{Natural Growth} \\ \text{Rate of Population}\end{matrix} = \frac{\text{Number of Births - Number of Deaths}}{\text{Annual Average Population}} \times 1000‰$$

Natural Growth Rate of Population = Birth Rate−Death Rate

04 第四部分

工业和能源

INDUSTRY AND ENERGY

CHAPTER

4-1　规模以上工业主要指标

MAIN INDICATORS OF INDUSTRY ENTERPRISES ABOVE DESIGNATED SIZE

项　目	Item	2010	2016	2017	2018	2019	2020
企业单位数(个)	Number of Enterprises (unit)	8 249	6 627	7 943	9 006	10 337	11 255
工业总产值(亿元)	Gross Industrial Output Value (100 million yuan)	18 526.82	27 292.29	32 119.15	35 439.02	37 326.16	38 460.79
主营业务收入 (亿元)	Main Business Revenue (100 million yuan)	18 813.72	26 764.55	30 821.68	34 181.92	35 763.76	37 509.15
资产总计 (亿元)	Total Assets (100 million yuan)	18 132.47	28 625.32	33 174.65	37 621.58	41 854.65	45 463.64
负债总计 (亿元)	Total Liabilities (100 million yuan)	9 439.26	16 779.42	19 641.96	22 324.66	24 730.08	25 971.43
利润总额 (亿元)	Total Profits (100 million yuan)	1 599.02	1 769.91	2 101.33	2 072.36	2 521.89	2 781.07
总资产贡献率（%）	Ratio of Total Assets to Industrial Output Value(%)	12.32	9.61	9.67	8.63	8.84	8.43
资产负债率（%）	Rate of Liabilities to Capital(%)	52.06	58.62	59.21	59.34	59.09	57.13
全员劳动生产率（元/人）	Total Labor Productivity（yuan/person）	127 608	229 008	252 660	267 507	293 142	287 545

4-2 规模以上工业总产值及指数

GROSS OUTPUT VALUE OF INDUSTRY ABOVE DESIGNATED SIZE AND THEIR INDICIES

单位：万元 （10 000 yuan）

年 份 Year	规模以上工业总产值 Gross Output Value of Industry Above Designated Size	指数（1979年=100） Indices（1979=100）	指数（以上年为100 ） Indices（Preceding Year=100）
1979	6 061		
1980	8 444	139.3	139.3
1981	24 282	400.6	287.6
1982	36 212	597.4	149.1
1983	72 041	1 188.5	198.9
1984	166 803	2 751.8	231.5
1985	241 213	4 396.3	159.8
1986	330 454	5 856.9	133.2
1987	547 722	9 497.8	162.2
1988	993 775	14 684.2	154.6
1989	1 440 533	21 527.8	146.6
1990	2 104 696	29 487.0	137.0
1991	3 077 749	40 721.5	138.1
1992	4 198 920	56 969.4	139.9
1993	6 550 051	77 820.2	136.6
1994	9 939 113	101 944.5	131.0
1995	11 106 974	126 921.1	124.5
1996	12 992 240	150 648.1	118.7
1997	15 175 861	177 140.0	117.6
1998	20 519 485	209 910.9	118.5
1999	23 006 355	262 808.4	125.2
2000	29 502 786	326 933.6	124.4
2001	36 141 861	384 800.8	117.7
2002	43 180 816	484 464.2	125.9
2003	63 514 355	651 604.3	134.5
2004	80 205 911	813 202.2	124.8
2005	98 675 451	984 787.9	121.1
2006	119 286 001	1 187 654.2	120.6
2007	139 580 064	1 397 869.0	117.7
2008	158 601 076	1 522 279.3	108.9
2009	154 162 429	1 537 502.1	101.0
2010	185 268 200	1 735 839.9	112.9
2011	204 307 516	1 914 631.4	110.3
2012	213 637 447	2 063 972.6	107.8
2013	230 952 085	2 200 194.8	106.6
2014	247 775 911	2 380 610.8	108.2
2015	255 424 444	2 475 835.2	104.0
2016	272 922 943	2 616 957.8	105.7
2017	321 191 539	2 876 036.6	109.9
2018	354 390 190	3 137 755.9	109.1
2019	373 261 578	3 238 164.1	103.2
2020	384 607 880	3 266 218.4	100.9
年平均增长率 Average Annual Growth Rate		**28.9**	

注： 1.1979−1997年为镇及镇以上工业总产值，1998年及以后为规模以上工业总产值。
Note：Data in 1979−1997 are gross output value of industry of town level and above. Data from 1998 are gross output value of industry above designated size.
2.规模以上工业总产值按当年价格计算，指数按可比口径计算。
Gross Output Value of Industry Above Designated Size are calculated at current prices，whereas their indices are calculated at constant prices.

4-3 规模以上工业总产值构成（2020年）

COMPOSITION OF GROSS OUTPUT VALUE OF INDUSTRY ABOVE DESIGNATED SIZE（2020）

单位：%

类别	Item	全市 Total
总计	**Total**	**100**
一、按登记注册类型分	**Grouped by Registration**	
1.内资企业	Domestic Investment Enterprise	71.3
其中：有限责任公司	Companies Limited with Liabilities	33.8
股份有限公司	Companies Limited by Shares	13.3
私营企业	Private	24.0
2.港、澳、台投资企业	Funded by Entrepreneur from Hongkong,Macao and Taiwan	16.7
3.外商投资企业	Foreign Funded	12.0
二、按轻、重工业分	**Grouped by Light and Heavy Industry**	
1.轻工业	Light Industry	16.3
2.重工业	Heavy Industry	83.7
三、按企业规模分	**Grouped by Size of Enterprises**	
1.大型企业	Large Enterprises	57.5
2.中型企业	Medium-sized Enterprises	17.6
3.小型企业	Small Enterprises	24.9
四、按工业行业大类分	**Grouped by Sector**	
煤炭开采和洗选业	Mining and Washing of Coal	
石油和天然气开采业	Extraction of Petroleum and Natural Gas	0.7
黑色金属矿采选业	Mining and Processing of Ferrous Metal Ores	
有色金属矿采选业	Mining and Processing of Nonferrous Metal Ores	
非金属矿采选业	Mining and Processing of Nonmetal Ores	
开采专业及辅助性活动	Mining and Auxiliary Activities	0.1
其他采矿业	Mining and Processing of Other Ores	
农副食品加工业	Processing of Food from Agricultural Products	0.7
食品制造业	Manufacture of Foods	0.2
酒、饮料和精制茶制造业	Manufacture of Wine,Beverages and Refined Tea	0.5

(%)

类　　别	Item	全 市 Total
烟草制品业	Manufacture of Tobacco	0.2
纺织业	Manufacture of Textile	0.3
纺织服装、服饰业	Manufacture of Textile Wearing Apparel,Footware and Caps	0.5
皮革、毛皮、羽毛及其制品和制鞋业	Manufacture of Leather, Fur, Feather and Related Products	0.2
木材加工及木、竹、藤、棕、草制品业	Processing of Timber, Manufacture of Wood, Bamboo, Rattan, Palm Fiber & Straw Products	
家具制造业	Manufacture of Furniture	0.3
造纸及纸制品业	Manufacture of Paper and Paper Products	0.4
印刷和记录媒介复制业	Printing and Record Medium Reproduction	0.7
文教、工美、体育和娱乐用品制造业	Manufacture of Cultural, Educational and Sports Articles	3.1
石油加工、炼焦及核燃料加工业	Processing of Petroleum, Coking and Nuclear Fuel Processing	0.1
化学原料及化学制品制造业	Manufacture of Raw Chemical Materials and Chemical Products	0.8
医药制造业	Manufacture of Medicines	1.2
化学纤维制造业	Manufacture of Chemical Fibers	
橡胶和塑料制品业	Manufacture of Rubber	2.0
非金属矿物制品业	Manufacture of Non-metallic Mineral Products	1.3
黑色金属冶炼及压延加工业	Smelting and Pressing of Ferrous Metals	0.1
有色金属冶炼及压延加工业	Smelting and Pressing of Nonferrous Metals	1.2
金属制品业	Manufacture of Metal Products	1.6
通用设备制造业	Manufacture of General-purpose Machinery	2.8
专用设备制造业	Manufacture of Special-purpose Machinery	4.1
汽车制造业	Manufacture of Automobiles	2.1
铁路、船舶、航空航天和其他运输设备制造业	Manufacture of Railways Ships Aerospace and Other Transport Equipment	0.4
电气机械及器材制造业	Manufacture of Electrical Machinery and Equipment	7.4
计算机、通信和其他电子设备制造业	Manufacture of Communication Equipment, Computers and Other Electronic Equipment	61.4
仪器仪表制造业	Manufacture of Measuring Instruments	1.4
其他制造业	Other Manufacturing	0.4
废弃资源综合利用业	Recycling and Disposal of Waste	0.8
金属制品、机械和设备修理业	Manufacture of Metal Products,Machinery and Equipment Repair	
电力、热力的生产和供应业	Production and Supply of Electric Power and Heat Power	2.4
燃气生产和供应业	Production and Supply of Gas	0.4
水的生产和供应业	Production and Supply of Water	0.4

4-4 规模以上工业企业主要指标（2020年）

MAIN INDICATORS OF INDUSTRIAL ENTERPRISES ABOVE DESIGNATED SIZE（2020）

单位：万元

类　　别	Item	企业单位数(个) Number of Enterprises (unit)
总　　计	**Total**	**[illegible] 255**
一、按登记注册类型分	**Grouped by Registration**	
1.内资企业	Domestic Investment Enterprise	[illegible] 0[illegible]9
其中：有限责任公司	Companies Limited with Liabilities	1 4[illegible]8
股份有限公司	Companies Limited by Shares	459
私营企业	Private	7 088
2.港、澳、台投资企业	Funded by Entrepreneur from Hongkong,Macao and Taiwan	1 64[illegible]
3.外商投资企业	Foreign Funded	595
二、按轻、重工业分	**Grouped by Light and Heavy Industry**	
1.轻工业	Light Industry	5 449
2.重工业	Heavy Industry	7 806
三、按企业规模分	**Grouped by Size of Enterprises**	
1.大型企业	Large Enterprises	330
2.中型企业	Medium-sized Enterprises	[illegible] 341
3.小型企业	Small Enterprises	8 905
4.微型企业	Micro Enterprises	67[illegible]
四、按工业行业大类分	**Grouped by Sector**	
煤炭开采和洗选业	Mining and Washing of Coal	
石油和天然气开采业	Extraction of Petroleum and Natural Gas	2
黑色金属矿采选业	Mining and Processing of Ferrous Metal Ores	
有色金属矿采选业	Mining and Processing of Nonferrous Metal Ores	
非金属矿采选业	Mining and Processing of Nonmetal Ores	
开采专业及辅助性活动	Mining and Auxiliary Activities	2
其他采矿业	Mining and Processing of Other Ores	
农副食品加工业	Processing of Food from Agricultural Products	49
食品制造业	Manufacture of Foods	41
酒、饮料和精制茶制造业	Manufacture of Wine,Beverages and Refined Tea	15

(10 000 yuan)

工业总产值 Gross Industrial Output Value	负债合计 Total Liabilities	营业收入 Business Revenue	营业成本 Business Cost	销售费用 Prime Operating Expense	管理费用 Management Expenses	财务费用 Financial Expenses	利润总额 Total Profits
384 607 880	**259 714 255**	**385 600 704**	**306 572 662**	**14 777 148**	**14 689 778**	**3 530 188**	**27 810 673**
274 260 499	187 082 696	273 934 737	212 398 753	11 987 268	10 745 149	2 385 238	20 249 066
130 095 804	84 069 760	131 295 649	96 715 307	6 316 891	4 736 993	969 336	11 041 775
51 031 216	47 918 594	48 050 988	36 180 938	2 776 721	2 082 406	686 158	5 138 611
92 363 182	54 827 407	93 857 307	78 831 468	2 884 366	3 909 776	725 946	4 045 563
64 077 638	45 555 719	65 354 598	54 572 451	1 843 997	2 652 298	718 460	4 371 414
46 269 744	27 075 840	46 311 369	39 601 458	945 883	1 292 331	426 490	3 190 193
62 630 176	39 546 204	63 461 160	49 304 633	3 837 750	3 279 787	641 695	4 861 873
321 977 705	220 168 051	322 139 544	257 268 029	10 939 398	11 409 991	2 888 493	22 948 800
220 994 106	148 996 392	216 811 841	166 814 276	9 158 209	7 094 803	1 852 794	17 920 760
67 655 518	49 260 375	68 718 318	54 587 021	2 704 768	3 039 590	797 522	6 215 373
91 425 068	57 437 643	95 241 213	80 677 430	2 866 225	4 343 654	732 544	3 856 853
4 533 189	4 019 845	4 829 332	4 493 936	47 946	211 731	147 329	−182 312
2 541 797	3 694 953	2 384 079	1 024 760	7 571	53 572	55 550	1 096 990
307 787	212 700	307 787	255 414	788	4 740	5 261	35 574
2 806 713	944 393	3 184 430	2 913 615	84 749	53 057	7 145	109 071
686 231	447 857	822 344	591 374	134 895	53 147	5 729	29 876
1 826 813	734 178	1 476 748	1 052 697	288 858	38 215	−1 263	135 826

类　　别	Item	企业单位数（个）Number of Enterprises (unit)
烟草制品业	Manufacture of Tobacco	5
纺织业	Manufacture of Textile	76
纺织服装、服饰业	Manufacture of Textile Wearing Apparel,Footware and Caps	156
皮革、毛皮、羽毛及其制品和制鞋业	Manufacture of Leather, Fur, Feather and Related Products	74
木材加工及木、竹、藤、棕、草制品业	Processing of Timber, Manufacture of Wood, Bamboo, Rattan, Palm Fiber & Straw Products	20
家具制造业	Manufacture of Furniture	124
造纸及纸制品业	Manufacture of Paper and Paper Products	200
印刷和记录媒介复制业	Printing and Record Medium Reproduction	215
文教、工美、体育和娱乐用品制造业	Manufacture of Cultural, Educational and Sports Articles	351
石油加工、炼焦及核燃料加工业	Processing of Petroleum, Coking and Nuclear Fuel Processing	5
化学原料及化学制品制造业	Manufacture of Raw Chemical Materials and Chemical Products	237
医药制造业	Manufacture of Medicines	82
化学纤维制造业	Manufacture of Chemical Fibers	3
橡胶和塑料制品业	Manufacture of Rubber	805
非金属矿物制品业	Manufacture of Non-metallic Mineral Products	193
黑色金属冶炼及压延加工业	Smelting and Pressing of Ferrous Metals	24
有色金属冶炼及压延加工业	Smelting and Pressing of Nonferrous Metals	106
金属制品业	Manufacture of Metal Products	568
通用设备制造业	Manufacture of General-purpose Machinery	726
专用设备制造业	Manufacture of Special-purpose Machinery	1 050
汽车制造业	Manufacture of Automobiles	82
铁路、船舶、航空航天和其他运输设备制造业	Manufacture of Railways Ships Aerospace and Other Transport Equipment	85
电气机械及器材制造业	Manufacture of Electrical Machinery and Equipment	1 459
计算机、通信和其他电子设备制造业	Manufacture of Communication Equipment, Computers and Other Electronic Equipment	3 532
仪器仪表制造业	Manufacture of Measuring Instruments	426
其他制造业	Other Manufacturing	134
废弃资源综合利用业	Recycling and Disposal of Waste	8
金属制品、机械和设备修理业	Manufacture of Metal Products,Machinery and Equipment Repair	17
电力、热力的生产和供应业	Production and Supply of Electric Power and Heat Power	31
燃气生产和供应业	Production and Supply of Gas	7
水的生产和供应业	Production and Supply of Water	14

4—4 续表 continued（10 000 yuan）

工业总产值 Gross Industrial Output Value	负债合计 Total Liabilities	营业收入 Business Revenue	营业成本 Business Cost	销售费用 Prime Operating Expense	管理费用 Management Expenses	财务费用 Financial Expenses	利润总额 Total Profits
850 145	179 012	852 207	293 708	12 663	34 434	−6 052	95 472
1 314 204	536 405	1 397 751	1 062 529	126 529	73 141	7 324	99 101
1 791 620	1 538 781	1 835 587	1 145 651	401 918	203 517	33 265	13 964
729 458	363 749	754 758	608 068	27 378	104 621	2 165	16 609
128 380	109 287	135 427	106 444	4 908	8 704	4 162	8 132
1 156 196	1 051 951	1 156 628	966 321	63 549	75 560	18 130	10 943
1 387 337	897 777	1 445 061	1 245 077	48 191	84 866	14 621	83 297
2 833 789	2 130 063	2 823 935	2 283 311	88 771	184 287	28 507	256 466
11 783 440	8 340 027	12 422 822	11 130 612	228 359	491 998	100 704	437 776
252 874	110 785	343 292	290 697	19 799	6 914	− 871	13 341
3 162 129	2 174 911	3 309 332	2 649 240	158 331	179 086	43 198	245 225
4 493 843	3 393 103	4 117 490	1 934 070	826 340	218 377	61 388	1 048 003
11 619	3 760	11 227	11 060	249	824	− 18	− 212
7 832 039	4 098 983	7 881 008	6 605 445	189 320	501 662	51 929	307 719
5 016 857	4 579 613	5 304 078	4 472 338	187 504	192 671	50 798	321 112
263 300	275 776	278 065	251 393	5 136	11 140	6 470	1 714
4 534 465	1 967 792	4 532 465	4 370 005	10 808	36 070	12 069	32 489
6 287 122	3 357 680	6 299 181	5 203 636	146 257	366 203	42 651	386 386
10 883 573	7 124 370	10 878 583	8 517 568	509 824	584 957	78 508	827 264
15 605 777	9 662 574	15 123 417	10 319 952	1 074 708	887 105	130 285	2 040 425
7 914 928	10 185 922	9 351 190	7 886 589	192 167	243 977	220 450	42 231
1 511 408	1 030 238	1 483 331	1 194 287	37 581	66 952	16 479	109 080
28 375 279	20 662 943	29 469 660	23 872 866	988 100	1 275 114	395 056	1 903 836
236 003 390	147 244 204	232 097 211	184 709 971	8 289 098	7 819 250	1 678 379	15 448 073
5 309 325	4 287 942	5 493 446	3 875 114	387 219	362 209	89 382	539 162
1 447 002	821 855	1 513 285	1 200 607	72 144	96 781	15 967	78 366
3 087 632	1 008 677	4 137 742	4 121 406	5 409	3 454	2 597	7 798
181 193	134 117	194 765	144 549	2 273	15 118	3 342	24 804
9 148 018	11 404 807	9 527 628	8 090 969	6 681	215 106	243 708	1 205 708
1 622 098	1 564 908	1 632 553	1 189 594	95 986	39 215	19 714	280 475
1 520 102	3 438 167	1 622 194	981 726	53 087	103 734	93 459	518 580

4-5 规模以上工业企业主要经济效益指标（2020年）

MAIN INDICATORS ON ECONOMIC BENEFIT OF INDUSTRIAL ENTERPRISES ABOVE DESIGNATED SIZE（2020）

类别	Item	成本费用利润率(%) After-Tax Profits/Cost (%)
总计	**Total**	**7.66**
一、按登记注册类型分	**Grouped by Registration**	
1.内资企业	Domestic Investment Enterprise	7.35
其中：有限责任公司	Companies Limited with Liabilities	9.36
股份有限公司	Companies Limited by Shares	11.38
私营企业	Private	4.49
2.港、澳、台投资企业	Funded by Entrepreneur from Hongkong,Macao and Taiwan	7.03
3.外商投资企业	Foreign Funded	7.31
二、按轻、重工业分	**Grouped by Light and Heavy Industry**	
1.轻工业	Light Industry	8.23
2.重工业	Heavy Industry	7.54
三、按企业规模分	**Grouped by Size of Enterprises**	
1.大型企业	Large Enterprises	8.86
2.中型企业	Medium-sized Enterprises	9.74
3.小型企业	Small Enterprises	4.18
4.微型企业	Micro Enterprises	-3.67
四、按工业行业大类分	**Grouped by Sector**	
煤炭开采和洗选业	Mining and Washing of Coal	
石油和天然气开采业	Extraction of Petroleum and Natural Gas	5.05
黑色金属矿采选业	Mining and Processing of Ferrous Metal Ores	
有色金属矿采选业	Mining and Processing of Nonferrous Metal Ores	
非金属矿采选业	Mining and Processing of Nonmetal Ores	
开采专业及辅助性活动	Mining and Auxiliary Activities	12.76
其他采矿业	Mining and Processing of Other Ores	
农副食品加工业	Processing of Food from Agricultural Products	3.55
食品制造业	Manufacture of Foods	5.75
酒、饮料和精制茶制造业	Manufacture of Wine,Beverages and Refined Tea	9.82

流动资产周转率(次) Turnover Times of Circulating Funds(time)	资产负债率（%） Assets−Liability Ratio (%)	总资产贡献率（%） Ratio of Total Assets to Industrial Output Value (%)	全员劳动生产率（元/人） Total Labor Productivity（yuan/person）
1.29	**57.13**	**8.48**	**287 545**
1.27	58.18	8.96	346 046
1.48	62.81	12.27	724 433
0.85	48.20	6.40	300 397
1.33	62.53	6.84	169 345
1.25	56.35	7.11	173 517
1.49	51.82	7.65	231 830
1.16	51.08	8.91	174 922
1.31	58.37	8.39	330 387
1.32	57.92	9.43	416 397
1.16	50.22	8.61	208 095
1.34	61.44	6.28	164 848
0.99	69.18	−0.64	530 752
9.25	79.60	30.74	6 907 765
1.06	30.50	5.51	1 063 072
2.52	57.22	7.86	227 466
1.65	48.45	6.42	134 897
1.35	53.04	15.60	259 670

类 别 Item		成本费用利润率(%) After-Tax Profit/Cost (%)
烟草制品业	Manufacture of Tobacco	28.02
纺织业	Manufacture of Textile	7.64
纺织服装、服饰业	Manufacture of Textile Wearing Apparel,Footware and Caps	0.76
皮革、毛皮、羽毛及其制品和制鞋业	Manufacture of Leather, Fur, Feather and Related Products	2.20
木材加工及木、竹、藤、棕、草制品业	Processing of Timber, Manufacture of Wood, Bamboo, Rattan, Palm Fiber & Straw Products	6.35
家具制造业	Manufacture of Furniture	0.95
造纸及纸制品业	Manufacture of Paper and Paper Products	5.84
印刷和记录媒介复制业	Printing and Record Medium Reproduction	9.57
文教、工美、体育和娱乐用品制造业	Manufacture of Cultural, Educational and Sports Articles	3.63
石油加工、炼焦及核燃料加工业	Processing of Petroleum, Coking and Nuclear Fuel Processing	4.18
化学原料及化学制品制造业	Manufacture of Raw Chemical Materials and Chemical Products	7.8[illegible]
医药制造业	Manufacture of Medicines	[illegible]2.23
化学纤维制造业	Manufacture of Chemical Fibers	-1.71
橡胶和塑料制品业	Manufacture of Rubber	4.05
非金属矿物制品业	Manufacture of Non-metallic Mineral Products	6.39
黑色金属冶炼及压延加工业	Smelting and Pressing of Ferrous Metals	0.62
有色金属冶炼及压延加工业	Smelting and Pressing of Nonferrous Metals	0.72
金属制品业	Manufacture of Metal Products	5.48
通用设备制造业	Manufacture of General-purpose Machinery	3.1[illegible]
专用设备制造业	Manufacture of Special-purpose Machinery	15.19
汽车制造业	Manufacture of Automobiles	[illegible].46
铁路、船舶、航空航天和其他运输设备制造业	Manufacture of Railways Ships Aerospace and Other Transport Equipment	[illegible].88
电气机械及器材制造业	Manufacture of Electrical Machinery and Equipment	[illegible].86
计算机、通信和其他电子设备制造业	Manufacture of Communication Equipment, Computers and Other Electronic Equipment	[illegible].00
仪器仪表制造业	Manufacture of Measuring Instruments	10.58
其他制造业	Other Manufacturing	5.43
废弃资源综合利用业	Recycling and Disposal of Waste	0.19
金属制品、机械和设备修理业	Manufacture of Metal Products,Machinery and Equipment Repair	14.64
电力、热力的生产和供应业	Production and Supply of Electric Power and Heat Power	13.87
燃气生产和供应业	Production and Supply of Gas	20.46
水的生产和供应业	Production and Supply of Water	41.59

4—5 续表 continued

流动资产周转率(次) Turnover Times of Circulating Funds(time)	资产负债率（%） Assets–Liability Ratio (%)	总资产贡献率（%） Ratio of Total Assets to Industrial Output Value (%)	全员劳动生产率（元/人） Total Labor Productivity（yuan/person）
1.24	23.26	75.89	773 945
1.85	47.49	11.24	210 446
1.00	48.12	3.35	94 434
1.40	48.31	5.32	87 326
1.13	59.61	8.14	114 005
0.89	58.49	2.46	96 958
1.35	52.15	6.56	115 572
1.04	44.94	7.21	154 045
1.24	73.12	4.98	128 854
0.76	22.40	5.93	2 194 140
1.02	44.96	7.41	228 679
0.77	36.46	13.05	660 733
1.48	44.03	−0.29	78 200
1.34	53.69	6.47	123 109
0.97	63.35	6.77	220 050
0.98	84.68	0.01	156 927
2.20	81.37	3.12	372 407
1.34	56.97	9.54	147 749
0.98	51.06	7.87	198 390
0.97	45.79	11.84	246 843
0.99	79.39	1.93	217 830
0.94	44.70	6.38	219 867
1.10	53.80	6.77	165 914
1.37	58.91	8.55	363 628
0.88	48.24	8.40	205 337
1.06	41.41	5.26	174 726
4.12	96.70	1.11	72 398
0.79	47.37	12.35	230 171
1.91	53.11	7.55	2 413 177
1.70	48.44	11.01	1 344 617
0.98	57.02	11.16	763 344

4-6 规模以上内资工业企业主要经济指标（2020年）

MAIN ECONOMIC INDICATORS OF DOMESTIC INDUSTRIAL ENTERPRISES ABOVE DESIGNATED SIZE（2020）

单位：万元

类　　别	Item	企业单位数(个) Number of Enterprises (unit)
总　　计	**Total**	**[illegible] 0[illegible]9**
一、按登记注册类型分	**Grouped by Registration**	
1.内资企业	Domestic Investment Enterprise	[illegible] 019
其中：有限责任公司	Companies Limited with Liabilities	448
股份有限公司	Companies Limited by Shares	45[illegible]
私营企业	Private	[illegible] 08[illegible]
2.港、澳、台投资企业	Funded by Entrepreneur from Hongkong,Macao and Taiwan	
3.外商投资企业	Foreign Funded	
二、按企业规模分	**Grouped by Size of Enterprises**	
1.大型企业	Large Enterprises	165
2.中型企业	Medium-sized Enterprises	344
3.小型企业	Small Enterprises	7 446
4.微型企业	Micro Enterprises	564
三、按工业行业大类分	**Grouped by Sector**	
煤炭开采和洗选业	Mining and Washing of Coal	
石油和天然气开采业	Extraction of Petroleum and Natural Gas	
黑色金属矿采选业	Mining and Processing of Ferrous Metal Ores	
有色金属矿采选业	Mining and Processing of Nonferrous Metal Ores	
非金属矿采选业	Mining and Processing of Nonmetal Ores	
开采专业及辅助性活动	Mining and Auxiliary Activities	
其他采矿业	Mining and Processing of Other Ores	
农副食品加工业	Processing of Food from Agricultural Products	[illegible]3
食品制造业	Manufacture of Foods	[illegible]0
酒、饮料和精制茶制造业	Manufacture of Wine,Beverages and Refined Tea	6

(10 000 yuan)

工业总产值 Gross Output Value of Industry	资产总计 Total Assets	流动资产 Current Assets	营业收入 Business Revenue	利润总额 Total Profits
274 260 499	**321 548 392**	**216 173 324**	**273 934 737**	**20 249 066**
274 260 499	321 548 392	216 173 324	273 934 737	20 249 066
130 095 804	133 849 284	88 994 244	131 295 649	11 041 775
51 031 216	99 409 748	56 401 539	48 050 988	5 138 611
92 363 182	87 684 545	70 380 476	93 857 307	4 045 563
151 016 408	173 821 547	113 452 798	146 704 312	13 799 278
44 580 640	68 034 289	41 406 588	45 364 598	3 446 485
75 720 388	75 038 310	57 427 218	78 777 913	3 171 186
2 943 063	4 654 247	3 886 720	3 087 914	−167 883
978 532	425 782	327 598	1 320 165	19 605
372 498	708 786	358 050	471 134	18 146
31 305	83 531	46 892	56 357	560

单位：万元

类　　别	Item	企业单位数 (个) Number of Enterprises (unit)
烟草制品业	Manufacture of Tobacco	6
纺织业	Manufacture of Textile	51
纺织服装、服饰业	Manufacture of Textile Wearing Apparel,Footware and Caps	39
皮革、毛皮、羽毛及其制品和制鞋业	Manufacture of Leather, Fur, Feather and Related Products	14
木材加工及木、竹、藤、棕、草制品业	Processing of Timber, Manufacture of Wood, Bamboo, Rattan, Palm Fiber & Straw Products	19
家具制造业	Manufacture of Furniture	101
造纸及纸制品业	Manufacture of Paper and Paper Products	142
印刷和记录媒介复制业	Printing and Record Medium Reproduction	152
文教、工美、体育和娱乐用品制造业	Manufacture of Cultural, Educational and Sports Articles	234
石油加工、炼焦及核燃料加工业	Processing of Petroleum, Coking and Nuclear Fuel Processing	4
化学原料及化学制品制造业	Manufacture of Raw Chemical Materials and Chemical Products	188
医药制造业	Manufacture of Medicines	55
化学纤维制造业	Manufacture of Chemical Fibers	2
橡胶和塑料制品业	Manufacture of Rubber	563
非金属矿物制品业	Manufacture of Non-metallic Mineral Products	170
黑色金属冶炼及压延加工业	Smelting and Pressing of Ferrous Metals	19
有色金属冶炼及压延加工业	Smelting and Pressing of Nonferrous Metals	89
金属制品业	Manufacture of Metal Products	520
通用设备制造业	Manufacture of General-purpose Machinery	580
专用设备制造业	Manufacture of Special-purpose Machinery	378
汽车制造业	Manufacture of Automobiles	57
铁路、船舶、航空航天和其他运输设备制造业	Manufacture of Railways Ships Aerospace and Other Transport Equipment	58
电气机械及器材制造业	Manufacture of Electrical Machinery and Equipment	1 354
计算机、通信和其他电子设备制造业	Manufacture of Communication Equipment, Computers and Other Electronic Equipment	3 130
仪器仪表制造业	Manufacture of Measuring Instruments	50
其他制造业	Other Manufacturing	00
废弃资源综合利用业	Recycling and Disposal of Waste	8
金属制品、机械和设备修理业	Manufacture of Metal Products,Machinery and Equipment Repair	13
电力、热力的生产和供应业	Production and Supply of Electric Power and Heat Power	24
燃气生产和供应业	Production and Supply of Gas	5
水的生产和供应业	Production and Supply of Water	40

4－6 续表 continued（10 000 yuan）

工业总产值 Gross Output Value of Industry	资产总计 Total Assets	流动资产 Current Assets	营业收入 Business Revenue	利润总额 Total Profits
850 145	769 732	685 612	852 207	95 472
909 910	815 347	526 514	988 704	77 883
1 070 443	2 410 488	1 218 331	1 112 387	7 807
229 351	193 394	171 462	241 392	1 065
124 847	178 137	115 468	131 895	7 961
867 186	1 352 327	932 012	858 293	10 698
889 097	1 257 491	676 514	931 735	80 063
2 024 724	3 655 099	1 866 307	2 007 796	207 075
7 309 897	5 650 244	4 881 593	7 418 372	117 593
142 976	132 320	103 615	150 063	4 209
1 904 462	3 823 233	2 517 482	2 015 275	184 240
2 253 919	6 544 943	3 423 378	2 064 033	574 980
9 927	4 069	3 511	9 535	178
4 686 296	4 874 671	3 697 718	4 671 904	208 813
3 918 305	5 066 539	3 893 566	4 195 792	214 213
201 898	247 398	227 127	202 091	130
3 311 174	1 611 323	1 312 647	3 295 961	26 342
4 263 303	4 082 969	3 289 834	4 255 273	232 892
6 805 443	10 155 306	7 804 272	6 601 703	585 025
12 153 303	17 021 324	12 644 139	11 544 839	1 760 604
880 064	2 155 699	1 403 904	847 820	−93 004
776 694	779 222	633 563	721 094	42 733
17 373 995	24 637 813	17 160 330	18 167 987	882 415
182 095 092	189 493 076	133 739 997	179 396 193	13 470 961
4 170 071	6 604 461	4 781 751	4 267 505	502 249
1 090 637	1 595 874	1 141 388	1 141 022	55 599
3 087 632	1 043 051	1 003 301	4 137 742	7 798
67 040	92 859	82 555	84 345	5 528
7 610 590	18 318 742	3 481 508	7 984 306	644 107
843 512	2 637 360	754 767	843 136	87 868
694 189	2 483 830	1 006 336	684 642	189 156

4-7　规模以上股份有限工业企业主要经济指标（2020年）

MAIN ECONOMIC INDICATORS OF SHARE-HOLDING INDUSTRIAL ENTERPRISES LIMITED ABOVE DESIGNATED SIZE（2020）

单位：万元

类　别	Item	企业单位数(个) Number of Enterprises (unit)
总　　计	**Total**	**459**
一、按登记注册类型分	**Grouped by Registration**	
1.内资企业	Domestic Investment Enterprise	459
其中：有限责任公司	Companies Limited with Liabilities	
股份有限公司	Companies Limited by Shares	459
私营企业	Private	
2.港、澳、台投资企业	Funded by Entrepreneur from Hongkong,Macao and Taiwan	
3.外商投资企业	Foreign Funded	
二、按企业规模分	**Grouped by Size of Enterprises**	
1.大型企业	Large Enterprises	69
2.中型企业	Medium-sized Enterprises	133
3.小型企业	Small Enterprises	247
4.微型企业	Micro Enterprises	10
三、按工业行业大类分	**Grouped by Sector**	
煤炭开采和洗选业	Mining and Washing of Coal	
石油和天然气开采业	Extraction of Petroleum and Natural Gas	
黑色金属矿采选业	Mining and Processing of Ferrous Metal Ores	
有色金属矿采选业	Mining and Processing of Nonferrous Metal Ores	
非金属矿采选业	Mining and Processing of Nonmetal Ores	
开采专业及辅助性活动	Mining and Auxiliary Activities	
其他采矿业	Mining and Processing of Other Ores	
农副食品加工业	Processing of Food from Agricultural Products	
食品制造业	Manufacture of Foods	
酒、饮料和精制茶制造业	Manufacture of Wine,Beverages and Refined Tea	

（10 000 yuan）

工业总产值 Gross Output Value of Industry	资产总计 Total Assets	流动资产 Current Assets	营业收入 Business Revenue	利润总额 Total Profits
51 031 216	**99 409 748**	**56 401 539**	**48 050 988**	**5 138 611**
51 031 216	99 409 748	56 401 539	48 050 988	5 138 611
51 031 216	99 409 748	56 401 539	48 050 988	5 138 611
35 831 925	57 200 066	34 620 224	31 581 025	3 267 807
9 474 554	29 316 120	14 618 875	10 296 032	1 392 345
5 670 562	12 834 120	7 119 326	6 116 785	481 682
54 174	59 441	43 115	57 146	−3 223

单位：万元

类　　别	Item	企业单位数（个）Number of Enterprises (unit)
烟草制品业	Manufacture of Tobacco	
纺织业	Manufacture of Textile	2
纺织服装、服饰业	Manufacture of Textile Wearing Apparel,Footware and Caps	7
皮革、毛皮、羽毛及其制品和制鞋业	Manufacture of Leather, Fur, Feather and Related Products	
木材加工及木、竹、藤、棕、草制品业	Processing of Timber, Manufacture of Wood, Bamboo, Rattan, Palm Fiber & Straw Products	
家具制造业	Manufacture of Furniture	2
造纸及纸制品业	Manufacture of Paper and Paper Products	2
印刷和记录媒介复制业	Printing and Record Medium Reproduction	5
文教、工美、体育和娱乐用品制造业	Manufacture of Cultural, Educational and Sports Articles	6
石油加工、炼焦及核燃料加工业	Processing of Petroleum, Coking and Nuclear Fuel Processing	
化学原料及化学制品制造业	Manufacture of Raw Chemical Materials and Chemical Products	13
医药制造业	Manufacture of Medicines	11
化学纤维制造业	Manufacture of Chemical Fibers	
橡胶和塑料制品业	Manufacture of Rubber	21
非金属矿物制品业	Manufacture of Non-metallic Mineral Products	8
黑色金属冶炼及压延加工业	Smelting and Pressing of Ferrous Metals	
有色金属冶炼及压延加工业	Smelting and Pressing of Nonferrous Metals	
金属制品业	Manufacture of Metal Products	16
通用设备制造业	Manufacture of General-purpose Machinery	22
专用设备制造业	Manufacture of Special-purpose Machinery	49
汽车制造业	Manufacture of Automobiles	4
铁路、船舶、航空航天和其他运输设备制造业	Manufacture of Railways Ships Aerospace and Other Transport Equipment	2
电气机械及器材制造业	Manufacture of Electrical Machinery and Equipment	60
计算机、通信和其他电子设备制造业	Manufacture of Communication Equipment, Computers and Other Electronic Equipment	82
仪器仪表制造业	Manufacture of Measuring Instruments	30
其他制造业	Other Manufacturing	3
废弃资源综合利用业	Recycling and Disposal of Waste	
金属制品、机械和设备修理业	Manufacture of Metal Products,Machinery and Equipment Repair	
电力、热力的生产和供应业	Production and Supply of Electric Power and Heat Power	
燃气生产和供应业	Production and Supply of Gas	
水的生产和供应业	Production and Supply of Water	3

4—7 续表 continued (10 000 yuan)

工业总产值 Gross Output Value of Industry	资产总计 Total Assets	流动资产 Current Assets	营业收入 Business Revenue	利润总额 Total Profits
187 330	448 458	231 202	251 007	49 574
349 549	1 505 977	434 436	388 192	23 016
175 334	161 721	93 492	163 528	19 117
85 565	577 987	116 245	123 496	62 942
714 795	2 344 134	843 960	702 658	183 881
370 410	287 715	244 471	283 795	57 854
644 015	2 476 324	1 377 522	736 395	90 096
664 934	3 314 860	1 324 562	592 758	252 986
504 365	1 007 570	651 461	508 130	51 044
694 886	1 804 971	1 137 280	926 746	134 205
496 581	685 391	429 769	487 338	67 017
1 396 936	4 031 507	2 782 229	1 350 846	125 604
4 653 723	8 403 574	5 647 773	4 381 707	1 033 222
307 664	703 631	520 210	260 992	−11 737
278 877	253 768	193 172	220 691	21 992
2 666 470	7 724 288	4 364 106	3 053 315	283 783
34 266 682	49 938 654	30 991 977	30 554 371	2 123 345
1 341 728	3 382 273	2 065 415	1 418 580	220 174
135 352	602 747	340 484	160 367	8 666
96 290	890 487	369 782	95 384	22 693

4-8 规模以上私营工业企业主要经济指标（2020年）

MAIN ECONOMIC INDICATORS OF PRIVATE INDUSTRIAL ENTERPRISES ABOVE DESIGNATED SIZE（2020）

单位：万元

类别	Item	企业单位数(个) Number of Enterprises (unit)
总计	**Total**	**7 038**
一、按登记注册类型分	**Grouped by Registration**	
1.内资企业	Domestic Investment Enterprise	7 038
其中：有限责任公司	Companies Limited with Liabilities	
股份有限公司	Companies Limited by Shares	
私营企业	Private	7 038
2.港、澳、台投资企业	Funded by Entrepreneur from Hongkong,Macao and Taiwan	
3.外商投资企业	Foreign Funded	
二、按企业规模分	**Grouped by Size of Enterprises**	
1.大型企业	Large Enterprises	59
2.中型企业	Medium-sized Enterprises	553
3.小型企业	Small Enterprises	[illegible] 01[illegible]
4.微型企业	Micro Enterprises	465
三、按工业行业大类分	**Grouped by Sector**	
煤炭开采和洗选业	Mining and Washing of Coal	
石油和天然气开采业	Extraction of Petroleum and Natural Gas	
黑色金属矿采选业	Mining and Processing of Ferrous Metal Ores	
有色金属矿采选业	Mining and Processing of Nonferrous Metal Ores	
非金属矿采选业	Mining and Processing of Nonmetal Ores	
开采专业及辅助性活动	Mining and Auxiliary Activities	
其他采矿业	Mining and Processing of Other Ores	
农副食品加工业	Processing of Food from Agricultural Products	19
食品制造业	Manufacture of Foods	25
酒、饮料和精制茶制造业	Manufacture of Wine,Beverages and Refined Tea	6

(10 000 yuan)

工业总产值 Gross Output Value of Industry	资产总计 Total Assets	流动资产 Current Assets	营业收入 Business Revenue	利润总额 Total Profits
92 363 182	**87 684 545**	**70 380 476**	**93 857 307**	**4 045 563**
92 363 182	87 684 545	70 380 476	93 857 307	4 045 563
92 363 182	87 684 545	70 380 476	93 857 307	4 045 563
11 864 841	13 799 826	10 392 228	11 785 188	1 057 741
21 527 126	24 174 902	18 450 216	21 328 816	1 162 943
56 843 091	45 703 953	38 133 324	58 516 047	2 003 886
2 128 124	4 005 864	3 404 709	2 227 256	−179 006
284 694	162 663	123 591	315 402	7 317
226 029	573 986	298 516	262 580	17 086
31 305	83 531	46 892	56 357	560

单位：万元

类　　别	Item	企业单位数(个) Number of Enterprises (unit)
烟草制品业	Manufacture of Tobacco	5
纺织业	Manufacture of Textile	44
纺织服装、服饰业	Manufacture of Textile Wearing Apparel,Footware and Caps	71
皮革、毛皮、羽毛及其制品和制鞋业	Manufacture of Leather, Fur, Feather and Related Products	37
木材加工及木、竹、藤、棕、草制品业	Processing of Timber, Manufacture of Wood, Bamboo, Rattan, Palm Fiber & Straw Products	17
家具制造业	Manufacture of Furniture	91
造纸及纸制品业	Manufacture of Paper and Paper Products	123
印刷和记录媒介复制业	Printing and Record Medium Reproduction	122
文教、工美、体育和娱乐用品制造业	Manufacture of Cultural, Educational and Sports Articles	200
石油加工、炼焦及核燃料加工业	Processing of Petroleum, Coking and Nuclear Fuel Processing	3
化学原料及化学制品制造业	Manufacture of Raw Chemical Materials and Chemical Products	139
医药制造业	Manufacture of Medicines	32
化学纤维制造业	Manufacture of Chemical Fibers	
橡胶和塑料制品业	Manufacture of Rubber	465
非金属矿物制品业	Manufacture of Non-metallic Mineral Products	122
黑色金属冶炼及压延加工业	Smelting and Pressing of Ferrous Metals	16
有色金属冶炼及压延加工业	Smelting and Pressing of Nonferrous Metals	72
金属制品业	Manufacture of Metal Products	422
通用设备制造业	Manufacture of General-purpose Machinery	467
专用设备制造业	Manufacture of Special-purpose Machinery	703
汽车制造业	Manufacture of Automobiles	41
铁路、船舶、航空航天和其他运输设备制造业	Manufacture of Railways Ships Aerospace and Other Transport Equipment	49
电气机械及器材制造业	Manufacture of Electrical Machinery and Equipment	1 091
计算机、通信和其他电子设备制造业	Manufacture of Communication Equipment, Computers and Other Electronic Equipment	2 328
仪器仪表制造业	Manufacture of Measuring Instruments	271
其他制造业	Other Manufacturing	74
废弃资源综合利用业	Recycling and Disposal of Waste	8
金属制品、机械和设备修理业	Manufacture of Metal Products,Machinery and Equipment Repair	9
电力、热力的生产和供应业	Production and Supply of Electric Power and Heat Power	5
燃气生产和供应业	Production and Supply of Gas	2
水的生产和供应业	Production and Supply of Water	8

4—8 续表 continued（10 000 yuan）

工业总产值 Gross Output Value of Industry	资产总计 Total Assets	流动资产 Current Assets	营业收入 Business Revenue	利润总额 Total Profits
131 357	150 250	134 088	129 770	5 797
296 128	208 588	165 353	331 201	17 401
511 504	755 596	665 169	540 268	−14 967
205 187	175 912	154 607	217 390	774
86 851	136 799	94 312	94 771	6 114
646 028	907 823	603 385	646 443	−7 842
637 627	502 694	414 483	642 089	10 765
1 127 698	1 007 840	796 470	1 113 093	40 502
6 038 351	4 405 020	3 741 960	6 213 090	25 507
125 304	77 334	76 856	132 403	961
1 114 583	1 177 528	1 000 614	1 127 589	86 975
906 733	2 213 331	1 481 205	801 035	199 743
3 280 239	2 890 909	2 315 015	3 265 217	135 170
1 824 596	1 671 900	1 394 465	1 849 515	56 087
181 282	228 924	210 794	181 449	−416
2 691 702	1 206 686	1 047 440	2 679 913	12 833
2 895 921	2 597 563	2 211 970	2 879 468	119 450
4 570 705	5 262 686	4 306 918	4 442 497	388 728
6 257 085	7 039 584	5 782 177	5 960 245	604 116
451 737	1 323 805	803 434	464 095	−88 416
444 242	423 133	342 780	443 522	19 156
10 767 491	11 816 094	8 819 143	11 138 243	449 564
40 455 101	35 949 730	29 442 447	40 661 237	1 684 045
2 138 344	2 457 718	2 085 115	2 156 853	201 787
750 640	799 329	631 933	770 251	32 742
3 087 632	1 043 051	1 003 301	4 137 742	7 798
47 147	68 759	59 734	46 878	5 980
23 011	123 452	33 235	29 576	6 831
45 011	18 013	16 470	44 635	171
75 677	221 731	74 553	76 269	13 162

4-9 规模以上港澳台商投资和外商投资工业企业主要经济指标（2020年）

MAIN ECONOMIC INDICATORS OF INDUSTRIAL ENTERPAISES WITH FUNDS FROM HONGKONG,MACAO,TAIWAN AND FOREIGN FUNDS ABOVE DESIGNATED SIZE（2020

单位：万元

类别	Item	企业单位数(个) Number of Enterprises (unit)
总　　计	**Total**	**2 236**
一、按登记注册类型分	**Grouped by Registration**	
1.内资企业	Domestic Investment Enterprise	2 236
其中：有限责任公司	Companies Limited with Liabilities	
股份有限公司	Companies Limited by Shares	
私营企业	Private	
2.港、澳、台投资企业	Funded by Entrepreneur from Hongkong,Macao and Taiwan	1 641
3.外商投资企业	Foreign Funded	595
二、按企业规模分	**Grouped by Size of Enterprises**	
1.大型企业	Large Enterprises	165
2.中型企业	Medium-sized Enterprises	497
3.小型企业	Small Enterprises	1 459
4.微型企业	Micro Enterprises	115
三、按工业行业大类分	**Grouped by Sector**	
煤炭开采和洗选业	Mining and Washing of Coal	
石油和天然气开采业	Extraction of Petroleum and Natural Gas	2
黑色金属矿采选业	Mining and Processing of Ferrous Metal Ores	
有色金属矿采选业	Mining and Processing of Nonferrous Metal Ores	
非金属矿采选业	Mining and Processing of Nonmetal Ores	
开采专业及辅助性活动	Mining and Auxiliary Activities	
其他采矿业	Mining and Processing of Other Ores	
农副食品加工业	Processing of Food from Agricultural Products	16
食品制造业	Manufacture of Foods	11
酒、饮料和精制茶制造业	Manufacture of Wine,Beverages and Refined Tea	9

(10 000 yuan)

工业总产值 Gross Output Value of Industry	资产总计 Total Assets	流动资产 Current Assets	营业收入 Business Revenue	利润总额 Total Profits
110 347 382	**133 087 993**	**83 536 445**	**111 665 967**	**7 561 607**
110 347 382	133 087 993	83 536 445	111 665 967	7 561 607
64 077 638	80 842 419	52 389 112	65 354 598	4 371 414
46 269 744	52 245 574	31 147 332	46 311 369	3 190 193
69 977 697	83 424 921	51 111 053	70 107 529	4 121 483
23 074 878	30 057 442	17 645 722	23 353 720	2 768 887
15 704 680	18 448 844	13 766 944	16 463 299	685 667
1 590 126	1 156 786	1 012 726	1 741 418	−14 429
2 541 797	4 641 733	257 763	2 384 079	1 096 990
1 828 181	1 224 775	934 144	1 864 265	89 467
313 733	215 513	139 340	351 210	11 730
1 795 508	1 300 708	1 044 521	1 420 391	135 266

单位：万元

类　　别	Item	企业单位数(个) Number of Enterprises (unit)
烟草制品业	Manufacture of Tobacco	
纺织业	Manufacture of Textile	25
纺织服装、服饰业	Manufacture of Textile Wearing Apparel,Footware and Caps	67
皮革、毛皮、羽毛及其制品和制鞋业	Manufacture of Leather, Fur, Feather and Related Products	30
木材加工及木、竹、藤、棕、草制品业	Processing of Timber, Manufacture of Wood, Bamboo, Rattan, Palm Fiber & Straw Products	
家具制造业	Manufacture of Furniture	23
造纸及纸制品业	Manufacture of Paper and Paper Products	53
印刷和记录媒介复制业	Printing and Record Medium Reproduction	63
文教、工美、体育和娱乐用品制造业	Manufacture of Cultural, Educational and Sports Articles	116
石油加工、炼焦及核燃料加工业	Processing of Petroleum, Coking and Nuclear Fuel Processing	2
化学原料及化学制品制造业	Manufacture of Raw Chemical Materials and Chemical Products	49
医药制造业	Manufacture of Medicines	23
化学纤维制造业	Manufacture of Chemical Fibers	
橡胶和塑料制品业	Manufacture of Rubber	242
非金属矿物制品业	Manufacture of Non−metallic Mineral Products	23
黑色金属冶炼及压延加工业	Smelting and Pressing of Ferrous Metals	5
有色金属冶炼及压延加工业	Smelting and Pressing of Nonferrous Metals	17
金属制品业	Manufacture of Metal Products	148
通用设备制造业	Manufacture of General−purpose Machinery	146
专用设备制造业	Manufacture of Special−purpose Machinery	172
汽车制造业	Manufacture of Automobiles	25
铁路、船舶、航空航天和其他运输设备制造业	Manufacture of Railways Ships Aerospace and Other Transport Equipment	27
电气机械及器材制造业	Manufacture of Electrical Machinery and Equipment	305
计算机、通信和其他电子设备制造业	Manufacture of Communication Equipment, Computers and Other Electronic Equipment	402
仪器仪表制造业	Manufacture of Measuring Instruments	76
其他制造业	Other Manufacturing	34
废弃资源综合利用业	Recycling and Disposal of Waste	
金属制品、机械和设备修理业	Manufacture of Metal Products,Machinery and Equipment Repair	4
电力、热力的生产和供应业	Production and Supply of Electric Power and Heat Power	7
燃气生产和供应业	Production and Supply of Gas	2
水的生产和供应业	Production and Supply of Water	4

4—9 续表 continued（10 000 yuan）

工业总产值 Gross Output Value of Industry	资产总计 Total Assets	流动资产 Current Assets	营业收入 Business Revenue	利润总额 Total Profits
404 295	314 238	227 136	409 047	21 217
721 177	787 029	620 838	723 200	6 157
500 107	559 570	369 533	513 365	15 544
289 010	446 339	367 525	298 335	245
498 240	464 095	392 638	513 326	3 234
809 064	1 084 773	838 505	816 139	49 391
4 473 543	5 755 438	5 115 698	5 004 450	320 183
109 899	362 222	346 536	193 229	9 132
1 257 667	1 013 725	726 908	1 294 058	60 985
2 239 924	2 762 686	1 923 656	2 053 457	473 023
3 145 743	2 759 857	2 171 013	3 209 104	98 906
1 098 552	2 162 248	1 584 253	1 108 286	106 899
61 402	78 271	55 387	75 974	1 584
1 223 291	806 872	749 598	1 236 503	6 147
2 023 818	1 810 635	1 398 039	2 043 908	153 494
4 078 131	3 796 766	3 261 284	4 276 880	242 239
3 452 474	4 080 659	3 007 436	3 578 578	279 822
7 034 864	10 673 868	8 009 863	8 503 370	135 234
734 714	1 525 666	945 154	762 236	66 347
11 001 284	13 767 722	9 669 406	11 301 673	1 021 422
53 908 298	60 471 085	35 059 801	52 701 018	1 977 112
1 139 254	2 284 070	1 492 923	1 225 941	36 913
356 365	388 890	286 034	372 263	22 767
114 153	190 245	163 418	110 420	19 276
1 537 428	3 154 446	1 493 833	1 543 323	561 601
778 586	593 180	204 706	789 417	192 607
825 913	3 545 647	641 578	937 552	329 424

4-10　规模以上大中型工业企业主要经济指标（2020年）

MAIN ECONOMIC INDICATORS OF LARGE AND MEDIUM-SIZED INDUSTRIAL ENTERPRISES ABOVE DESIGNATED SIZE（2020）

单位：万元

类　　别	Item	企业单位数(个) Number of Enterprises (unit)
总　　计	**Total**	**1 671**
一、按登记注册类型分	**Grouped by Registration**	
1.内资企业	Domestic Investment Enterprise	1 009
其中：有限责任公司	Companies Limited with Liabilities	192
股份有限公司	Companies Limited by Shares	202
私营企业	Private	612
2.港、澳、台投资企业	Funded by Entrepreneur from Hongkong,Macao and Taiwan	456
3.外商投资企业	Foreign Funded	206
二、按企业规模分	**Grouped by Size of Enterprises**	
1.大型企业	Large Enterprises	330
2.中型企业	Medium-sized Enterprises	1 341
3.小型企业	Small Enterprises	
4.微型企业	Micro Enterprises	
三、按工业行业大类分	**Grouped by Sector**	
煤炭开采和洗选业	Mining and Washing of Coal	
石油和天然气开采业	Extraction of Petroleum and Natural Gas	
黑色金属矿采选业	Mining and Processing of Ferrous Metal Ores	
有色金属矿采选业	Mining and Processing of Nonferrous Metal Ores	
非金属矿采选业	Mining and Processing of Nonmetal Ores	
开采专业及辅助性活动	Mining and Auxiliary Activities	2
其他采矿业	Mining and Processing of Other Ores	
农副食品加工业	Processing of Food from Agricultural Products	6
食品制造业	Manufacture of Foods	10
酒、饮料和精制茶制造业	Manufacture of Wine,Beverages and Refined Tea	3

(10 000 yuan)

工业总产值 Gross Output Value of Industry	资产总计 Total Assets	流动资产 Current Assets	营业收入 Business Revenue	利润总额 Total Profits
288 649 623	**355 338 199**	**223 616 161**	**285 530 159**	**24 136 133**
195 597 048	241 855 836	154 859 386	192 068 910	17 245 763
116 445 596	117 270 156	76 707 915	116 632 364	10 363 255
45 306 479	86 516 186	49 239 098	41 877 057	4 660 152
33 391 967	37 974 728	28 842 444	33 114 004	2 220 684
53 212 711	68 074 016	42 980 735	54 047 606	4 064 135
39 839 865	45 408 347	25 776 040	39 413 644	2 826 235
220 994 106	257 246 468	164 563 852	216 811 841	17 920 760
67 655 518	98 091 731	59 052 310	68 718 318	6 215 373
307 787	697 310	290 193	307 787	35 574
1 847 901	856 569	641 318	1 778 628	41 659
464 312	662 330	322 547	595 758	18 266
1 574 082	879 727	769 338	1 171 151	84 266

单位：万元

类　别	Item	企业单位数（个） Number of Enterprises (unit)
烟草制品业	Manufacture of Tobacco	4
纺织业	Manufacture of Textile	10
纺织服装、服饰业	Manufacture of Textile Wearing Apparel,Footware and Caps	43
皮革、毛皮、羽毛及其制品和制鞋业	Manufacture of Leather, Fur, Feather and Related Products	13
木材加工及木、竹、藤、棕、草制品业	Processing of Timber, Manufacture of Wood, Bamboo, Rattan, Palm Fiber & Straw Products	
家具制造业	Manufacture of Furniture	21
造纸及纸制品业	Manufacture of Paper and Paper Products	15
印刷和记录媒介复制业	Printing and Record Medium Reproduction	32
文教、工美、体育和娱乐用品制造业	Manufacture of Cultural, Educational and Sports Articles	79
石油加工、炼焦及核燃料加工业	Processing of Petroleum, Coking and Nuclear Fuel Processing	
化学原料及化学制品制造业	Manufacture of Raw Chemical Materials and Chemical Products	14
医药制造业	Manufacture of Medicines	23
化学纤维制造业	Manufacture of Chemical Fibers	
橡胶和塑料制品业	Manufacture of Rubber	109
非金属矿物制品业	Manufacture of Non-metallic Mineral Products	22
黑色金属冶炼及压延加工业	Smelting and Pressing of Ferrous Metals	
有色金属冶炼及压延加工业	Smelting and Pressing of Nonferrous Metals	2
金属制品业	Manufacture of Metal Products	65
通用设备制造业	Manufacture of General-purpose Machinery	85
专用设备制造业	Manufacture of Special-purpose Machinery	138
汽车制造业	Manufacture of Automobiles	19
铁路、船舶、航空航天和其他运输设备制造业	Manufacture of Railways Ships Aerospace and Other Transport Equipment	14
电气机械及器材制造业	Manufacture of Electrical Machinery and Equipment	252
计算机、通信和其他电子设备制造业	Manufacture of Communication Equipment, Computers and Other Electronic Equipment	601
仪器仪表制造业	Manufacture of Measuring Instruments	51
其他制造业	Other Manufacturing	17
废弃资源综合利用业	Recycling and Disposal of Waste	
金属制品、机械和设备修理业	Manufacture of Metal Products,Machinery and Equipment Repair	4
电力、热力的生产和供应业	Production and Supply of Electric Power and Heat Power	7
燃气生产和供应业	Production and Supply of Gas	2
水的生产和供应业	Production and Supply of Water	8

4—10 续表 continued（10 000 yuan）

工业总产值 Gross Output Value of Industry	资产总计 Total Assets	流动资产 Current Assets	营业收入 Business Revenue	利润总额 Total Profits
842 767	763 891	680 396	843 963	96 484
873 553	785 316	473 064	921 392	69 685
1 171 529	1 669 583	1 040 102	1 180 443	66 824
469 684	475 978	290 224	484 352	22 510
611 886	939 223	618 551	602 522	12 892
398 952	858 518	324 708	436 810	73 719
1 764 450	3 464 588	1 672 252	1 744 475	223 060
6 418 061	7 943 641	6 919 888	6 807 540	438 940
733 367	1 867 709	1 037 086	806 683	95 962
3 828 703	8 504 128	4 749 515	3 521 097	952 607
3 509 085	3 538 275	2 782 517	3 531 818	157 676
2 658 706	4 404 165	3 325 581	2 876 589	234 893
72 763	75 467	52 399	70 217	6 672
2 379 192	2 216 580	1 682 407	2 343 301	193 222
6 342 083	9 287 705	7 036 331	6 320 487	571 399
9 690 329	13 160 260	9 563 789	9 114 846	1 582 897
7 461 017	12 169 120	8 900 895	8 891 689	35 633
881 534	1 531 605	971 677	852 089	75 604
17 572 590	27 532 048	17 716 666	18 418 232	1 506 533
200 495 673	214 999 647	141 625 236	195 158 493	14 421 055
2 418 355	4 940 939	3 337 840	2 484 464	296 237
635 849	1 206 159	750 089	663 647	46 550
89 864	129 070	105 079	103 683	6 551
8 028 804	18 461 841	4 082 092	8 440 855	1 030 807
1 509 075	2 579 078	786 073	1 515 090	278 218
1 081 415	4 227 489	896 345	1 183 516	368 175

4-11 规模以上工业主要产品产量

PRODUCTION OF MAIN INDUSTRIAL PRODUCTS ABOVE DISIGNATED SIZE

年 份 Year	自来水生产量 (万立方米) Tap Water (10 000 cu.m)	发电量 (万千瓦小时) Electricity (10 000 kWh)	小麦粉 (吨) Flour (ton)	啤 酒 (千升) Beer (kiloliter)	卷 烟 (万支) Cigarettes (10 000 pieces)	化学纤维 (吨) Chemical Fiber (ton)	布 (万米) Cloth (10 000 m)
1979		609					
1980		437					
1981		608					
1982		1 152					
1983		1 322					
1984		1 261			27 570		
1985		1 012			45 500		
1986	7 051	3 130			52 225		
1987	8 617	4 408			75 000	3 731	280
1988	13 060	2 508	16 794		252 255	4 190	925
1989	19 962	1 124	17 285		303 825	4 451	380
1990	19 736	31 065	21 155		380 820	5 050	651
1991	24 446	107 727	35 151		430 000	7 694	1 872
1992	23 785	195 007	44 302	57 256	442 500	7 637	30 484
1993	30 335	416 568	72 252	76 715	472 575	14 194	3 907
1994	43 425	1 739 463	75 536	82 128	472 915	19 768	2 674
1995	50 151	1 652 038	92 977	101 425	522 800	22 348	4 413
1996	53 691	1 873 881	219 700	125 302	594 120	17 576	106
1997	60 408	1 960 433	273 300	131 346	629 205	20 243	2 375
1998	62 585	2 150 147	250 000	152 279	756 095	13 271	1 716
1999	66 816	2 380 518	287 400	150 880	943 600	14 543	3 200
2000	75 547	2 618 545	229 000	250 417	1 044 490	14 368	2 356
2001	93 047	2 737 802	360 000	275 180	1 145 465	13 805	1 940
2002	113 315	3 515 696	346 000	334 590	1 175 810	13 821	2 247
2003	123 709	4 846 256	328 200	396 150	1 207 066	14 281	1 317
2004	119 510	5 220 982	313 300	477 766	1 277 700	15 083	2 657
2005	148 221	5 685 750	350 325	581 161	1 373 606	8 497	3 885
2006	141 218	5 472 103	351 289	574 554	1 454 359	4 913	2 210
2007	148 349	5 578 728	360 171	561 371	1 605 650	8 382	2 857
2008	150 221	5 844 154	368 498	473 027	1 656 000	1 115	2 541
2009	137 824	5 677 546	339 457	524 696	1 753 150	2 284	464
2010	153 218	5 778 497	324 406	597 184	1 817 025	7 627	1 934
2011	155 802	6 784 694	306 664	653 279	1 877 085	3 310	716
2012	159 944	7 001 845	442 134	623 503	1 919 220	4 548	775
2013	159 177	6 796 228	457 511	558 856	1 951 555	4 988	1 338
2014	162 415	6 959 097	355 599	513 932	1 937 700	6 037	1 474
2015	148 257	6 819 392	365 403	445 595	1 890 210	5 621	637
2016	171 064	6 942 888	369 579	423 210	1 860 920	4 579	654
2017	176 876	8 415 444	426 107	362 720	1 835 540	6 426	432
2018	181 262	8 326 420	435 913	338 127	1 868 710	6 489	310
2019	184 196	8 183 380	418 356	270 571	1 836 000	4 305	578
2020	178 514	8 183 741	394 198	239 013	1 743 665	5 488	418

4-11 续表 1 continued

年　份 Year	印染布 (万米) Printed and Dyed Fabric (10 000 m)	服　装 (万件) Garments (10 000 pieces)	塑料制品 (吨) Plastic Products (ton)
1979			
1980			
1981			
1982			
1983			
1984	4 321	649	16 419
1985	5 271	1 004	
1986	5 731	7 988	16 419
1987	6 655	8 008	28 572
1988	6 708	12 828	44 359
1989	8 344	9 931	73 945
1990	9 212	29 333	103 779
1991	14 869	16 437	233 094
1992	16 161	18 857	244 000
1993	22 918	27 026	290 508
1994	7 627	36 314	375 757
1995	20 991	25 938	449 183
1996	22 543	38 196	411 132
1997	18 522	32 089	387 692
1998	20 191	32 119	256 327
1999	16 670	25 667	378 099
2000	13 614	24 242	464 617
2001	13 338	14 509	722 024
2002	14 082	14 344	611 619
2003	15 502	18 559	669 683
2004	12 873	17 536	644 751
2005	11 351	25 281	760 206
2006	8 917	32 104	1 276 641
2007	3 531	31 611	1 119 397
2008	1 865	31 711	1 296 995
2009	1 322	35 441	1 396 805
2010	1 593	27 217	1 190 914
2011	498	19 212	1 337 546
2012	440	17 408	1 024 870
2013	325	15 130	888 056
2014	1 155	17 005	836 216
2015	1 291	21 628	728 073
2016	1 992	20 023	711 435
2017	2 065	17 628	700 522
2018	1 913	14 021	726 046
2019	1 478	13 780	968 463
2020	1 214	7 736	946 571

年 份 Year	铝材 (吨) Aluminium (ton)	两轮脚踏自行车 (万辆)Bicycles (10 000 sets)	表 (万只) Watches (10 000 units)	照相机 (万台) Cameras (10 000 sets)	家用电风扇 (万台) Electric Fans (10 000 sets)	电话单机 (万部)Telephone Sets (10 000 units)
1979						
1980						
1981						
1982						
1983						
1984		2.03	339.68		0.57	9.77
1985		4.31	3 447.58		40.87	123.22
1986	5 566	14.13	11 020.66	160.15	66.60	144.75
1987	6 805	41.29	11 688.16	44.24	248.01	498.94
1988	6 808	60.39	11 014.49	348.25	368.60	815.76
1989	7 399	82.01	8 318.00	159.96	323.31	926.10
1990	10 799	128.20	10 060.00	519.95	379.30	1 0[illegible]9.21
1991	14 361	257.78	9 646.00	423.12	407.58	1 350.80
1992	18 985	272.08	17 593.65	813.76	152.73	1 4[illegible]1.59
1993	21 540	288.41	22 875.39	1 247.89	433.59	2 2[illegible]2.50
1994	19 618	238.94	27 344.89	1 277.61	1 132.43	2 5[illegible]2.38
1995	19 633	215.56	24 542.05	252.57	907.35	3 902.43
1996	25 356	140.52	28 667.91	1 636.74	818.76	4 080.81
1997	23 874	123.38	16 629.66	1 531.48	845.18	4 506.65
1998	19 632	156.96	12 665.44	2 346.95	650.48	2 741.97
1999	24 408	210.99	11 593.89	1 551.80	544.74	2 711.82
2000	27 271	239.60	9 126.00	942.83	901.04	2 809.58
2001	29 379	172.66	7 908.37	642.03	753.09	2 965.67
2002	46 746	319.67	7 575.78	312.83	1 129.22	4 091.29
2003	56 805	636.70	7 100.70	428.95	1 202.76	4 947.64
2004	43 274	586.47	5 790.44	341.25	1 127.19	4 894.31
2005	43 823	665.75	7 183.60	1 207.88	958.54	6 579.87
2006	61 578	742.84	8 021.58	1 082.41	1 425.82	7 44[illegible].34
2007	61 606	593.53	7 003.35	880.47	1 403.87	7 05[illegible].94
2008	77 847	615.28	6 438.34	887.06	1 559.63	6 282.11
2009	48 087	398.60	7 991.26	793.86	1 457.34	5 312.90
2010	53 653	486.50	8 515.91	785.71	1 393.28	5 559.25
2011	35 014	438.43	7 155.89	631.57	1 975.53	3 229.52
2012	13 930	379.08	6 557.43	493.35	1 771.45	3 382.70
2013	8 580	347.82	6 399.28	404.51	1 809.56	3 139.46
2014	10 454	310.95	7 953.13	317.91	1 790.29	2 711.63
2015	6 292	279.77	7 659.11	223.61	1 639.74	2 362.04
2016	4 171	224.41	6 819.88	220.00	1 469.59	1 801.72
2017	4 382	258.41	6 208.91	180.33	1 248.95	1 372.17
2018	3 995	178.91	5 663.53	205.17	1 492.01	1 387.07
2019	18 993	179.77	5 810.22	395.48	1 701.18	1 272.61
2020	17 105	196.87	3 109.80	343.95	1 457.79	952.55

4-11 续表 3 continued

年 份 Year	微型计算机设备 (台) Micro Computers (unit)	打印机 (万部) Printers (10 000 units)	彩色电视机（万台） Color TV Sets (10 000 sets)
1979			
1980			
1981			0.70
1982			0.62
1983	71.00		1.23
1984	4 357		18.25
1985	1 575		48.10
1986	6 617		61.39
1987	2 728		101.64
1988	2 788		155.90
1989	15 955		137.38
1990	17 622		228.67
1991	62 440		288.08
1992	31 357		272.12
1993	27 836		269.33
1994	51 877		251.42
1995	194 131	194.84	373.50
1996	312 687	193.06	540.62
1997	568 681	433.50	519.63
1998	464 614	584.76	491.85
1999	834 476	315.68	834.13
2000	1 074 486	507.62	753.97
2001	1 642 151	695.00	659.50
2002	3 076 052	469.20	1 297.35
2003	4 866 723	570.30	1 820.33
2004	7 350 491	592.73	1 857.02
2005	11 435 877	984.50	1 964.43
2006	13 633 633	835.33	2 071.14
2007	8 947 600	1 041.78	1 803.85
2008	9 662 828	1 452.97	2 003.47
2009	18 023 372	1 493.84	1 910.03
2010	34 032 969	1 973.98	2 043.61
2011	41 718 350	1 810.97	2 203.07
2012	52 285 567	2 266.73	3 237.51
2013	19 100 994	1 721.10	3 320.12
2014	26 073 252	1 607.62	3 714.14
2015	27 793 649	1 304.84	3 545.93
2016	29 567 574	1 203.61	3 883.49
2017	27 067 302	874.06	3 695.43
2018	23 975 801	811.67	4 519.50
2019	29 465 022	539.26	4 951.98
2020	25 396 050	411.16	5 315.68

年 份 Year	电子元件 (万只) Electronic Units (10 000 units)	硬盘存储器 (万部) Hard Drives (10 000 units)	集成电路 (万块) Semiconductor Integrated Circuit (10 000 units)	程控交换机 (万线) Telephone Exchanges (10 000 lines)
1979				
1980				
1981				
1982				
1983				
1984				
1985				
1986	15 584			
1987	7 823			
1988	73 316			
1989	112 921		513	
1990	309 649		998	
1991	332 657		1 357	
1992	522 291		1 164	
1993	708 147		1 520	1 [illegible]5.30
1994	1 561 900		2 263	2[illegible]9.70
1995	9 681 839	199.47	14 558	2[illegible]9.13
1996	1 403 557	440.86	22 471	3[illegible]1.74
1997	1 491 620	841.39	14 346	6[illegible]7.35
1998	1 390 107	770.54	23 976	1 5[illegible]5.66
1999	262 057	699.36	64 232	1 9[illegible]2.38
2000	527 216	867.07	87 598	3 5[illegible]5.33
2001	746 630	1 116.60	96 122	2 9[illegible]4.31
2002	1 334 537	480.04	134 966	1 8[illegible]6.47
2003	1 294 335	766.60	182 340	2 9[illegible]9.57
2004	549 722	831.71	255 504	1 9[illegible]6.65
2005	2 600 991	2 267.05	268 006	2 6[illegible]4.04
2006	10 104 734	2 035.33	604 302	1 6[illegible]5.75
2007	11 445 606	3 746.12	619 532	1 74[illegible].76
2008	9 138 530	5 225.41	828 381	1 9[illegible].98
2009	10 557 452	5 509.84	737 265	1 74[illegible].46
2010	21 862 763	6 866.21	1 240 820	1 52[illegible].23
2011	21 382 825	7 149.85	1 589 988	2 15[illegible].78
2012	17 486 985	8 218.81	1 424 912	1 21[illegible].55
2013	17 415 795	6 850.58	1 455 794	1 64[illegible].30
2014	14 921 810	6 264.78	1 481 497	1 52[illegible].43
2015	11 191 275	4 440.19	1 311 268	1 17[illegible].82
2016	12 516 547	4 194.02	1 810 728	1 03[illegible].74
2017	14 055 332	2 146.46	2 185 951	75[illegible].01
2018	15 911 724	690.09	2 551 057	84[illegible].31
2019	28 304 413	261.20	3 104 156	62[illegible].88
2020	33 261 315	378.71	3 047 726	52[illegible].19

4-12 全社会能耗水平

ENERGY CONSUMPTION LEVEL OF THE WHOLE SOCIETY

年 份 Year	单位GDP能耗 Energy Consumption per Unit of GDP		单位工业增加值能耗 Energy Consumption per Unit of Value-added of Industry		单位GDP电耗 Electricity Consumption per Unit of GDP	
	指标值 （吨标准煤/万元） Equivalent value (ton of SCE/ 10 000 yuan)	增长速度 Growth Rate (%)	指标值 （吨标准煤/万元） Equivalent value (ton of SCE/ 10 000 yuan)	增长速度 Growth Rate (%)	指标值 （千瓦时/万元） Equivalent value (kWh/10 000 yuan)	增长速度 Growth Rate (%)
2005	0.593		0.598		889.10	
2006	0.576	−2.81	0.572	−3.04	844.10	−5.06
2007	0.560	−2.76	0.551	−3.76	848.80	0.54
2008	0.544	−2.90	0.530	−4.46	785.50	−7.46
2009	0.529	−2.76	0.511	−3.59	712.37	−9.33
2010	0.513	−2.94	0.492	−3.72	720.33	1.12
2011	0.472	−4.39		−24.02		−4.69
2012	0.451	−4.51		−12.68		−3.28
2013	0.428	−5.12		−9.49		−8.30
2014		−4.35		−8.45		−0.65
2015		−3.26		−11.07		−5.01
2016		−4.21		−4.98		−4.17
2017		−4.23		−0.75		−4.82
2018		−4.20		−11.24		−3.62
2019		−3.54		−3.89		−0.39
2020		−5.54		−6.29		−1.93

注： 单位GDP能耗数据2005−2009年采用的GDP为2005年可比价，2010−2015年采用的是2010年可比价，2016年及以后采用的是2015年可比价。

Note: The data of Energy Consumption per Unit of GDP from 2005 to 2009 are calculated at 2005 constant prices of GDP,from 2010 to 2015 at 2010 constant prices of GDP,2016 at 2015 constant prices of GDP, from 2016 at 2015 constant prices of GDP.

4-13　主要能源按工业行业分组消费量（2020年）

CONSUMPTION OF ENERGY BY SECTOR（2020）

单位：吨　　(ton)

项目	Item	原煤 Coal	原油 Crude Oil	汽油 Gasoline	煤油 Kerosene
全部规模以上工业企业	**Total Consumption**	**7 532 679.74**	**215 560.00**	**36 910.53**	**620.76**
一、按轻、重工业分	**Grouped by Light and Heavy Industry**	**7 532 679.74**	**215 560.00**	**36 910.53**	**620.76**
1．轻工业	Light Industry	605.00		11 038.01	456.00
2．重工业	Heavy Industry	7 532 074.74	215 560.00	25 872.52	164.76
二、按工业行业大类分	**Grouped by Sector**	**7 532 679.74**	**215 560.00**	**36 910.53**	**620.76**
(一)采矿业	Mining and Quarrying		215 560.00		
煤炭开采和洗选业	Mining and Washing of Coal				
石油和天然气开采业	Extraction of Petroleum and Natural Gas		215 560.00		
黑色金属矿采选业	Mining and Processing of Ferrous Metal Ores				
有色金属矿采选业	Mining and Processing of Nonferrous Metal Ores				
非金属矿采选业	Mining and Processing of Nonmetal Ores				
开采专业及辅助性活动	Mining and Auxiliary Activities				
其他采矿业	Mining and Processing of Other Ores				
(二)制造业	Manufacturing	605.00		36 410.94	620.76
农副食品加工业	Processing of Food from Agricultural Products	605.00		352.50	
食品制造业	Manufacture of Foods			47.21	
酒、饮料和精制茶制造业	Manufacture of Wine, Beverages and Refined Tea			31.45	
烟草制品业	Manufacture of Tobacco				
纺织业	Manufacture of Textile			502.56	
纺织服装、服饰业	Manufacture of Textile Wearing Apparel,Footware and Caps			332.08	
皮革、毛皮、羽毛及其制品和制鞋业	Manufacture of Leather, Fur, Feather and Related Products			166.41	
木材加工及木、竹、藤、棕、草制品业	Processing of Timber, Manufacture of Wood, Bamboo, Rattan, Palm Fiber & Straw Products			149.77	
家具制造业	Manufacture of Furniture			812.59	
造纸及纸制品业	Manufacture of Paper and Paper Products			589.22	
印刷和记录媒介复制业	Printing and Record Medium Reproduction			1 407.17	

注：　本表使用《国民经济行业分类》（GB/T 4754—2017）。
Note：Data in this table are classified according to the Industry Classification for National Economic Activities(GB/T 4754—2017).

单位：吨

4-13 续表 1 continued（ton）

项 目	Item	原煤 Coal	原油 Crude Oil	汽油 Gasoline	煤油 Kerosene
文教、工美、体育和娱乐用品制造业	Manufacture of Cultural, Educational and Sports Articles			1 639.51	
石油、煤炭及其他燃料加工业	Petroleum, Coal and Other Fuel Processing Industry			85.15	
化学原料及化学制品制造业	Manufacture of Raw Chemical Materials and Chemical Products			1 096.23	458.00
医药制造业	Manufacture of Medicines			192.43	
化学纤维制造业	Manufacture of Chemical Fibers			2.97	
橡胶和塑料制品业	Manufacture of Rubber			2 262.44	
非金属矿物制品业	Manufacture of Non−metallic Mineral Products			355.36	
黑色金属冶炼及压延加工业	Smelting and Pressing of Ferrous Metals			42.02	3.75
有色金属冶炼及压延加工业	Smelting and Pressing of Nonferrous Metals			318.41	
金属制品业	Manufacture of Metal Products			2 850.36	22.95
通用设备制造业	Manufacture of General−purpose Machinery			2 112.80	38.81
专用设备制造业	Manufacture of Special−purpose Machinery			2 335.43	
汽车制造业	Manufacture of Automobiles			1 004.83	85.00
铁路、船舶、航空航天和其他运输设备制造业	Manufacture of Railways Ships Aerospace and Other Transport Equipment			145.05	
电气机械及器材制造业	Manufacture of Electrical Machinery and Equipment			4 943.13	
计算机、通信和其他电子设备制造业	Manufacture of Communication Equipment, Computers and Other Electronic Equipment			10 839.03	12.25
仪器仪表制造业	Manufacture of Measuring Instruments			1 101.24	
其他制造业	Other Manufacturing			665.85	
废弃资源综合利用业	Recycling and Disposal of Waste				
金属制品、机械和设备修理业	Manufacture of Metal Products,Machinery and Equipment Repair			27.74	
(三)电力、燃气及水的生产和供应业	Production and Distribution of Electricity Heat,Gas and Water	7 532 074.74		499.59	
电力、热力的生产和供应业	Production and Supply of Electric Power and Heat Power	7 532 074.74		15.32	
燃气生产和供应业	Production and Supply of Gas			304.00	
水的生产和供应业	Production and Supply of Water			180.27	

单位：吨　　　　4-13 续表 2 continued (ton)

项　目	Item	柴 油 Diesel Oil	燃料油 Fuel Oil	液化石油气 Liquefied Petroleum Gas	天然气 (万立方米) Natural Gas (10 000 cu.m)	电 力 (万千瓦时) Electricity (10 000 kWh)
全部规模以上工业企业	**Total Consumption**	**156 740.48**	**1 694.83**	**4 980.74**	**273 231.14**	**3 367 868.33**
一、按轻、重工业分	**Grouped by Light and Heavy Industry**	**156 740.48**	**1 694.83**	**4 980.74**	**273 231.14**	**3 367 868.33**
1.轻工业	Light Industry	13 215.98	23.40	2 257.76	12 094.92	727 613.41
2.重工业	Heavy Industry	143 524.50	1 671.43	2 722.98	261 136.22	2 640 254.92
二、按工业行业大类分	**Grouped by Sector**	**156 740.48**	**1 694.83**	**4 980.74**	**273 231.14**	**3 367 868.33**
(一)采矿业	Mining and Quarrying	80 719.56	1 418.00		6 220.00	1 [illegible]96.30
煤炭开采和洗选业	Mining and Washing of Coal					
石油和天然气开采业	Extraction of Petroleum and Natural Gas	62 759.00	1 418.00		6 220.00	[illegible]27.43
黑色金属矿采选业	Mining and Processing of Ferrous Metal Ores					
有色金属矿采选业	Mining and Processing of Nonferrous Metal Ores					
非金属矿采选业	Mining and Processing of Nonmetal Ores					
开采专业及辅助性活动	Mining and Auxiliary Activities	17 960.56				159.37
其他采矿业	Mining and Processing of Other Ores					
(二)制造业	Manufacturing	74 178.18	276.83	4 980.74	20 693.08	2 789 2[illegible]4.93
农副食品加工业	Processing of Food from Agricultural Products	462.06		131.66	835.62	18 8[illegible]7.83
食品制造业	Manufacture of Foods	211.23		23.34	1 251.91	13 0[illegible]7.75
酒、饮料和精制茶制造业	Manufacture of Wine, Beverages and Refined Tea	5.71			1 134.67	8 7[illegible]0.82
烟草制品业	Manufacture of Tobacco				98.23	1 82[illegible].86
纺织业	Manufacture of Textile	1 145.47		96.00	779.02	20 69[illegible].14
纺织服装、服饰业	Manufacture of Textile Wearing Apparel,Footware and Caps	133.34		47.66	195.23	15 58[illegible].17
皮革、毛皮、羽毛及其制品和制鞋业	Manufacture of Leather, Fur, Feather and Related Products	50.74			12.62	7 19[illegible].35
木材加工及木、竹、藤、棕、草制品业	Processing of Timber, Manufacture of Wood, Bamboo, Rattan, Palm Fiber & Straw Products	486.46			45.73	1 48[illegible].66
家具制造业	Manufacture of Furniture	526.01		14.18	201.48	13 69[illegible].89
造纸及纸制品业	Manufacture of Paper and Paper Products	1 978.96		395.00	1 062.29	19 178.40
印刷和记录媒介复制业	Printing and Record Medium Reproduction	1 298.78		2.90	231.31	50 477.28

单位：吨

4-13 续表 3 continued (ton)

项　目	Item	柴 油 Diesel Oil	燃料油 Fuel Oil	液化石油气 Liquefied Petroleum Gas	天然气（万立方米） Natural Gas (10 000 cu.m)	电 力（万千瓦时） Electricity (10 000 kWh)
文教、工美、体育和娱乐用品制造业	Manufacture of Cultural, Educational and Sports Articles	1 171.63	7.56	181.46	377.63	38 007.49
石油、煤炭及其他燃料加工业	Petroleum, Coal and Other Fuel Processing Industry	47.17		3.68	5.14	183.02
化学原料及化学制品制造业	Manufacture of Raw Chemical Materials and Chemical Products	1 617.00		25.92	165.33	47 211.37
医药制造业	Manufacture of Medicines	442.42			1 685.47	30 187.14
化学纤维制造业	Manufacture of Chemical Fibers	3.00				353.73
橡胶和塑料制品业	Manufacture of Rubber	4 008.25		659.51	1 809.74	237 330.25
非金属矿物制品业	Manufacture of Non-metallic Mineral Products	39 144.42	15.84	98.79	1 320.19	96 058.04
黑色金属冶炼及压延加工业	Smelting and Pressing of Ferrous Metals	174.47			610.00	4 524.33
有色金属冶炼及压延加工业	Smelting and Pressing of Nonferrous Metals	330.40		18.30	613.18	15 885.02
金属制品业	Manufacture of Metal Products	3 954.96		1 900.53	1 534.62	143 671.30
通用设备制造业	Manufacture of General-purpose Machinery	2 165.52		430.52	123.39	71 296.06
专用设备制造业	Manufacture of Special-purpose Machinery	1 131.65		74.16	64.54	121 914.59
汽车制造业	Manufacture of Automobiles	156.05		6.31	692.66	51 894.84
铁路、船舶、航空航天和其他运输设备制造业	Manufacture of Railways Ships Aerospace and Other Transport Equipment	6 167.98		384.56	884.46	22 239.39
电气机械及器材制造业	Manufacture of Electrical Machinery and Equipment	2 599.98	207.87	265.86	1 608.64	313 458.12
计算机、通信和其他电子设备制造业	Manufacture of Communication Equipment, Computers and Other Electronic Equipment	4 249.78	45.56	220.40	3 084.04	1 374 325.30
仪器仪表制造业	Manufacture of Measuring Instruments	108.76			0.14	33 080.08
其他制造业	Other Manufacturing	162.27			265.79	13 787.52
废弃资源综合利用业	Recycling and Disposal of Waste					1 420.06
金属制品、机械和设备修理业	Manufacture of Metal Products,Machinery and Equipment Repair	243.71				1 602.13
(三)电力、燃气及水的生产和供应业	Production and Distribution of Electricity Heat,Gas and Water	1 842.74			246 318.06	577 566.60
电力、热力的生产和供应业	Production and Supply of Electric Power and Heat Power	863.87			243 523.55	420 950.30
燃气生产和供应业	Production and Supply of Gas	573.31			2 794.51	17 382.02
水的生产和供应业	Production and Supply of Water	405.56				139 234.28

4-14 综合能源平衡表

OVERALL ENERGY BALANCE SHEET

单位：万吨标准煤 (10 000 tons of SCE)

项 目	Item	2014	2015	2016	2017	2018	2019	2020
可供本地区消费的能源量	**Total Energy Available for Consumption by Locality**	**3711.72**	**3 909.91**	**4 080.91**	**4 272.64**	**4 404.73**	**4 534.14**	**4 413.70**
年初库存量	Stock at the Year-beginning	172.85	189.17	183.55	148.19	133.80	129.26	112.95
一次能源生产量	Primary Energy Output	2761.70	3 007.01	2 999.29	2 919.57	2 725.43	2 928.57	3 101.99
外省调入量	Allocation from Other Provinces	3685.25	3 515.37	3 575.25	3 728.24	3 931.60	3 950.64	3 884.17
进口量	Imports	134.79	400.47	350.08	426.57	513.23	482.13	459.46
境内轮船和飞机在境外加油量	Petroleum Consumed by Chinese Airplanes and Ships Abroad	2.54	3.10	12.01	15.12	37.64	62.02	56.42
本省调出量(-)	Allocation over Other Provinces(-)	-2756.28	-2 928.88	-2 829.85	-2 785.17	-2 764.63	-2 843.35	-3 004.16
出口量(-)	Exports(-)	-80.49	-76.41	-35.91	-29.16	-28.42	-22.46	-19.30
境外轮船和飞机在境内加油量(-)	Petroleum Consumed by Foreign Airplanes and Ships in China(-)	-19.48	-16.36	-24.80	-15.05	-14.95	-39.91	-29.07
年末库存量(-)	Stock at the Year-end(-)	-189.17	-183.55	-148.72	-135.67	-128.98	-112.77	-148.76
加工转换投入(-)产出(+)量	**Input Output in Processing and Transformation**		**-0.13**	**-0.18**	**-0.22**	**-0.13**	**-0.14**	**-0.08**
火力发电	Thermal Power							
供热	Heating		-0.13	-0.18	-0.22	-0.13	-0.14	-0.08
洗选煤	Coal Washing							
炼焦	Coking							
炼油	Petroleum Refining							
制气	Gas Production							
回收能	Recovery of Energy							

单位：万吨标准煤　　　　4-14 续表（10 000 tons of SCE）

项　目	Item	2014	2015	2016	2017	2018	2019	2020
损失量	**Losses**	**95.19**	**73.08**	**84.29**	**99.70**	**95.75**	**84.15**	**70.43**
#运输和输配损失	Losses in Transmission	95.19	73.08	84.29	99.70	95.75	84.15	70.43
终端消费量	**End-use**	**3616.53**	**3836.70**	**3 996.43**	**4 172.72**	**4 308.85**	**4 449.85**	**4 343.19**
第一产业	Primary Industry	11.13	10.86	15.08	8.11	12.11	14.73	11.38
农、林、牧、渔业	Farming, Forestry, Animal Husbandry and Fishery	11.13	10.86	15.08	8.11	12.11	14.73	11.38
第二产业	Secondary Industry	1685.27	1697.91	1 632.88	1 603.45	1 522.51	1 684.01	1 580.66
工业	Industry	1640.22	1651.18	1 580.90	1 567.96	1 493.02	1 644.88	1 531.76
#用作原材料、燃料	As Raw Materials and Fuel	0.99	1.08	0.94	0.23	0.98	0.81	119.59
建筑业	Construction	45.06	46.73	51.99	35.50	29.49	39.13	48.91
第三产业	Tertiary Industry	1337.70	1512.50	1 662.84	1 817.08	2 008.86	1 927.54	1 905.88
交通运输仓储及邮电通信业	Transport, Storage, Postal and Telecommunication Services	629.76	732.83	808.80	881.62	960.72	928.19	806.06
批发和零售贸易业、餐饮业	Wholesale and Retail Trade and Catering	373.27	420.53	456.94	468.50	546.63	452.77	461.92
其他	Services Others	334.67	359.14	397.10	466.96	501.52	546.57	637.90
生活消费	Residential Consumption	582.42	615.43	685.63	744.09	765.37	823.57	845.27
城镇	Urban Areas	582.42	615.43	685.63	742.80	765.37	823.57	845.27
乡村	Rural Areas				1.29			
消费量合计	**Total Energy Consumption**	**3711.72**	**3909.91**	**4 080.91**	**4 272.64**	**4 404.73**	**4 534.14**	**4 413.70**

4-15 各区单位GDP能耗增长速度

GROWTH RATE OF ENERGY CONSUMPTION PER UNIT OF GDP BY DISTRICT

单位：% (%)

地 区	Region	2010	2011	2012	2013	2014	2015	2016	2017	2018	2019	2020
全 市	**Total**	**-2.94**	**-4.39**	**-4.51**	**-5.12**	**-4.35**	**-3.26**	**-4.21**	**-4.23**	**-4.20**	**-3.54**	**-5.54**
福田区	Futian	−2.82	−3.45	−3.75	−4.24	−3.54	−2.50	−3.73	−3.80	−3.73	−4.21	−4.23
罗湖区	Luohu	−2.93	−3.21	−3.43	−3.81	−3.30	−2.49	−3.73	−3.80	−3.73	−4.63	−4.21
盐田区	Yantian	−4.05	−4.37	−4.62	−5.27	−4.51	−3.47	−4.37	−4.48	−4.32	−4.50	−5.65
南山区	Nanshan	−2.67	−4.36	−4.62	−5.27	−4.51	−3.42	−4.37	−4.48	−4.32	−2.36	−6.54
宝安区	Baoan	−3.93	−4.61	−4.76	−6.02	−5.10	−3.83	−4.45	−4.45	−4.32	−4.94	−5.23
龙岗区	Longgang	−3.33	−4.61	−4.79	−5.71	−4.81	−3.88	−4.45	−4.40	−4.32	−3.21	−6.53
龙华区	Longhua				−4.97	−4.30	−3.23	−4.44	−4.40	−4.32	−3.65	−5.90
坪山区	Pingshan		−4.28	−4.46	−5.09	−4.38	−3.35	−4.20	−4.30	−4.20	−5.94	−5.35
光明区	Guangming		−4.41	−4.42	−5.19	−4.39	−3.21	−4.20	−4.30	−4.20	−3.15	−5.80
大鹏新区	Dapeng				−5.08	−4.32	−3.15	−4.32	−4.40	−4.32	−4.01	−5.80
深汕特别合作区	Shenzhen−Shanwei Special Cooperation Zone								−8.32	−2.33	25.20	7.36

注： 1. 2010年宝安区数据含光明、龙华新区，龙岗区数据含坪山、大鹏新区。
Note: The data of Guangming and Longhua are included in Baoan;The data of Pingshan and Dapeng are included in Longgang in 2010.
2. 2011年、2012年宝安区数据含龙华新区，龙岗区数据含大鹏新区。
The data of Longhua are included in Baoan;The data of Dapeng are included in Longgang in 2011-2012.

4-16 规模以上工业能源加工转换效率

EFFICIENCY OF ENERGY CONVERSION OF INDUSTRIAL ENTERPRISES ABOVE DESIGNATED SIZE

单位：% (%)

年 份 Year	火力发电 Thermal Power Generation	供热 Heating
2005	40.23	
2006	40.16	
2007	39.74	
2008	40.26	
2009	41.78	
2010	43.54	
2011	43.26	69.18
2012	42.54	70.22
2013	41.53	
2014	42.18	
2015	42.30	69.53
2016	43.10	63.90
2017	43.50	68.00
2018	42.60	59.40
2019	41.30	71.40
2020	42.50	77.30

4-17 能源消费弹性系数

ELASTICITY RATIO OF ENERGY CONSUMPTION

年 份 Year	能源消费 比上年增长 (%) Growth Rate of Energy Consumption over Preceding Year(%)	电力消费 比上年增长(%) Growth Rate of Electricity Consumption over Preceding Year(%)	地区生产总值 比上年增长(%) Growth Rate of Gross Domestic Product(GDP) over Preceding Year(%)	能源消费弹性系数 Elasticity Ratio of Energy Consumption	电力消费弹性系数 Elasticity Ratio of Electricity Consumption
2005	9.8	12.8	15.3	0.64	0.84
2006	13.3	10.7	16.7	0.80	0.64
2007	11.6	16.5	14.8	0.79	1.12
2008	8.8	2.8	12.3	0.72	0.23
2009	7.8	0.3	11.5	0.68	0.03
2010	9.1	13.3	12.3	0.74	1.08
2011	4.5	4.9	10.1	0.45	0.49
2012	2.7	3.7	10.2	0.26	0.37
2013	2.5	1.1	10.6	0.24	0.10
2014	3.3	8.1	8.9	0.37	0.91
2015	5.3	2.3	9.0	0.59	0.26
2016	4.4	4.4	9.3	0.47	0.47
2017	4.2	3.6	8.8	0.48	0.40
2018	3.1	3.7	7.7	0.40	0.48
2019	2.9	6.3	6.7	0.43	0.94
2020	−2.7	1.1	3.1	−0.87	0.35

主要统计指标解释

工业 指从事自然资源的开采，对采掘品和农产品进行加工和再加工的物质生产部门。具体包括：(1)对自然资源的开采，如采矿、晒盐、森林采伐等（但不包括禽兽捕猎和水产捕捞）；(2)对农副产品的加工、再加工，如粮油加工、食品加工、轧花、缫丝、纺织、制革等；(3)对采掘品的加工、再加工，如炼铁、炼钢、化工生产、石油加工、机器制造、木材加工等，以及电力、自来水、煤气的生产和供应等；(4)对工业品的修理、翻新，如机器设备的修理、交通运输工具（包括小卧车）的修理等。

1984年以前农村的村及村以下办工业归属农业，1984年以后划归工业。

轻工业 指主要提供生活消费品和制作手工工具的工业。按其所使用的原料不同，可分为两大类：(1)以农产品为原料的轻工业，是指直接或间接以农产品为基本原料的轻工业。主要包括食品制造、饮料制造、烟草加工、纺织、缝纫、皮革和毛皮制作、造纸以及印刷等工业；(2)以非农产品为原料的轻工业，是指以工业品为原料的轻工业。主要包括文教体育用品、化学药品制造、合成纤维制造、日用化学制品、日用玻璃制品、日用金属制品、手工工具制造、医疗器械制造、文化和办公用机械制造等工业。

重工业 是指为国民经济各部门提供物质技术基础的主要生产资料的工业。按其生产性质和产品用途，可分为下列三类：(1)采掘（伐）工业，是指对自然资源的开采，包括石油开采、煤炭开采、金属矿开采、非金属矿开采和木材采伐等工业；(2)原材料工业，指向国民经济各部门提供基本材料、动力和燃料的工业。包括金属冶炼及加工、炼焦及焦炭化学、化工原料、水泥、人造板以及电力、石油和煤炭加工等工业；(3)加工工业，是指对工业原材料进行再加工制造的工业。包括装备国民经济各部门的机械设备制造工业、金属结构、水泥制品等工业，以及为农业提供的生产资料如化肥、农药等工业。 根据上述划分原则，修理业中以重工业产品为修理作业对象的划为重工业，反之划为轻工业。

工业总产值 是以货币表现的工业企业在一定时期内生产的已出售或可供出售工业产品总量，它反映一定时间内工业生产的总规模和总水平。它包括：在本企业内不再进行加工，经检验、包装入库（规定不需包装的产品除外）的成品价值，对外加工费收入，自制半成品、在产品期末期初差额价值。工业总产值采用“工厂法”计算，即以工业企业作为一个整体，按企业工业生产活动的最终成果来计算，企业内部不允许重复计算，不能把企业内部各个车间（分厂）生产的成果相加。但在企业之间、行业之间、地区之间存在着重复计算。

轻重工业总产值的划分也是按“工厂法”计算的，即一个工业企业在正常情况下生产的主要产品的性质属于轻工业，则该企业的全部总产值作为轻工业总产值；一个工业企业生产的主要产品的性质属于重工业，则该企业的全部总产值作为重工业总产值。

工业销售产值（当年价格） 是以货币形式表现的，工业企业在本年内销售的本企业生产的工业产品或提供工业性劳务价值的总价值量。工业销售产值包括的内容为：

1. 销售成品价值：指企业在报告期内实际销售（包括本期生产和非本期生产）的全部成品、半成品的总价值，即按报告期产品的实际销售数量乘以不含增值税（销项税额）的产品实际销售平均单价计算。销售成品价值中包括企业生产的自制设备及提供给本企业在建工程、其他非工业部门和生活福利部门等单位使用的成品价值，但不包括用订货者来料加工，并且只收取加工费的成品（半成品）价值。

2. 对外加工费收入：指企业在报告期内完成的对外承接的工业品加工（包括用订货者来料加工的产品）的加工费收入；对外工业品修理作业可收取的加工费收入和对内非工业部门提供的加工修理、设备安装等收入。对外加工费收入按不含增值税（销项税额）的价格计算。

对于以对外加工生产为主，对外加工费收入所占比重较大的企业，如果对外加工费收入出现跨年度支付的情况，为保证总产值生产口径计算的准确性，则应将对外加工费收入按实际情况调整，记录本年应实际收取的对外加工费收入。

应收账款 指企业因销售商品、产品、提供劳务等，应向购货单位或接受劳务单位收取款项。该指标根据会计“资产负债表”中“应收账款”项的年末数填报。

资产合计 指企业拥有或控制的能以货币计量的经济资源，包括各种财产、债权和其他权利。资产按其流动性(即资产的变现能力和支付能力)划分为：流动资产、长期投资、固定资产、无形资产、递延资产和其他资产。

负债合计 指企业所承担的能以货币计量，将以资产或劳务偿付的债务，偿还形式包括货币、资产或提供劳务。负债一般按偿还期长短分为流动负债和长期负债。

主营业务收入 是企业销售产品的销售收入和提供劳务等经营业务取得的业务收入。

主营业务成本 是指企业销售产品和提供劳务等主要经济业务的实际成本。

管理费用 指企业为组织和管理企业生产经营所发生的管理费用，包括企业的董事会和行政管理部门在企业经营管理中发生的，或者应当由企业统一负担的各项管理费用。包括行政管理部门职工工资、福利费、差旅费、办公费、会议费、印刷费、水电费、社保费、招待费、技术转让费等。

财务费用 指企业为筹集生产经营所需资金而发生的费用，包括企业生产经营期间发生的利息支出（减利息收入）、汇兑损失（减汇兑收益）以及相关的手续费等。

利润总额 指企业在生产经营过程中各种收入扣除各种耗费后的盈余，反映企业在报告期内实现的亏盈总额，包括营业利润、补贴收入、投资净收益和营业外收支净额。

成本费用利润率 是指工业企业投入生产成本及费用的经济效益，同时也反映企业降低成本所取得的经济效益。计算公式为：

$$成本费用利润率（\%）=\frac{利润总额}{成本费用总额}\times 100\%$$

成本费用总额为主营业务成本和营业费用、管理费用、财务费用三项期间费用。

流动资金周转率 是指一定时期内流动资产完成的周转次数，反映投入工业企业流动资金的周转速度，一般以一年时间内周转多少次表示。计算公式为：

$$流动资产周转率（次）=\frac{主营业务收入}{流动资产平均余额}$$

全员劳动生产率 是指反映企业的生产效率和劳动投入的经济效益。一般用平均每人一年创造的工业增加值表示。计算公式为：

$$全员劳动生产率（元/人）=\frac{工业增加值}{全部职工平均人数}\times 100\%$$

全部职工平均人数为企业在报告期内全部从业人员的平均人数，计算公式为：

$$全部从业人员年平均人数=\frac{1至12月全部从业人员平均人数之和}{12}$$

或：

$$全部从业人员年平均人数=\frac{1至12月各月月初、月末全部从业人员之和}{24}$$

资产负债率 是指反映企业经营风险的大小，反映企业利用债权人提供的资金从事经营活动的能力。计算公式为：

$$资产负债率（\%）=\frac{负债总计}{资产总计}\times100\%$$

资产及负债均为报告期末数。

总资产贡献率 是指企业一定时期内全部资产获利能力，是企业经营业绩和管理水平的集中体现，是评价和考核企业盈利能力的核心指标。计算公式为：

$$总资产贡献率（\%）=\frac{利润总额+税金+利息支出}{平均资产总额}\times100\%$$

税金总额为产品销售税金及附加与应交增值税之和，平均资产总额为期初、期末资产总计的算术平均值 。

资本保值增值率 是反映企业净资产变动状况的一个重要指标，是企业发展能力的集中体现。它是指期末所有者权益总额与上年同期期末所有者权益总额的比率。计算公式为：

$$资本保值增值率（\%）=\frac{报告期期末所有者权益}{上年同期期末所有者权益}\times100\%$$

所有者权益等于资产总计减负债总计。

单位国内生产总值能耗 指一定时期内，一个国家或地区每生产一个单位的国内生产总值所消耗的能源。计算公式为：

$$单位国内生产总值能耗=\frac{能源消费总量}{国内生产总值}$$

单位国内生产总值电耗 指一定时期内，一个国家或地区每生产一个单位的国内生产总值所消耗的电力。计算公式为：

$$单位国内生产总值电耗=\frac{全社会用电量}{国内生产总值}$$

单位工业增加值能耗 指一定时期内，一个国家或地区每生产一个单位的工业增加值所消耗的能源。计算公式为：

$$单位工业增加值能耗=\frac{工业能源消费量}{工业增加值}$$

能源消费总量 指一定时期内全国（地区）生产和生活消费的各种能源的总和，是观察能源消费水平、构成和增长速度的总量指标，能源消费总量包括原煤和原油及其制品、天然气、电力。不包括低热值燃料、生物质能和太阳能等的利用。能源消费总量分为三部分，即终端能源消费量、能源加工转换损失量和损失量。

(1) 终端能源消费量 指一定时期内全国（地区）生产和生活消费的各种能源在扣除了用于加工转换二次能源消费量和损失量以后的数量。

(2) 能源加工转换损失量 指一定时期内全国（地区）投入加工转换的各种能源数量之和与产出各种能源产品之和的差额。它是观察能源在加工转换过程中损失量变化的指标。

(3) 能源损失量 指一定时期内能源在输送、分配、储存过程中发生的损失和由客观原因造成的各种损失量。不包括各种气体能源放空、放散量。

能源消费弹性系数 是反映能源消费增长速度与国民经济增长速度之间比例关系的指标。计算公式：

$$能源消费弹性系数=\frac{能源消费增长速度}{国民经济增长速度}$$

电力消费弹性系数 是反映电力消费增长速度与国民经济增长速度之间比例关系的指标。计算公式：

$$电力消费弹性系数=\frac{电力消费量增长速度}{国民经济增长速度}$$

能源加工转换效率 指一定时期内能源经过加工、转换后，产出的各种能源产品的数量与同期内投入加工转换的各种能源数量的比率。它是观察能源加工转换装置和生产工艺先进与落后、管理水平高低等的重要指标。计算公式：

$$能源加工转换效率 = \frac{能源加工、转换产出量}{能源加工、转换投入量} \times 100\%$$

Explanatory Notes on Main Statistical Indicators

Industry refers to the material production sector which is engaged in extraction of natural resources and processing and reprocessing of minerals and agricultural products, including (1) extraction of natural resources, such as mining, salt production, and logging (but excluding hunting and fishing); (2) processing and reprocessing of farm and sideline produces, such as rice husking, flour milling, wine making, oil pressing, cotton ginning, silk reeling, spinning and weaving, and leather making; (3) manufacture of industrial products, such as steel making, iron smelting, chemicals manufacturing, petroleum processing, machine building, timber processing; and production and supply of electricity, water and gas; (4) repair and renovation of industrial products, such as the repair of machinery and means of transport (including cars).

Prior to 1984, industrial enterprises run by villages and cooperative organizations under village were classified into agriculture. Since 1984, these enterprises have been grouped into industry.

Light Industry refers to the industry that produces consumer goods and hand tools. It consists of two categories, depending on the materials used:

(1) Industries using farm products as raw materials. These are branches of light industry which directly or indirectly use farm products as basic raw materials, including the manufacture of food and beverages, tobacco processing, textile, clothing, fur and leather manufacturing, paper making, printing, etc.

(2) Industries using non-farm products as raw materials. These are branches of light industry which use manufactured goods as raw materials, including the manufacture of cultural, educational and sports articles, chemicals, synthetic fiber, chemical products for daily use, glass products for daily use, metal products for daily use, hand tools, medical apparatus and instruments, and the manufacture of cultural and clerical machinery.

Heavy Industry refers to the industry which produces capital goods and provides various sectors of the national economy with necessary material and technical basis. It consists of the following three branches according to the purpose of production or the use of products:

(1) Mining, quarrying and logging industry refers to the industry that extracts natural resources, including extraction of petroleum, coal, metal and non-metal ores, and logging.

(2) Raw materials industry refers to the industry that provides various sectors of the national economy with raw materials, fuels and power. It includes smelting and processing of metals, coking and coke chemistry, chemical materials and building materials such as cement, plywood, and power, petroleum refining and coal dressing.

(3) Manufacturing industry refers to the industry that processes raw materials. It includes machine-building industry which equips sectors of the national economy, industries of metal structure and cement products, industries producing means of agricultural production, such as chemical fertilizers and pesticides.

According to the above principle of classification, repairing trades engaged primarily in repairing products of heavy industry are classified into heavy industry, while those engaged in repairing products of light industry are classified into light industry.

Gross Industrial Output Value refers to the total volume of industrial products sold or available for sale in monetary terms during a given period, which reflects the total achievements and overall scale of industrial production during a given period. It includes the value of the finished products in the enterprises, which are not to be further processed and have been inspected, packed and put in storage (where applicable), the income from external processing and the value gain of semi–finished products at the end of the reference period over the beginning. The gross industrial output value is calculated by the factory approach, i.e. the whole industrial enterprise is regarded as the basic accounting unit in calculating the gross industrial output value. No double calculations are to be made within the same enterprise and the output value of different workshops (branch factories) should not be added. However, this approach does not exclude the possibility of double calculations between enterprises, sectors and regions. Output value of light and heavy industries is also classified by the factory approach. Under normal conditions, if the major products of an industrial enterprise belong to light industry products, the gross output value of that enterprise is classified wholly into light industry; the same principle applies to heavy industry.

Sales Value of Industry (Current Price) refers to the total value of industrial products sold or industrial services provided in monetary terms within the current year. It includes:

(1) Sales Value of Finished Products. Sale value of finished products refers to the total value of finished and semi–finished products sold within the reporting period (including those produced within and outside the period). It equals the actual sales volume of products sold within the reporting period timing the actual average sales price (excluding value added or sales tax). It includes the equipment made by the enterprise itself, as well as the finished products provided to the projects under construction, non–industrial departments and welfare department, and excludes the value of finished or semi–finished products of external processing with supplied materials that produces only processing charges.

(2) Income from External Processing refers to income from contracted external processing of industrial products (including processing of industrial products using materials from the clients), and the income from industrial repairing work provided to other units. Income from external processing is calculated using information from the item "products sales income" in the enterprise accounting at the prices excluding value–added tax. For an enterprise whose main business is external processing and the charges of external processing constitute a large proportion of its income, in case of cross–year payment, the income of external processing charges shall be adjusted and the actual income of external processing charges of the current year shall be recorded to ensure the accuracy of the coverage of gross industrial output.

Account Receivable refers to accounts receivable from purchasers or receivers due to the delivery of goods, products or services. The index is recorded in accordance with the year–end figure of Account Receivable of the balance sheet.

Total Assets refer to all economic resources, in monetary terms that is owned or controlled by enterprises including properties, creditors' equity and other economic rights of all forms. Classified by the degree of equitability, total assets include circulating assets, long–term investment, fixed assets, intangible assets and deferred assets, and other assets.

Total Liabilities refer to payable liabilities of enterprises that have to be repaid in terms of money, assets or labor services. In terms of payment, it can be classified as liquid liabilities, long–term liabilities and deferred taxes,etc.

Prime Operating Revenue refers to the revenue from the principal business, including the sales of products and from rendering of industrial services by industrial enterprises.

Prime Operating Cost refers to the actual cost of products sold and industrial services provided by industrial enterprises.

Management Cost refers to the costs of organizing and managing enterprise operation, including the operational cost of the board of directors and the executive body in management that shall be borne by the enterprise. Management costs include staff wages, welfare, the costs of administration, meeting, printing, water and electricity, social security, reception, technology transfer, etc.

Financial Cost refers to the cost from raising fund for production and operation, including expenditure of interests, loss of momentary exchange and related charges.

Total Profits refer to the profits gained by the enterprises.

Ratio of Profits to Industrial Costs refers to the ratio of profits realized in a given period to the total production costs of industrial enterprises in the same period, which also reflects the economic benefit attained by the enterprises from reduced costs. This ratio is calculated as follows:

$$\text{Ratio of Profits to Industrial Costs}(\%) = \left(\frac{\text{Total Profits}}{\text{Total Costs}}\right) \times 100\%$$

where Total costs are the sum of cost of products sold, marketing cost, management cost and financial cost.

Number of Times of Turnover of Circulating Funds refers to the number of times in which turnover of circulating funds is completed in a given period of time, which reflects the speed of the turnover of circulating funds. It is expressed as times of turnover within a year and is calculated as follows:

$$\begin{array}{c}\text{Number of Times of}\\ \text{Turnover of Circulating Funds}\end{array} = \left(\frac{\text{Sales Revenue of Products}}{\text{Average Balance of Total Number of}}\right) \times 100\%$$

$$\text{Times of Turnover of Circulating Funds}$$

Value-added Labor Productivity reflects the production efficiency of the enterprise and economic benefit of its labor input. It is usually expressed as the industrial value–added created by an average member of an industrial enterprise in a year. The formula used is:

$$\begin{array}{c}\text{Value-added Labor Productivity}\\ \text{(yuan/person)}\end{array} = \left(\frac{\text{Value-added of Industry}}{\text{Average Number of Staff and Workers}}\right) \times 100\%$$

Average Number of Staff and Workers refers to the average number of all employed persons by an industrial enterprise within the reference period. The formula used is:

$$\text{verage Number of Staff and Workers} = \frac{\text{Sum of Average Monthly Numbers from January to December}}{12}$$

Or

$$\begin{array}{c}\text{verage Number of}\\ \text{Staff and Workers}\end{array} = \frac{\text{Sum of Average Numbers at the Beginning and End of Each Month from January to December}}{24}$$

Assets-Liability Ratio reflects both the operation risk and the capability of the enterprise in making use of the capital from the creditors. It is calculated as follows: where both assets and debts are figures at the end of the reference period.

$$\text{Assets-Liability Ratio}(\%) = \left(\frac{\text{Total Debts}}{\text{Total Assets}}\right) \times 100\%$$

Ratio of Total Assets to Industrial Output Value refers to the profit–making capability of all assets of the enterprise. As a core indicator for the evaluation and assessment of the profit–making potential of the enterprise, it is a focused reflection of the performance and management efficiency of the enterprise. This ratio is calculated as follows: where Total Taxes are the sum of tax and extra charges on the sales of products and value–added tax payable; and

Average Assets are the arithmetic mean of beginning assets and ending assets.

$$\text{Ratio of Total Assets to Industrial Output Yalue} = \left(\frac{\text{Total Profits} + \text{Total Taxes} + \text{Interst Expenditure}}{\text{Average Assets}}\right) \times 100\%$$

Assets-Liability Ratio reflects both the operation risk and the capability of the enterprise in making use of the capital from the creditors. It is calculated as follows: where both assets and debts are figures at the end of the reference period.

$$\text{Assets - Liability Ratio}(\%) = \left(\frac{\text{Total Debts}}{\text{Total Assets}}\right) \times 100\%$$

Ratio of Capital Maintenance and Appreciation is an important indicator of the changes of net assets of an enterprise and a focused reflection of the development capability of enterprises. It is the ratio of total creditors' equity at the end of the reference period to that of the same period of the previous year, calculated as follows:

$$\text{Ratio of Capital Maintenance and Appreciatin} = \left(\frac{\text{Total Creditors' Equity at the End of the Reference Period}}{\text{Total Creditors' Equity ofthe Same Period of the Previous Year}}\right) \times 100\%$$

where Creditors' equity is equal to the total assets of the enterprise minus its total liabilities.

Energy Consumption per Unit of GDP refers to the energy consumption per unit of Gross Domestic Product in a country or the Gross Regional Product in a region in the same reference period. The formula is:

$$\text{Energy Consumption per Unit of GDP} = \frac{\text{Total Energy Consumption}}{\text{Cross Domestic Product}}$$

Electricity Consumption per Unit of GDP refers to the electricity consumption per unit of Gross Domestic Product in a country or the Gross Regional Product in a region in the same reference period. The formula is:

$$\text{Electricity Consumption per Unitof GDP} = \frac{\text{Total Electricity Consumption}}{\text{Cross Domestic Product}}$$

Energy Consumption per Unit of Industrial Value-added refers to the energy consumption per unit of industrial value−added in a country or region in the same reference period. The formula is:

$$\text{Energy Consumption Unit of Industrial Value - added} = \frac{\text{Total Energy Consumption}}{\text{Industrial Value - added}}$$

Total Domestic Energy Consumption refers to the total consumption of energy of various kinds by production sectors and households in the country (region) in a given period of time. It is a comprehensive indicator of the scale composition and development speed of energy consumption. The total energy consumption includes that of coal, crude oil and their products, natural gas and electricity, but excludes the consumption of fuel of low calorific value, bioenergy and solar energy. Total domestic energy consumption can be divided into three parts:

(1) Final Energy Consumption: This refers to the total energy consumption by production sectors and households in the country (region) in a given period of time, excluding primary energy consumption and loss in the process of conversion into secondary energy.

(2)Loss During the Process of Energy Conversion: This refers to the total input of various kinds of energy for conversion minus the total output of various kinds of energy in the country (region) in a given period of time. It is an indicator of the loss that occurs during the process of energy conversion.

(3)Loss: This refers to the total loss of energy during the course of energy transmission, distribution and storage and the loss caused by any objective reason in a given period of time, excluding the loss of various kinds of gas due to gas discharges and stocktaking.

Elasticity Ratio of Energy Consumption is an indicator of the relationship between the growth rate of energy consumption and the growth rate of the national economy. The formula is:

$$\text{Elasticity Ratio of Energy Consumption} = \frac{\text{Growth Rate of Energy Consumption}}{\text{Growth Rate of National Economy}}$$

Elasticity Ratio of Electricity Consumption is an indicator of the relationship between the growth rate of electricity consumption and the growth rate of the national economy. The formula is:

$$\text{Elasticity Ratio of Electricity Consumption} = \frac{\text{Growth Rate of Electricity Consumption}}{\text{Growth Rate of National Economy}}$$

Efficiency of Energy Processing and Conversion refers to the ratio of the total output of energy products of various kinds after processing and conversion to the total input of energy of various kinds for processing and conversion in the same reference period. It is an important indicator of the current conditions of energy processing and conversion equipment, production technique and management. The formula is:

$$\text{Efficiency of Energy Processing \& Conversion} = \frac{\text{Output of Energy after Processing \& Conversion}}{\text{Input of Energy for Processing \& Conversion}} \times 100\%$$

05 第五部分 建筑业

CONSTRUCTION

CHAPTER

5-1 建筑企业主要经济指标

MAIN ECONOMIC INDICATORS ON CONSTRUCTION ENTERPRISES

指 标	Indicators	2016	2017	2018	2019	2020
建筑业企业个数（个）	Number of Construction Enterprises(unit)	849	931	1 041	1 256	1 390
建筑业总产值（亿元）	Gross Output Value of Construction (100 million yuan)	2 346.95	2 797.38	3 471.02	4 361.44	4 777.69
#建筑工程产值（亿元）	Output Value of Construction(100 million yuan)	1 878.48	2 234.17	2 837.31	3 559.07	
安装工程产值（亿元）	Output Value of Installation(100 million yuan)	345.99	428.06	459.89	604.56	
其他产值（亿元）	Others(100 million yuan)	122.48	135.16	173.82	197.81	
房屋建筑施工面积（万平方米）	Floor Space of Buildings Under Construction (10000 sq.m)	8 501.07	9 240.74	10 782.00	15 901.54	17 192.66
年末从业人员（万人）	Number of Year-end Employed Persons(10000persons)	60.62	65.64	67.79	79.93	87.60
自有机械设备台数（万台）	Number of Machinery and Equipment Owned(10000 sets)	4.16	5.11	2.18	2.29	2.90
自有机械净值（亿元）	Net value of Machinery and Equipment Owned(100 million yuan)	30.06	29.03	41.76	64.91	31.49
自有机械设备总功率（万千瓦）	Total Power of Machine and Equipment Owned(10000 kW)	104.77	143.30	102.59	130.49	121.63
资产合计（亿元）	Total Assets(100 million yuan)	3 435.09	4 478.55	5 131.89	6 321.58	7 901.56
固定资产原价（亿元）	Original Value of Fixed Assets(100 million yuan)	189.13	200.28	241.80	235.06	283.94
本年固定资产折旧（亿元）	Depreciation of Fixed Assets in the year (100 million yuan)	13.10	11.03	14.44	15.72	18.14
本年应付职工薪酬（亿元）	Total Wages in the Year(100 million yuan)	389.87	403.14	578.66	604.15	695.81
税金及附加（亿元）	Taxes and Extra Charges on Project Settle Accounts(100 million yuan)	40.35	14.89	18.72	16.99	18.43
应交增值税（亿元）	Income Taxes Payable(100 million yuan)			69.97	87.82	80.45
营业利润（亿元）	Operating Profit(100 million yuan)	100.95	112.29	119.01	150.45	121.76
利润总额（亿元）	Total Profits(100 million yuan)	110.39	118.27	121.04	154.69	123.95
按总产值计算劳动生产率（元/人）	In Terms of Gross Output Value Overall Labor Productivity(yuan/person)	375 253	386 146	475 213	474 309	482 331

5-2 建筑业企业生产情况

PRODUCTION SITUATIONS OF CONSTRUCTION ENTERPRISE

指 标	Indicators	2016	2017	2018	2019	2020
企业个数（个）	Number of Enterprises(unit)	849	931	1 041	1 256	1 390
签订的合同额(万元)	Contractual Value(10000 yuan)	73 088 157	78 636 397	95 412 396	116 853 342	128 2[illegible]1 083
建筑业总产值(万元)	Gross Output Value of Construction (10000 yuan)	23 469 541	27 973 830	34 710 249	43 514 387	47 775 925
#装饰装修产值	Decorate and Materials Construction	8 916 677	9 965 061	10 946 984	9 797 614	
#在外省完成的产值	Output Value of buildings Completed outside of Guangdong province	9 157 373	10 403 920	12 560 992	15 366 673	
#建筑工程产值	Output Value of Contraction	18 784 835	22 341 675	28 373 103	35 590 689	
安装工程产值	Output Value of Installation	3 459 952	4 280 585	4 598 909	6 045 617	
其他产值	Others	1 224 754	1 351 571	1 738 237	1 978 080	
竣工产值(万元)	Output Value of buildings Completed (10000 yuan)	9 115 042	13 430 714	12 936 893	12 687 608	12 25[illegible] 151
房屋建筑施工面积（万平方米）	Floor Space of Buildings Under Construction(10000 sq.m)	8 501	9 241	10 782	15 902	17 193
#本年新开工面积	Floor Space of Newly-started Buildings in this Year	2 696	3 142	4 434	523	577
自有施工机械设备年末总台数（台）	Number of Machinery and Equipment (year-end)(unit)	41 603	51 128	21 817	22 903	23 986
自有施工机械设备年末总功率（万千瓦）	Total Power of Machinery and Equipment(10000 kW)	105	143	103	130	121
自有施工机械设备年末净值(万元)	Net value of Machinery and Equipment Owned(10000 yuan)	300 578	290 279	417 554	649 096	314 873
计算劳动生产率的平均人数（人）	Average Number of Employed Persons in Calculation of Labor Productivity(person)	625 433	724 436	730 412	919 535	1 034 670

5-3 建筑业企业财务状况

FINANCIAL SITUATIONS OF CONSTRUCTION ENTERPRISE

单位：万元　　　　　　　　　　　　　　　　　　　　　　　　　　（10000 yuan）

指 标	Indicators	2016	2017	2018	2019	2020
年末资产负债	**Asset and Liabilities at Year-end**					
流动资产	Circulating Assets	29 234 932	39 077 684	43 483 395	53 483 041	68 731 426
#存货	Inventory	4 842 875	5 064 046	6 307 577	5 588 748	5 828 481
固定资产原价	Original Value of Fixed Assets	1 891 265	2 002 845	2 417 985	2 350 584	2 839 447
累计折旧	Accumulative Total Depreciation	928 994	917 786	1 068 771	1 094 454	1 229 792
#本年折旧	Depreciation Within the Year	130 973	110 291	144 421	157 159	181 398
在建工程	Project under Construction	299 894	273 482	342 378	403 952	390 887
资产合计	Total Assets	34 350 892	44 785 518	51 318 908	63 215 821	79 015 648
流动负债	Liquid Liabilities	19 557 260	27 286 380	33 297 242	41 132 150	54 546 680
非流动负债	Non-Liquid Liabilities	1 560 451	1 838 300	1 941 695	3 181 115	4 988 860
负债合计	Total Liabilities	21 618 648	29 751 975	36 799 477	45 161 902	60 006 016
所有者权益	Creditors'Equity	12 731 928	15 031 962	14 519 430	18 053 918	19 009 631
损益及分配	**Expenditure,Income and Distribution**					
营业收入	Revenue of Project Settlement Accounts	26 639 202	29 418 125	36 425 022	45 308 647	51 569 059
营业成本	Costs of Project Settlement Accounts	23 838 557	26 438 641	32 669 395	40 857 936	47 189 053
税金及附加	Taxes and Extra Charges on Project Settle Accounts	403 543	148 908	187 158	169 870	184 336
营业利润	Operating Surplus	1 009 543	1 122 907	1 190 113	1 504 490	1 217 639
利润总额	Total Profits	1 103 947	1 182 741	1 210 432	1 546 952	1 239 506
应交增值税	Income Taxes Payable			699 697	878 245	804 460

主要统计指标解释

建筑业总产值　是以货币表现的建筑业企业在一定时期内生产的建筑业产品和服务的总和。建筑业总产值包括三部分内容：

⑴建筑工程产值：指列入建筑工程预算内的各种工程价值。

⑵设备安装工程产值：指设备安装工程价值，但不包括设备本身的价值。

⑶其他产值：建筑业总产值中除建筑工程、安装工程以外的产值。包括房屋构筑物修理产值、非标准设备制造产值、总包企业向分包企业收取的管理费以及不能明确划分的施工活动所完成的产值。

①房屋构筑物修理产值：指房屋和构筑物的修理所完成的价值，但不包括被修理房屋构筑物的本身价值和生产设备的修理价值。

②非标准设备制造产值：指加工制造没有定型的非标准生产设备的加工费和原材料价值以及附属加工厂为本企业承建工程制作的非标准设备的价值。

房屋施工面积　指在报告期内施工的全部房屋建筑面积，它包括本期新开工的房屋面积、上期跨入本期继续施工的房屋面积、上期停缓建在本期恢复施工的房屋面积、本期竣工的房屋面积以及本期施工后又停缓建的房屋面积。

计算建筑业劳动生产率的平均人数　指建筑业企业(或单位)报告期实际拥有的、与建筑施工活动有关的人员的平均人数，包括参加本企业(或单位)建筑施工活动的非本企业(或单位)人员，但不包括企业内部社会服务性机构的人员以及由本企业支付工资但所从事的工作与本企业生产基本无关的人员。

工程结算税金及附加　指因从事建筑业生产活动，取得工程价款结算收入而按规定应该交纳的营业税、城市维护建设税等以及随同营业税金一并计算交纳的教育费附加等。

利润总额　指企业在生产经营过程中各种收入扣除各种耗费后的盈余，反映企业在报告期内实现的亏盈总额，包括营业利润、补贴收入、投资净收益和营业外收支净额。

Explanatory Notes on Main Statistical Indicators

Gross Output Value of Construction refers to the sum in monetary terms of construction products and services completed by construction enterprises during a given period of time. It includes:

(1) Output value of construction projects, which is the value of various projects covered by the project budgets;

(2)Output value of equipment installation projects refers to the value of the installation of equipment. It does not include the value of the equipment itself.

(3) Other output values, which are output values other than output value of construction projects and output value of installation projects, including output value of house and building repair, output value of non−standard equipment manufacture, management expenses received by overall contractor enterprises from subcontractor enterprises and output value completed in unclassified construction activities.

①Output value of house and building repair is the value created through the repairs of houses and buildings, excluding the value of houses or buildings being repaired and the value of the repair of production equipment.

②Output value of non−standard equipment manufacture is the value of non−standard production equipment with unique specifications (including raw materials and manufacturing costs), and equipment manufactured by subsidiary workshops for construction projects contracted by construction enterprises.

Floor Space of Buildings under Construction refers to the floor space of buildings under construction during the reference period, including newly started buildings, buildings started earlier and continued into the reference period, buildings suspended in preceding periods but resumed during the reference period, buildings completed during the reference period, and buildings started and then suspended during the reference period.

Average Number of Persons for Labor Productivity Calculation of the Construction Industry refers to the average number of persons actually employed in the construction enterprises (units) and engaged in related activities of construction in the reference period, including non−staff personnel engaged in the construction activities of the enterprises (units), but excluding personnel employed in social service institutions of the enterprises and those receiving remunerations therefrom but engaged in activities basically irrelevant to the production of the enterprises.

Taxes and Extra Charges on Project Settlement Accounts refer to business tax, city maintenance and construction tax and extra charges for education calculated and paid with business tax, which should be borne by the enterprises obtaining project settlement incomes from the production activities of construction.

Total Profits refer to the surplus of various incomes in the production and operation of the enterprises after deducting all expenses. This reflects the total profits or losses realized by the enterprises in the reference period, including profits from operation, income from subsidies, net investment earnings and net income from activities other than operations.

06 第六部分 运输和邮电

TRANSPORT,POSTAL AND TELECOMMUNICATION SERVICES

CHAPTER

6-1 全社会客货运输（吞吐）量
PASSENGER AND FREIGHT TRAFFIC

项 目	Item	2016	2017	2018	2019	2020
一、货运量（万吨）	**Freight Traffic (10 000 tons)**	**31 163**	**32 269**	**32 764**	**43 529**	**41 483**
1. 铁路	Railways	70	71	70	120	140
2. 公路	Highways	23 788	23 953	24 610	34 713	32 963
3. 水运	Waterways	7 211	8 147	7 976	8 579	8 243
4. 民航	Civil Aviation	94	99	108	117	137
二、机场货物吞吐量（万吨）	**Cargo Handled at Airport (10 000 tons)**	**113**	**116**	**122**	**128**	**140**
三、货物周转量(亿吨公里)	**Turnover Volume of Freight Traffic (100 million ton-km)**	**2 246.70**	**2 302.55**	**2 173.97**	**2 242**	**2 014**
1. 铁路	Railways	0.67	0.76	0.82	1.32	1.46
2. 公路	Highways	368.05	383.07	391.89	454.39	438.15
3. 水运	Waterways	1 864.06	1 903.75	1764.35	1 766.88	1 550.54
4. 民航	Civil Aviation	13.92	14.97	16.91	19.63	24.10
四、客运量(万人)	**Passenger Traffic (10 000 persons)**	**16 979**	**18 160**	**19 864**	**21 284**	**13 750**
1. 铁路	Railways	6 586	7 060	8 188	8 741	4 667
2. 公路	Highways	5 585	6 001	6 136	6 373	5 105
3. 水运	Waterways	454	466	518	535	160
4. 民航	Civil Aviation	4 354	4 633	5 022	5 635	3 817
五、机场旅客吞吐量(万人)	**Passenger Departing at Airport (10 000 persons)**	**4 198**	**4 561**	**4 935**	**5 293**	**3 792**
六、旅客周转量(亿人公里)	**Turnover Volume of Passenger Traffic (100 million person-km)**	**1 026.99**	**1 092.39**	**1180.52**	**1 317.95**	**787.84**
1. 铁路	Railways	201.51	210.16	235.64	250.95	140.84
2. 公路	Highways	116.60	123.63	126.75	132.59	59.36
3. 水运	Waterways	2.00	2.14	2.28	2.35	0.71
4. 民航	Civil Aviation	706.88	756.46	815.85	932.06	586.93
七、港口	**Harbor**					
1. 泊位数(个)	Berths (unit)	152	155	156	157	168
#万吨级	10 000 Ton Class	72	74	75	76	76
2. 货物吞吐量(万吨)	Cargo Handled at Seaports (10 000 tons)	21 410	24 136	25 127	25 785	26 506
#蛇口港区	Shekou Seaport	5 825	7 913	8 391	7 626	7 862
赤湾港区	Chiwan Seaport	5 555	5 648	5 325	5 034	5 322
妈湾港区	Mawan Seaport	983	771	1 158	1 275	1 031
盐田港区	Yantian Seaport	6 421	7 108	7 561	7 323	7 924
内河港区	Neihe Seaport	12	165	205	338	369

注：2007年、2009年、2012年、2014年、2020年货运量、货物周转量、客运量、旅客周转量分别有口径调整。
Note: The statistical ranges of Freight Traffic, Turnover Volume of Freight Traffic, Passenger Traffic and Turnover Volume of Traffic are changed in 2007, 2009, 2012, 2014 and 2020, the data in the same period last year have been adjusted by the same caliber.

6-2 全社会客货运输和邮电业务量（一）

PASSENGER AND FREIGHT TRAFFIC，REVENUE FROM POSTAL AND TELECOMMUNICATIONS SERVICES

年 份 Year	机场货邮吞吐量 （万吨） Cargo Handled at Airport (10 000 tons)	机场旅客吞吐量 (万人) Passenger Departing at Airport (10 000 persons)	货运量 (万吨) Freight Traffic (10 000 tons)	货物周转量 (亿吨公里) Turnover Volume of Freight Traffic (100 million ton-km)	客运量 (万人) Passenger Traffic (10 000 persons)
1986			1 521	15	3 973
1987			1 627	14	4 268
1988			1 704	22	5 858
1989			1 383	36	6 349
1990			1 349	26	8 833
1991		2	1 486	44	6 400
1992	2	166	1 801	55	8 153
1993	4	255	2 050	74	10 218
1994	6	319	2 604	78	8 531
1995	8	412	3 542	223	8 261
1996	9	435	3 647	233	8 281
1997	10	444	3 853	232	8 515
1998	11	515	4 050	213	8 484
1999	16	525	4 274	197	8 754
2000	21	642	4 697	206	9 346
2001	25	777	5 147	204	9 869
2002	33	935	5 683	211	10 632
2003	41	1 084	6 478	244	10 471
2004	50	1 424	7 168	283	12 019
2005	55	1 574	8 249	322	12 602
2006	56	1 836	11 429	731	13 965
2007	62	2 062	13 678	794	15 056
2008	60	2 140	19 570	1 094	1[illegible]4 283
2009	61	2 449	22 367	1 137	1[illegible]6 316
2010	81	2 671	26 174	1 654	1[illegible]6 203
2011	83	2 825	28 901	1 956	1[illegible]8 447
2012	85	2 957	28 678	1 981	1[illegible]4 982
2013	91	3 227	27 512	1 999	12 059
2014	96	3 627	29 382	2 386	15 103
2015	101	3 972	32 475	2 253	16 511
2016	113	4 198	31 163	2 247	16 979
2017	116	4 561	32 269	2 303	18 160
2018	122	4 935	32 764	2 174	19 864
2019	128	5 293	43 529	2 242	21 284
2020	140	3 792	41 483	2 014	13 750

6-2 全社会客货运输和邮电业务量（二）

PASSENGER AND FREIGHT TRAFFIC，REVENUE FROM POSTAL AND TELECOMMUNICATIONS SERVICES

年　份 Year	旅客周转量 (亿人公里) Turnover Volume of Passenger Traffic (100 million person-km)	港口货物吞吐量 (万吨) Cargo Handled at Seaports (10 000 tons)	港口集装箱吞吐量 （万标箱） Cargo Handled at Seaports (10 000 TEU)	# 出口 Exports	邮电业务总量 (万元) Revenue from Postal and Telecommunications Services (10 000 yuan)
1979		10			138
1980		30			190
1981		70			340
1982		91			420
1983		141			567
1984		210			923
1985		327			1 761
1986	9	302			2 633
1987	14	485			4 880
1988	19	734	1		14 826
1989	22	956	2		21 293
1990	27	1 292	2		55 356
1991	19	1 563	5		84 927
1992	41	1 956	11		114 492
1993	48	2 541	13		174 045
1994	79	3 002	18	11	259 432
1995	82	3 080	28	16	368 945
1996	83	3 021	59	32	462 261
1997	83	3 357	115	63	610 111
1998	82	3 444	195	104	764 658
1999	87	4 663	299	158	982 686
2000	99	5 697	400	210	1 336 000
2001	112	6 643	508	266	1 419 000
2002	131	8 767	762	396	1 644 200
2003	145	11 220	1 065	552	1 980 300
2004	186	13 537	1 366	713	2 660 100
2005	226	15 351	1 620	841	3 208 000
2006	268	17 598	1 847	961	3 795 000
2007	311	19 994	2 110	1 101	5 135 400
2008	485	21 125	2 142	1 087	6 117 500
2009	544	19 365	1 825	937	6 765 200
2010	635	22 098	2 251	1 154	2 937 000
2011	693	22 325	2 257	1 169	3 562 600
2012	802	22 807	2 294	1 173	5 635 800
2013	632	23 398	2 328	1 208	6 229 900
2014	806	22 324	2 404	1 247	7 619 900
2015	953	21 706	2 420	1 236	10 403 200
2016	1 027	21 410	2 398	1 239	17 150 200
2017	1 092	24 136	2 521	1 278	16 455 500
2018	1 181	25 127	2 574	1 313	27 824 427
2019	1 318	25 785	2 576	1 301	40 390 310
2020	788	26 506	2 655	1 360	44 702 800

注：　邮电业务总量1989年以前按1980年不变价格计算，1990-2000年按1990年不变价格计算；2001-2009年按2000年不变价格计算；2011-2017年按2010年不变价计算；2018年起，按2015年不变价计算。

Note: Revenue from Postal and Telecommunications Services in 1989, calculated at 1980 constant prices; from 1990 to 2000 at 1990 constant prices; 2001-2009 at 2000 constant prices; 2011-2017 calculated at 2010 constant prices;from 2018, calculated at 2015 constant prices.

6-3 全社会客货运输和邮电业务量指数

INDICES OF PASSENGER AND FREIGHT TRAFFIC，REVENUE FROM POSTAL AND TELECOMMUNICATIONS SERVICES

（以上年为100） (preceding year=100)

年 份 Year	货运量 Freight Traffic	货物周转量 Turnover Volume of Freight Traffic	客运量 Passenger Traffic	旅客周转量 Turnover Volume of Passenger Traffic	港口货物吞吐量 Cargo Handled at Seaports	邮电业务总量 Revenue from Postal and Telecommunications Services
1980					300.0	137.7
1981					233.3	178.9
1982					130.0	123.5
1983					154.9	135.0
1984					148.9	162.8
1985					155.7	190.8
1986					92.4	149.5
1987	107.0	94.0	93.1	165.2	160.6	185.3
1988	104.7	153.6	137.3	133.9	151.3	303.8
1989	81.2	164.7	108.4	115.7	130.2	143.5
1990	97.5	72.0	139.1	123.0	135.1	151.7
1991	110.2	169.2	72.5	69.7	121.0	153.4
1992	121.2	125.3	127.1	219.4	125.1	134.3
1993	113.8	136.3	125.6	116.6	129.9	152.0
1994	127.0	104.8	81.5	161.2	118.1	149.1
1995	136.0	285.8	96.8	103.9	102.6	142.2
1996	103.0	104.5	100.2	100.8	98.1	125.3
1997	105.6	99.5	102.8	100.1	111.1	132.0
1998	105.1	91.8	99.6	99.3	102.6	125.3
1999	105.6	92.8	103.2	105.2	135.4	128.5
2000	109.9	104.3	106.8	114.8	122.2	136.0
2001	109.6	99.3	105.6	112.4	116.6	106.2
2002	110.4	103.2	107.7	117.3	132.0	115.9
2003	114.0	115.5	98.5	110.8	128.0	120.4
2004	110.6	116.0	114.8	128.1	120.7	134.3
2005	115.1	114.0	104.8	121.3	113.4	120.6
2006	113.3	117.2	110.8	118.8	114.6	118.3
2007	119.7	108.6	107.8	116.0	113.6	123.4
2008	108.9	93.9	105.6	116.3	105.7	119.1
2009	114.3	103.9	94.8	112.1	91.7	110.6
2010	117.0	145.5	106.8	116.7	114.1	120.7
2011	110.4	118.2	107.8	113.6	101.0	121.3
2012	99.2	101.3	109.8	115.7	102.2	118.6
2013	103.5	106.1	109.0	107.1	102.6	26.5
2014	106.8	119.4	125.2	127.5	95.4	22.3
2015	110.5	94.4	109.3	118.3	97.2	30.4
2016	96.0	99.7	102.8	107.7	98.6	64.1
2017	103.5	102.5	107.0	106.4	112.7	53.3
2018	101.5	94.4	109.4	108.1	104.1	66.9
2019	104.4	101.0	107.1	111.6	102.6	45.2
2020	95.3	89.9	64.6	59.8	102.8	23.1

注：本表指数均按可比口径计算。

Note: The index in this table are calculated at comparable caliber.

6-4 全社会民用车辆和运输船舶拥有量

NUMBER OF CIVIL MOTOR VEHICLES AND TRANSPORT VESSELS OWNED

项 目	Item	2015	2016	2017	2018	2019	2020
民用车辆总计(辆)	**Total Civil Motor Vehicles (unit)**	**3 193 498**	**3 225 879**	**3 265 998**	**3 366 643**	**3 482 011**	**3 588 883**
一、民用汽车(辆)	Civil Automobile (unit)	3 147 043	3 178 832	3 214 434	3 313 358	3 430 227	3 532 623
1. 载客汽车(辆)	Buses and Cars (unit)	2 817 908	2 828 974	2 827 106	2 880 095	2 971 331	3 042 611
载客量(客位)	Number of Seats in Buses and Cars(seat)	16 612 523	16 606 573	17 088 098	16 819 056	17 089 673	17 447 590
#大型(辆)	Large Scales (unit)	33 764	38 329	44 571	36 866	35 014	33 029
载客量(客位)	Number of Seats(seat)	1 635 274	1 851 291	2 312 149	1 888 382	1 805 608	1 744 193
2. 载货汽车(辆)	Ordinary Trucks (unit)	314 730	335 476	372 024	417 475	442 821	472 561
载重量(吨位)	Capacity(ton)	1 785 759	1 905 504	915 073	966 090	1 036 982	1 220 087
#重型(辆)	Heavy (unit)	71 165	80 366	91 887	93 659	95 965	105 696
载重量(吨位)	Capacity (ton)	411 299	875 186	583 366	584 855	636 202	767 703
3. 其他专用汽车(辆)	Other Special Motor Vehicles (unit)	14 405	14 382	15 304	15 788	16 075	17 451
4. 特种汽车(辆)	Particular Motor Vehicles		14 382				
二、摩托车(辆)	Motorcycle(unit)	7 535	6 221	6 814	5 035	4 361	4 350
三、挂车(辆)	Trailer Trucks(unit)	38 916	40 826	44 750	48 250	47 423	51 910
四、其他(辆)	Other (unit)	4					
民用运输船舶总计(艘)	**Total Civil Transport Vessels (unit)**	**269**	**277**	**295**	**303**	**286**	**276**
一、机动船艘数(艘)	Motor Vessels (unit)	265	273	291	299	282	272
载客量(客位)	Number of Seats (seat)	4 892	5 431	5 942	5 815	6 408	7 424
净载重量(吨位)	Dead Weight Tonnage (ton)	3 781 309	3 801 680	3 780 781	3 621 172	3 280 176	3 107 045
总功率(千瓦)	Total Power (kW)	887 538	908 786	964 226	924 985	857 742	775 536
1. 客船艘数(艘)	Passenger Transport Vessels (unit)	24	26	29	29	33	37
载客量(客位)	Number of Seats (seat)	4 892	5 431	5 942	5 815	6 408	7 424
2. 货船艘数(艘)	Freight Transport Vessels (unit)	232	238	253	260	241	227
净载重量(吨位)	Dead Weight Tonnage (ton)	3 780 844	3 801 175	3 780 204	3 620 598	3 279 521	3 579 682
3. 拖船艘数(艘)	Tugboats (unit)	9	9	9	10	8	8
二、驳船艘数(艘)	Barges (unit)	4	4	4	4	4	4
净载重量(吨位)	Dead Weight Tonnage(ton)	10 000	10 000	10 000	10 000	10 000	10 000

6-5 邮电业务量及邮电通讯设施

BUSINESS VOLUME OF POSTAL AND TELECOMMUNICATIONS SERVICES, FACILITIES OF POST AND TELECOMMUNICATIONS

项 目	Item	2016	2017	2018	2019	2020
邮电业务总量(亿元)	Business Volume of Post and Telecommunications (100 million yuan)	1 715.02	1645.55	2 782.44	4 039.03	4 170.28
# 邮政（快递）业务量(亿元)	Business Volume of Post(100 million yuan)	666.67	375.49	435.70	561.37	557.20
函件(万件)	Mail (10 000 pcs)	21 179	22 134	19 290	16 931	7 148
包件(万件)	Parcels (10 000 pcs)	12	10	21	21	21
订销报纸期发数(万份)	Number of Newspapers Circulation (10 000pcs)	32	33	33	31	30
订销报纸累计份数(万份)	Total Copy of Newspapers (10 000 pcs)	8 709	8 847	8 803	8 593	8 539
订销杂志期发数(万份)	Number of Magazines Circulation (10 000 pcs)	37	38	38	40	39
订销杂志累计份数(万份)	Total Copy of Magazines (10 000 pcs)	642	651	646	667	648
固定电话用户(万户)	Number of Installed Telephone Subscribers (subscribers)	644	478	430	431	401
移动电话用户(万户)	Number of Mobile Telephones Subscribers (10 000 subscribers)	2 505	2 679	2 978	2 896	2 682
互联网宽带网用户(万户)	Internet Subscribers Number of Wide Band(10 000 subscribers)	632	483	506	533	543
邮政.电信局、所(处)	Number of Post and Telecommunications Offices(Unit)	745	541	541	541	541
邮运邮路总条数(条)	Total Number of Mail Routes (route)	157	242	282	834	455
邮路长度(单程)(公里)	Length of Postal Routes (km)	12 583	32 964	33 000	131 000	90 397
城市投递段道长度(单程)(公里)	Length of City Delivery Routes (km)	33 306	41 700	44 000	71 000	54 909

6-6 年末公路通车里程到达数（按技术等级）
LENGTHS OF OPERATION MILEAGE AT YEAR-END（GROUPED BY GRADE）

单位：公里 （km）

年 份 Year	公路里程总计 Operation Mileage	高速公路 Express Way	一级公路 First Class Highways	二级公路 Second Class Highways	三级公路 Third Class Highways	四级公路 Fourth Class Highways
1980	746			3	120	508
1981	736			14	103	504
1982	743			17	111	501
1983	745			17	152	461
1984	786			17	173	482
1985	791			19	194	463
1986	810			19	202	515
1987	803			19	267	454
1988	835			16	286	476
1989	837		13	14	279	475
1990	832		13	12	276	496
1991	827		56	12	236	488
1992	907		58	11	235	567
1993	917		81	11	221	568
1994	972	28	121	39	210	538
1995	1 103	110	202	68	185	503
1996	1 169	110	246	84	174	519
1997	1 214	133	267	88	177	514
1998	1 258	155	355	178	216	352
1999	1 344	176	401	195	214	355
2000	1 357	176	420	197	196	365
2001	1 361	186	525	257	180	213
2002	1 510	196	575	282	255	202
2003	1 540	203	590	282	255	210
2004	1 540	203	588	280	260	210
2005	1 580	245	588	280	258	210
2006	1 930	268	860	366	274	162
2007	1 938	269	867	351	284	167
2008	1 619	340	703	259	217	100
2009	1 619	340	703	259	217	100
2010	1 617	340	691	270	217	100
2011	1 618	340	691	270	217	100
2012	1 659	390	686	270	209	105
2013	1 680	420	685	270	209	96
2014	1 647	421	665	256	209	96
2015	1 644	421	665	256	207	96
2016	1 638	420	664	255	203	96
2017	1 634	420	677	239	202	96
2018	727	417	257	7	36	9
2019	736	426	257	7	36	9
2020	716	388	276	7	36	9

注： 公路里程统计口径2008年、2018年分别有调整。
Note: The statistical coverage of operation mileage have been adjusted in 2008 and 2018.

主要统计指标解释

货(客)运量 指在一定时期内，各种运输工具实际运送的货物(旅客)数量。该指标是反映运输业为国民经济和人民生活服务的数量指标，也是制定和检查运输生产计划、研究运输发展规模和速度的重要指标。货运按吨计算，客运按人计算。货物不论运输距离长短、货物类别，均按实际重量统计。旅客不论行程远近或票价多少，均按一人一次客运量统计；半价票、小孩票也按一人统计。

货物(旅客)周转量 指在一定时期内，由各种运输工具运送的货物(旅客)数量与其相应运输距离的乘积之总和。该指标可以反映运输业生产的总成果，也是编制和检查运输生产计划，计算运输效率、劳动生产率以及核算运输单位成本的主要基础资料。计算货物(旅客)周转量通常按发出站与到达站之间的最短距离，也就是计费距离计算。计算公式为：

货物（旅客）周转量=∑（货物（旅客）运输量×运输距离）

港口货物吞吐量 指经水运进出港区范围，并经过装卸的货物数量，包括邮件及办理托运手续的行李、包裹以及补给运输船舶的燃料、物料和淡水。货物吞吐量按货物流向分为进口、出口吞吐量，按货物交流性质分为外贸货物吞吐量和国内贸易货物吞吐量。货物吞吐量的货类构成及其流向，是衡量港口生产能力大小的重要指标。

民用汽车 指报告期末，在公安交通管理部门按照《机动车注册登记工作规范》，已注册登记领有民用车辆牌照的全部汽车数量。汽车统计的主要分类：根据汽车结构分为载客汽车、载货汽车及其他汽车；根据汽车所有者不同分为个人(私人)汽车、单位汽车；根据汽车的使用性质分为营运汽车、非营运汽车；根据汽车大小规格不同载客汽车分为大型、中型、小型和微型，载货汽车分为重型、中型、轻型和微型。

邮电业务总量 指以价值量形式表现的邮电通信企业为社会提供各类邮电通信服务的总数量。邮电业务量按专业分类包括函件、包件、汇票、报刊发行、邮政快件、特快专递、邮政储蓄、集邮、公众电报、用户电报、传真、长途电话、出租电路、无线寻呼、移动电话、分组交换数据通信、出租代维等。计算方法为各类产品乘以相应的平均单价(不变价)之和，再加上出租电路和设备、代用户维护电话交换机和线路等的服务收入。该指标综合反映了一定时期邮电业务发展的总成果，是研究邮电业务量构成和发展趋势的重要指标。计算公式为：

邮电业务总量=∑（各类邮电业务量×不变单价）+出租代维及其他业务收入 =邮政业务总量+通信业务总量

移动电话用户 指通过移动电话交换机进入移动电话网、占用移动电话号码的各类电话用户。包括签约用户和智能网预付费用户。一个移动电话号码统计为一户。

移动电话交换机容量 指移动电话交换机根据一定话务模型和交换机处理能力计算出来的最大同时服务用户的数量。

Explanatory Notes on Main Statistical Indicators

Freight (Passenger) Traffic refers to the volume of freight (passengers) transported with various means. This indicator provides a quantitative measure of how the transport industry serves the national economy and the needs of the people, as well as an important reference for drafting and checking production plans in the transport industry and for studying the scale and speed of development in the transport industry. Freight transport is calculated in tons and passenger traffic is calculated in the number of persons. Freight transport is calculated in the actual weight of goods regardless of traveling distances and types of freight; while passenger traffic is calculated as the number of individuals traveling once, regardless of traveling distances, ticket prices, whether the passengers are traveling with half–price tickets or child tickets.

Freight Ton-kilometers (Passenger-kilometers) refer to the sum of the products of the volume of transported cargo (passengers) multiplied by the transport distance. These are important indicators of the total achievements of the transport industry, as well as the major foundation for drafting and checking production plans in the transport industry and for calculating the efficiency, labor productivity and the cost of transport enterprises. Normally, the shortest distance between the departure station and the destination station (i.e. the payable distance) is the basis to calculate the freight ton–kilometers and passenger–kilometers on. These indicators are calculated as follows: Freight Ton–kilometers (Passenger–kilometers) = $\sum$(Freight (Passenger) Traffic $\times$Transport Distance)

Volume of Freight Handled in Ports refers to the volume of cargo passing in and out of the harbor area that undergoes the loading and unloading processes, including mails, checked baggage and bales, as well as fuel, material and fresh water supplies to ships. The volume of freight handled may be classified by direction of flow as import volume and export volume, or by nature of cargo as volume of freight for domestic trade and volume of freight for foreign trade. The classification of volume of freight handled and its direction of flow are important indicators of the production capacity of ports.

Possession of Civil Motor Vehicles refers to the total number of vehicles that are registered at transport management offices under the public security authorities and provided with civil vehicle licenses and tags according to the Work Standard for Motor Vehicles Registration at the end of the reference period. Major categories of vehicle are: passenger vehicles, freight vehicles and other vehicles in terms of structure; private vehicles and organization–owned vehicles in terms of ownership; commercial vehicles and non–commercial vehicles in terms of use; large, medium, small and mini passenger vehicles, and heavy, medium, light and mini trucks in terms of size.

Business Volume of Postal and Telecommunication Services refers to the total amount of postal and telecommunication services, expressed in value terms, provided by postal and telecommunication enterprises for the society. Postal and telecommunication services can be classified as letters, parcels, remittance, delivery of newspapers and magazines, fast mail service, express mail service, savings deposits, stamps for collection, public and individual telegraph service, facsimiles, long–distance telephone service, leasing of telephone lines, urban paging service, mobile telephone service, data communication through packet networks, network elements lease and maintenance, etc. To calculate the volume, the business volume of each product is multiplied by its average unit price (at constant prices), summed, and added to income from other services such as leasing of telephone lines and equipment, maintenance of telephone switchboards and lines on behalf of customers. This indicator reflects the overall achievements of postal and telecommunication services during a given period, and is an important reference for studying the composition of business volume and the development trend of postal and telecommunication services. This volume is calculated as follows:

Business Volume of Postal and Telecommunication Services = $\sum$(Business Volume of Each Product × Constant Unit Price) + Income from Leasing, Maintenance, and Other Services = Business Volume of Postal Services + Business Volume of Telecommunication Services

Mobile Telephone Subscribers refer to persons who own mobile telephone numbers and are connected with the mobile telephone communication network through mobile telephone switchboards, including contracted subscribers and pre-paid subscribers for intelligent network. One mobile telephone number is calculated as one subscriber.

Capacity of Mobile Telephone Exchanges refers to the maximum number of subscribers that can be served simultaneously, calculated according to a certain calling model and the handling capacity of the mobile telephone exchanges.

07 第七部分 农业

AGRICULTURE

CHAPTER

7-1 农林牧渔业总产值

GROSS OUTPUT VALUE OF AGRICULTURE，FORESTRY,ANIMAL HUSBANDRY AND FISHERY

单位：万元 （10 000 yuan）

年 份 Year	农林牧渔业总产值 Gross Output Value of Agriculture，Forestry,Animal Husbandry and Fishery	农业 Foaming	林 业 Forestry	牧 业 Animal Husbandry	渔 业 Fishery	农林牧渔专业及辅助性活动 Professional and Support Activities for Agriculture，Forestry，Animal Husbandry，Fishery
1979	13 106	6 494	85	1 598	433	4 496
1980	16 938	6 913	69	2 186	1 084	6 586
1981	24 181	8 515	153	5 677	1 869	7 967
1982	26 929	9 402	281	7 540	2 744	6 962
1983	29 083	10 930	207	7 832	3 400	6 714
1984	40 416	13 931	912	10 346	7 895	7 332
1985	45 821	15 641	1 371	14 444	7 875	6 490
1986	49 552	18 947	1 259	17 132	10 956	1 258
1987	73 772	26 631	1 678	28 869	14 339	2 255
1988	99 404	32 296	1 315	42 202	19 852	3 739
1989	108 015	31 412	1 253	54 389	19 010	1 951
1990	119 205	37 622	1 716	52 550	24 043	3 274
1991	143 063	40 697	4 097	63 117	31 025	4 127
1992	185 297	57 458	5 637	81 532	36 334	4 335
1993	192 880	49 977	3 519	94 969	38 506	5 909
1994	224 776	54 363	2 334	110 150	52 322	5 607
1995	232 653	58 407	2 207	125 623	43 173	3 243
1996	273 246	70 642	2 989	141 464	52 080	6 071
1997	270 889	73 030	3 792	124 140	64 676	5 250
1998	298 174	79 738	6 773	139 244	65 967	6 452
1999	299 662	91 560	5 312	126 799	68 401	7 590
2000	311 359	95 289	5 560	128 417	72 522	9 571
2001	327 111	105 153	5 060	127 565	76 213	13 120
2002	340 757	115 021	4 790	135 377	76 279	9 290
2003	337 406	111 989	6 557	135 940	76 935	5 985
2004	299 939	96 930	6 409	102 689	88 516	5 395
2005	217 369	53 152	4 861	75 334	76 831	7 191
2006	180 017	38 280	3 930	66 538	59 615	11 654
2007	171 380	43 415	6 682	64 678	42 875	13 730
2008	187 859	45 786	5 474	69 383	53 131	14 084
2009	154 760	42 590	2 062	55 992	39 550	14 564
2010	150 467	48 707	1 606	43 734	38 918	17 502
2011	152 533	46 535	2 159	48 691	37 855	17 293
2012	148 572	45 024	1 298	43 669	42 291	16 290
2013	139 479	53 307	757	36 547	44 149	4 719
2014	129 156	37 842	1 307	26 292	58 352	5 363
2015	159 515	32 799	1 975	22 422	95 487	6 831
2016	190 940	65 741	1 952	16 201	98 749	8 298
2017	388 609	123 414	2 379	29 013	214 992	18 811
2018	424 606	117 928	1 750	25 464	259 541	19 923
2019	481 641	121 729	3 949	33 254	303 901	18 808
2020	488 467	155 221	14 585	33 323	263 404	21 934

注：1. 本表按当年价格计算。
Note:The data in this table are calculated at current prices.
2. 2016年农业数据已按照第三次全国农业普查省反馈数进行修订（后同）。
The agricultural data of 2016 have been revised according to the feedback from the third national agricultural census (same later).

7-2 农林牧渔业总产值构成

COMPOSITION OF GROSS OUTPUT VALUE OF AGRICULTURE, FORESTRY,ANIMAL HUSBANDRY AND FISHERY

单位：%　　　　　　　　(%)

年 份 Year	总 计 Total	农业 Foaming	林 业 Forestry	牧 业 Animal Husbandry	渔 业 Fishery	农林牧渔专业及辅助性活动 Professional and Support Activities for Agriculture, Forestry, Animal Husbandry, Fishery
1979	100.0	49.6	0.6	12.2	3.3	34.3
1980	100.0	40.8	0.4	12.9	6.4	39.5
1981	100.0	35.2	0.6	23.5	7.7	33.0
1982	100.0	34.9	1.0	28.0	10.2	25.9
1983	100.0	37.6	0.7	26.9	11.7	23.1
1984	100.0	34.5	2.3	25.6	19.5	18.1
1985	100.0	34.1	3.0	31.5	17.2	14.2
1986	100.0	38.2	2.6	34.6	22.1	2.5
1987	100.0	36.1	2.3	39.1	19.4	3.1
1988	100.0	32.5	1.3	42.5	20.0	3.7
1989	100.0	29.1	1.2	50.3	17.6	1.8
1990	100.0	31.6	1.4	44.1	20.2	2.7
1991	100.0	28.4	2.9	44.1	21.7	2.9
1992	100.0	31.0	3.0	44.0	19.6	2.4
1993	100.0	25.9	1.8	49.2	20.0	3.1
1994	100.0	24.2	1.0	49.0	23.3	2.5
1995	100.0	25.1	0.9	54.0	18.6	1.4
1996	100.0	25.9	1.1	51.8	19.0	2.2
1997	100.0	27.0	1.4	45.8	23.9	1.9
1998	100.0	26.7	2.3	46.7	22.1	2.2
1999	100.0	30.6	1.8	42.3	22.8	2.5
2000	100.0	30.6	1.8	41.2	23.3	3.1
2001	100.0	32.1	1.6	39.0	23.3	4.0
2002	100.0	33.8	1.4	39.7	22.4	2.7
2003	100.0	33.2	1.9	40.3	22.8	1.8
2004	100.0	32.3	2.1	34.2	29.5	1.8
2005	100.0	24.5	2.2	34.7	35.3	3.3
2006	100.0	21.3	2.2	37.0	33.1	6.5
2007	100.0	25.3	3.9	37.7	25.0	8.0
2008	100.0	24.4	2.9	36.9	28.3	7.5
2009	100.0	27.5	1.3	36.2	25.6	9.4
2010	100.0	32.4	1.1	29.1	25.9	11.5
2011	100.0	30.5	1.4	31.9	24.8	11.4
2012	100.0	30.3	0.9	29.4	28.5	11.0
2013	100.0	38.2	0.5	26.2	31.7	3.4
2014	100.0	29.3	1.0	20.4	45.2	4.2
2015	100.0	20.6	1.2	14.1	59.9	4.3
2016	100.0	34.4	1.0	8.5	51.8	4.3
2017	100.0	31.8	0.6	7.5	55.3	4.8
2018	100.0	27.8	0.4	6.0	61.1	4.7
2019	100.0	25.3	0.8	6.9	63.1	3.9
2020	100.0	31.8	3.0	6.8	53.9	4.5

7-3 农林牧渔业总产值及其指数

GROSS OUTPUT VALUE OF AGRICULTURE,FORESTRY,ANIMAL HUSBANDRY AND FISHERY AND ITS INDICES

年 份 Year	农林牧渔业总产值(万元) 当年价格 Gross Output Value of Agriculture，Forestry，Animal Husbandry and Fishery (10000yuan) At Current Prices	以上年为100 Preceding Year=100
1979	13 106	
1980	16 938	85.4
1981	24 181	119.1
1982	26 929	108.1
1983	29 083	98.4
1984	40 416	102.3
1985	45 821	119.2
1986	49 552	116.5
1987	73 772	111.8
1988	99 404	119.4
1989	108 015	112.1
1990	119 205	115.2
1991	143 063	109.3
1992	185 297	99.2
1993	192 880	92.9
1994	224 776	96.1
1995	232 653	101.0
1996	273 246	114.2
1997	270 889	101.7
1998	298 174	104.3
1999	299 662	107.9
2000	311 359	102.4
2001	327 111	103.7
2002	340 757	107.0
2003	337 406	109.8
2004	299 939	111.7
2005	217 369	87.8
2006	180 017	75.3
2007	171 380	89.2
2008	187 859	84.0
2009	154 760	87.1
2010	150 467	92.2
2011	152 533	94.0
2012	148 572	103.1
2013	139 479	70.8
2014	129 156	92.2
2015	159 515	108.6
2016	190 940	96.4
2017	388 609	122.7
2018	424 606	97.0
2019	481 641	105.7
2020	488 467	94.3

注： 2005年起国家统计报表制度中取消1990年不变价，增长速度按可比口径计算。

Note: Since 2005, the national statistical reporting system has cancelled the index, Gross Output Value of Agriculture (at 1990 constant prices), the growth rates are calculated at comparable coverage.

7-4 农作物播种面积

TOTAL SOWN AREAS OF FARM CROPS

单位：亩 （mu）

年 份 Year	一、农作物总播种面积 Total Sown Areas	#粮食作物合 计 Grain Crops	#薯 类 Tubers	#经济作物合 计 Cash Crops	#花 生 Peanuts
1979	953 300	758 100	55 095	165 800	107 148
1980	808 500	646 000	38 663	125 500	100 186
1981	728 400	576 000	27 457	119 200	96 606
1982	739 500	536 000	27 219	125 200	97 152
1983	711 300	536 400	27 700	95 103	65 700
1984	705 078	507 255	28 036	91 147	68 523
1985	625 716	379 247	22 690	85 356	61 095
1986	632 747	363 895	22 755	89 810	60 765
1987	617 290	331 531	24 911	84 466	57 508
1988	607 146	284 545	19 370	77 678	51 331
1989	591 309	280 930	18 897	71 134	51 120
1990	573 090	261 454	18 177	67 306	52 035
1991	523 174	194 055	19 529	63 530	49 146
1992	355 244	103 946	13 348	31 910	30 545
1993	191 711	21 361	6 711	12 118	9 579
1994	163 838	16 136	6 029	5 022	4 544
1995	164 870	16 970	6 814	5 031	3 965
1996	205 078	19 448	9 444	6 151	4 675
1997	175 250	14 907	7 183	5 386	3 854
1998	180 525	11 742	5 946	6 770	3 224
1999	177 372	10 354	5 381	5 616	2 680
2000	187 401	9 714	5 559	5 138	2 842
2001	184 038	8 023	5 194	4 098	2 568
2002	159 063	6 480	4 442	3 357	1 142
2003	164 363	4 679	2 490	1 227	807
2004	147 094	5 304	2 955	2 870	260
2005	106 167	1 572	815	310	300
2006	90 614	305	175	105	100
2007	95 596	290	240	236	220
2008	109 423	438	365	10764	20
2009	103 673	163	150	914	42
2010	96 090	151	136	67	41
2011	90 803	52	44	50	41
2012	87 311	12	12	2 255	19
2013	81 472	155	13	8	8
2014	73 775	144	14	513	5
2015	72 358	152	50	6 702	9
2016	86 659	852	258	2 243	332
2017	179 190	34 898	4 760	5 169	4 319
2018	189 272	34 813	7 210	5 267	4 345
2019	184 095	34 745	7 997	5 273	4 341
2020	169 275	21 725	6 440	7 485	4 488

年 份 Year	# 其它作物合 计 Other Crops	# 蔬 菜 Vegetable	二、茶园面积 Area of Tea Plantations (year-end)	三、果园面积 Area of Orchards (year-end)	# 柑桔橙 Citrus	# 荔 枝 Litchi
1979	22 813	14 798		55 604	6 248	[illegible]
1980	28 802	15 712		56 701	8 169	[illegible]
1981	24 327	17 935		55 353	7 476	[illegible]
1982	68 296	44 020		56 040	6 331	[illegible]
1983	72 219	66 048		85 897	15 154	[illegible]
1984	98 843	86 037		85 567	11 204	[illegible]
1985	154 494	139 353		108 418	16 889	[illegible]
1986	172 688	160 467		168 790	38 698	[illegible]
1987	196 065	185 202		218 396	59 358	[illegible]
1988	240 104	223 191		236 876	69 972	[illegible]
1989	235 349	217 929		245 516	71 429	[illegible]
1990	240 865	231 308		256 110	72 632	[illegible]
1991	261 772	244 591		254 021	73 350	[illegible]
1992	217 456	201 422		227 207	60 844	[illegible]
1993	157 909	144 468		191 838	50 147	[illegible]
1994	142 640	133 284	460	188 411	44 124	[illegible]
1995	142 849	135 212	3 003	185 285	36 267	[illegible]
1996	179 479	167 063	2 976	195 926	32 532	[illegible]
1997	154 957	145 591	2 968	216 996	26 733	[illegible]
1998	162 013	153 026	2 440	215 058	26 240	[illegible]
1999	161 402	152 890	2 435	218 811	22 013	[illegible]
2000	172 549	166 916	2 355	224 820	19 551	[illegible]
2001	171 917	168 147	353	209 232	16 406	[illegible]
2002	149 226	147 278	348	191 031	9 949	[illegible]
2003	158 457	156 899	350	159 817	11 066	[illegible]
2004	138 920	137 887		150 523	6 830	[illegible]
2005	104 285	104 059		149 175	5 908	[illegible]
2006	90 204	89 478		127 809	2 249	[illegible]
2007	95 070	94 891	312	64 630	1 728	[illegible]
2008	98 221	98 023	350	46 273	1 088	[illegible]
2009	102 596	98 505	340	55 508	548	[illegible]
2010	95 872	95 371	340	53 567	629	[illegible]
2011	90 701	89 908	340	50 813	484	[illegible]
2012	85 044	84 704	340	46 990	391	[illegible]
2013	81 309	81 057	350	38 035	234	[illegible]
2014	73 118	67 975	340	36 825	204	[illegible]
2015	65 504	65 249	340	35 474	282	[illegible]
2016	83 564	82 778	340	68 876	1 050	[illegible]
2017	139 123	137 558	1 040	95 170	5 787	[illegible]
2018	149 192	147 361	1 320	65 175	5 361	[illegible]
2019	144 077	142 513	1 385	53 659	5 339	[illegible]
2020	140 065	137 174	1 360	59 571	5 411	[illegible]

7-5　主要农业产品产量

YIELD OF MAJOR FARM CROPS

单位：吨　　　　　　　　　　　　　　　　　　　　　　　　　　　　（ton）

年　份 Year	粮　食 Grain	#稻　谷 Rice	#薯　类 Tubers	花　生 Peanuts	蔬　菜 Vegetable	茶 叶 Tea	水　果 Fruits	#柑桔橙 Citrus	#荔　枝 Litchi
1979	132 584	127 559	4 285	6 877	8 639		2 401	157	742
1980	126 461	123 022	3 003	7 323	14 593		2 280	388	1 127
1981	116 489	114 070	2 310	8 641	22 772		3 245	284	1 534
1982	124 189	121 026	3 046	9 276	34 484		2 866	571	798
1983	126 977	122 936	3 906	5 761	74 251		3 575	1 105	839
1984	126 960	123 205	3 595	6 060	107 820		5 752	1 579	1 829
1985	94 465	90 106	4 026	5 208	162 898		6 420	1 726	1 559
1986	92 495	88 369	3 787	5 894	151 629		13 249	3 467	3 522
1987	85 534	80 110	5 081	5 634	159 937		18 180	5 368	1 336
1988	76 263	72 114	3 850	5 275	182 190		21 324	7 931	2 366
1989	82 215	77 928	3 974	5 777	193 367		23 928	10 910	1 293
1990	81 018	75 380	5 161	6 107	227 346		39 986	23 769	4 184
1991	59 138	52 847	5 418	6 284	238 716		52 392	35 195	2 855
1992	32 906	27 924	4 211	3 874	201 517		59 505	36 082	8 230
1993	6 950	3 838	2 077	1 315	151 421		45 807	31 968	2 791
1994	5 166	1 660	1 676	652	141 899	2	42 744	26 949	4 886
1995	4 887	1 848	1 700	613	147 171	4	40 914	22 973	5 674
1996	6 586	1 801	2 557	735	193 966	4	36 961	21 148	5 944
1997	4 990	954	1 793	595	169 683	5	39 775	21 509	7 546
1998	3 781	743	1 367	496	185 747	8	34 310	22 042	2 055
1999	3 412	555	1 235	444	183 517	9	43 183	19 662	13 516
2000	3 700	429	1 579	556	210 479	14	27 498	14 114	4 513
2001	3 966	248	2 331	548	194 849	11	24 835	10 571	5 250
2002	3 094	31	1 219	384	217 185	12	35 279	7 085	18 393
2003	1 850	8	773	184	201 395	11	29 087	8 323	8 753
2004	2 028	6	936	98	162 788		28 028	5 334	14 486
2005	599	4	248	67	141 652		25 843	3 546	15 008
2006	59		49	6	111 509		12 793	839	7 852
2007	55		46	42	121 539		7 389	503	4 016
2008	110		92	4	114 086	3	4 520	487	2 076
2009	52		46	9	107 203	2	3 921	134	2 315
2010	49		42	8	110 739	2	3 179	163	1 952
2011	18		11	8	101 783	2	2 873	205	1 933
2012	5		5	4	103 941	3	2 695	190	1 835
2013	59		3	6	101 324	2	1 745	122	1 141
2014	77		65	5	67 167	2	2 120	77	1 420
2015	63		63	5	63 030	2	4 014	62	2 901
2016	157	58	63	78	82 423	2	12 304	23	9 537
2017	7 955	7 497	330	505	149 544	42	41 292	6 584	12 069
2018	9 013	6 855	2 000	514	158 738	57	41 506	6 907	11 116
2019	9 103	6 680	2 232	512	157 057	59	36 088	7 392	6 499
2020	7 349	4 471	2 558	542	161 294	67	45 477	7 758	12 885

7-6 农作物亩产量

OUTPUT OF FARM CROPS PER MU

单位：千克 (kg)

年 份 Year	粮 食 Grain	薯 类 Tubers	花 生 Peanuts	蔬 菜 Vegetable	茶 叶 Tea	水 果 Fruits	柑桔橙 Citrus	荔 枝 Litchi
1979	175	78	64	584				
1980	196	78	73	929				
1981	202	84	89	1 269				
1982	232	112	95	783				
1983	237	141	87	1 124				
1984	251	128	88	1 253				
1985	249	178	85	1 169				
1986	254	166	97	945				
1987	258	204	98	864				
1988	268	199	103	816				
1989	293	210	113	887				
1990	310	284	117	983				
1991	305	277	128	976				
1992	317	315	127	1 000				
1993	325	309	137	1 048				
1994	340	302	107	1 064	4.76	467	786	50.1
1995	288	249	155	1 088	6.45	414	765	57.7
1996	339	271	157	1 161	6.06	345	799	53.4
1997	335	257	154	1 165	6.30	307	897	55.4
1998	322	230	154	1 214	3.40	456	840	15.1
1999	330	230	166	1 200	3.70	322	958	93.7
2000	381	284	196	1 261	5.94	122	722	29.5
2001	494	449	213	1 266	31.16	119	644	36.3
2002	477	274	336	1 475	34.48	185	712	140.5
2003	395	310	228	1 284	31.43	182	752	85.7
2004	382	317	377	1 181		186	781	132.4
2005	381	304	223	1 361		173	135	135.0
2006	193	280	60	1 246		100	370	77.9
2007	190	192	191	1 281	6.41	114	291	93.4
2008	251	252	200	1 164	8.57	98	448	63.1
2009	319	307	214	1 088	5.88	71	245	52.2
2010	325	309	195	1 161	5.88	59	259	45.0
2011	346	250	195	1 132	5.88	57	424	46.6
2012	417	417	211	1 227	8.82	57	486	46.9
2013	381	231	750	1 250	5.71	46	521	35.6
2014	535	4 642	1 000	988	5.88	58	378	45.8
2015	414	1 260	555	966	5.88	113	220	94.6
2016	263	244	235	996	5.88	179	22	166.0
2017	229	69	117	1 087	40.38	434	1 138	185.5
2018	259	277	118	1 077	43.18	637	1 288	304.0
2019	262	279	118	1 102	43.00	673	1 385	250.0
2020	338	397	121	1 176	49.26	763	1 434	425.5

7-7 畜牧业、林业和渔业

ANIMAL HUSBANDRY, FORESTRY AND FISHERY

年 份 Year	畜 牧 业 Animal Husbandry				
	牛年末头数(头) Year-end Number of Cattle (head)	# 奶 牛 Milk Cows	牛奶产量 (吨) Milk Output (ton)	生猪饲养量 (万头) Raised Hogs (the whole year) (10 000 heads)	生猪年末 存栏量(万头) Raised Hogs (Year-end) (10 000 heads)
1979	25 633	465	1 622	22.90	11.69
1980	24 451	2 365	2 876	15.58	8.42
1981	28 917	3 066	5 214	10.69	6.06
1982	31 301	3 233	6 852	15.61	8.51
1983	31 200	3 642	7 411	17.60	9.40
1984	30 716	4 506	9 830	18.59	8.89
1985	28 474	5 352	10 815	20.34	9.58
1986	27 685	6 204	12 837	25.41	12.29
1987	26 587	6 460	14 237	36.02	16.94
1988	24 759	6 764	13 720	52.20	21.90
1989	24 618	7 384	16 729	65.28	24.45
1990	24 105	7 715	18 887	59.37	22.58
1991	20 660	7 380	20 566	64.23	22.07
1992	16 451	7 059	20 592	61.36	20.89
1993	11 460	7 107	20 255	62.39	20.77
1994	9 780	7 235	20 080	64.49	23.38
1995	9 960	7 955	19 475	68.09	25.76
1996	9 509	8 152	20 420	75.61	27.35
1997	8 900	7 478	18 857	80.26	30.52
1998	8 625	7 575	19 851	89.36	30.09
1999	8 881	7 990	22 480	85.98	28.16
2000	9 808	9 094	24 926	93.02	26.88
2001	9 661	8 883	22 176	92.23	27.08
2002	9 740	9 285	22 802	96.11	31.42
2003	8 196	6 780	24 128	79.31	18.56
2004	8 579	8 511	22 018	63.17	12.49
2005	7 857	7 832	19 567	68.69	17.15
2006	8 009	7 980	18 727	60.66	13.73
2007	7 625	7 585	18 130	53.19	16.25
2008	6 772	5 681	16 150	48.36	15.92
2009	5 035	5 035	10 699	41.04	11.21
2010	6 487	6 479	15 000	29.37	6.93
2011	6 610	6 580	14 310	27.39	6.98
2012	5 671	5 671	13 322	24.96	6.49
2013	5 523	5 523	13 759	18.06	5.88
2014	4 211	4 211	11 805	10.06	3.09
2015	3 656	3 656	12 973	6.71	1.56
2016	2 110	2 110	8 197	3.97	1.26
2017	2 688	2 120	8 364	10.72	3.71
2018	2 577	2 017	8 695	10.13	4.22
2019	2 584	2 026	9 225	10.16	4.07
2020	2 418	1 913	7 620	8.10	2.53

年份 Year	畜牧业 Animal Husbandry					造林面积 (万亩) Areas of Forestation (10 000 mu)
	肉猪全年出栏量(万头) Slaughtered Fattened Hogs of the Year (10 000 heads)	家禽饲养量 (万只) Raised Poultry (10 000 heads)	# 出栏量 Slaughtered Fattened Poultry	鲜蛋(吨) Fresh eggs (ton)	当年出售肉类总产量(吨) Total Output of Meat Sold (ton)	
1979	11.21	99.59	69.71	57	6 726	1.84
1980	7.16	160.90	112.63	88	4 296	1.65
1981	4.63	321.84	257.42	119	2 778	1.38
1982	7.10	578.61	506.31	265	4 260	2.62
1983	8.20	786.79	586.40	1 352	4 920	2.37
1984	9.70	857.31	686.27	1 137	12 648	1.78
1985	10.76	1 305.20	944.32	1 085	22 932	16.35
1986	13.12	1 548.94	1 115.77	1 169	25 323	4.31
1987	19.08	1 955.78	1 371.76	805	33 935	15.38
1988	30.30	2 634.80	1 892.70	1 335	47 449	13.32
1989	40.83	3 101.80	2 291.00	1 212	65 300	5.33
1990	36.79	3 330.80	2 445.20	1 895	62 513	5.92
1991	42.16	3 522.27	2 964.39	3 462	79 022	13.10
1992	40.47	4 063.21	2 911.96	4 172	74 081	0.52
1993	41.62	3 534.32	2 668.70	2 472	77 254	0.15
1994	41.11	2 988.07	2 280.63	2 100	67 043	1.10
1995	42.33	2 635.46	2 015.59	2 120	70 277	1.35
1996	48.26	2 111.72	1 633.59	1 351	64 280	3.74
1997	49.74	2 142.36	2 142.36	1 333	65 911	6.27
1998	59.27	2 900.24	2 462.97	1 421	82 947	4.93
1999	57.82	3 090.74	2 616.25	1 130	77 608	3.44
2000	66.14	2 340.20	1 953.85	1 546	79 893	3.30
2001	65.15	2 503.53	1 871.64	922	73 495	2.63
2002	64.68	2 158.62	1 803.00	380	75 531	2.47
2003	60.74	1 698.14	1 515.24	289	66 730	4.96
2004	50.68	1 329.01	1 159.61	292	55 810	3.4[illegible]
2005	51.55	1 156.99	999.48	110	46 846	3.05
2006	46.93	934.53	811.00	20	42 478	2.45
2007	37.94	866.48	679.75	1 176	32 016	7.35
2008	32.44	903.06	764.50	838	27 458	
2009	29.83	913.76	732.78	282	25 525	1.85
2010	22.44	703.03	568.39	406	18 992	1.87
2011	20.40	582.74	456.06	654	17 142	1.55
2012	18.47	509.96	438.10	902	15 056	1.30
2013	12.18	264.01	184.47	304	11 149	0.81
2014	6.97	287.86	247.71	242	6 422	0.29
2015	5.15	260.64	225.18	27	4 597	0.34
2016	2.71	73.99	61.46		2 587	
2017	7.01	168.47	127.90	1 359	8 019	0.61
2018	5.91	256.54	141.20	1 465	5 966	0.62
2019	6.09	211.27	163.77	1 489	6 192	0.73
2020	5.57	192.85	142.60	1 460	5 686	4.38

7-7 续表 2 continued

年 份 Year	渔 业 Fishery							
	水产品生产总量(吨) Total Output of Aquatic Products(ton)	1.海水产品 Seawater Aquatic Products	# 鱼 类 Fish	2.淡水产品 Freshwater Aquatic Products	# 鱼 类 Fish	养殖面积(万亩) Cultured Areas of Aquatic (10 000 mu)	1.海水面积 Seawater	2.淡水面积 Freshwater
1979	7 039	6 068		971				1.13
1980	7 667	5 315		2 352				3.27
1981	7 410	5 048		2 362				3.54
1982	10 406	6 128		4 278				4.24
1983	12 303							
1984	16 086							4.68
1985	16 762	4 485		12 277				8.84
1986	23 654	5 595	3 716	18 059		19.33	7.88	11.45
1987	26 889	17 363		9 526		21.16	13.40	7.76
1988	31 535	20 923	16 515	10 612	6 860	20.92	7.53	13.39
1989	32 148	20 153	16 454	11 995	11 995	21.36	14.18	7.18
1990	38 587	24 239	18 420	14 348	13 793	21.88	14.73	7.15
1991	41 740	12 076	8 402	29 664	29 664	16.91	7.81	9.10
1992	44 349	27 558	18 488	16 791	15 836	18.77	13.64	5.13
1993	31 104	11 527	8 423	19 577	19 577	11.77	5.90	5.87
1994	28 196	10 661	6 733	17 535	17 535			
1995	37 394	30 041	26 438	7 353	7 353			
1996	41 183	21 957	17 718	19 226	19 188	16.00	13.60	2.40
1997	55 569	47 687	32 229	7 882	7 773	13.47	10.82	2.65
1998	58 315	50 352	32 371	7 963	7 962	13.61	10.52	3.09
1999	59 764	52 410	34 888	7 354	7 334	11.19	8.16	3.03
2000	59 881	51 191	31 649	8 690	8 690	11.41	8.50	2.91
2001	65 784	56 566	32 850	9 218	9 218	10.84	7.20	3.64
2002	64 059	54 757	22 248	9 302	9 116	9.31	6.59	2.72
2003	85 324	77 506	50 446	7 818	7 610	8.81	6.89	1.92
2004	96 682	88 718	67 553	7 964	6 899	7.33	5.61	1.71
2005	81 764	74 560	55 435	7 204	7 038	7.19	5.84	1.35
2006	56 126	51 411	33 443	4 715	4 697	6.91	5.86	1.05
2007	34 068	31 173	21 708	2 895	2 765	4.67	3.93	0.74
2008	38 468	37 126	27 547	1 342	1 232	3.76	3.07	0.69
2009	30 329	28 544	17 391	1 785	1 714	3.03	2.62	0.41
2010	27 230	25 302	13 010	1 928	1 838	2.92	2.51	0.41
2011	24 929	23 488	13 795	1 441	1 306	2.92	2.51	0.41
2012	28 738	27 430	17 784	1 308	1 253	1.75	1.50	0.25
2013	19 107	18 062	14 287	1 045	990	1.71	1.50	0.21
2014	27 205	26 285	17 867	920	865	0.57	0.41	0.16
2015	39 777	38 796	30 407	981	918	0.46	0.39	0.07
2016	39 624	39 294	30 907	330	330	0.45	0.40	0.05
2017	82 905	80 164	54 335	2 741	2 683	0.31	0.31	
2018	78 453	75 685	44 741	2 768	2 701	1.32	0.94	0.38
2019	84 444	81 540	49 463	2 904	2 779	1.59	1.25	0.34
2020	75 578	72 664	40 660	2 914	2 824			

主要统计指标解释

农林牧渔业总产值 是以货币表现的农林牧渔业的全部产品总量和对农林牧渔业生产活动进行的各种支持性服务活动的价值。它反映一定时期内农林牧渔业生产总规模和总成果，是观察农林牧渔业生产水平和发展速度，研究农林牧渔业内部比例关系、农林牧渔业与工业、农林牧渔业与国家建设、人民生活比例关系的重要指标，同时也是计算农林牧渔业劳动生产率和农林牧渔业增加值的基础资料。

农林牧渔业总产值的计算，一般采用“产品法”，即凡有产品产量的，都按单位产品价格乘产量的办法求得每种产品产量的产值，然后相加求得各业的产值，最后各业相加求出农林牧渔业总产值。

农作物播种面积 是指一定生产季节结束时实际播种或移植有农作物的面积。播种面积的大小，反映农作物的生产规模和耕地的利用程度。正确地核算播种面积，对于组织农业生产活动，计算农作物产量，研究农作物的种植结构和分布情况以及制定各项增产技术措施，都是非常必要的。

播种面积的统计年度，凡是能在本日历年度内（自1月1日至12月31日）收获的农作物（包括上年秋冬播和本年春播、夏播以及南方地区的晚秋播而在本年收获的全部作物）播种面积，都包括在内。

粮食产量 指全社会的产量。包括国有经济经营的、集体统一经营的和农民家庭经营的粮食产量，还包括工矿企业办的农场和其他生产单位的产量。粮食除包括稻谷、小麦、玉米、高粱、谷子及其他杂粮外，还包括薯类和豆类。其产量计算方法，豆类按去豆荚后的干豆计算；薯类(包括甘薯和马铃薯，不包括芋头和木薯)1963年以前按每4公斤鲜薯折1公斤粮食计算，从1964年开始改为按5公斤鲜薯折1公斤粮食计算。城市郊区作为蔬菜的薯类(如马铃薯等)按鲜品计算，并且不作粮食统计。其他粮食一律按脱粒后的原粮计算。1989年以前全国粮食产量数据主要靠全面报表取得，1989年开始使用抽样调查数据。

水产品产量 指人工养殖的水产品和天然生长的水产品的捕捞量。包括海水的鱼类、虾蟹类、贝类和藻类以及内陆水域的鱼类、虾蟹类和贝类，不包括淡水生植物。水产品产量是通过各级水产和统计部门逐级上报取得数据。1995年及以前，贝类中牡蛎按鲜肉计算；蚶、蛤、蛙按 5 斤鲜品折 1 斤计算。1996年以后则统一按鲜品计算。

Explanatory Notes on Main Statistical Indicators

Gross Output Value of Agriculture refers to the total volume of products of farming, forestry, animal husbandry, and fishery and the value of various services supporting the production of farming, forestry, animal husbandry and fishery in monetary terms, which reflects the total scale and total results of farming, forestry, animal husbandry and fishery production during a given period of time. It is an important indicator to observe the production level and development speed of farming, forestry, animal husbandry and fishery, to study the internal structure of farming, forestry, animal husbandry and fishery, and to review the proportionate relationship of farming, forestry, animal husbandry and fishery to industry, to national construction and to people' s life. It is also the foundation for calculating the labor productivity and value-added of farming, forestry, animal husbandry and fishery.

Generally, the gross output value of farming, forestry, animal husbandry and fishery is calculated with the production approach. Where applicable, the gross output value of each single product is obtained by multiplying the output of each product by its price. These values are then summed up to obtain the output value of each sector. The sum of output values of all sectors is the gross output value of farming, forestry, animal husbandry and fishery.

Area of Regularly Cultivated Land refers to farmland among the total land resources which is exclusively used for farming and is under regular cultivation with harvest in normal years. Included are currently cultivated land, land that has been abandoned or put in idle for less than 3 years and is available for recultivation at any time, newly-claimed land that has been put into cultivation for more than 3 years, and ditches, trenches, roads, and ridges with a width of less than 1 meter. Excluded under this category are steep slope land over 25 degrees under temporary cultivation, stretches or scattered plots temporarily claimed along river bends, lake sides or banks of reservoirs, as well as land that has been designated under the "Green for Grain" programmes of the state and provincial governments but is still temporarily under cultivation. Regularly cultivated land is classified into basic farmland and odd pieces of land used for cultivation.

Grain Output refers to the total output in the whole country including grains produced by State farms, collective units, rural households, as well as by farms affiliated to industrial and mining enterprises and other production units. Grain includes rice, wheat, corn, sorghum, millet and other miscellaneous grains as well as tubers and beans. Output of beans refers to dry beans without pods. The output of tubers (sweet potatoes and potatoes, not including taros and cassava) are converted into that of grain at the ratio 4:1, i.e. 4 kilograms of fresh tubers were equivalent to 1 kilogram of grain up to 1963. Since 1964 the ratio for conversion has been 5:1. Tubers supplied as vegetables (such as potatoes) in cities and suburbs are calculated as fresh vegetables and their output is not included in the output of grain. Output of all other grains refers to husked grain. Data on grain production before 1989 were obtained through the Comprehensive Statistical Reporting System. Since 1989, data from sample surveys are used.

Output of Aquatic Products refers to catches of both artificially cultured and naturally grown aquatic products, including fish, shrimps, crabs and shellfish in sea and inland water as well as seaweed. Freshwater plants are not included. Data on output of aquatic products are reported by aquatic product and statistical agencies level by level. Before 1995, among the shellfish, oyster was counted as fresh meat; 5 kilograms of ark shell, clams and frogs are equivalent to 1 kilogram of fresh aquatic products; they have all been counted as fresh aquatic products since 1996.

08 第八部分 固定资产投资

INVESTMENT IN FIXED ASSETS

CHAPTER

8-1 固定资产投资主要指标

MAIN INDICATORS OF INVESTMENT IN FIXED ASSETS

项 目	Item	2000	2010	2017	2018	2019	2020
投资完成额(亿元, %)	**Investment (100 million yuan)**	**677.12**	**1 944.70**	**5 147.32**	**20.6**	**18.8**	**8.2**
#房地产开发	Real Estate Development	260.97	458.47	2 135.86	23.6	15.9	16.4
按登记注册类型分	Grouped by Status of Registration						
内资	Domestic	367.20	1 615.49	4 464.60	25.2	18.0	11.1
国有	State-owned	216.77	819.70	1 355.83	36.7	38.2	13.0
集体	Collective-owned	44.21	44.24	19.16	682.7	-64.0	-18.5
其他	Others	106.21	751.55	3 089.61	16.7	10.4	10.1
港澳台投资	Funds from Hong Kong, Macao and Taiwan	194.69	237.61	513.45	-22.6	-0.5	-17.7
外商投资	Foreign Funded	115.23	91.60	169.27	30.3	75.0	-14.3
按构成分	Grouped by Use of Funds						
建筑安装工程	Construction and Installation		1 149.37	3 000.08	10.6	18.5	7.8
设备工具器具购置	Purchase of Equipments and Instruments		375.36	656.19	10.5	1.6	-0.4
其他费用	Others		278.02	1 491.05	45.1	25.1	11.1
按三次产业分	Grouped by Three Strata of Industry						
第一产业	Primary Industry		0.64	0.21	-91.3	1 000.6	3.5
第二产业	Secondary Industry		480.86	911.23	7.0	12.6	0.9
第三产业	Tertiary Industry		1 463.21	4 235.88	23.4	19.9	9.4
按财务拨款合计(亿元, %)	**Grouped by Source of Funds (100 million yuan)**	**267.36**	**2 339.36**	**2 627.83**	**17.7**	**13.9**	**9.7**
国家预算资金	State and Local Budget	2.36	9.14	783.97	27.3	38.7	14.2
国内贷款	Domestic Loans	21.27	539.62	392.98	-0.4	-4.4	13.6
债券	Securities		1.08	1.67	1 636.8	54.6	-27.6
利用外资	Foreign Investment	18.25	46.48	13.25	-32.7	-77.4	96.2
自筹资金	Self-raising Funds	213.72	1 293.40	1 334.91	21.8	5.8	9.5
其他资金	Others	11.75	449.64	101.05	27.0	30.2	5.4
房屋建筑面积(万平方米)	**Floor Space of Buildings (10 000 sq.m)**						
施工面积	Floor Space under Construction	3 591.22	5 178.84	7 560.49	21.9	12.5	21.3
竣工面积	Floor Space Completed	1 287.21	692.70	351.23	4.3	77.7	12.0
商品房屋销售面积(万平方米)	**Floor Space of Commercial Buildings(10 000 sq.m)**	**611.37**	**465.59**	**671.03**	**7.6**	**14.5**	**12.4**
#住宅	Residential Buildings	556.82	413.80	520.97	10.0	14.9	17.3

注：1. 2011年起固定资产投资项目统计起点由50万元提高至500万元，且不包含农村农户投资；2010年以前为全社会固定资产投资，后同。

Note: Since 2011, the cut-off point of investment statistics is changed from a minimum of 500,000 yuan to a minimum of 5,000,000 yuan, and the data do not include the investment made by rural households. Data before 2010 refer to total investment in fixed assets. The same applies to all tables following.

2. 2011年报起，原国家预算内资金改为国家预算资金，后同。

Since 2011, state budget is changed to state and local budget. The same applies to all tables following.

3. 2018年起，资金来源指标不包含5000万元以下项目数据，增速为可比口径，后同。

Since 2018, sources of funds for investment do not include projects under 50 million yuan. The growth rate is calculated by comparable coverage, and the same applies to the following table.

4. 根据第三次全国农业普查统计执法检查和第四次全国经济普查单位清查，2018年固定资产投资增速按可比口径计算，后同。

According to comparable statistics The Third National Agricultural Census Law Enforcement Inspection, investigation of those censuses during the Fourth National Economic Census, growth rate of investment in fixed assets in 2018 are calculated with comparable coverage. The same applies to the following tables.

5. 2018年起，数据为比上年增长数据。

From 2018, The data in the table is the increase over the previous year.

8-2 固定资产投资增长速度

GROWTH RATE OF INVESTMENT IN FIXED ASSETS

单位：%　　　　(%)

年　份 Year	固定资产投资额 Investment in Fixed Assets	非房地产开发项目 Non-Real Estate Development	房地产开发项目 Real Estate Development
1980	132.4	132.4	
1981	115.1	115.1	
1982	148.5	148.5	
1983	46.9	46.9	
1984	79.6	79.6	
1985	71.3	71.3	
1986	−25.4	−25.4	
1987	14.7	14.7	
1988	52.9	52.9	
1989	14.6	14.6	
1990	24.7	24.7	
1991	46.4	28.4	128.2
1992	95.4	62.5	139.7
1993	39.0	35.9	43.8
1994	13.8	4.5	26.9
1995	−2.2	14.1	−2[illegible].0
1996	18.7	17.3	[illegible].1
1997	20.0	26.5	9.5
1998	22.2	22.0	22.6
1999	18.6	13.2	23.5
2000	18.9	17.4	2[illegible].2
2001	1.4	−10.9	20.9
2002	14.8	7.8	2[illegible].1
2003	20.4	34.2	[illegible].2
2004	15.1	22.7	[illegible].2
2005	8.2	15.2	−[illegible].4
2006	7.7	7.0	[illegible].1
2007	5.6	8.9	−[illegible].2
2008	9.1	16.2	−[illegible].5
2009	16.5	23.8	−[illegible].7
2010	13.8	16.9	[illegible].8
2011	6.0	4.0	1[illegible].3
2012	12.3	2.0	4[illegible].1
2013	7.6	2.3	1[illegible].0
2014	9.1	2.1	2[illegible].0
2015	21.4	19.4	2[illegible].5
2016	23.6	18.0	3[illegible].0
2017	23.8	25.4	21.6
2018	20.6	18.4	23.6
2019	18.8	21.0	15.9
2020	8.2	2.3	16.4

注：1993年以前房地产开发投资主要是商品房建设投资。

Notes: Prior to 1993, investment in real estate development focused mainly on the construction of commercial buildings.

8-3 新增固定资产

NEWLY INCREASED FIXED ASSETS

单位：万元　　　　(10 000 yuan)

年　份 Year	固定资产投资额 Investment in Fixed Assets	非房地产开发项目 Non-Real Estate Development	房地产开发项目 Real Estate Development
1979	3 201	3 201	
1980	7 753	7 753	
1981	19 032	19 032	
1982	42 369	42 369	
1983	81 902	81 902	
1984	149 020	149 020	
1985	190 359	190 359	
1986	192 016	192 016	
1987	185 758	185 758	
1988	269 475	269 475	
1989	384 183	384 183	
1990	379 167	310 915	68 252
1991	573 793	490 199	83 594
1992	682 768	556 594	126 174
1993	1 010 590	798 022	212 568
1994	1 542 090	1 199 729	342 361
1995	1 634 350	981 780	652 570
1996	2 549 663	1 302 786	1 246 877
1997	2 997 015	1 952 308	1 044 707
1998	3 865 634	2 189 077	1 676 557
1999	4 556 303	2 661 567	1 894 736
2000	5 474 627	2 981 399	2 493 228
2001	5 378 592	2 651 070	2 727 522
2002	6 153 318	2 720 727	3 432 591
2003	5 527 718	2 454 025	3 073 693
2004	6 863 722	3 905 969	2 957 753
2005	8 870 417	4 610 708	4 259 709
2006	7 476 770	3 913 902	3 562 868
2007	7 644 448	5 176 711	2 467 737
2008	6 827 922	3 897 679	2 930 243
2009	6 424 221	4 032 767	2 391 454
2010	8 258 270	5 950 452	2 307 818
2011	13 103 117	11 304 379	1 798 738
2012	16 695 671	13 076 993	3 618 678
2013	23 742 351	19 783 173	3 959 178
2014	23 740 961	19 606 539	4 134 422
2015	14 785 593	10 792 355	3 993 238
2016	19 150 135	15 035 087	4 115 048
2017	10 390 404	7 504 016	2 886 388
2018	12 414 328	8 609 897	3 804 431
2019	19 240 819	9 271 883	9 968 936
2020	19 468 699	9 870 558	9 598 141

8-4 固定资产投资额（按区域分）

INVESTMENT IN FIXED ASSETS（GROUPED BY DISTRICT）

单位：万元，%

年 份 Year	全市 Total	福田区 Futian	罗湖区 Luohu	盐田区 Yantian	南山区 Nanshan	大宝安 Original Baoan
1998	4 803 901	1 784 698	651 825	281 358	1 114 038	555 262
1999	5 695 878	2 074 046	852 818	358 135	1 214 324	669 676
2000	6 771 205	2 295 119	994 334	376 515	1 462 357	888 938
2001	6 863 749	2 306 192	831 700	481 386	1 465 527	973 073
2002	7 881 459	2 464 975	870 025	491 513	1 612 012	1 213 438
2003	9 491 016	2 559 087	969 324	547 965	1 923 414	1 803 135
2004	10 925 571	2 585 071	966 473	554 665	2 297 922	2 332 793
2005	11 823 245	2 052 337	834 046	526 955	2 656 686	2 906 828
2006	12 736 693	1 801 066	762 101	609 949	2 899 380	3 331 725
2007	13 450 037	1 701 123	707 931	708 264	2 691 670	3 841 235
2008	14 676 043	1 602 214	643 690	730 332	2 571 590	4 676 889
2009	17 091 514	1 683 418	683 182	872 004	2 705 194	5 845 894
2010	19 447 008	1 744 163	731 777	873 096	2 871 308	6 902 823
2011	20 609 180	1 737 597	756 050	850 994	2 860 146	7 603 192
2012	23 144 319	1 604 050	860 784	900 942	3 120 392	8 851 825
2013	24 901 970	1 652 532	891 661	919 145	3 294 549	9 662 233
2014	27 174 226	1 811 806	951 102	921 701	4 159 002	10 488 709
2015	32 983 076	2 353 842	1 259 008	995 926	6 339 870	12 263 409
2016	40 781 638	3 000 289	1 843 702	1 225 743	8 879 664	14 477 957
2017	51 473 152	3 745 056	2 289 818	1 486 533	10 967 612	11 885 199
2018	20.6	24.1	22.9	3.6	21.6	
2019	18.8	16.1	23.9	10.7	19.4	
2020	8.2	16.5	10.2	12.8	-6.6	

注：1. 2007年以来，深圳陆续设立功能新区及新行政区，表中大宝安区数据2011年及以前为原宝安区数据，2012-2016年包含宝安区、龙华新区和光明新区，2017年包含宝安区和光明新区。大龙岗区数据2011年及以前为原龙岗区数据，2012-2016年包含龙岗区、坪山新区和大鹏新区，2017年包含龙岗区和大鹏新区。

Note:Since 2007, functional zones and new administrative districts have been established in Shenzhen. The data of Original Baoan were the data of Baoan in 2011 and before, included Baoan Longhua and Guangming in 2012-2016, included Baoan and Guangming in 2017. The data of Original Longgang were the data of Longgang in 2011 and before, 1, included Longgang, Pingshan and Dapeng in 2012-2016, included Longgang and Dapeng in 2017.

2. 2018年起，数据为比上年增长数据。

From 2018, the data in the table is the increase over the previous year.

（10 000 yuan,%）

宝安区 Baoan	光明区 Guangming	龙华区 Longhua	大龙岗 Original Longgang	龙岗区 Longgang	坪山区 Pingshan	大鹏新区 Dapeng	深汕特别合作区 Shenzhen-Shanwei Special Cooperation Zone
			416 720				
			526 879				
			753 943				
			805 871				
			1 229 446				
			1 688 040				
			2 188 647				
			2 846 392				
			3 332 472				
			3 799 814				
			4 451 328				
			5 300 822				
			6 323 836				
			6 796 201				
3 715 334	2 046 433	3 090 057	7 806 327	5 234 668	1 882 445	689 215	
4 289 041	2 212 184	3 161 012	8 481 845	5 763 807	2 016 046	701 991	
4 606 802	2 311 908	3 570 000	8 841 905	6 020 000	2 141 905	680 000	
5 457 214	2 692 767	4 113 428	9 771 021	6 580 947	2 468 152	721 922	
6 504 842	3 024 869	4 948 246	11 354 283	7 636 984	2 978 899	738 400	
8 170 568	3 715 631	6 182 721	10 243 457	9 466 863	3 776 637	776 594	895 119
30.3	28.8	20.9		18.7	3.5	11.8	−15.0
22.3	29.7	17.1		17.6	0.2	20.0	36.8
14.6	27.6	14.6		0.0	6.0	14.8	37.4

8-5 固定资产投资增长速度（按区域分）

GROWTH RATE OF INVESTMENT IN FIXED ASSETS（GROUPED BY DISTRICT）

单位：%

年 份 Year	全市 Total	福田区 Futian	罗湖区 Luohu	盐田区 Yantian	南山区 Nanshan	大宝安 Original Baoan
1999	18.6	16.2	30.8	27.3	9.0	20.6
2000	18.9	10.7	16.6	5.1	20.4	32.7
2001	1.4	0.5	−16.4	27.9	0.2	9.5
2002	14.8	6.9	4.6	2.1	10.0	24.7
2003	20.4	3.8	11.4	11.5	19.3	48.5
2004	15.1	1.0	−0.3	1.2	19.5	29.4
2005	8.2	−20.6	−13.7	−5.0	15.6	24.5
2006	7.7	−12.2	−8.6	15.7	9.1	14.6
2007	5.6	−5.5	−7.1	16.1	−7.2	15.3
2008	9.1	−5.8	−9.1	3.1	−4.5	21.8
2009	16.5	5.1	6.1	19.4	5.2	25.0
2010	13.8	3.6	7.1	0.1	6.1	8.1
2011	6.0	−0.4	3.3	−2.5	−0.4	10.2
2012	12.3	−7.7	13.9	5.9	9.1	26.3
2013	7.6	3.0	3.6	2.0	5.6	9.2
2014	9.1	9.6	6.7	0.3	26.2	3.6
2015	21.4	29.9	32.4	8.1	52.4	15.9
2016	23.6	27.5	46.4	23.1	40.1	13.1
2017	23.8	24.8	24.2	21.3	23.5	−17.9
2018	20.6	24.1	22.9	3.6	21.6	
2019	18.8	16.1	23.9	10.7	19.4	
2020	8.2	16.5	10.2	12.8	−6.6	

(%)

宝安区 Baoan	光明区 Guangming	龙华区 Longhua	大龙岗 Original Longgang	龙岗区 Longgang	坪山区 Pingshan	大鹏新区 Dapeng	深汕特别合作区 Shenzhen-Shanwei Special Cooperation Zone
			26.4				
			43.1				
			6.9				
			52.6				
			37.3				
			29.7				
			30.1				
			17.1				
			14.0				
			17.1				
			19.1				
			19.3				
			7.5				
			14.9				
15.4	8.1	2.3	8.7	10.1	7.1	1.9	
7.4	4.5	12.9	4.2	4.4	6.2	−3.1	
18.5	16.5	15.2	10.5	9.3	15.2	6.2	
19.2	12.3	20.3	16.2	16.0	20.7	2.3	
25.6	22.8	24.9	−9.8	24.0	26.8	5.2	11.5
30.3	28.8	20.9		18.7	3.5	11.8	−15.0
22.3	29.7	17.1		17.6	0.2	20.0	36.8
14.6	27.6	14.6		0.0	6.0	14.8	37.4

8-6 固定资产投资额比重（按区域分）

INVESTMENT IN FIXED ASSETS（GROUPED BY DISTRICT）

单位：%

年　份 Year	全市 Total	福田区 Futian	罗湖区 Luohu	盐田区 Yantian	南山区 Nanshan	大宝安 Original Ba[illegible]an
1998	100	37.2	13.6	5.9	23.2	11.5
1999	100	36.4	15.0	6.3	21.3	11.3
2000	100	33.9	14.7	5.6	21.6	13.1
2001	100	33.6	12.1	7.0	21.4	14.2
2002	100	31.3	11.0	6.2	20.5	15.4
2003	100	27.0	10.2	5.8	20.3	19.0
2004	100	23.7	8.8	5.1	21.0	21.4
2005	100	17.4	7.1	4.5	22.5	24.4
2006	100	14.1	6.0	4.8	22.8	26.2
2007	100	12.6	5.3	5.3	20.0	28.6
2008	100	10.9	4.4	5.0	17.5	31.9
2009	100	9.9	4.0	5.1	15.8	34.2
2010	100	9.0	3.8	4.5	14.8	35.5
2011	100	8.4	3.7	4.1	13.9	36.9
2012	100	6.9	3.7	3.9	13.5	38.2
2013	100	6.6	3.6	3.7	13.2	38.8
2014	100	6.7	3.5	3.4	15.3	38.6
2015	100	7.1	3.8	3.0	19.2	37.2
2016	100	7.4	4.5	3.0	21.8	35.5
2017	100	7.3	4.4	2.9	21.3	23.[illegible]
2018	100	7.5	4.5	2.5	21.5	
2019	100	7.3	4.7	2.3	21.7	
2020	100	7.9	4.8	2.4	18.7	

(%)

宝安区 Baoan	光明区 Guangming	龙华区 Longhua	大龙岗 Original Longgang	龙岗区 Longgang	坪山区 Pingshan	大鹏新区 Dapeng	深汕特别合作区 Shenzhen-Shanwei Special Cooperation Zone
			8.5				
			9.2				
			11.1				
			11.7				
			15.6				
			17.7				
			20.0				
			24.1				
			26.1				
			28.2				
			30.3				
			31.0				
			32.5				
			33.0				
16.1	8.8	13.4	33.7	22.6	8.1	3.0	
17.2	8.9	12.7	34.1	23.1	8.1	2.8	
17.0	8.5	13.1	32.5	22.2	7.9	2.5	
16.5	8.2	12.5	29.6	20.0	7.5	2.2	
16.0	7.4	12.1	27.8	18.7	7.3	1.8	
15.9	7.2	12.0	19.9	18.4	7.3	1.5	1.7
17.2	7.7	12.1		18.1	6.3	1.4	1.1
17.7	8.4	11.9		18.0	5.3	1.4	1.2
18.7	9.9	12.6		16.6	5.2	1.5	1.6

8-7 固定资产投资增长速度（按注册登记类型分）
GROWTH RATE OF IVESTMENT IN FIXED ASSETS （GROUPED BY REGISTRATION）

单位：%　　　　(%)

年 份 Year	固定资产投资额 Investment in fixed Assets	一、内资 Domestic Funded	1.国有 State-Owned	2.集体 Collective-Owned	3.其他 Others	二、港澳台商投资 Hong Kong Macao and Taiwan Funded	三、外商投资 Foreign Funded
1980	132.4	56.0	66.5	7.4	52.0	1343.1	506.4
1981	115.1	92.1	108.3	23.1	18.1	207.8	38.9
1982	148.5	238.1	261.1	138.3	-44.3	48.2	11.8
1983	46.9	57.7	47.3	212.8	331.8	8.4	60.5
1984	79.6	95.2	85.4	179.6	108.5	-2.0	102.7
1985	71.3	76.8	74.9	64.6	224.9	20.6	65.4
1986	-25.4	-57.9	-70.5	-15.8	60.3	369.5	66.2
1987	14.7	100.2	128.0	44.0	91.3	-77.0	-52.0
1988	52.9	60.3	78.2	5.1	51.5	4.2	-9.2
1989	14.6	11.5	-2.6	-38.7	127.5	34.1	87.4
1990	24.7	8.9	5.1	-14.9	22.9	164.9	53.6
1991	46.4	50.9	38.5	130.5	61.2	13.5	56.8
1992	95.4	83.3	36.0	274.0	115.9	168.8	18.5
1993	39.0	26.3	55.1	-32.0	20.3	80.1	76.8
1994	13.8	8.4	23.3	-21.4	-4.5	21.3	31.8
1995	-2.2	-15.6	-15.5	55.8	-29.0	22.4	24.5
1996	18.7	22.0	29.3	41.3	-0.7	11.3	18.3
1997	20.0	18.9	16.9	6.3	31.3	25.9	16.3
1998	22.2	34.3	21.3	36.6	63.9	-0.3	14.0
1999	18.6	9.7	11.2	4.1	9.2	48.5	16.7
2000	18.9	10.3	15.7	11.2	0.3	37.7	21.1
2001	1.4	6.0	16.2	-2.5	-11.1	-6.8	0.3
2002	14.8	12.1	4.0	12.0	33.9	19.0	17.5
2003	20.4	37.1	30.5	18.3	57.8	-4.8	6.9
2004	15.1	22.1	12.3	-27.3	52.9	-3.5	12.7
2005	8.2	-8.6	-6.3	-17.7	-10.4	78.7	-2.0
2006	7.7	16.6	-0.1	-31.0	44.6	-2.9	-5.8
2007	5.6	31.2	13.8	7.2	48.5	-25.7	-52.7
2008	9.1	17.1	19.6	38.5	14.4	-26.1	19.5
2009	16.5	22.4	47.8	22.0	3.8	-3.6	-22.4
2010	13.8	10.4	13.3	3.5	7.8	32.3	38.4
2011	6.0	10.0	-5.3	22.2	25.9	-20.2	3.7
2012	12.3	11.6	1.2	89.0	15.7	-10.5	71.0
2013	7.6	11.8	3.8	-24.8	20.8	-5.2	-29.8
2014	9.1	9.9	-7.1	28.1	19.4	1.7	4.1
2015	21.4	11.2	5.6	-68.6	18.8	114.7	112.2
2016	23.6	25.1	16.4	-44.6	29.9	35.5	-9.7
2017	23.8	31.9	45.5	11.7	26.8	7.9	-11.9
2018	20.6	25.2	36.7	682.7	16.7	-22.6	-0.3
2019	18.8	18.0	38.2	-64.0	10.4	-0.5	5.0
2020	8.2	11.1	13.0	-18.5	10.1	-17.7	-4.3

8-8 固定资产投资增长速度（按国民经济行业分）

GROWTH RATE OF INVESTMENT IN FIXED ASSETS (GROUPED BY NATIONAL ECONOMIC INDUSTRIES)

单位：%　　　　(%)

年份 Year	合计 Total	农、林、牧、渔业 Agriculture, Forestry, Animal Husbandry and Fishery	采矿业 Mining	制造业 Manufacturing	电力、热力、燃气及水的生产和供应业 Production and Distribution of Electricity, Gas and Water	建筑业 Construction	批发和零售业 Wholesale and Retail Trades
1980	132.4	−32.7		502.0	−65.2	98.4	141.0
1981	115.1	9.1		14.0	16.5	−56.9	86.3
1982	148.5	179.8		11.3	5.1	248.6	245.1
1983	46.9	−68.0		82.3	59.0	238.1	52.4
1984	79.6	159.5	−71.8	49.5	2 003.3	215.5	110.0
1985	71.3	124.5	199.2	131.9	43.6	143.3	70.2
1986	−25.4	−36.9	29.1	21.7	−71.8	−69.4	−52.5
1987	14.7	33.5		−4.5	71.1	−38.3	−41.4
1988	52.9	25.5		115.6	114.6	106.4	95.3
1989	14.6	−11.3		5.9	−1.0	630.5	−27.6
1990	24.7	−31.4		49.3	454.6	−67.7	−49.1
1991	46.4	43.0		−18.1	3.2	−62.6	102.0
1992	95.4	97.5	−38.4	50.4	22.9	162.7	58.8
1993	39.0	47.3	−46.7	−13.9	53.2	369.3	−27.2
1994	13.8	−2.1		13.6	−19.2	86.3	40.7
1995	−2.2	−40.3		4.7	23.2	−45.3	221.2
1996	18.7	67.1		36.6	30.6	−72.3	66.2
1997	20.0	43.0		65.7	−11.3	103.5	−63.5
1998	22.2	14.5		3.1	−51.3	110.4	43.1
1999	18.6	70.6		60.8	−36.2	20.7	−1.0
2000	18.9	84.1		29.7	56.0	10.0	127.2
2001	1.4	−62.3		−14.1	133.4	−97.2	−32.7
2002	14.8	−33.8	55.2	25.4	13.4	363.9	5.1
2003	20.4	213.4	−49.8	14.4	17.6	1 554.7	−42.7
2004	15.1	−81.3	2.1	67.7	94.3	−9.2	173.2
2005	8.2	−70.1	75.9	16.2	96.2		69.0
2006	7.7		−26.3	19.4	2.6		−36.0
2007	5.6		−78.0	7.2	−26.3		29.7
2008	9.1			−11.4	8.0		0.0
2009	16.5	−37.0		−11.5	35.5		−41.2
2010	13.8	938.4		43.6	−13.8		4.3
2011	6.0	−91.2		0.6	−20.1		138.7
2012	12.3	7 147.5	−87.2	13.4	0.8	−75.3	8.5
2013	7.6	−24.7		−24.1	−46.5	226.2	−8.0
2014	9.1	−87.2		41.8	36.9	−77.1	30.4
2015	21.4	57.8		12.5	19.6	−62.3	0.6
2016	23.6	−57.2	−76.7	20.3	−4.0	1 773.6	−24.8
2017	23.8	−22.2		28.9	61.8		33.7
2018	20.6	−34.9		4.4	24.2		−39.7
2019	18.8	47.8	117.7	8.6	19.7	31.7	−2.3
2020	8.2	74.4	133.7	−5.1	10.4	−100.0	−24.1

单位：%

年　份 Year	交通运输、仓储和邮政业 Transportation, Storage and Post Services	住宿和餐饮业 Hotels and Catering Services	信息传输、软件和信息技术服务业 Information Transmission, Software and Information Technology	金融业 Financial Intermediation	房地产业 Real Estate	租赁和商务服务业 Leasing and Business Services
1980	519.0	139.8	163.2	113.9	7.4	
1981	−75.8	86.4	36.5	84.4	438.5	992.4
1982	671.0	245.3	37.0	85.2	184.8	80.2
1983	132.4	52.4	248.7	87.1	64.3	43.0
1984	44.6	110.0	44.6	251.2	195.3	−35.4
1985	117.9	70.2	117.9	186.7	62.6	87.1
1986	−29.9	−52.5	−29.9	44.9	−35.0	−33.6
1987	11.5	−41.4	11.5	−27.5	72.8	−45.5
1988	92.0	95.3	92.0	−95.3	26.8	205.2
1989	92.3	−27.6	92.3	1 460.8	−18.8	−25.2
1990	19.4	−49.1	19.4	−94.1	42.4	−20.9
1991	53.6	29.8	53.6	165.2	96.1	291.0
1992	64.3	58.8	64.3	−15.3	181.6	−2.9
1993	21.4	−27.2	21.4	1 317.3	32.9	370.5
1994	59.8	40.8	59.8	15.3	14.8	−20.6
1995	−16.8	221.2	−16.8	125.9	−11.4	5.5
1996	18.1	−3.0	18.1	34.2	22.7	−14.9
1997	35.4	−2.7	35.4	−78.2	10.9	65.2
1998	4.5	−35.7	4.5	−51.1	31.5	1.7
1999	−32.4	−2.2	−32.4	59.3	17.8	−13.7
2000	42.5	1.1	42.5		22.2	−6.6
2001	−23.2	−7.3	−23.2		7.6	−2[illegible].8
2002	−15.2	−47.6	−15.2		25.3	−36.1
2003	214.3	−94.0	214.3	−39.3	14.9	−64.8
2004	−10.8	6 402.1	44.0	13.0	−2.6	74.1
2005	72.5	17.0	−24.0	320.9	−11.4	282.5
2006	32.2	131.7	−37.7	−54.5	7.5	22.1
2007	48.0	−48.5	10.2	27.1	−0.3	−79.3
2008	13.8	125.9	−28.2	329.6	5.3	23.9
2009	39.6	−13.4	79.7	43.0	4.6	397.6
2010	−7.3	−17.7	115.7	114.6	1.9	3.8
2011	−7.9	180.9	10.2	−49.9	21.8	50.6
2012	−24.7	65.5	10.4	328.7	41.2	180.2
2013	67.2	−42.7	−31.2	−27.3	27.8	−20.5
2014	−18.3	51.2	−11.3	1.3	10.0	−49.7
2015	14.9	−33.3	52.1	66.6	21.0	282.2
2016	12.5	−54.8	122.3	4.5	26.0	−11.9
2017	13.8	13.3	−8.4	−22.5	24.2	84.2
2018	14.1	312.9	39.7	19.8	22.6	60.8
2019	23.3	−32.6	12.7	87.5	12.0	34.3
2020	10.5	−26.0	14.5	−4.6	10.6	−25.1

8-8 续表 continued (%)

科学研究和技术服务业 Scientific Research and Technical Services	水利、环境和公共设施管理业 Management of Water Conservancy, Environment and Public Facilities	居民服务、修理和其他服务业 Services to Households, Repair and Other Services	教育 Education	卫生和社会工作 Health and Social Work	文化、体育和娱乐业 Culture,Sports and Entertainment	公共管理、社会保障和社会组织 Public Management, Social Security and Social Organizations
41.7	64.5					57.7
105.5	993.3	1 004.1	94.4	17.8	95.8	16.6
41.2	82.3	80.2	156.9	140.2	791.0	418.1
33.6	43.3	42.9	−10.0	111.4	1.5	28.6
154.9	−36.0	−35.4	718.8	103.0	24.4	31.1
0.7	87.4	87.2	−1.1	178.3	24.5	19.0
22.9	−37.9	−38.6	30.0	−53.3	26.5	4.1
61.0	20.1	−46.5	−45.9	−11.5	−27.7	−10.5
27.6	34.7	206.1	2.3	44.6	−19.9	79.5
2.5	−23.0	−26.2	125.3	21.9	345.8	10.5
0.0	−2.7	−20.9	−30.6	−20.5	−44.3	−51.4
93.0	222.2	291.0	42.5	408.2	61.8	43.1
−8.5	5.4	−2.9	11.2	−26.2	45.4	52.3
11.5	315.5	370.5	−3.3	55.6	−25.4	−35.0
14.8	−18.6	−20.6	36.1	2.4	−0.2	143.3
11.6	11.5	5.5	67.4	42.5	46.9	78.1
38.0	−11.8	−14.9	43.3	4.8	10.3	20.3
−19.9	71.3	−13.3	91.2	28.7	9.2	−0.3
7.8	73.7	−24.3	22.0	73.6	−6.5	9.3
45.7	42.5	−59.5	10.0	0.5	59.0	5.4
52.7	−19.7	−12.6	10.9	6.1	−15.1	76.7
49.9	10.5	−52.3	−2.1	−15.4	58.7	−21.4
−38.4	−13.5	11.8	13.7	−25.4	−10.6	−5.5
−27.2	−27.2	−48.9	11.7	−30.6	70.8	6.1
86.1	57.5	−44.8	11.4	143.7	−9.5	0.4
−33.4	9.6		−14.7	13.9	−23.5	37.6
−13.9	−7.5		−4.3	−43.5	−3.7	−56.8
17.2	−35.7	2 056.7	−29.5	62.2	1.6	333.7
676.0	136.5	256.0	−21.5	25.0	86.0	−37.4
−9.6	31.2	20.0	76.5	145.1	31.8	87.3
90.0	60.9	−92.2	160.1	2.0	31.4	−38.1
−46.9	12.5	347.6	48.7	−7.1	−21.9	−33.2
−20.8	−28.6	89.6	1.6	22.9	−41.9	44.3
41.0	−15.6	13.0	−44.4	−1.5	−0.9	−59.1
62.5	27.5	15.8	16.2	−29.1	−43.9	−29.3
86.4	4.0	116.4	37.0	149.2	33.8	−65.3
15.2	42.9	−19.3	79.3	−13.0	88.4	275.7
28.1	52.4	−9.9	28.5	48.5	−37.1	120.2
−16.1	28.1	−88.8	33.8	14.4	82.5	22.2
24.7	45.2	167.8	47.0	22.7	21.4	−1.5
−54.5	4.7	113.5	66.6	94.4	30.1	28.0

8-9 固定资产投资额比重（按注册登记类型分）

INVESTMENT IN FIXED ASSETS（GROUPED BY REGISTRATION）

单位：% (%)

年 份 Year	固定资产投资额 Investment in Fixed Assets	一、内资 Domestic Funded	1.国有 State-owned	2.集体 Collective-owned	3.其他 Others	二、港澳台商投资 Hongkong Macao and Taiwan Funded	三、外商投资 Foreign Funded
1979	100	90.8	69.2	14.5	7.1	4.2	5.0
1980	100	60.9	49.6	6.7	4.6	25.9	13.1
1981	100	54.4	48.0	3.8	2.5	37.1	8.5
1982	100	74.1	69.8	3.7	0.6	22.1	3.8
1983	100	79.5	70.0	7.8	1.7	16.3	4.2
1984	100	86.4	72.3	12.2	1.9	8.9	4.7
1985	100	89.2	73.8	11.7	3.7	6.3	4.5
1986	100	50.4	29.2	13.2	7.9	39.5	10.1
1987	100	87.8	58.0	16.6	13.2	7.9	4.2
1988	100	92.1	67.6	11.4	13.1	5.4	2.5
1989	100	89.6	57.4	6.1	26.0	6.3	4.1
1990	100	78.2	48.4	4.2	25.7	13.4	8.4
1991	100	80.7	45.8	6.5	28.3	10.4	9.0
1992	100	75.7	31.9	12.5	31.2	14.3	10.0
1993	100	68.7	35.6	6.1	27.0	18.5	12.7
1994	100	65.5	38.6	4.2	22.7	19.7	14.8
1995	100	56.5	33.3	6.7	16.5	24.7	18.8
1996	100	58.0	36.3	8.0	13.8	23.2	18.8
1997	100	57.5	35.3	7.1	15.1	24.3	18.2
1998	100	63.2	35.1	7.9	20.2	19.8	17.0
1999	100	58.5	32.9	7.0	18.6	24.8	16.7
2000	100	54.2	32.0	6.5	15.7	28.8	17.0
2001	100	56.7	36.7	6.3	13.8	26.4	16.8
2002	100	55.4	33.2	6.1	16.0	27.4	17.2
2003	100	63.1	36.0	6.0	21.0	21.7	15.3
2004	100	66.9	35.1	3.8	27.9	18.2	15.0
2005	100	56.5	30.4	2.9	23.1	30.0	13.6
2006	100	61.1	28.2	1.9	31.0	27.0	11.9
2007	100	76.0	30.4	1.9	43.6	18.7	5.3
2008	100	81.5	33.4	2.4	45.6	12.7	5.8
2009	100	85.6	42.3	2.5	40.8	10.5	3.9
2010	100	83.1	42.2	2.3	38.6	12.2	4.7
2011	100	86.2	37.7	2.6	45.9	9.2	4.6
2012	100	85.7	33.9	4.4	47.3	7.3	7.0
2013	100	89.0	32.8	3.1	53.1	6.5	4.6
2014	100	89.6	27.9	3.6	58.1	6.0	4.4
2015	100	82.3	31.0	2.9	48.4	11.5	6.1
2016	100	83.0	22.8	0.4	59.8	11.7	5.3
2017	100	86.7	26.3	0.4	60.0	10.0	3.3
2018	100	90.0	29.9	2.0	58.1	6.4	3.6
2019	100	89.4	34.8	0.6	54.0	5.4	5.2
2020	100	91.8	36.3	0.5	55.0	4.1	4.2

8-10 固定资产投资资金来源增长速度

GROWTH RATE OF INVESTMENT IN FIXED ASSETS BY SOURCE OF FUNDS AND STRUCTURE OF INVESTMENT

单位：%　　　　(%)

年　份 Year	财务拨款额 Financial Appropriation	国家预算资金 State and Local Budget	国内贷款 Domestic Loans	债券 Securities	利用外资 Foreign Investment	自筹资金 Self-raising Funds	其他资金 Others
1991	17.3	−24.1	67.4		−24.8	16.8	53.4
1992	31.2	−75.0	19.9		−29.3	74.9	41.5
1993	61.2		6.6		78.9	81.8	78.4
1994	7.1		−28.6	−50.9	12.0	23.2	−4.5
1995	4.8		−4.7		31.9	9.6	−38.8
1996	9.7		13.5		40.7	2.4	−4.9
1997	33.1		−17.1		61.1	38.2	−22.0
1998	5.7		22.5		−75.4	34.9	32.0
1999	18.6	930.7	52.7		74.3	6.3	57.8
2000	5.1	−51.5	−27.8		−18.6	15.7	−8.4
2001	4.4	178.1	70.0		−27.0	1.8	−53.6
2002	4.7	−89.1	5.9		106.4	2.1	−32.9
2003	40.5	−19.5	50.4		10.6	40.6	133.7
2004	33.0	420.5	45.3	−34.0	53.3	23.4	210.0
2005	19.4	309.0	39.6		55.1	13.3	−45.9
2006	18.0	−67.8	49.1		47.8	8.8	−32.0
2007	−1.0	92.0	29.8	97.8	7.3	−20.7	277.3
2008	157.1	−90.0	128.7	37.1	−21.6	177.5	732.5
2009	13.4	1 271.3	13.3	37.2	−35.9	8.2	42.3
2010	5.2	−11.5	−7.9	−7.8	−19.3	14.3	3.0
2011	8.9	−48.7	5.6		−38.5	21.6	−17.2
2012	12.2	7 568.1	−12.8		48.9	−3.2	17.8
2013	24.6	−5.2	35.7		9.3	9.5	90.5
2014	−1.8	21.9	4.2		−41.9	7.8	−33.4
2015	54.3	4.6	45.4		−60.3	37.9	160.9
2016	4.6	4.2	13.4	178.8	−89.0	−3.3	12.3
2017	3.8	73.3	37.2	−65.9	1 686.6	−11.3	−18.0
2018	17.7	27.3	−0.4	1 636.8	−32.7	21.8	27.0
2019	13.9	38.7	−4.4	54.6	−77.4	5.8	30.2
2020	9.7	14.2	13.6	−27.6	96.2	9.5	5.4

注：1991年及以后的资金来源为财务拨贷款数，各项相加不等于投资总额；从2012年定报开始，资金来源中的“国家预算内资金”改为“国家预算资金”，包括中央预算资金和地方预算资金，口径有所扩大；2018年资金来源不含5000万元以下项目。

Note: Source of funds for investment since 1991 refers to financial appropriations, which do not add up to total investment. Since 2012, state budget is changed to state and local budget. Since 2018, sources of funds for Investment do not include projects under 50 million yuan.

8-11 各区按登记注册类型分固定资产投资增长速度 (2020年)

GROWTH RATE OF INVESTMENT IN FIXED ASSETS BY STATUS OF REGISTRATION AND DISTRICT（2020）

单位：% (%)

地 区	District	总计 Total	一、内资 Funded	1.国有 State-owned	2.集体 Collective-owned	3.其他 Others	二、港澳台商投资 Hongkong Macao and Taiwan Funded	三、外商投资 Foreign Funded
全市总计	**Total**	**8.2**	**11.1**	**13.0**	**-18.5**	**10.1**	**-17.7**	**-14.3**
福田区	Futian	16.5	-2.8	29.8	-59.7	-21.5	-56.0	-54.8
罗湖区	Luohu	10.2	-7.7	-13.2		-1.5	19.6	13.7
盐田区	Yantian	12.8	19.2	46.1	-96.9	11.2	1,030.5	389.3
南山区	Nanshan	-6.6	4.6	-7.0	-34.6	12.2	-13.5	-35.3
宝安区	Baoan	14.6	12.4	4.8	-7.6	18.8	-9.2	1.[illegible]
龙岗区	Longgang	0.0	1.2	19.3	32.6	-8.0	19.4	100.8
龙华区	Longhua	14.6	32.4	13.1	336.5	38.7	-49.8	[illegible]3.8
坪山区	Pingshan	6.0	19.6	35.8	400.0	8.9	6.9	-[illegible]4.5
光明区	Guangming	27.6	25.9	29.6	-54.3	28.1	-45.9	-23.0
大鹏新区	Dapeng	14.8	76.8	84.6		68.2	89.9	
深汕特别合作区	Shenzhen-Shanwei Special Cooperation Zone	37.4	38.2	42.6		30.2	-93.9	

8-12 各区按主要行业分固定资产投资增长速度（2020年）

GROWTH RATE OF INVESTMENT IN FIXED ASSETS IN BY DISTRICT AND SECTOR（2020）

单位：%　　　　(%)

地 区	District	合计 Total	农、林、牧、渔业 Agriculture, Forestry, Animal Husbandry and Fishery	采矿业 Mining	制造业 Manufa-cturing	电力、燃气及水的生产和供应业 Production and Supply of Electricity, Gas and Water	建筑业 Construction	批发和零售业 Wholesale and Retail Trades
全市总计	**Total**	**8.2**	**74.4**	**133.7**	**-5.1**	**10.4**	**-100.0**	**-24.1**
福田区	Futian	16.5	−100.0		22.2	17.5		−8.0
罗湖区	Luohu	10.2			728.7	23.6		
盐田区	Yantian	12.8			50.7	14.4		
南山区	Nanshan	−6.6		−100.0	−2.4	−54.9		−63.4
宝安区	Baoan	14.6			−0.8	33.2		−38.1
龙岗区	Longgang	0.0	183.1		−8.4	−17.7	−100.0	10.1
龙华区	Longhua	14.6			5.2	94.9		−53.8
坪山区	Pingshan	6.0			12.3	−16.3		−100.0
光明区	Guangming	27.6			−22.6	137.3		1 737.1
大鹏新区	Dapeng	14.8			376.9	−12.8		
深汕特别合作区	Shenzhen−Shanwei Special Cooperation Zone	37.4			−55.3	33.7		

单位：%　　　　8-12 续表1　continued(%)

地 区 District		交通运输、仓储和邮政业 Transport, Storage and Post	住宿和餐饮业 Hotels and Catering Services	信息传输、软件和信息技术服务业 Information Transmission, Software and Information Technology	金融业 Financial Intermediation	房地产业 Real Estate	租赁和商务服务业 Leasing and Business Services	科学研究和技术服务业 Scientific Research and Technical Services
全市总计	**Total**	**10.5**	**-26.0**	**14.5**	**-4.6**	**10.6**	**-25.1**	**-54.5**
福田区	Futian	−18.9		131.0	−25.5	−23.5	−40.9	113.6
罗湖区	Luohu	30.5				−10.3		−100.0
盐田区	Yantian	112.9	−65.6	12.8		−1.2		−84.3
南山区	Nanshan	28.2	−100.0	−45.9	1.2	−8.9	9.1	−6[illegible].4
宝安区	Baoan	−7.4	16.8	653.0	−65.2	64.3	−94.5	−4.6
龙岗区	Longgang	25.4	−7.5	132.4	37.0	−9.9	798.6	−71.9
龙华区	Longhua	−14.0		53.4		45.9	−33.8	−73.9
坪山区	Pingshan	106.9		−16.9		17.5	110.5	−39.6
光明区	Guangming	10.1	−100.0	−46.7		59.9	−100.0	−93.6
大鹏新区	Dapeng		−29.0	−0.3		157.7	0.8	−3.6
深汕特别合作区	Shenzhen−Shanwei Special Cooperation Zone	23.6	−100.0	−100.0		55.4	−94.9	−84.5

单位：%

8-12 续表2 continued(%)

地 区 District		水利、环境和公共设施管理业 Management of Water Conservancy, Environment and Public Facilities	居民服务、修理和其他服务业 Services to Households, Repair and Other Services	教育 Education	卫生和社会工作 Health and Social Work	文化、体育和娱乐业 Culture, Sports and Entert-ainment	公共管理、社会保障和社会组织 Public Management, Social Security and Social Organizations
全市总计	**Total**	**4.7**	**113.5**	**66.6**	**94.4**	**30.1**	**28.0**
福田区	Futian	31.3	493.5	85.2	210.2	321.5	
罗湖区	Luohu	−44.3		361.4	239.3	−77.1	281.0
盐田区	Yantian	42.5		89.5	44.3	837.3	45.0
南山区	Nanshan	14.0	−100.0	82.1	58.7	256.4	−11.0
宝安区	Baoan	−8.0		−11.7	46.5	−67.2	183.8
龙岗区	Longgang	17.9	1 689.2	54.4	100.9	−15.2	−2.8
龙华区	Longhua	−9.3		127.3	75.3	426.9	69.5
坪山区	Pingshan	12.9		−1.4	52.0	982.4	308.3
光明区	Guangming	−9.2		110.1	66.2	−71.7	−43.4
大鹏新区	Dapeng	2.7		20.3	185.2	264.0	−36.0
深汕特别合作区	Shenzhen−Shanwei Special Cooperation Zone	398.1	−75.6		−100.0	119.6	

8-13 国有经济固定资产投资主要指标

MAIN INDICATORS OF INVESTMENT IN FIXED ASSETS OF STATE-OWNED ECONOMY

单位：亿元 (100 million yuan)

项　目	Item	2016	2017	2018	2019	2020
建设项目个数(个)	**Number of Projects(unit)**					
施工项目	Projects under Construction	975	2 019	2 218	1 926	1 255
全部建成投产项目	Projects Completed and Put into Use	512	557	451	922	240
投资总额	**Total Investment**	**931.74**	**1 355.83**	**1 850.56**	**2 557.73**	**2 891.07**
#住宅	Residential Buildings	10.32	21.93	70.63	137.15	165.36
按构成分	Grouped by Structure of Investment					
建筑安装工程	Construction and Installation	723.18	1 044.63	1 202.11	1 798.71	2 134.24
设备工具器具购置	Purchase of Equipment and Instruments	73.55	96.25	116.55	114.28	171.33
其他费用	Others	135.01	214.95	531.90	644.75	585.51
按建设性质分	Grouped by Type of Construction					
#新建	New Construction	787.24	1 164.93	1 709.91	2 356.39	2 551.47
#扩建	Expansion	33.94	43.38	44.76	90.05	114.10
#改建	Reconstruction	55.29	62.17	77.57	90.71	151.89
按资金来源分	Grouped by Source of Funds	868.52	1 361.49	1 462.36	2 067.41	1 964.14
国家预算资金	State and Local Budget	410.32	758.76	836.33	1 072.09	1 232.77
国内贷款	Domestic Loans	115.85	247.52	219.09	259.09	312.22
利用外资	Foreign Investment	0.05	1.55			
自筹资金	Self-raising Funds	223.22	316.75	363.87	485.33	308.72
其他资金	Others	119.08	36.91	43.06	250.91	110.43
新增固定资产	**Newly Increased Fixed Assets**	**186.93**	**393.12**	**331.81**	**533.26**	**367.75**
房屋建筑面积(万平方米)	**Floor Space of Buildings(10 000 sq.m)**					
施工面积	Floor Space under Construction	636.22	1 146.82	1 923.44	2 270.36	834.83
竣工面积	Floor Space Completed	41.02	28.71	22.68	97.41	41.61
#住宅	Residential Buildings	5.16	11.42	0.05	14.01	20.43

注：　建设项目个数不含房地产开发部分。
Note: Number of projects exclude real estate development.

8-14 基础产业和基础设施完成投资额
COMPLETED INVESTMENT IN BASIC INDUSTRIES AND NFRASTRUCTURE

单位：亿元 (100 million yuan)

项 目	Item	2017	2018	2019	2020
基础产业投资完成额	Completed Investment in Basic Industries	1 173.31	1 426.75	1 940.58	2 119.03
#基础设施投资	Investment in Infrastructure	1 163.45	1 419.60	1 896.97	2 032.94
（一）电力、热力、燃气及水的生产和供应业	Production and Distribution of Electric,Heat,Gas and Water	119.95	139.67	167.16	184.51
（二）交通运输、仓储和邮政业	Transport , Storage and Postal Services	508.75	576.27	710.79	785.26
#交通运输业	Transport Service	473.30	545.88	690.62	748.22
1.铁路运输业	Railway Transport	10.32	14.12	49.05	35.60
2.道路运输业	Road Transport	352.96	397.66	517.13	603.46
# 城市公共交通业	Urban Public Transport	265.86	321.91	427.14	512.48
3.水上运输业	Waterway Trarsport	31.24	23.82	22.76	20.32
4.航空运输业	Air Transport	78.79	100.78	90.76	80.40
5.管道运输业	Pipeline Transport				0.19
（三）信息传输、软件和信息技术服务业	Information Transmission,Computer Services and Software	91.83	127.23	143.38	164.18
（四）水利、环境和公共设施管理业	Management of Water Conservancy,Environment and Public Facilities	513.09	657.10	954.25	999.43
#水利管理投资	Investment of Water Conservancy	79.21	49.62	35.01	35.06
1.防洪管理	Flood Prevention Management	19.92	17.73	16.54	16.99
2.水资源管理	Water Resources Management	2.82	1.43	2.64	3.71
3.其他水利管理	Other Water Conservancy	55.87	29.29	15.57	12.87
#能源产业投资	Investment of Energy Industry	99.93	106.37	143.42	165.08
1.煤炭开采和洗选业	Mining and Washing of Coal				
2.石油和天然气开采业	Extraction of Petroleum and Natual Gas			24.58	56.26
3.石油加工炼焦及核燃料加工业	Processing of Petroleum, Coking and Nuclear Fuel Processing				0.29
4.电力、热力的生产和供应业	Production and Supply of Electric Power and Heat Power	91.25	94.67	92.39	85.24
5.燃气的生产和供应业	Production and Supply of Gas	8.67	11.70	26.44	23.29

8-15 各区固定资产投资财务拨款资金来源主要指标（2020年）

MAIN INDICATORS OF SOURCES OF FUNDS FOR INVESTMENT BY DISTRICT（2020）

单位：万元 (10 000 yuan)

地 区 District		本年资金来源小计 Source of Sub-total Funds	国家预算资金 State and Local Budget	国内贷款 Domestic Loans	债券 Bonds	利用外资 Foreign Investment	自筹资金 Self-raising Fund	其他资金 Others
全市总计	**Total**	**81 432 272**	**13 491 118**	**17 104 619**	**320 941**	**59 833**	**27 460 364**	**22 9[illegible]5 3[illegible]7**
福田区	Futian	9 795 783	1 297 723	2 661 916			2 181 840	3 6[illegible]4 3[illegible]4
罗湖区	Luohu	3 992 476	454 949	1 149 228			1 180 943	1 2[illegible]7 3[illegible]6
盐田区	Yantian	3 179 326	470 409	564 232			1 201 880	9[illegible]2 8[illegible]6
南山区	Nanshan	15 492 011	1 839 469	2 877 287			7 615 140	3 1[illegible]0 114
宝安区	Baoan	13 455 814	1 799 394	3 086 983	36 508		4 832 666	3 7[illegible]0 2[illegible]3
龙岗区	Longgang	12 781 253	3 440 312	2 776 436	358	8 113	2 533 122	4 0[illegible]2 913
龙华区	Longhua	9 677 869	1 048 346	2 490 001	19 417	51 720	3 113 760	2 9[illegible]4 625
坪山区	Pingshan	3 970 198	443 551	491 334	257 098		1 910 190	8[illegible]8 025
光明区	Guangming	6 385 972	1 779 346	661 700	7 560		1 927 196	2 0[illegible]0 170
大鹏新区	Dapeng	1 447 393	485 354	177 460			528 010	25[illegible] 569
深汕特别合作区	Shenzhen-Shanwei Special Cooperation Zone	1 254 177	432 265	168 043			435 617	21[illegible] 252

8-16 各区按构成和建设性质分城镇固定资产投资增长速度（2020年）
GROWTH RATE OF INVESTMENT IN FIXED ASSETS IN URBAN AREA BY COMPOSITION OF FUNDS, TYPE OF CONSTRUCTION AND DISTRICT（2020）

单位：%　　　　(%)

地 区 District		投资额 Total Investment	按构成分 By Composition of Funds			按建设性质分 By Type of Construction		
			建筑安装工程 Construction and Installation	设备、工器具购置 Purchase of Equipment and Instruments	其他费用 Others	#新建 New Construction	#扩建 Expansion	#改建、技术改造 Reconstruction and Technological Transformation
全市总计	**Total**	**8.2**	**7.8**	**-0.4**	**11.1**	**7.4**	**49.6**	**17.8**
福田区	Futian	16.5	10.8	28.6	30.0	−13.8	76.2	72.7
罗湖区	Luohu	10.2	8.8	61.8	−6.5	−8.0	10 552.2	46.3
盐田区	Yantian	12.8	33.1	23.0	30.2	20.2	56.5	71.7
南山区	Nanshan	−6.6	8.6	−29.8	−13.4	−3.4	56.9	37.0
宝安区	Baoan	14.6	−7.9	−14.7	105.0	15.9	60.5	−9.6
龙岗区	Longgang	0.0	5.8	−0.1	−17.0	1.1	−20.7	70.8
龙华区	Longhua	14.6	2.3	8.7	48.2	32.7	179.0	−18.4
坪山区	Pingshan	6.0	8.9	7.5	70.2	16.9	29.1	10.1
光明区	Guangming	27.6	35.6	16.2	14.7	10.8	−19.0	44.6
大鹏新区	Dapeng	14.8	26.4	−60.4	14.1	92.8	25.7	−72.7
深汕特别合作区	Shenzhen−Shanwei Special Cooperation Zone	37.4	66.8	−45.9	−4.2	30.5	163.7	−0.1

8-17 房屋施工建筑面积

FLOOR SPACE OF BUILDINGS UNDER CONSTRUCTION

单位：万平方米 (10 000 sq. m)

年 份 Year	合 计 Total	非房地产开发项目 Non-Real Estate Development	房地产开发项目 Real Estate Development
1979	29.26	29.26	
1980	52.36	52.36	
1981	96.88	96.88	
1982	250.71	250.71	
1983	368.40	368.40	
1984	644.59	644.59	
1985	1 030.94	1 030.94	
1986	940.39	771.29	
1987	887.21	642.48	
1988	1 161.77	888.29	
1989	1 088.02	926.36	
1990	848.65	408.71	[illegible]04.62
1991	1 257.19	533.66	[illegible]67.52
1992	1 813.80	532.45	[illegible]50.[illegible]6
1993	2 319.40	566.70	1 [illegible]96.44
1994	2 733.59	704.15	1 [illegible]98.52
1995	2 733.59	951.68	1 [illegible]71.[illegible]6
1996	2 878.53	965.41	1 [illegible]95.27
1997	2 775.82	847.14	1 [illegible]54.17
1998	3 218.81	862.96	1 [illegible]56.65
1999	3 369.43	829.19	1 [illegible]34.13
2000	3 591.22	790.57	2 [illegible]34.55
2001	4 137.47	977.07	2 [illegible]92.77
2002	4 467.16	861.88	2 [illegible]76.29
2003	5 567.66	1 277.01	2 [illegible]38.22
2004	5 856.65	2 177.17	3 [illegible]20.25
2005	4 841.55	1 624.60	3 [illegible]58.30
2006	4 512.66	1 204.30	3 [illegible]22.10
2007	4 184.86	920.16	3 [illegible]49.56
2008	4 619.53	1 116.83	3 [illegible]76.30
2009	5 257.21	2 144.85	3 [illegible]12.36
2010	5 178.84	2 238.90	2 [illegible]39.34
2011	5 162.10	2 286.12	2 [illegible]75.38
2012	5 259.50	2 042.81	3 [illegible]16.39
2013	6 308.89	2 305.40	4 [illegible]03.49
2014	6 249.70	1 757.52	4 [illegible]92.18
2015	7 010.06	2 031.65	4 [illegible]78.41
2016	6 677.50	1 503.51	5 [illegible]73.39
2017	7 560.49	1 851.16	5 [illegible]09.34
2018	9 216.78	2 469.09	6 [illegible]47.39
2019	10 370.79	2 403.29	7 [illegible]67.50
2020	9 661.44		9 [illegible]61.44

8-18 房屋竣工建筑面积

FLOOR SPACE OF BUILDINGS COMPLETED

单位：万平方米 （10 000 sq. m）

年 份 Year	合 计 Total	非房地产开发项目 Non-Real Estate Development	房地产开发项目 Real Estate Development
1979	13.01	13.01	
1980	34.63	34.63	
1981	54.59	54.59	
1982	92.67	92.67	
1983	146.86	146.86	
1984	266.63	266.63	
1985	320.94	320.94	
1986	453.07	453.07	
1987	464.69	464.69	
1988	567.38	567.38	
1989	563.01	563.01	
1990	383.42	250.01	133.41
1991	539.20	388.76	150.44
1992	682.29	483.89	198.40
1993	781.07	499.61	281.46
1994	783.62	472.52	311.10
1995	838.46	526.91	311.55
1996	964.52	570.20	394.32
1997	942.91	615.87	327.04
1998	1 211.89	748.58	463.31
1999	1 267.00	764.85	502.15
2000	1 287.21	655.16	632.05
2001	1 526.90	798.93	727.97
2002	1 668.25	776.01	892.24
2003	2 228.44	1 208.13	1 020.31
2004	2 155.82	1 143.43	1 012.39
2005	1 488.86	543.08	945.78
2006	1 184.00	335.11	848.89
2007	905.56	269.54	636.02
2008	877.18	247.45	629.73
2009	712.58	310.57	402.01
2010	692.70	348.27	344.43
2011	962.10	637.10	325.00
2012	815.47	389.72	425.75
2013	895.76	542.21	353.55
2014	954.77	529.46	425.31
2015	818.86	458.65	360.21
2016	587.81	97.78	490.03
2017	351.23	66.17	285.06
2018	366.40	104.84	261.56
2019	650.97	78.86	572.11
2020	640.88		640.88

8-19 竣工房屋价值

VALUE OF BUILDINGS COMPLETED

单位：万元　　　　　　　　　　　　　　　　　　　　(10 000 yuan)

年 份 Year	合 计 Total	非房地产开发项目 Non-Real Estate Development	房地产开发项目 Real Estate Development
1979	1 207	1 207	
1980	4 607	4 607	
1981	9 189	9 189	
1982	20 865	20 865	
1983	37 164	37 164	
1984	79 318	79 318	
1985	103 970	103 970	
1986	157 701	157 701	
1987	151 670	151 670	
1988	348 453	348 453	
1989	276 535	276 535	
1990	210 323	143 647	66 676
1991	308 940	209 291	99 649
1992	601 150	441 123	160 027
1993	640 545	402 632	237 913
1994	784 100	450 155	333 945
1995	1 343 491	589 564	753 927
1996	1 825 063	689 196	1 135 867
1997	1 745 964	831 798	914 166
1998	2 416 223	951 213	1 465 010
1999	2 670 993	1 196 580	1 474 413
2000	2 955 291	895 867	2 059 424
2001	2 795 702	1 029 008	1 766 694
2002	3 601 624	992 766	2 608 853
2003	4 260 940	1 578 186	2 682 754
2004	3 421 757	1 121 432	2 300 325
2005	3 632 843	673 980	2 958 863
2006	3 594 969	419 621	3 175 348
2007	2 933 541	523 025	2 410 516
2008	2 862 722	206 362	2 656 360
2009	2 993 216	585 173	2 408 043
2010	2 663 742	573 198	2 090 544
2011	3 340 401	1 731 089	1 609 312
2012	3 384 230	788 002	2 596 228
2013	4 851 340	2 101 465	2 749 875
2014	3 858 122	1 110 096	2 748 026
2015	4 238 203	1 222 205	3 015 998
2016	4 166 251	546 280	3 619 971
2017	3 040 094	255 529	2 784 565
2018	3 895 487	371 728	3 523 759
2019	9 613 925	476 682	9 137 243
2020	8 102 754		8 102 754

8-20 住宅投资

INVESTMENT IN RESIDENTIAL HOUSING

单位：万元 （10 000 yuan）

年 份 Year	合 计 Total	非房地产开发项目 Non-Real Estate Development	房地产开发项目 Real Estate Development
1979	914	914	
1980	2 838	2 838	
1981	6 428	6 428	
1982	19 021	19 021	
1983	27 640	27 640	
1984	38 406	38 406	
1985	64 863	64 863	
1986	46 940	46 940	
1987	54 629	54 629	
1988	114 993	114 993	
1989	123 617	123 617	
1990	184 564	113 964	70 600
1991	368 786	215 386	153 400
1992	886 272	435 872	450 400
1993	913 193	245 193	668 000
1994	1 131 517	257 417	874 100
1995	937 427	308 927	628 500
1996	1 101 662	315 262	786 400
1997	1 135 054	280 005	855 049
1998	1 500 548	501 698	998 850
1999	1 874 853	461 747	1 413 106
2000	2 185 195	398 406	1 786 789
2001	2 471 512	374 412	2 097 100
2002	3 046 579	337 379	2 709 200
2003	2 987 720	485 806	2 501 914
2004	3 018 249	459 849	2 558 400
2005	2 785 401	130 001	2 655 400
2006	3 384 498	134 044	3 250 454
2007	3 468 913	151 346	3 317 567
2008	3 494 643	344 854	3 149 789
2009	3 456 595	558 747	2 897 848
2010	3 601 242	552 364	3 048 878
2011	4 055 301	523 183	3 532 118
2012	5 422 058	676 077	4 745 981
2013	6 544 510	603 463	5 941 047
2014	7 779 946	477 182	7 302 764
2015	9 239 015	267 684	8 971 331
2016	10 612 596	167 234	10 445 362
2017	23 970 296	68 430	23 901 866
2018	13 153 220	119 938	13 033 282
2019	15 394 475	205 636	15 188 839
2020	21 154 040	1 825 726	19 328 314

8-21 住宅施工建筑面积

FLOOR SPACE OF RESIDENTIAL HOUSING UNDER CONSTRUCTION

单位：万平方米　　　　　　　　　　　　　　　　　　　　　　　　　　(10 000 sq.m)

年 份 Year	合 计 Total	非房地产开发项目 Non-Real Estate Development	房地产开发项目 Real Estate Development
1979	13.41	13.41	
1980	27.81	27.81	
1981	43.34	43.34	
1982	128.3	128.3	
1983	156.68	156.68	
1984	258.52	258.52	
1985	362.7	362.7	
1986	366.59	366.59	
1987	339.69	339.69	
1988	447.03	447.03	
1989	434.43	434.43	
1990	393.02	200.87	192.15
1991	630.97	351.97	279
1992	1 040.81	439.71	601.1
1993	1 302.24	392.73	909.51
1994	1 344.78	475.92	868.86
1995	1 443.75	599.55	844.2
1996	1 474.14	533.53	940.61
1997	1 365.44	399.26	966.18
1998	1 866.76	719.79	1 146.97
1999	1 944.88	589.26	1 355.62
2000	2 059.39	482.5	1 576.89
2001	2 261.63	471.14	1 790.49
2002	2 575.33	450.47	2 124.86
2003	2 824.41	751.52	2 072.89
2004	2 944.42	686.74	2 257.68
2005	2 343.55	190.97	2 152.58
2006	2 292.72	135.33	2 157.39
2007	2 302.93	125.15	2 177.78
2008	2 487.73	277.37	2 210.36
2009	2 490.16	402.69	2 087.47
2010	2 510.02	484.88	2 025.14
2011	2 252.60	286.97	1 965.63
2012	2 547.67	440.08	2 107.59
2013	3 067.52	459.23	2 608.29
2014	3 165.22	295.22	2 870.00
2015	3 343.16	186.17	3 156.99
2016	3 195.56	116.28	3 079.28
2017	3 076.68	87.26	2 989.42
2018	3 453.99	3.67	3 450.31
2019	3 994.33	33.99	3 960.34
2020	4 793.00		4 793.00

8-22 住宅竣工建筑面积

FLOOR SPACE OF RESIDENTIAL HOUSING COMPLETED

单位：万平方米 （10 000 sq. m）

年 份 Year	合 计 Total	非房地产开发项目 Non-Real Estate Development	房地产开发项目 Real Estate Development
1979	5.26	5.26	
1980	17.85	17.85	
1981	23.41	23.41	
1982	45.57	45.57	
1983	62.42	62.42	
1984	123.76	123.76	
1985	139.31	139.31	
1986	197.15	197.15	
1987	199.09	199.09	
1988	245.10	245.10	
1989	236.98	236.98	
1990	204.77	120.37	84.40
1991	305.17	213.95	91.22
1992	416.31	285.41	130.90
1993	440.36	243.61	196.75
1994	438.83	232.33	206.50
1995	485.23	268.85	216.38
1996	565.86	315.35	250.51
1997	512.24	269.05	243.19
1998	729.48	373.18	356.30
1999	800.60	388.14	412.46
2000	755.59	231.04	524.55
2001	852.58	279.37	573.21
2002	1 000.19	301.87	698.32
2003	1 290.61	473.99	816.62
2004	1 245.59	473.39	772.20
2005	781.54	77.10	704.44
2006	627.31	45.44	581.87
2007	507.71	70.57	437.14
2008	519.72	75.95	443.77
2009	415.18	145.64	269.54
2010	376.03	124.92	251.11
2011	283.34	50.68	232.66
2012	310.85	21.45	289.40
2013	229.38	33.05	196.33
2014	336.24	66.98	269.26
2015	206.60	4.23	202.37
2016	302.26	21.62	280.64
2017	183.89	0.10	183.79
2018	125.16	0.25	124.91
2019	303.76		303.76
2020	341.00		341.00

8-23　住宅竣工价值

VALUE OF RESIDENTIAL HOUSING COMPLETED

单位：万元　　　　　　　　　　　　　　　　　　　　　　　　　　　　　　（10 000 yuan）

年　份 Year	合　计 Total	非房地产开发项目 Non-Real Estate Development	房地产开发项目 Real Estate Development
1979	449	449	
1980	2 440	2 440	
1981	4 322	4 322	
1982	9 873	9 873	
1983	15 043	15 043	
1984	37 418	37 418	
1985	38 341	38 341	
1986	54 880	54 880	
1987	46 707	46 707	
1988	88 625	88 625	
1989	109 242	109 242	
1990	105 056	54 141	50 915
1991	180 594	97 555	83 039
1992	256 111	126 101	130 010
1993	351 941	183 002	168 939
1994	432 365	197 797	234 568
1995	754 577	256 370	498 207
1996	918 088	320 698	597 390
1997	879 347	280 726	598 621
1998	1 426 708	381 849	1 044 859
1999	1 604 378	413 281	1 191 097
2000	2 023 916	295 545	1 728 371
2001	1 768 793	360 468	1 408 325
2002	2 317 417	256 691	2 060 726
2003	2 718 868	573 862	2 145 006
2004	2 140 997	349 310	1 791 687
2005	2 249 795	105 330	2 144 465
2006	2 166 187	35 346	2 130 841
2007	1 782 456	126 881	1 655 575
2008	2 859 458	403 511	2 455 947
2009	1 954 702	174 664	1 780 038
2010	1 809 542	145 208	1 664 334
2011	1 304 387	140 743	1 163 644
2012	1 731 885	41 786	1 690 099
2013	1 624 371	112 366	1 512 005
2014	2 098 830	182 101	1 916 729
2015	1 710 751	12 941	1 697 810
2016	2 240 657	44 430	2 196 227
2017	1 707 425	180	1 707 245
2018	1 926 382	1 200	1 925 182
2019	6 133 752	298	6 133 454
2020	4 646 903		4 646 903

8-24 固定资产投资完成情况主要指标
MAIN INDICATORS OF INVESTMENT IN FIXED ASSETS

单位：亿元，%　　　　(100 million yuan, %)

指　标	Indicators	2017	2018	2019	2020
一、计划总投资及项目个数	**Total Planned Investment and Project Number**				
1.计划总投资	Total Planned Investment	30 509.75	27.0	22.8	15.2
其中：本年新开工项目	New Projects under Construction in Current Year	2 047.08	92.4	−12.2	9.3
2.施工项目个数（个）	Number of Projects under Construction(unit)	3 840	17.3	28.5	13.1
其中：本年新开工（个）	Newly Started Projects of the Year(unit)	1 942	4.2	23.2	9.3
本年投产项目个数（个）	Number of Projects Put into Use in Current Year	1 329	8.7	97.0	2.0
二、本年完成投资	**Investment Completed in Current Year**	**5 147.32**	**20.6**	**18.8**	**8.2**
（一）按登记注册类型分组	Grouped by Registration Status				
1.内资	Domestic−funded	4 464.60	25.2	18.0	11.1
国有经济	State−owned	1 355.83	36.7	38.2	13.0
集体经济	Collective−owned	19.16	682.7	−64.0	−18.5
其他内资经济	Others	3 089.61	16.7	10.4	10.1
2.港澳台商投资	Funds from Hong Kong,Macao and Taiwan	513.45	−22.6	−0.5	−17.7
3.外商投资	Foreign−funded	169.27	30.3	75.0	−14.3
（二）按建设性质分	Grouped by Type of Construction				
#新建	New Construction	4 598.94	20.3	18.8	7.4
#扩建	Expansion	141.29	−14.4	20.1	49.6
#改建和技术改造	Reconstruction and Technical Reconstruction	293.25	63.7	14.5	17.8
（三）按构成分	Grouped by Use of Funds				
1.建筑安装工程	Construction and Installation	3 000.08	10.6	18.5	7.8
2.设备工器具购置	Purchase of Equipment and Instruments	656.19	10.5	1.6	−0.4
3.其他费用	Other Expenses	1 491.05	45.1	25.1	11.1
（四）按主要产业分	Grouped by Major Industries				

注：　1.计划总投资及项目个数不含房地产开发部分。
Note: The data of total planned investment and project number exclude the data of real estate development.
　　2.2018年起，数据为比上年增长数据。
　　From 2018,the data in the table is the increase over the previous year.

单位：亿元，%　　　　8-24 续表1 （100 million yuan，%）

指　标	Indicators	2017	2018	2019	2020
1.第一产业	Primary Industry	0.21	−91.3	1 000.6	3.5
2.第二产业	Secondary Industry	911.23	7.0	12.6	0.9
#工业合计	Total Industries	915.89	8.2	11.5	0.5
#工业九大产业	Nine Main Industrial Sectors	688.60	−0.2	16.1	−0.2
电子信息业	Electronic Information	455.72	5.4	14.9	−12.4
电气机械及专用设备	Electrical Machinery and Special- Equipment	157.62	−24.5	2.7	−18.5
石油及化学	Petroleum and Chemistry	14.01	−18.9	241.5	83.5
纺织及服装	Textile and Garments	6.19	44.5	49.8	−22.1
食品饮料	Food and Beverage	4.60	−21.5	102.9	−18.3
建筑材料	Construction Materials	8.26	31.5	84.4	85.5
森工造纸	Paper Manufacturing	0.55	63.4	129.2	−41.2
医药	Medicine	18.23	63.8	−15.8	160.0
汽车	Automobile	23.42	−26.4	−40.3	19.[illegible]
3.第三产业	Tertiary Industry	4 235.88	23.4	19.9	9.4
（五）按国民经济行业分	Grouped by Economic Sector				
农、林、牧、渔业	Agriculture,Forestry,Animal Husbandry and Fishery	0.21	−34.9	47.8	74.4
采矿业	Mining			117.7	33.7
制造业	Manufacturing	795.94	4.4	8.6	−5.1
电力、燃气及水的生产和供应业	Production and Supply of Electric Power,Gas and Water	119.95	24.2	19.7	10.4
建筑业	Construction			31.7	−100.0
批发和零售业	Wholesale and Retail Trades	30.66	14.1	−2.3	−24.1
交通运输、仓储和邮政业	Transport,Storage and Postal Services	508.75	39.7	23.3	10.5
住宿与饮食业	Hotels and Catering Services	7.83	−39.7	−32.6	−26.1
信息传输、软件和信息技术服务业	Information Transmission, Software and Information Technology	91.83	312.9	12.7	14.5
金融业	Financial Intermediation	57.18	19.8	87.5	−4.5
房地产业	Real Estate	2 602.40	22.6	12.0	10.6
租赁和商务服务业	Leasing and Business Services	135.49	60.8	34.8	−25.[illegible]
科学研究和技术服务业	Scientific Research and Technical Services	83.39	−16.1	24.7	−54.5
水利、环境和公共设施管理业	Management of Water Conservancy,Environment and Public Facilities	513.09	28.1	45.2	4.7
居民服务、修理和其他服务业	Services to Households, Repair and Other Services	2.93	−88.8	167.8	113.5
教育	Education	91.51	33.8	47.0	56.6
卫生和社会工作	Health and Social Work	56.63	14.4	22.7	94.4
文化、体育和娱乐业	Culture,Sports and Recreation	21.47	82.5	21.4	80.1
公共管理、社会保障和社会组织	Public Management,Social Security and Social Organizations	28.02	22.2	−1.5	28.0
国际组织	International Organizations				

单位：亿元，%

8-24 续表2 (100 million yuan, %)

指 标	Indicators	2017	2018	2019	2020
三、本年新增固定资产	**Newly Increased Fixed Assets in Current Year**	**1 039.04**	**19.5**	**55.0**	**1.2**
四、房屋面积	**Floor Space**				
本年施工房屋面积(万平方米)	Floor Space of Buildings Under Construction in Current Year(10 000sq.m)	7 560.49	21.9	12.5	21.3
其中：住宅(万平方米)	Residential Buildings(10 000sq.m)	3 076.68	12.3	15.6	21.0
本年竣工房屋面积(万平方米)	Floor Space of Buildings Completed in Current Year(10 000sq.m)	351.23	4.3	77.7	12.0
其中：住宅(万平方米)	Residential Buildings(10 000sq.m)	183.89	−31.9	142.7	12.3
本年竣工房屋价值	Value of Buildings Completed in Current Year	304.01	28.1	146.8	−11.3
其中：住宅	Residential Buildings	170.74	12.8	218.4	−24.2
五、资金来源情况	**Source of Funds**				
（一）本年资金来源合计	Source of Total Funds This Year	3 026.66	12.8	21.3	5.4
上年末结余资金	Surplus Funds From the Year−end of Preceding Year	398.83	0.3	43.6	−5.1
本年资金来源小计	Source of Sub−total Funds This Year	2 627.83	17.7	13.9	9.7
国家预算资金	State and Local Budget	783.97	27.3	38.7	14.2
国内贷款	Domestic Loans	392.98	−0.4	−4.4	13.6
债券	Bond	1.67	1 636.8	54.6	−27.6
利用外资	Foreign Investment	13.25	−32.7	−77.4	96.2
其中：外商直接投资	Foreign Direct Investment				
自筹资金	Self−raising Funds	1 334.91	21.8	5.8	9.5
其他资金来源	Other Sources of Funds	101.05	27.0	30.2	5.4
（二）各项应付款合计	Total Payment Of This Year	493.82	28.9	6.3	−3.1

主要统计指标解释

固定资产投资额 是以货币形式表现的在一定时期内建造和购置固定资产的工作量以及与此有关的费用的总称。它是反映固定资产投资规模、结构和发展速度的综合性指标，又是观察工程进度和考核投资效果的重要依据。固定资产投资包括国有经济单位投资、城乡集体及其他各种登记注册类型的单位投资和城乡居民个人投资。按照国家统计制度规定，固定资产投资统计范围包括：城镇和农村投资两大部分。城乡集体经济单位投资包括城镇集体所有制单位投资和农村集体所有制单位投资；其它各种经济类型单位投资包括联营经济、股份制经济、中外合资经济、中外合作经济、外资、与大陆合资经营、与大陆合作经营、港澳台独资及其它经济的单位投资；城乡居民个人投资包括城市、县城、镇、工矿区所辖范围内的个人建房和农村个人建房及购买生产性固定资产的投资。

1.城镇和农村建设项目投资月报统计范围为：城镇和农村各种登记注册类型的企业、事业、行政单位及个体户进行的计划总投资500万元及500万元以上的建设项目，包括城镇各种经济类型的建设项目和工矿区私人建房项目，以及农村非农户投资项目、农村农户建房和购置生产性设备投资。年报统计范围中的城镇和工矿区私人建房为市、县城、镇、工矿区所辖范围内的全部私人建房（不论其房主是否系本地的常住户口均应包括），其他部分与月报统计范围一致。年报统计范围中的农户固定资产投资为所辖范围内的全部私人建房和其他购置生产性设备等投资。

2.城镇建设项目投资在城乡分组中:“城镇”、农村非农户建设项目投资在城乡分组中“农村”，农村农户在城乡分组中填“农户”，汇总表中“农村”包含“农户”。

房地产开发投资 各种登记注册类型的房地产开发公司 、商品房建设公司及其他房地产开发单位统一开发的包括统代建、拆迁还建的住宅、厂房、仓库、饭店、宾馆、度假村、写字楼、办公楼等房屋建筑物和配套的服务设施、土地开发工程，如道路、给水、排水、供电 、供热、通讯、平整场地等基础设施工程的投资。包括实际从事房地产开发或经营活动的附营房地产开发单位。不包括单纯的土地交易活动。

住宅建筑面积 指施工和竣工房屋建筑面积中供居住用的房屋建筑面积。

房屋施工面积 指在报告期内施工的全部房屋建筑面积。包括本期新开工的面积和上期开工跨入本期继续施工的面积，以及上期已停建在本期恢复施工的房屋面积。本期竣工和本期施工后又停缓建的房屋，其建筑面积仍计入本期房屋施工面积中。

房屋竣工面积 指在报告期内房屋建筑按照设计要求已经全部完工，达到住人和使用条件，经验收鉴定合格（或达到竣工验收标准），正式移交使用的各栋房屋建筑面积的总和。

新增固定资产 指已经完成建造和购置过程，并已交付生产或使用单位的固定资产的价值。它是表示固定资产投资成果的价值指标，也是反映建设进度，计算固定资产投资效果的重要依据。

Explanatory Notes on Main Statistical Indicators

Amount of Investment in Fixed Assets refers to the sum in monetary terms of the volume of activities in the construction and purchase of fixed assets as well as related expenses. It is not only a comprehensive indicator of the size, proportional relations and developmental pace of investment in fixed assets, but also an important basis to follow the progress of projects and check the result of investment on. Total investment in fixed assets includes investment by state–owned units, urban and rural collective units, units of other types of ownership and individuals in urban and rural areas. According to China's current statistics system, investment in fixed assets is classified into two parts: urban and rural. Investment by urban and rural collective units includes investment by urban collective units and investment by rural collective units. Investment by units of other types of ownership includes investment by units of joint ownership economy, shareholding economy, Sino–foreign joint economy, Sino–foreign cooperative economy, economy exclusively funded by foreign investors, joint economy with the mainland, cooperative economy with the mainland, economy exclusively funded by compatriots from Hong Kong, Macao and Taiwan and units of other types of ownership. Investment by individuals in urban and rural areas includes investment in personal housing in areas under the jurisdiction of the city, county, town and special industrial and mining areas as well as investment in personal housing and purchase of productive fixed assets in rural areas.

Investment in Real Estate Development includes investment by real estate developers, commercial builders and other units of real estate development of various statuses of registration in the construction of house buildings, such as residential buildings, factory buildings, warehouses, restaurants, hotels, holiday resorts, office buildings, and complementary service facilities and land development projects, such as roads, water supply, water drainage, power supply, heating, telecommunications, land leveling and other projects of infrastructure. This indicator covers the activities of non–real estate companies engaged in real estate development or management, but excludes simple land transactions.

Floor Space of Residential Buildings refers to the floor space of the residential buildings among the total space of buildings under construction or completed.

Floor Space under Construction refers to total floor space of all buildings under construction during the reference period, including floor space of newly started buildings during the reference period, floor space of construction extended from the previous period to the current period, and floor space of construction suspended during the previous period but resumed in the current period. Floor space of construction completed in the current period and floor space of construction started and then suspended in the current period are also included in floor space under construction.

Floor Space of Buildings Completed refers to total floor space of all buildings completed in the reference period, which have come up to the designed standards with proper conditions of residence and use, and have been examined and accepted (or met the standards for completion), and put into use.

Newly Increased Fixed Assets refer to the value of fixed assets which have been completed and transfered to production units or users. It is a value indicator of the achievements of investment in fixed assets as well as an important basis to evaluate the result of investment in fixed assets on.

09 第九部分

房地产开发

REAL ESTATE EDEVELOPMENT

CHAPTER

9-1　房地产开发投资额（按投资去向分）

INVESTMENT IN REAL ESTATE DEVELOPMENT（GROUPED BY INVESTMENT DESTINATION）

单位：亿元　　　　(100 million yuan)

年　份 Year	本年完成投资 Investment Completed This Year	土地购置费 Total Value of Land Purchased
1993	102.77	19.69
1994	130.46	20.28
1995	103.04	3.90
1996	124.83	5.72
1997	136.65	13.52
1998	167.49	24.18
1999	215.25	32.88
2000	260.97	36.87
2001	315.64	70.99
2002	388.44	71.01
2003	412.66	75.32
2004	434.24	71.30
2005	423.69	54.05
2006	462.09	43.36
2007	461.04	62.22
2008	440.49	65.98
2009	437.46	45.25
2010	458.46	60.98
2011	514.74	89.01
2012	736.84	129.77
2013	876.90	98.88
2014	1 069.49	95.67
2015	1 331.03	316.76
2016	1 756.52	416.81
2017	2 135.86	723.33
2018	2 640.71	986.28
2019	3 059.94	1 269.37
2020	3 562.57	1 420.05

9-2 房地产开发投资额（按用途分）

INVESTMENT IN REAL ESTATE DEVELOPMENT(GROUPED BY USE)

单位：亿元 （100 million yuan)

年 份 Year	本年完成投资 Investment Completed This Year	住 宅 Residential Buildings	办公楼 Office Buildings	商业用房 Houses for Business Use	其 他 Others
1993	102.77	66.80	11.30	14.39	10.28
1994	130.46	87.41	13.05	18.26	11.74
1995	103.04	62.85	16.49	14.43	9.27
1996	124.83	78.64	19.97	16.23	9.99
1997	136.65	85.50	18.18	14.78	18.19
1998	167.49	99.89	12.10	19.97	35.53
1999	215.25	141.31	13.57	17.95	42.42
2000	260.97	178.68	13.62	22.90	45.77
2001	315.64	209.71	9.32	28.21	68.40
2002	388.44	270.92	13.00	35.26	69.26
2003	412.66	250.19	15.05	47.29	100.13
2004	434.24	255.84	24.51	57.43	96.46
2005	423.69	265.54	28.04	53.07	77.04
2006	462.09	325.05	30.63	67.40	39.01
2007	461.04	331.76	30.08	53.48	45.72
2008	440.49	314.98	26.12	51.96	47.43
2009	437.46	289.78	35.34	53.22	59.12
2010	458.46	304.88	37.98	59.35	56.32
2011	514.74	353.21	36.78	64.61	60.14
2012	736.84	474.60	27.00	90.11	145.13
2013	876.90	583.29	64.63	90.22	138.76
2014	1 069.49	730.28	104.22	118.22	116.77
2015	1 331.03	897.13	158.84	142.72	132.34
2016	1 756.52	1 044.54	310.44	246.45	155.09
2017	2 135.86	1 014.05	535.82	340.06	245.92
2018	2 640.71	1 303.33	598.56	331.87	406.96
2019	3 059.94	1 518.88	600.80	370.68	569.57
2020	3 562.57	1 932.83	697.92	412.79	519.03

9-3 房地产开发投资额（按构成分）

INVESTMENT IN REAL ESTATE DEVELOPMENT（GROUPED BY COMPOSITION）

单位：亿元 (100 million yuan)

年 份 Year	本年完成投资 Investment Completed This Year	建筑安装工程 Constructional Project	设备购置 Purchase of Equipment	其 他 Others
1993	102.77	93.06	4.77	4.94
1994	130.46	104.23	8.75	17.48
1995	103.04	79.32	6.75	16.97
1996	124.83	92.22	12.38	20.23
1997	136.65	98.41	6.36	31.89
1998	167.49	115.79	7.35	44.35
1999	215.25	150.26	10.47	54.53
2000	260.97	187.90	9.59	63.47
2001	315.64	217.69	6.39	91.56
2002	388.44	281.11	11.35	95.99
2003	412.66	298.08	12.63	101.95
2004	434.24	315.44	15.06	103.74
2005	423.69	314.11	11.40	98.17
2006	462.09	380.02	10.93	71.14
2007	461.04	356.66	6.61	97.77
2008	440.49	327.83	10.53	102.13
2009	437.46	352.79	8.87	75.80
2010	458.46	347.15	8.67	102.66
2011	514.74	358.98	10.08	145.68
2012	736.84	488.33	8.58	239.94
2013	876.90	684.81	10.39	181.73
2014	1 069.49	794.76	17.85	256.83
2015	1 331.03	892.03	26.75	412.25
2016	1 756.52	1 200.97	18.76	536.79
2017	2 135.86	1 193.23	32.54	910.09
2018	2 640.71	1 366.58	25.73	1 248.40
2019	3 059.94	1 310.16	35.78	1 714.00
2020	3 562.57	1 364.08	38.02	2 160.47

9-4 房地产开发投资额（按区域分）

INVESTMENT IN REAL ESTATE DEVELOPMENT（GROUPED BY DISTRICT）

单位：亿元　　　　　　　　　　　　　　　　　　　　　　　　　　　　　　　　　　（100 million yuan）

年 份 Year	本年完成投资 Investment Completed This Year	福田区 Futian	罗湖区 Luohu	盐田区 Yantian	南山区 Nanshan	大宝安区 Original Baoan	宝安区 Baoan	龙华区 Longhua	光明区 Guangming	大龙岗区 Original Longgang	龙岗区 Longgang	坪山区 Pingshan	大鹏新区 Dapeng	深汕特别合作区 Shenzhen-Shanwei Special Cooperation Zone
1997	136.65	42.36	41.00		20.50	15.03				17.76				
1998	167.49	50.25	48.57	1.67	31.82	16.75				18.42				
1999	215.25	73.19	53.81	2.15	38.75	15.07				32.29				
2000	260.97	83.51	65.24	5.22	49.58	26.10				31.32				
2001	315.64	107.32	66.28	3.16	72.60	31.56				34.72				
2002	388.44	116.53	69.80	7.77	89.34	54.38				46.61				
2003	412.66	118.23	66.18	11.07	101.93	61.75				53.50				
2004	434.24	115.68	67.90	16.59	96.45	79.57				58.05				
2005	423.69	104.13	53.21	9.83	86.26	107.38				62.88				
2006	462.09	89.84	50.83	13.21	93.59	126.52				88.10				
2007	461.04	54.35	36.11	19.70	82.73	139.68				128.47				
2008	440.49	41.93	32.71	30.04	101.47	130.51				103.83				
2009	437.46	40.82	36.50	41.68	99.12	96.36				122.98				
2010	458.46	48.13	38.32	32.67	72.51	126.41				140.42				
2011	514.74	44.50	37.11	26.97	69.33	160.00				176.83				
2012	736.84	85.22	45.05	34.54	82.26	233.88	125.99	91.36	16.53	255.90	215.28	25.95	14.67	
2013	876.90	114.38	41.80	38.16	94.74	250.75	116.96	112.03	21.76	337.08	277.98	46.62	12.48	
2014	1 069.49	126.60	40.00	37.30	149.22	360.22	169.66	161.21	29.35	356.16	296.32	45.39	14.44	
2015	1 331.03	156.09	35.57	42.39	228.86	460.56	213.55	185.57	61.45	407.56	347.28	49.55	10.73	
2016	1 756.52	180.57	92.91	41.67	350.35	618.32	292.54	248.25	77.53	472.70	374.18	84.51	14.02	
2017	2 135.86	239.40	98.80	47.10	457.94	371.63	280.45	331.70	91.18	449.81	428.99	134.48	20.82	4.99
2018	2 640.71	265.96	124.30	40.78	579.55		380.68	399.29	128.76		554.45	141.07	14.69	11.20
2019	3 059.94	258.88	145.49	66.89	691.52		407.24	461.75	170.76		680.85	128.33	29.94	18.29
2020	3 562.57	258.51	227.28	87.32	699.99		611.05	605.09	268.60		597.51	135.83	46.66	24.73

注：2007年以来，深圳陆续设立功能新区及新行政区，表中大宝安区数据2011年及以前为原宝安区数据，2012-2016年包含宝安区、龙华新区和光明新区，2017年包含宝安区和光明新区。大龙岗区数据2011年及以前为原龙岗区数据，2012-2016年包含龙岗区、坪山新区和大鹏新区，2017年包含龙岗区和大鹏新区。

Note：Since 2007, functional zones and new administrative districts have been established in Shenzhen.The data of Original Baoan were the data of Baoan in 2011 and before,included Baoan Longhua and Guangming in 2012-2016,included Baoan and Guangming in 2017.The data of Original Longgang were the data of Longgang in 2011 and before,1,included Longgang,Pingshan and Dapeng in 2012-2016,included Longgang and Dapeng in 2017.

9-5 房地产开发投资额（按注册登记类型分）

INVESTMENT IN REAL ESTATE DEVELOPMENT（GROUPED BY REGISTRATION）

单位：亿元 （100 million yuan）

年 份	Year	2012	2013	2014	2015	2016	2017	2018	2019	2020
合计	Total	736.84	876.90	1 069.49	1 331.03	1 756.52	2 135.86	2 640.71	3 059.94	[illegible] 562.[illegible]7
1.内资企业	Domestic Investment Enterprises	599.72	730.95	892.77	1 096.32	1 494.14	1 852.08	2 401.23	2 784.50	[illegible] 371.[illegible]5
国有企业	State-Owned	50.35	56.87	47.39	15.47	2.58	14.22	82.80	177.41	131.[illegible]4
集体企业	Collective-Owned	0.00	3.07	6.66			1.66	26.30	9.65	6.[illegible]6
股份合作企业	Shareholding	5.16	5.41	2.44	1.80	5.99		15.61	15.67	1[illegible]8
联营企业	Joint Owned	0.04						23.92	14.67	0.[illegible]2
国有联营企业	State-Joint Owned									
集体联营企业	Collective-Joint Owned								6.51	
国有与集体联营企业	State Collective Joint Owned									
其他联营企业	Other Joint Owned	0.04						23.92	8.16	0.22
有限责任公司	Limited-Liability Corporations	256.23	294.21	395.06	502.76	797.15	1 039.33	1 257.34	1 248.83	1 [illegible]40.33
国有独资公司	Enterprises Solely Funded by the State	14.52			27.28	30.82	49.60	75.78	142.93	[illegible]54.44
其他有限责任公司	Others	241.71			475.48	766.32	989.73	1 181.55	1 105.90	1 [illegible]86.[illegible]
股份有限公司	Shareholding	66.67	53.69	66.74	87.65	61.17	53.09	122.91	183.95	74.[illegible]
私营企业	Private	218.97	311.07	374.44	456.59	625.43	740.82	851.69	1 134.32	1 [illegible]17.1[illegible]
其他内资	Others	2.31	6.63	0.04	32.05	1.82	2.96	20.66		
2.港、澳、台商投资企业	Enterprises with Funds from Hong Kong,Macao and Taiwan	101.12	120.24	136.76	197.34	234.82	245.39	190.99	185.32	[illegible]41.94
3.外商投资企业	Foreign Funded	36.00	25.71	39.96	37.38	27.56	38.38	48.50	90.12	[illegible]48.98

9-6　房地产开发投资资金来源及构成

TOTAL CAPITAL SOURCE AND COMPOSITION OF REAL ESTATE DEVELOPMENT

单位：亿元　　　　(100 million yuan)

年　份 Year	本年资金来源小计 Sub-total Capital Source of this Year	国内贷款 Domestic Loans	利用外资 Foreign Capital Utilized	自筹资金 Self-raising Capital	其他资金 Other Capital
1994	189.90	40.01		63.56	86.33
1995	147.83	31.43	28.14	49.41	38.85
1996	149.10	29.46	28.30	45.49	45.85
1997	168.11	30.91	20.14	61.20	55.86
1998	223.04	55.03	9.31	80.32	78.38
1999	252.88	59.59	4.64	83.31	105.34
2000	333.36	89.06	6.68	96.11	141.52
2001	391.47	102.64	8.93	131.38	148.52
2002	516.40	127.01	9.24	138.96	241.19
2003	644.70	166.37	8.02	179.19	291.12
2004	663.35	149.33	7.04	197.98	309.00
2005	694.01	159.87	2.38	216.49	315.27
2006	837.85	229.39	8.94	174.78	424.74
2007	847.90	169.83	11.78	241.42	424.87
2008	396.35	124.78	0.45	97.90	173.22
2009	881.76	258.83	1.39	171.95	449.59
2010	773.08	199.88	10.33	203.97	358.90
2011	818.81	199.85	2.06	294.03	322.87
2012	1 190.97	302.88	0.00	473.24	414.84
2013	1 686.91	441.09	0.12	456.97	788.73
2014	1 631.90	538.02	20.46	545.65	527.77
2015	2 938.53	730.79	3.21	783.13	1 421.41
2016	3 400.48	812.56		1 081.80	1 506.11
2017	3 233.05	1 196.93	7.91	792.43	1 235.77
2018	3 847.61	1 159.98		1 103.54	1 584.09
2019	4 392.05	1 140.67		1 213.02	2 038.36
2020	4 874.69	1 305.33		1 360.24	2 209.13

9-7 商品房施工面积（按用途分）

TOTAL FLOOR SPACE UNDER CONSTRUCTION OF COMMODITY HOUSING (GROUPED BY USE)

单位：万平方米 (10 000 sq. m)

年 份 Year	施工面积 Floor Space Under Construction	住 宅 Residential Building	办公楼 Office Building	商业用房 Houses For Business Use	其 他 Others
1991	467.82	279.00	47.72	73.62	67.48
1992	950.06	601.10	101.91	139.21	107.84
1993	1 396.44	909.51	152.43	199.92	134.58
1994	1 298.82	868.86	132.75	176.36	120.85
1995	1 371.06	844.20	214.51	187.71	124.64
1996	1 495.27	940.61	238.93	193.68	122.05
1997	1 454.17	966.18	181.76	185.17	121.06
1998	1 656.65	1 146.97	175.09	208.97	125.62
1999	1 834.13	1 355.62	137.58	201.34	139.59
2000	2 134.95	1 576.89	146.62	225.46	185.98
2001	2 392.77	1 790.49	115.10	255.38	231.80
2002	2 776.29	2 124.86	120.83	279.14	251.46
2003	2 838.22	2 072.89	134.29	317.74	313.30
2004	3 120.25	2 257.68	147.78	379.15	335.64
2005	3 058.90	2 152.58	155.67	370.34	380.31
2006	3 122.10	2 157.39	171.88	385.71	407.12
2007	3 149.56	2 177.78	189.65	335.98	446.15
2008	3 276.30	2 210.36	201.55	346.45	517.94
2009	3 112.36	2 087.47	189.09	328.27	507.53
2010	2 939.94	2 025.13	182.36	298.62	433.83
2011	2 875.98	1 965.63	171.46	298.47	440.42
2012	3 216.69	2 107.59	156.93	339.25	612.92
2013	4 003.49	2 608.29	261.51	383.62	750.06
2014	4 492.18	2 870.00	337.32	481.78	803.09
2015	4 978.41	3 156.99	467.48	614.59	739.35
2016	5 173.99	3 079.28	562.84	705.77	826.09
2017	5 709.34	2 989.42	911.54	821.27	987.11
2018	6 747.69	3 450.31	1 168.28	915.13	1 213.97
2019	7 967.50	3 960.34	1 486.04	1 137.77	1 383.35
2020	9 661.44	4 793.00	1 984.59	1 361.28	1 522.57

9-8 商品房施工面积（按区域分）

TOTAL FLOOR SPACE UNDER CONSTRUCTION OF COMMODITY HOUSING （GROUPED BY DISTRICT）

单位：万平方米　　　　　　　　　　　　　　　　　　（10 000 sq. m）

年 份 Year	施工面积 Floor Space Under Construction	福田区 Futian	罗湖区 Luohu	盐田区 Yantian	南山区 Nanshan	大宝安区 Original Baoan	宝安区 Baoan	龙华区 Longhua	光明区 Guangming	大龙岗区 Original Longgang	龙岗区 Longgang	坪山区 Pingshan	大鹏新区 Dapeng	深汕特别合作区 Shenzhen-Shanwei Special Cooperation Zone
1996	1 495.27	403.72	613.06		254.20	119.62				104.67				
1997	1 454.17	445.27	435.48		214.29	163.51				195.62				
1998	1 656.65	493.49	483.06	10.29	321.63	171.62				176.56				
1999	1 834.13	622.47	459.35	16.77	334.98	125.71				274.85				
2000	2 134.95	691.02	523.64	41.69	415.09	212.04				251.47				
2001	2 392.77	807.12	510.52	29.91	554.37	228.69				262.16				
2002	2 776.29	830.24	511.82	57.08	631.89	397.97				347.29				
2003	2 838.22	812.15	472.85	56.07	717.41	436.46				343.28				
2004	3 120.25	789.79	437.61	76.11	743.36	639.07				434.31				
2005	3 058.90	667.26	333.72	76.90	513.84	865.27				601.91				
2006	3 122.10	517.48	329.37	94.44	586.94	859.65				734.22				
2007	3 149.56	397.80	192.14	97.66	603.23	891.86				966.87				
2008	3 276.30	314.50	251.52	125.13	689.71	880.39				1 015.05				
2009	3 112.36	315.12	236.45	138.35	547.83	823.30				1 051.31				
2010	2 939.94	252.00	208.68	147.83	503.31	777.89				1 050.23				
2011	2 875.98	257.07	227.71	136.45	377.74	871.40				1 005.61				
2012	3 216.69	261.24	199.69	151.13	369.77	948.14	459.12	440.63	48.39	1 286.72	1 170.81	81.51	34.41	
2013	4 003.49	404.18	311.03	145.12	341.04	1 136.80	521.22	552.22	53.36	1 665.32	1 438.74	186.86	39.71	
2014	4 492.18	522.37	247.94	168.10	558.18	1 307.34	578.95	618.05	110.34	1 688.26	1 457.18	169.95	61.13	
2015	4 978.41	574.92	227.63	136.88	688.22	1 617.08	666.82	691.75	258.50	1 733.69	1 483.34	173.94	76.40	
2016	5 173.99	568.95	217.03	140.27	804.18	1 771.70	851.98	683.63	236.09	1 671.85	1 419.71	197.00	55.14	
2017	5 709.34	575.56	235.56	145.95	1 225.74	1 110.92	951.18	695.97	159.74	1 538.46	1 462.54	147.91	75.92	33.26
2018	6 747.69	675.41	355.01	166.14	1 453.02		1 093.69	940.88	229.83		1 502.64	196.76	85.19	49.12
2019	7 967.50	717.30	435.47	177.57	1 922.45		1 278.23	984.50	445.48		1 500.74	304.62	141.50	59.65
2020	9 661.44	766.38	570.11	237.21	1 932.06		1 602.53	1 223.61	532.73		1 940.06	548.06	185.19	123.50

9-9 商品房新开工面积（按用途分）

FLOOR SPACE OF NEWLY STARTED OF COMMODITY HOUSING (GROUPED BY USE)

单位：万平方米 (10 000 sq. m)

年份 Year	新开工面积 Floor Space of Newly Started Buildings	住宅 Residential Buildings	办公楼 Office Buildings	商业用房 Houses For Business Use	其他 Others
1998	414.14	333.27	25.62	33.19	22.06
1999	580.56	492.81	6.98	31.94	48.83
2000	646.41	487.48	26.10	64.72	68.12
2001	999.71	792.24	26.96	83.74	96.77
2002	959.32	747.50	41.71	101.12	68.99
2003	932.86	645.18	35.89	119.88	131.91
2004	1 025.55	766.91	25.32	123.24	110.08
2005	1 054.19	753.90	39.89	127.15	133.25
2006	798.12	609.46	19.91	69.98	98.77
2007	876.40	621.91	40.06	72.94	141.49
2008	752.60	471.80	46.61	84.91	149.28
2009	489.18	328.04	29.82	60.70	70.62
2010	470.96	355.17	15.25	38.69	61.84
2011	537.99	367.32	18.54	54.76	97.37
2012	905.24	561.89	50.69	103.47	189.18
2013	1 366.40	910.13	114.88	120.68	220.70
2014	932.68	549.50	91.30	118.00	173.88
2015	1 208.27	777.32	126.79	153.91	150.24
2016	975.33	472.09	165.80	154.75	182.69
2017	1 001.53	446.31	261.28	138.09	155.86
2018	1 529.57	794.68	297.03	185.83	252.02
2019	1 455.54	772.83	293.20	220.20	169.32
2020	1 882.36	983.10	324.69	216.64	357.94

9-10 商品房新开工面积（按区域分）

FLOOR SPACE OF NEWLY STARTED OF COMMODITY HOUSING (GROUPED BY DISTRICT)

单位：万平方米　　　　　　　　(10 000 sq.m)

	新开工面积 Floor Space of Newly Started Buildings	福田区 Futian	罗湖区 Luohu	盐田区 Yantian	南山区 Nanshan	大宝安区 Original Baoan	宝安区 Baoan	龙华区 Longhua	光明区 Guangming	大龙岗区 Original Longgang	龙岗区 Longgang	坪山区 Pingshan	大鹏新区 Dapeng	深汕特别合作区 Shenzhen-Shanwei Special Cooperation Zone
1998	414.14	114.77	101.25	0.56	82.98	47.37				67.21				
1999	580.56	201.65	119.44	2.84	114.81	47.33				94.49				
2000	646.41	169.62	103.02	26.03	168.21	96.96				82.57				
2001	999.71	299.01	132.88	6.74	305.10	140.30				115.68				
2002	959.32	238.00	136.41	25.56	242.46	175.92				140.97				
2003	932.86	220.77	158.89	24.30	210.84	199.54				118.52				
2004	1 025.55	152.62	112.05	34.14	201.34	307.07				218.33				
2005	1 054.19	208.29	24.81	37.99	205.98	319.96				257.16				
2006	798.12	69.00	15.49	42.61	123.74	271.85				275.43				
2007	876.40	38.69	36.93	25.03	211.70	203.18				360.87				
2008	752.60	52.23	87.76	57.60	153.94	195.60				205.47				
2009	489.18	24.29	44.61	34.27	144.97	126.67				114.36				
2010	470.96	25.97	4.10	10.04	70.63	225.06				135.16				
2011	537.99	33.69	13.98	35.46	42.06	230.90				181.90				
2012	905.24	93.28	58.61	61.27	88.03	195.98	103.76	69.48	22.74	408.07	379.06	12.23	16.79	
2013	1 366.40	187.83	103.63	16.11	83.63	312.42	120.91	168.74	22.77	662.77	559.84	97.35	5.57	
2014	932.68	91.01	28.91	24.91	227.56	364.18	145.68	161.34	57.16	196.11	178.28	9.64	8.18	
2015	1 208.27	159.92	14.33	11.25	176.85	468.83	221.40	163.39	84.04	377.10	343.42	25.48	8.20	
2016	975.33	32.51	61.48	39.07	179.27	383.80	236.73	139.81	7.26	279.20	214.70	56.33	8.16	
2017	1 001.53	135.77	23.60	19.76	214.32	210.53	206.34	64.36	4.19	226.51	205.73	75.97	20.78	30.70
2018	1 529.57	184.03	109.53	17.20	313.55		286.01	268.19	87.47		190.50	48.85	8.38	15.86
2019	1 455.54	64.25	83.72	27.86	250.79		252.04	127.73	165.25		323.43	73.96	78.15	8.35
2020	1 882.36	125.87	174.80	82.43	156.92		237.11	312.09	154.78		439.81	113.49	21.22	63.85

9-11 商品房竣工面积（按用途分）

TOTAL FLOOR SPACE OF COMMERCIAL HOUSES COMPLETED (GROUPED BY USE)

单位：万平方米 (10 000 sq. m)

年 份 Year	竣工面积 Floor Space Completed	住 宅 Residential Buildings	办公楼 Office Buildings	商业用房 Houses For Business Use	其 他 Others
1991	150.44	91.22	7.93	11.21	40.08
1992	198.40	130.90	9.20	14.70	43.60
1993	281.46	196.75	11.51	21.32	51.88
1994	311.10	206.50	10.01	39.90	54.69
1995	311.55	216.38	34.24	36.98	23.95
1996	394.32	250.51	42.50	48.58	52.73
1997	327.04	243.19	34.22	29.57	20.06
1998	463.31	356.30	42.26	41.05	23.70
1999	502.15	412.46	16.89	37.05	35.75
2000	632.05	524.55	12.94	53.92	40.64
2001	727.97	573.21	27.74	53.84	73.18
2002	892.24	698.32	25.07	79.15	89.70
2003	1 020.31	816.62	24.43	95.63	83.63
2004	1 012.39	772.20	35.66	105.54	98.99
2005	945.78	704.44	18.70	96.67	125.97
2006	848.89	581.87	36.83	126.63	103.56
2007	636.02	437.14	32.38	73.99	92.51
2008	629.73	443.77	27.55	59.79	98.62
2009	402.01	269.54	25.05	32.20	75.22
2010	344.43	251.10	32.05	25.26	36.02
2011	325.00	232.66	20.97	35.89	35.48
2012	425.75	289.40	12.30	39.75	84.31
2013	353.55	196.33	30.84	53.35	73.03
2014	425.31	269.26	10.97	39.22	105.86
2015	360.21	202.37	47.48	31.69	78.67
2016	490.03	280.64	51.33	39.09	118.97
2017	285.06	183.79	34.41	31.96	34.90
2018	261.56	124.91	60.34	30.24	46.07
2019	572.11	303.76	58.37	72.35	137.63
2020	640.88	341.00	97.72	105.66	96.49

9-12 商品房竣工面积（按区域分）

TOTAL FLOOR SPACE OF COMMERCIAL HOUSES COMPLETED（GROUPED BY DISTRICT）

单位：万平方米 （10 000 sq. m）

年 份 Year	竣工面积 Floor Space Completed	福田区 Futian	罗湖区 Luohu	盐田区 Yantian	南山区 Nanshan	大宝安区 Original Baoan	宝安区 Baoan	龙华区 Longhua	光明区 Guangming	大龙岗区 Original Longgang	龙岗区 Longgang	坪山区 Pingshan	大鹏新区 Dapeng	深汕特别合作区 Shenzhen-Shanwei Special Cooperation Zone
1998	463.31	137.29	105.53	2.67	103.33	58.96				55.53				
1999	502.15	159.44	100.38	5.09	75.99	46.81				114.44				
2000	632.05	161.53	142.36	13.09	113.69	96.68				104.70				
2001	727.97	225.65	215.53	2.61	152.54	42.44				89.20				
2002	892.24	208.95	186.66	21.10	234.61	117.81				123.11				
2003	1 020.31	275.96	155.56	17.25	278.90	155.27				137.37				
2004	1 012.39	258.59	106.41	21.20	343.98	173.98				108.23				
2005	945.78	203.91	149.96	37.16	157.39	213.12				184.24				
2006	848.89	176.37	91.89	27.36	159.17	228.39				165.71				
2007	636.02	110.74	15.15	26.01	126.68	245.68				111.76				
2008	629.73	32.97	59.61	8.51	214.86	179.03				134.75				
2009	402.01	58.69	0.57	26.98	93.58	100.63				121.56				
2010	344.43	20.12	0.24	9.87	70.60	120.97				122.63				
2011	325.00	24.12	65.63	16.00	21.76	57.36				140.13				
2012	425.75	50.32	8.28	6.41	73.97	151.25	72.29	78.97		135.52	121.16	14.36		
2013	353.55	53.21	68.79		35.39	98.08	67.56	30.52		98.08	66.98	27.90	3.20	
2014	425.31	14.47	24.65	35.91	73.03	161.65	25.03	109.16	27.46	115.60	110.29	5.31		
2015	360.21	80.07	24.73	19.02	47.81	120.36	14.36	106.00		68.22	52.60	1.00	14.62	
2016	490.03	141.19	3.03	11.41	113.32	151.61	89.15	38.17	24.29	69.48	69.48			
2017	285.06	44.29	19.48		55.43	114.15	114.15	0.18		51.52	51.52			
2018	261.56	43.71	2.90	14.89	44.43		31.26	26.29			92.78		5.31	
2019	572.11	76.79	24.95	6.76	160.73		78.95	49.95	66.21		83.85	23.92		
2020	640.88	8.56	15.54	17.33	84.20		89.41	59.48	59.83		186.02	73.51	47.01	

9-13　商品房销售面积（按用途分）
TOTAL FLOOR SPACE OF BUILDINGS SOLD(GROUPED BY USE)

单位：万平方米　　　　　　　　　　　　　　　　　　　　　　　　（10 000 sq. m）

年 份 Year	销售面积 Floor Space of Buildings Sold	住 宅 Residential Buildings	办公楼 Office Buildings	商业用房 Houses For Business Use	其 他 Others
1991	112.54	97.13	2.10	0.63	12.68
1992	151.46	96.00	9.00	10.00	36.46
1993	180.17	140.89	5.85	9.58	23.85
1994	246.93	183.28	13.29	17.14	33.22
1995	274.59	209.07	17.37	16.89	31.26
1996	324.92	261.13	32.33	21.23	10.23
1997	405.44	336.70	28.88	27.40	12.46
1998	432.22	372.38	22.06	19.85	17.93
1999	541.84	492.51	15.02	26.20	8.11
2000	611.37	556.82	12.19	26.32	16.04
2001	643.47	593.72	11.01	27.40	11.34
2002	791.70	724.41	17.94	46.36	2.99
2003	877.85	811.90	19.54	39.37	7.04
2004	908.62	802.58	26.90	58.09	21.05
2005	993.20	901.13	28.49	53.48	10.10
2006	797.66	704.89	37.64	46.89	8.24
2007	555.11	500.35	20.87	30.64	3.25
2008	466.71	413.65	5.59	33.58	13.89
2009	762.16	717.40	19.63	18.07	7.07
2010	465.59	413.80	15.00	21.88	14.91
2011	496.89	469.43	9.90	16.96	0.60
2012	525.83	488.44	5.98	21.00	10.41
2013	588.58	527.16	21.31	19.05	21.06
2014	532.57	474.81	23.17	23.59	11.00
2015	831.46	747.83	56.54	19.84	7.25
2016	736.19	660.08	50.57	23.49	2.05
2017	671.03	520.97	98.56	27.22	24.29
2018	722.01	572.99	96.60	24.13	28.29
2019	826.62	658.48	96.57	39.79	31.78
2020	929.16	772.53	108.36	27.81	20.46

9-14 商品房销售面积（按区域分）

TOTAL FLOOR SPACE OF BUILDINGS SOLD(GROUPED BY DISTRICT)

单位：万平方米 （10 000 sq. m）

年 份 Year	销售面积 Floor Space of Buildings Sold	福田区 Futian	罗湖区 Luohu	盐田区 Yantian	南山区 Nanshan	大宝安区 Original Baoan	宝安区 Baoan	龙华区 Longhua	光明区 Guangming	大龙岗区 Original Longgang	龙岗区 Longgang	坪山区 Pingshan	大鹏新区 Dapeng	深汕特别合作区 Shenzhen-Shanwei Special Cooperation Zone
1997	405.44	126.57	95.18		70.27	54.48				58.94				
1998	432.22	135.99	90.89	7.69	75.68	54.63				67.34				
1999	541.84	162.69	118.53	12.10	94.89	71.62				82.01				
2000	611.37	200.59	86.13	7.57	125.39	78.65				113.04				
2001	643.47	165.28	110.75	9.01	140.62	95.21				122.60				
2002	791.70	206.81	129.45	9.67	182.60	127.22				135.95				
2003	877.85	206.30	120.49	25.45	236.85	149.76				139.02				
2004	908.62	164.74	83.90	17.32	285.04	186.40				171.22				
2005	993.20	210.36	103.11	22.85	171.05	283.84				201.99				
2006	797.66	122.22	53.56	18.63	130.60	260.36				212.29				
2007	555.11	69.29	35.26	17.92	72.60	189.08				170.97				
2008	466.71	35.47	37.27	15.55	71.11	161.66				145.65				
2009	762.16	52.49	34.86	30.95	171.33	217.20				255.33				
2010	465.59	18.74	17.10	14.37	81.76	122.11				211.51				
2011	496.89	153.60	7.07	10.38	53.35	106.07				166.42				
2012	525.83	22.53	9.36	7.47	61.84	214.73	104.16	102.56	8.01	209.90	184.54	25.01	0.36	
2013	588.58	61.27	11.18	14.31	53.94	218.56	98.38	106.60	13.58	229.32	197.57	30.59	1.15	
2014	532.57	39.06	8.42	22.06	58.42	204.45	107.52	89.4	7.53	200.16	163.32	35.01	1.84	
2015	831.46	73.72	17.75	27.94	101.72	296.37	120.86	117.61	57.90	313.96	240.47	54.97	18.51	
2016	736.19	46.75	42.17	21.92	129.04	245.83	78.64	120.29	46.89	250.49	222.63	18.38	9.48	
2017	671.03	25.71	36.75	5.15	127.06	125.35	86.02	87.44	39.34	237.98	231.89	25.59	6.09	
2018	722.01	35.79	32.69	10.21	121.07		133.18	86.72	27.86		214.67	56.22	3.60	
2019	826.62	50.27	33.96	20.19	131.48		158.83	108.52	60.07		178.76	60.81	3.66	20.06
2020	929.16	32.92	36.67	26.44	146.46		163.53	124.00	89.56		214.79	63.94	10.49	20.36

9-15 商品住宅销售面积（按区域分）

TOTAL FLOOR SPACE OF RESIDENTIAL BUILDINGS SOLD (GROUPED BY DISTRICT)

单位：万平方米 （10 000 sq. m）

年份 Year	销售面积 Floor Space of Buildings Sold	福田区 Futian	罗湖区 Luohu	盐田区 Yantian	南山区 Nanshan	大宝安区 Original Baoan	宝安区 Baoan	龙华区 Longhua	光明区 Guangming	大龙岗区 Original Longgang	龙岗区 Longgang	坪山区 Pingshan	大鹏新区 Dapeng	深汕特别合作区 Shenzhen-Shanwei Special Cooperation Zone
1996	261.13	82.35	71.87		43.19	21.26				42.46				
1997	336.70	106.75	71.23		61.63	43.31				53.78				
1998	372.38	111.06	75.29	3.80	70.61	50.07				61.55				
1999	492.51	147.54	109.57	6.36	88.59	64.24				76.21				
2000	556.82	181.94	77.17	6.80	114.95	69.70				106.26				
2001	593.72	155.44	97.85	7.97	135.20	86.75				110.51				
2002	724.41	186.29	119.80	9.38	173.18	111.31				124.45				
2003	811.90	186.59	111.08	24.29	222.60	142.53				124.82				
2004	802.58	125.29	83.78	17.26	270.81	167.84				137.60				
2005	901.13	172.73	100.15	21.77	157.76	266.25				182.49				
2006	704.89	77.58	52.72	17.28	119.41	244.08				193.82				
2007	500.35	49.22	31.36	17.50	63.95	176.32				162.00				
2008	413.65	31.77	21.36	15.04	64.33	146.68				134.47				
2009	717.40	37.11	34.46	30.27	167.42	205.59				242.55				
2010	413.80	7.2	10.21	18.36	69.30	114.91				193.82				
2011	469.43	148.36	5.25	10.03	46.44	101.80				157.55				
2012	488.43	11.39	7.74	7.16	54.22	207.17	98.03	101.13	8.01	200.75	176.46	23.96	0.33	
2013	527.16	36.20	10.54	9.46	49.61	213.02	93.83	105.61	13.58	208.32	178.51	29.11	0.70	
2014	474.81	19.52	7.97	17.11	56.22	190.19	99.10	83.60	7.49	183.80	149.36	33.71	0.73	
2015	747.83	44.43	17.61	24.49	94.53	281.34	109.50	114.71	57.12	285.43	214.14	52.78	18.51	
2016	660.08	15.32	42.05	17.33	125.18	232.07	73.55	115.34	43.18	228.14	203.51	15.45	9.17	
2017	520.97	17.93	21.77	4.11	97.34	94.00	71.11	52.09	22.89	219.50	213.54	14.24	5.96	
2018	572.99	28.76	16.52	6.22	93.69		111.28	51.36	22.36		196.91	42.30	3.60	
2019	658.48	33.69	11.62	19.78	86.02		134.95	84.03	56.18		155.89	52.61	3.66	20.06
2020	772.53	20.96	16.89	21.68	79.78		144.06	112.99	82.95		200.96	61.82	10.17	20.26

9-16 办公楼销售面积（按区域分）

TOTAL FLOOR SPACE OF OFFICE BUILDINGS SOLD（GROUPED BY DISTRICT）

单位：万平方米　　　　(10 000 sq. m)

年　份 Year	销售面积 Floor Space of Buildings Sold	福田区 Futian	罗湖区 Luohu	盐田区 Yantian	南山区 Nanshan	大宝安区 Original Baoan	宝安区 Baoan	龙华区 Longhua	光明区 Guangming	大龙岗区 Original Longgang	龙岗区 Longgang	坪山区 Pingshan	大鹏新区 Dapeng	深汕特别合作区 Shenzhen-Shanwei Special Cooperation Zone
1996	32.33	8.80	14.35		9.18									
1997	28.88	9.34	13.06		3.59	1.39				1.50				
1998	22.06	12.11	7.60	0.31	0.94					1.10				
1999	15.02	9.30	3.70	1.33	0.63	0.06								
2000	12.19	6.15	3.95	0.05	1.50	0.13				0.41				
2001	11.01	2.91	5.77	0.14	0.66	0.01				1.52				
2002	17.94	12.63	3.39	0.29	1.37	0.02				0.24				
2003	19.54	13.72	2.16		1.68	1.45				0.53				
2004	26.90	23.11		26.90	3.66	0.01				0.12				
2005	28.49	22.19			5.04	0.54				0.72				
2006	37.64	31.85	0.06		5.22					0.51				
2007	20.87	15.51	0.61		3.80	0.87				0.08				
2008	5.59	2.27			1.65	1.67								
2009	19.63	12.65			2.24	4.46				0.28				
2010	15.00	5.80	4.19		0.27	3.21				1.53				
2011	9.90	4.68	0.37		4.51	0.34								
2012	5.98	1.68			3.60	0.51	0.51			0.19	0.19			
2013	21.31	13.70	0.64	1.39	3.63	0.36		0.36		1.59	1.59			
2014	23.17	9.69	0.46	2.10	2.06	6.03	2.53	3.50		2.84	2.84			
2015	56.54	23.19	0.14	3.21	5.92	7.39	7.02	0.37		16.69	16.69			
2016	50.57	30.30		2.37	2.52	5.69	4.16	1.53		9.68	8.95	0.73		
2017	98.56	7.50	12.20	1.03	16.48	16.52	10.12	27.56	6.40	5.96	5.96	11.30		
2018	96.60	6.56	9.53	3.99	21.51		11.34	23.65	1.70		9.15	9.16		
2019	96.57	7.51	19.13	0.28	28.81		15.61	7.55	0.86		12.47	4.35		
2020	108.36	7.21	13.96	1.63	52.43		13.39	4.66	5.52		8.67	0.79		0.11

9-17 商业用房销售面积（按区域分）

TOTAL FLOOR SPACE OF COMMERCIAL BUILDINGS SOLD (GROUPED BY DISTRICT)

单位：万平方米 (10 000 sq. m)

年份 Year	销售面积 Floor Space of Buildings Sold	福田区 Futian	罗湖区 Luohu	盐田区 Yantian	南山区 Nanshan	大宝安区 Original Baoan	宝安区 Baoan	龙华区 Longhua	光明区 Guangming	大龙岗区 Original Longgang	龙岗区 Longgang	坪山区 Pingshan	大鹏新区 Dapeng	深汕特别合作区 Shenzhen-Shanwei Special Cooperation Zone
1996	21.23	2.66	11.49		1.32	4.38				1.38				
1997	27.40	4.48	8.75		2.48	9.54				2.15				
1998	19.85	3.70	5.34	0.08	2.00	4.04				4.69				
1999	26.20	2.15	5.26	4.43	2.91	5.85				5.60				
2000	26.32	3.88	3.21	0.72	4.64	7.57				6.30				
2001	27.40	3.42	4.92	0.28	2.59	8.23				7.96				
2002	46.36	6.52	6.15		6.53	15.89				11.27				
2003	39.37	4.81	6.61	1.16	7.62	5.51				13.66				
2004	58.09	8.16	0.94	0.15	9.66	17.79				21.39				
2005	53.48	9.20	2.93	1.17	8.55	16.77				14.86				
2006	46.89	7.72	0.69	1.36	5.96	16.25				14.91				
2007	30.64	1.64	3.28	0.41	4.85	11.89				8.57				
2008	33.58	1.43	15.91	0.51	2.20	4.85				8.68				
2009	18.07	0.40	0.22	0.67	1.67	7.15				7.96				
2010	21.88	0.35	1.79	0.07	1.79	4.70				13.18				
2011	16.95	0.70	1.36	0.34	2.22	3.78				8.55				
2012	21.00	0.68	1.62	0.30	4.01	7.06	5.62	1.43		7.33	6.25	1.05	0.02	
2013	19.05	2.67		3.46	0.70	5.17	4.55	0.63		7.04	5.11	1.48	0.45	
2014	23.59	3.70		2.85	0.14	4.02	2.94	1.04	0.04	12.88	10.49	1.29	1.10	
2015	19.84	3.89		0.24	1.26	4.77	2.28	1.70	0.78	9.67	7.48	2.19		
2016	23.49	0.92	0.12	2.21	0.57	7.83	0.92	3.27	3.64	11.84	9.77	2.04	0.03	
2017	27.22	0.06	2.25	0.01	1.22	5.63	1.90	7.76	3.74	10.29	10.16		0.13	
2018	24.13	0.47	1.75		1.16		5.39	7.62	0.54		5.59	1.60		
2019	39.79	8.90	0.14	0.03	5.19		5.92	9.37	1.42		6.84	1.97		
2020	27.81	4.76	1.83	0.56	7.49		3.55	4.21	0.52		3.81	0.76	0.31	

9-18 商品房屋待售面积（按用途分）

TOTAL FLOOR SPACE OF COMMERCIALIZED BUILDINGS FOR SALE （GROUPED BY USE）

单位：万平方米 (10 000 sq. m)

年 份 Year	待售面积 Floor space of Commercialized Buildings	住 宅 Residential Buildings	办公楼 Office Buildings	商业用房 Houses For Business Use	其 他 Others
1996	328.68	191.94	40.31	55.20	41.23
1997	258.69	137.34	48.69	48.66	24.00
1998	296.94	158.88	55.96	56.73	25.37
1999	249.60	139.67	42.49	52.90	14.54
2000	272.62	170.92	47.17	48.49	6.04
2001	241.35	142.72	29.53	51.69	17.41
2002	311.03	206.50	23.03	59.99	21.51
2003	319.94	190.88	26.23	81.12	21.71
2004	251.53	138.15	21.62	68.45	23.31
2005	191.51	90.24	14.38	63.44	23.45
2006	185.41	69.63	23.98	66.41	25.39
2007	152.36	58.92	15.81	55.30	22.33
2008	231.58	121.17	15.02	69.22	26.17
2009	141.64	63.60	15.41	49.56	13.07
2010	134.36	53.15	9.00	51.82	20.39
2011	257.69	148.13	5.15	84.49	19.92
2012	310.05	188.94	16.89	80.14	24.09
2013	351.66	203.06	14.08	103.06	31.47
2014	319.85	191.95	16.09	96.27	15.54
2015	336.51	231.66	14.72	65.56	24.57
2016	272.98	140.17	29.86	77.44	25.52
2017	261.30	147.20	28.83	72.74	12.53
2018	277.29	158.30	36.18	65.30	17.51
2019	396.15	224.42	62.71	79.41	29.61
2020	353.82	151.59	87.66	74.85	39.71

9-19 商品房屋待售面积（按区域分）

TOTAL FLOOR SPACE OF VACANT BUILDINGS（GROUPED BY DISTRICT）

单位：万平方米 （10 000 sq. m）

年 份 Year	待售面积 Floor space of Commercialized Buildings	福田区 Futian	罗湖区 Luohu	盐田区 Yantian	南山区 Nanshan	大宝安区 Original Baoan	宝安区 Baoan	龙华区 Longhua	光明区 Guangming	大龙岗区 Original Longgang	龙岗区 Longgang	坪山区 Pingshan	大鹏新区 Dapeng	深汕特别合作区 Shenzhen-Shanwei Special Cooperation Zone
1996	328.68	92.03	105.18		55.88	49.30				26.29				
1997	258.69	55.41	78.56		59.13	37.47				28.12				
1998	296.94	74.08	82.92	2.59	76.22	39.61				21.52				
1999	249.60	60.46	82.32	4.03	45.21	25.51				32.07				
2000	272.62	61.38	98.36	2.82	50.22	29.99				29.85				
2001	241.35	72.12	81.50	1.81	34.59	24.00				27.33				
2002	311.03	89.77	75.29	9.04	69.26	30.38				37.29				
2003	319.94	103.76	74.54	8.20	67.50	34.87				31.07				
2004	251.53	81.49	61.37	12.38	38.04	22.46				35.79				
2005	191.51	56.42	46.46	11.26	21.81	30.27				25.29				
2006	185.41	57.02	48.47	7.40	26.31	12.79				33.42				
2007	152.36	42.48	32.39	3.50	21.38	16.29				36.32				
2008	231.58	36.14	33.45	6.88	43.75	46.79				64.57				
2009	141.64	34.65	28.45	3.57	29.30	19.38				26.29				
2010	134.36	31.51	23.00	8.75	16.51	33.34				21.25				
2011	257.69	37.28	22.64	13.67	10.72	106.12				67.26				
2012	310.05	45.64	20.36	16.51	18.02	93.40	56.75	36.33	0.33	116.12	114.21	0.63	1.28	
2013	351.66	34.72	37.87	18.44	40.92	104.67	50.04	54.31	0.33	115.05	100.16	6.16	8.73	
2014	319.85	18.49	27.68	25.48	45.92	98.76	49.01	42.87	6.87	103.52	84.76	10.63	8.12	
2015	336.51	22.26	31.32	15.26	33.23	138.06	57.42	69.32	11.32	96.38	69.93	8.14	18.31	
2016	272.98	12.87	14.78	15.90	65.51	96.29	49.95	35.29	11.06	67.63	52.25		15.38	
2017	261.30	15.22	16.13	11.59	56.50	68.58	66.49	30.56	2.09	55.61	46.31	7.11	9.30	
2018	27 7.29	13.58	18.01	19.91	50.18		80.02	29.65	3.30		50.95		11.70	
2019	396.15	15.72	27.96	38.23	55.62		74.56	51.40	12.43		80.89	28.21	11.14	
2020	353.82	8.79	28.16	25.56	52.49		64.24	35.76	37.22		46.23	43.76	9.98	1.64

9-20 商品房二级市场平均交易价格（按用途分）

AVERAGE SELLING PRICE OF COMMERCIAL HOUSES IN SECONDARY MARKET （GROUPED BY USE）

单位：元/平方米　　　　(yuan/ sq. m)

年 份 Year	商品房二级市场平均交易价格 Average Selling Price of Commercial Houses in Secondary Market	住 宅 Residential Buildings	办公楼 Office Buildings	商业用房 Houses For Business Use	其 他 Others
1998	5 927	5 191	11 995	10 241	3 468
1999	5 503	5 004	10 504	11 195	3 743
2000	5 718	5 275	10 954	10 306	3 186
2001	5 779	5 517	13 717	11 916	4 126
2002	6 074	5 641	8 145	12 175	5 000
2003	6 215	5 879	8 678	11 624	2 804
2004	6 771	6 419	9 670	12 764	5 672
2005	7 582	6 996	12 374	15 083	6 869
2006	10 039	9 190	15 762	18 257	9 714
2007	14 050	13 370	23 535	19 103	10 203
2008	12 665	12 823	19 071	11 469	8 286
2009	15 214	14 858	23 919	20 826	12 768
2010	20 850	20 297	24 797	23 346	24 787
2011	20 674	19 038	39 481	31 654	28 603
2012	20 035	18 848	37 814	29 859	27 472
2013	23 776	21 808	36 402	18 059	28 337
2014	25 700	23 955	32 926	34 911	30 165
2015	35 071	33 406	46 327	42 552	26 273
2016	52 777	53 455	52 529	53 090	43 210
2017	54 430	54 455	49 977	60 365	35 514
2018	54 090	54 120	55 173	57 382	36 241
2019	55 250	54 741	58 030	62 802	34 516
2020	54 003	52 808	55 828	63 430	38 940

注：　本表2017年及以前数据来源为深圳市规划和国土资源委员会，2018年及以后数据来源为深圳市住房和建设局。

Note: The data of this table are provided by Shenzhen Municipal Bureau of Planning and Land Resources before 2018, provided by Housing and Construction Bureau of ShenZhen Municipality from 2018.

9-21 商品房二级市场平均交易价格（按区域分）

AVERAGE SELLING PRICE OF COMMERCIAL HOUSES IN SECONDARY MARKET （GROUPED BY DISTRICT）

单位：元/平方米 (yuan/ sq. m)

年 份 Year	商品房二级市场平均交易价格 Average Selling Price of Commercial Houses in Secondary Market	福田区 Futian	罗湖区 Luohu	盐田区 Yantian	南山区 Nanshan	宝安区 Baoan	龙岗区 Longgang	龙华区 Longhua	坪山区 Pingshan	光明区 Guangming	大鹏新区 Dapeng	深汕特别合作区 Shenzhen-Shanwei Special Cooperation Zone
1999	5 503	6 299	8 763	3 379	4 472	3 222	3 226					
2000	5 718	7 048	8 047	6 437	4 682	3 452	3 976					
2001	5 779	7 171	6 272	4 079	6 007	3 256	3 537					
2002	6 145	7 981	7 048	5 360	5 930	4 302	3 925					
2003	6 215	7 787	7 444	6 111	6 041	3 866	4 046					
2004	6 771	8 324	7 953	9 003	6 738	4 989	5 067					
2005	7 582	9 565	8 548	7 896	8 929	5 799	5 889					
2006	10 039	15 485	10 115	9 793	12 855	8 626	6 906					
2007	14 050	20 639	17 834	14 293	18 196	12 256	10 785					
2008	12 665	16 946	14 011	24 748	17 230	11 425	9 136					
2009	15 214	24 338	22 674	25 349	19 751	13 677	9 822					
2010	20 850	27 691	26 016	40 780	31 463	19 752	14 288					
2011	20 674	39 481	26 118	20 869	35 936	18 236	15 010					
2012	20 035	33 852	29 928	29 924	34 924	18 288	14 526					
2013	23 776	42 843	34 715	25 964	41 636	21 616	17 621					
2014	25 700	44 171	40 866	31 358	41 406	24 221	18 938					
2015	35 071	55 570	47 518	34 725	57 700	34 971	26 728	33 005	16 764	19 648	17 051	
2016	52 777	64 750	58 211	46 220	76 077	57 369	39 723	43 853	30 271	31 289	27 531	
2017	54 430	84 869	63 937	55 230	86 411	57 149	37 520	53 235	32 310	32 692	37 639	
2018	54 090	81 199	59 850	47 717	87 876	52 204	41 541	57 914	27 530	40 020	37 043	
2019	55 250	86 225	54 605	45 226	91 001	52 390	41 430	55 685	33 740	44 481	30 151	0 7[illegible]9
2020	54 003	87 705	55 874	47 300	90 951	57 774	42 556	61 092	37 358	50 320	30 656	4 0[illegible]5

注：本表2017年及以前数据来源为深圳市规划和国土资源委员会，2018年及以后数据来源为深圳市住房和建设局。

Note: The data of this table are provided by Shenzhen Municipal Bureau of Planning and Land Resources before 2018, provided by Housing and Construction Bureau of ShenZhen Municipality from 2018.

9-22 商品住宅二级市场平均交易价格（按区域分）

AVERAGE SELLING PRICE OF COMMERCIAL HOUSES IN SECONDARY MARKET （GROUPED BYDISTRICT）

单位：元/平方米 (yuan/ sq.m)

年 份 Year	住宅平均平均交易价格 Average Selling Price of Commercial Houses in Secondary Market	福田区 Futian	罗湖区 Luohu	盐田区 Yantian	南山区 Nanshan	宝安区 Baoan	龙岗区 Longgang	龙华区 Longhua	坪山区 Pingshan	光明区 Guangming	大鹏新区 Dapeng	深汕特别合作区 Shenzhen-Shanwei Special Cooperation Zone
1999	5 004	6 027	7 394	3 194	4 390	3 074	3 033					
2000	5 275	6 728	7 200	4 252	4 540	3 025	3 718					
2001	5 517	6 465	6 408	4 139	5 709	2 851	3 402					
2002	5 641	7 664	6 496	5 265	5 639	3 805	3 522					
2003	5 879	7 640	6 866	6 076	5 778	3 640	3 485					
2004	6 419	7 806	7 789	9 002	6 499	4 787	4 447					
2005	6 996	8 627	8 135	7 698	8 502	5 353	5 353					
2006	9 190	13 803	9 988	9 454	12 119	8 297	6 423					
2007	13 370	18 441	16 946	14 178	18 008	12 212	10 478					
2008	12 823	16 876	16 891	24 995	17 050	11 652	9 112					
2009	14 858	23 216	22 607	25 366	19 636	13 726	9 626					
2010	20 297	29 248	23 470	40 861	30 840	19 944	14 166					
2011	19 038	29 866	24 656	19 392	35 370	17 805	14 705					
2012	18 848	29 958	30 319	23 254	34 401	18 028	13 942					
2013	21 808	41 439	36 396	19 485	42 273	20 947	17 118					
2014	23 955	42 445	42 480	28 253	41 259	23 747	18 755					
2015	33 406	54 461	48 636	30 498	56 463	35 841	27 230	32 835	16 014	18 791	17 051	
2016	53 455	83 292	64 330	44 606	82 142	58 745	40 859	41 850	30 837	33 833	27 531	
2017	54 455	87 377	75 042	55 230	101 134	56 960	37 560	52 737	32 652	34 774	37 639	
2018	54 120	93 803	72 910	47 589	92 095	54 052	44 610	57 787	26 806	45 290	37 043	
2019	54 741	97 256	69 625	47 300	95 413	54 605	44 527	59 862	35 063	46 014	30 151	10 789
2020	52 808	111 987	79 661	49 534	94 423	62 642	43 467	63 154	37 758	51 954	30 656	14 220

注： 本表2017年及以前数据来源为深圳市规划和国土资源委员会，2018年及以后数据来源为深圳市住房和建设局。

Note: The data of this table are provided by Shenzhen Municipal Bureau of Planning and Land Resources before 2018,provided by Housing and Construction Bureau of ShenZhen Municipality from 2018.

9-23 房地产开发企业主要财务指标

FINANCIAL INDICATORS OF REAL ESTATE COMPANIES

年 份	Year	2015	2016	2017	2018	2019	2020
一、年末资产负债（亿元）	**Total Assets and Liabilities at the year end (100 million yuan)**						
资产总计	Total Capital	12 775.46	16 433.75	20 196.64	25 624.59	26 666.46	32 9[illegible]4.64
负债合计	Total liabilities	9 816.21	12 405.27	15 350.48	18 341.80	19 978.58	24 3[illegible]5.71
所有者权益合计	Creditors' Equity	2 959.26	4 028.48	4 846.15	7 282.79	6 687.88	8 5[illegible]8.9[illegible]
二、损益及分配（亿元）	**Profit,loss and distribution(100 million yuan)**						
1.主营业务收入	Business Revenue	1 864.36	2 406.26	2 570.31	3 235.17	3 371.03	3 5[illegible]2.43
#土地转让收入	Land Sales Revenue			0.80	0.56		0.33
商品房屋销售收入	Sales Revenue of Commodity	1 767.06	2 236.99	2 407.45	3 025.22	3 190.13	3 2[illegible]2.05
房屋出租收入	Revenue Leased	83.13	130.76	114.09	80.55	96.87	1[illegible]6.84
其他收入	Other Revenues	14.17	38.51	41.10	73.85	71.13	1[illegible].00
2.主营业务成本、主营业务税金及附加	Business Cost,Taxes and Extra Charge	1 301.68	1 525.90	1 569.84	1 982.30	2 240.65	2 37[illegible].44
主营业务成本	Business cost	1 055.32	1 172.91	1 207.13	1 529.89	1 712.27	187[illegible].77
主营业务税金及附加	Business Taxes and Extra Charge	246.37	353.00	362.71	452.41	528.37	50[illegible].68
3.费用合计	Total Expenses	222.45	249.28	297.31	331.53	383.38	44[illegible].55
销售费用	Sales Expenses	60.75	71.11	72.65	98.69	127.38	12[illegible].81
管理费用	Management Expenses	78.92	97.57	112.78	111.44	130.00	14[illegible].68
财务费用	Financial Expenses	82.78	80.61	111.88	121.41	126.00	17[illegible].06
4.其他业务利润	Other Profits	7.25	4.25	1.79	1.61	4.97	[illegible].11
5.投资收益	Investment Revenue	149.00	131.58	92.37	178.70	114.54	10[illegible].82
6.营业外收入	Nonbusiness Revenue	7.11	10.81	6.89	13.94	8.31	2[illegible].66
7.营业外支出	Nonbusiness Expenses	7.57	15.28	39.04	21.14	19.61	2[illegible].26
8.利润总额	Total Profits	519.57	772.44	824.73	1 082.63	890.86	80[illegible].27
三、工资总额（亿元）	**Total Payable Salaries(100 million yuan)**	**38.40**	**47.49**	**52.91**	**77.26**	**89.81**	**84.68**
四、从业人员年平均人数(人)	**Average Number of Employed Persons(person)**	**26 681**	**29 143**	**30 856**	**33 632**	**33 965**	**36 [illegible]28**
五、企业数(个)	**Number of Enterprises(unit)**	**498**	**566**	**599**	**645**	**686**	**[illegible]52**

主要统计指标解释

房地产开发投资　指各种登记注册类型的房地产开发公司、商品房建设公司及其他房地产开发法人单位和附属于其他法人单位实际从事房地产开发或经营活动的单位统一开发的包括统代建、拆迁还建的住宅、厂房、仓库、饭店、宾馆、度假村、写字楼、办公楼等房屋建筑物和配套的服务设施，土地开发工程（如道路、给水、排水、供电、供热、通讯、平整场地等基础设施工程）的投资；不包括单纯的土地交易活动。

施工面积　指报告期内施工的全部房屋建筑面积。包括本期新开工的面积和上期开工跨入本期继续施工的房屋面积，以及上期已停建在本期恢复施工的房屋面积。本期竣工和本期施工后又停缓建的房屋，其建筑面积仍计入本期房屋施工面积中。

竣工面积　指在报告期内房屋建筑按照设计要求已经全部完工，达到住人和使用条件，经验收鉴定合格（或达到竣工验收标准），正式移交使用单位的各栋房屋建筑面积的总和。

Explanatory Notes on Main Statistical Indicators

Investment in Real Estate Development It includes the investment by the real estate development companies, commercial buildings construction companies and other real estate development units of various types of ownership in the construction of house buildings, such as residential buildings, factory buildings, warehouses, hotels, guesthouses, holiday villages, office buildings, and the complementary service facilities and land development projects, such as roads, water supply, water drainage, power supply, heating, telecommunications, land leveling and other projects of infrastructure. It excludes the activities in simple land transactions.

Floor Space under Construction refers to total floor space of all buildings under construction during the reference period, including floor space of newly started buildings during the reference period, floor space of construction extended from the previous period to the current period, and floor space of construction suspended during the previous period and resumed in the current period. Floor space of construction completed in the current period, and floor space of construction started and then suspended in the current period are also included in the floor space under construction of the current year.

Floor Space of Building Completed refers to the floor space of all buildings completed in the reference period, which have been appraised and accepted (or come up to the designed standards) and have been transferred to the owners for use.

10 第十部分 商业和物价

COMMERCE AND PRICE

CHAPTER

10-1 社会消费品零售总额及指数

INDICES OF TOTAL RETAIL SALES OF CONSUMER GOODS

年 份 Year	社会消费品零售总额(万元) Total Retail Sales of Consumer Goods (10 000 yuan)	社会消费品零售总额指数 Retail Sales Indices	
		以1979年为100 (1979=100)	以上年为100 (Preceding year=100)
1979	11 259	100.0	
1980	19 615	174.2	174.2
1981	34 229	304.0	174.5
1982	54 185	481.3	158.3
1983	123 794	1 099.5	228.5
1984	201 107	1 786.2	162.5
1985	265 642	2 359.4	132.1
1986	273 712	2 431.1	103.0
1987	324 364	2 880.9	118.5
1988	502 430	4 462.5	154.9
1989	545 741	4 847.2	108.6
1990	667 580	5 929.3	122.3
1991	828 341	7 357.1	124.1
1992	1 939 506	10 204.3	138.7
1993	2 760 596	14 524.3	142.3
1994	3 778 706	19 880.9	136.9
1995	4 634 355	24 382.7	122.6
1996	5 293 512	27 850.7	114.2
1997	5 906 244	31 074.5	111.6
1998	6 539 123	34 404.2	110.7
1999	7 361 785	38 732.5	112.6
2000	8 537 247	44 916.9	116.0
2001	9 727 119	51 177.2	113.9
2002	11 087 719	58 335.7	114.0
2003	13 023 364	68 519.7	117.5
2004	15 080 237	79 341.5	115.8
2005	17 546 748	92 318.5	116.4
2006	20 513 548	107 927.7	116.9
2007	23 460 986	123 435.0	114.4
2008	27 984 708	147 235.6	119.3
2009	31 634 781	166 439.7	113.0
2010	36 360 972	191 305.6	114.9
2011	42 451 855	223 351.4	116.8
2012	49 188 894	258 796.9	115.9
2013	55 390 633	291 426.1	112.6
2014	61 457 836	323 347.4	111.0
2015	64 231 050	337 938.1	104.5
2016	70 021 463	368 403.1	109.0
2017	77 895 215	409 829.2	111.2
2018	85 195 000	448 235.4	109.4
2019	91 444 581	481 116.4	107.3
2020	86 648 297	455 953.6	94.3
年平均增长率 Average Annual Growth Rate		**22.8**	

注：1992-2018年数据已根据全国第四次经济普查结果进行修订。

Note: The data from 1992 to 2018 have been revised by the fourth national economic census.

10-2　限额以上批发零售贸易业商品分类销售（2020年）

TOTAL SALES OF ENTERPRISES OVER LEVELS IN WHOLESALE AND RETAIL SALE TRADES GROUPED BY CATEGORY OF COMMODITIES（2020）

单位：万元　　　　　　（10 000 yuan）

项　目	Item	批发额 Value in Wholesale Trade	零售额 Value in Retail Sale Trade
总　　计	**Total**	**272 408 508**	**30 701 615**
食品、饮料、烟酒类	Food,Beverage,Tobacco and Liquor	35 215 480	4 694 884
针、纺织品类	Knitwear and Textiles	1 543 719	346 795
服装、鞋帽类	Garments,Footwear and Headgear	2 100 651	3 180 320
化妆品类	Cosmetics	1 103 335	436 263
日用品类	Articles for Daily Use	6 208 043	1 877 906
五金、电料类	Hardwares and Electric Appliances	4 416 420	15 568
家用电器及音像器材类	Household Appliances and Video Appliances	8 327 383	1 674 023
电子出版类及音像制品类	E-journals and Video Products	79 232	14 185
体育、娱乐用品类	Sports and Recreational Articles	601 222	156 032
文化、办公用品类	Articles For Culture and Office Use	11 817 838	729 494
金银珠宝类	Gold, Silver and Jewelry	5 064 656	940 005
家具类	Furniture	1 405 097	558 361
中西药品类	Traditional Chinese and Western Medicines	6 611 336	802 855
书报杂志类	Newspapers and Magazines	361 396	175 251
通讯器材类	Communications Appliances	26 330 562	1 411 396
建筑材料类	Building Materials	9 206 187	138 047
木材及制品类	Timber and Related Products	1 614 614	
化工材料及制品类	Chemical Materials and Products	16 206 862	
金属材料类	Metal Materials	59 210 997	
机电设备及零件类	Mechanical and Electrical Products and Accessories	39 155 265	47 000
煤炭及制品类	Coal and Related Products	3 063 983	
石油及制品类	Petroleum and Related Products	10 358 720	1 954 152
种子饲料类	Seeds and Feedstuff	549 682	
棉麻类	Cotton and Hemp	273 639	
汽车类	Motor Vehicles	9 969 155	11 178 242
其他类	Others	11 613 037	370 838

10-3 限额以上批发和零售业法人企业商品购销存综合表（2020年）

TOTAL PURCHASES SALES AND INVENTORY OF ENTERPRISES ABOVE THE DESIGNATED SIZE IN WHOLESALE AND RETAIL TRADE（2020）

单位：万元

项　目	Item	法人企业（个）Number of Corporative Enterprises (unit)	从业人员期末人数（人）Number of Employees at the Year-end (person)
总　　计	**Total**	**10 468**	**55[illegible] 653**
一、批发业	**Wholesale Trade**	**8 847**	**336 292**
1.按批发行业分组	Grouped by Sector		
农畜产品批发	Wholesale of Farm and Livestock Products	116	[illegible] 829
食品、饮料及烟草制品批发	Wholesale of Foods, Beverages&Tobaccos	845	52 728
纺织、服装及日用品批发	Wholesale of Textiles, Garments and Daily-use Products	1 102	48 945
文化、体育用品及器材批发	Wholesale of Cultural and Sports Articles and Appliances	583	26 754
医药及医疗器材批发	Wholesale of Medicine and Medical Appliances	337	2[illegible] 324
矿产品、建材及化工产品批发	Wholesale of Mineral Products, Building Material and Chemical Products	1 986	46 202
机械设备、五金交电及电子产品批发	Wholesale of Mechanical Equipment,Hardware and Electronic Products	3 528	121 203
贸易经纪与代理	Trade Broker and Agent	193	7 131
其他批发	Other Wholesales	157	7 170
2.按登记注册类型分组	Grouped by Registration Status		
内资企业	Domestic-funded	7 953	279 07[illegible]
国有企业	State-owned	61	4 434
集体企业	Collective-owned		
股份合作企业	Share-holding Cooperative Enterprises	1	115
联营企业	Joint Ownership	3	26
有限责任公司	Limited Liabilities Companies	1 236	51 936
股份有限公司	Share-holding Limited Companies	138	24 317
私营企业	Private-owned	6 513	198 160
港、澳、台商投资企业	Funded by Entrepreneur from Hong Kong,Macao and Taiwan	622	34 554
合资经营企业（港或澳、台资）	Joint-venture(Hong Kong,Macao and Taiwan)	52	2 952
合作经营企业（港或澳、台资）	Cooperative(Hong Kong,Macao and Taiwan)	2	112
港、澳、台商独资经营企业	Enterprises with Sole Funds(Hong Kong,Macao and Taiwan)	548	30 314
港、澳、台商投资股份有限公司	Share-holding Corporations Ltd(Hong Kong,Macao and Taiwan)	10	758
外商投资企业	Foreign-funded	272	22 567
中外合资经营企业	Jointly-owned	51	6 313
中外合作经营企业	Cooperatively-owned	1	130
外资企业	Exclusively Foreign-owned	207	15 039
外商投资股份有限公司	Foreign-funded Investment Companies Limited	7	436
3.按控股情况分组	Grouped by Holding Condition		
国有控股	State-controlled	174	22 140
集体控股	Collective-controlled	20	1 581
私人控股	Private-controlled	7 407	237 951
港澳台商控股	Controlled by Entrepreneur from Hong Kong,Macao and Taiwan	600	33 374
外商控股	Foreign-funded-controlled	228	15 381
其他	Others	418	24 365
4.按经营形式分组	Grouped by Business Forms		
独立门店	Independent Stores	1 412	52 [illegible]47

(10 000 yuan)

商品购进总额 Total Purchase	进口额 Imports	商品销售总额 Total Sales	批发额 Wholesales Trade	出口额 Exports	零售额 Retail Trade	年末商品库存总额 Inventory (Year-end)	年末零售营业面积(平方米) Retail Business Area at the Year-end(sq.m)
298 610 724	**29 991 524**	**322 274 752**	**288 828 291**	**13 815 775**	**33 103 543**	**19 930 094**	**10 677 833**
268 793 576	**28 656 370**	**286 284 797**	**283 822 584**	**13 748 281**	**2 120 517**	**16 427 675**	**1 162 164**
2 686 074	272 708	2 731 340	2 706 995	65 644	20 338	310 324	5 041
31 307 306	2 234 787	33 424 027	33 192 404	297 500	229 999	2 406 883	152 286
12 009 283	780 414	13 748 023	13 206 646	3 057 797	531 162	1 272 033	514 426
8 977 095	249 833	9 558 355	9 249 229	760 121	245 639	2 081 839	103 880
6 938 104	705 551	8 209 660	8 122 509	280 018	87 151	651 427	80 814
100 975 982	2 127 987	104 938 997	104 465 447	690 072	303 402	2 577 786	107 865
84 942 955	12 571 331	91 545 069	90 792 456	6 212 417	668 897	6 450 799	163 160
19 428 584	9 546 116	20 382 305	20 367 169	1 703 973	12 363	564 984	1 637
1 528 194	167 642	1 747 022	1 719 731	680 738	21 567	111 600	33 055
239 694 396	23 884 301	254 185 882	252 149 956	12 620 444	1 753 484	14 417 791	958 365
10 913 809	179 528	11 907 905	11 889 300	123 969	18 605	802 292	12 564
38 583		68 023	68 023			3 660	
26 260	1 397	28 912	28 912			454	270
65 715 153	5 532 135	69 494 305	69 016 637	1 372 113	440 521	2 744 427	274 251
18 493 325	444 040	19 504 818	19 456 212	1 950 169	48 606	659 214	41 336
144 488 601	17 727 201	153 163 348	151 672 300	9 174 193	1 245 752	10 202 634	629 944
13 958 269	2 806 600	16 373 095	16 104 516	457 678	209 325	1 250 740	181 559
1 260 268	161 122	1 476 263	1 461 373	62 931	14 890	93 267	21 000
844 993		848 991	848 991			1 466	
11 272 846	2 560 776	13 363 669	13 140 618	394 333	163 798	1 078 643	143 568
241 071	2 540	297 502	278 003		19 499	64 475	14 901
15 140 911	1 965 469	15 725 821	15 568 112	670 159	157 708	759 144	22 240
2 231 448	202 723	2 469 212	2 427 859	64 777	41 353	146 173	13 184
7 341		10 233	4 605		5 628	1 715	4 300
12 767 770	1 759 910	13 082 334	12 976 693	596 164	105 641	606 313	3 229
62 523	2 833	76 782	71 698	5 430	5 084	2 914	1 526
31 545 726	1 199 784	33 701 103	33 478 340	1 642 872	221 125	1 670 345	89 452
755 202	7 682	897 313	895 841	22 556	1 471	83 503	1 968
176 198 279	19 656 886	187 075 980	185 340 510	10 646 169	1 460 470	11 451 691	881 884
12 658 579	2 737 320	15 021 993	14 754 290	405 914	208 450	1 203 061	164 559
13 215 499	1 779 839	13 557 725	13 446 999	622 106	110 727	622 438	4 756
34 420 291	3 274 858	36 030 683	35 906 605	408 664	118 275	1 396 638	19 545
32 506 178	2 485 678	35 111 061	34 578 394	718 286	404 415	2 288 986	191 298

单位：万元

项 目	Item	法人企业（个）Number of Corporative Enterprises (unit)	从业人员期末人数（人）Number of Employees at the Year-end (person)
连锁总店	General Chain Stores	35	6 771
连锁门店	Chain Stores	31	3 600
其他	Others	7 369	273 074
二、零售业	**Retail Trade Sector**	**1 621**	**214 361**
1.按零售行业分组	Grouped by Sector		
综合零售	Integrated Retail	111	47 853
食品、饮料及烟草制品专门零售	Special Retail of Foods, Beverages&Tobaccos	93	6 958
纺织、服装及日用品专门零售	Special Retail of Textile, Garments and Daily-use Articles	200	49 359
文化、体育用品及器材专门零售	Special Retail of Cultural and Sports Goods and Appliances	88	9 653
医药及医疗器材专门零售	Special Retail of Medicine and Medical Appliances	40	3 321
汽车、摩托车、燃料及零配件专门零售	Special Retail of Automobiles, Motorcycles, Fuels and Related Accessories	595	59 284
家用电器及电子产品专门零售	Special Retail of Household Electrical Appliances and Electronic Products	174	10 118
五金、家具及室内装修材料专门零售	Special Retail of Hardware, Furniture and Indoor Decoration Materials	69	4 072
无店铺及其他零售	Retail without Shops and Other	251	13 803
2.按登记注册类型分组	Grouped by Registration		
内资企业	Civil Funded	1 491	155 149
国有企业	State-owned	14	1 295
集体企业	Collective-owned	1	46
股份合作企业	Share-holding Cooperative Enterprise	1	8
联营企业	Joint Ownership	3	42
有限责任公司	Limited Liabilities Companies	372	50 518
股份有限公司	Share-holding Limited Companies	30	7 411
私营企业	Private-owned	1 070	95 829
港、澳、台商投资企业	Funded by Entrepreneur from Hong Kong, Macao and Taiwan	92	30 047
外商投资企业	Foreign-funded	38	29 165
3.按控股情况分组	Grouped by Holding Condition		
国有控股	State-controlled	81	34 311
集体控股	Collective-controlled	8	359
私人控股	Private-controlled	1 263	117 632
港澳台商控股	Controlled by Entrepreneur from Hong Kong,Macao and Taiwan	80	18 939
外商控股	Foreign-funded-controlled	29	16 710
其他	Others	160	26 360
4.按经营形式分组	Grouped by Business Forms		
独立门店	Independent Stores	772	64 501
连锁总店	General Chain Stores	95	48 711
连锁门店	Chain Stores	91	23 309
其他	Other	663	77 840
5.按零售业态分组	Grouped by Retail Format		
有店铺零售	Store-based Retailing	1 181	178 405
无店铺零售	Non-Store Retailing	440	35 956

10-3 续表 continued（10 000 yuan）

商品购进总额 Total Purchase	进口额 Imports	商品销售总额 Total Sales	批发额 Wholesales Trade	出口额 Exports	零售额 Retail Trade	年末商品库存总额 Inventory (Year-end)	年末零售营业面积（平方米） Retail Business area at the Year-end(sq.m)
5 338 972	16 146	5 792 043	5 647 402	2 812	144 641	248 399	87 954
579 155	797	545 491	507 619	2 292	37 872	112 344	149 042
230 369 271	26 153 749	244 836 202	243 089 169	13 024 892	1 533 589	13 777 946	733 870
29 817 148	**1 335 154**	**35 989 956**	**5 005 706**	**67 494**	**30 983 026**	**3 502 419**	**9 515 669**
6 696 336	1 527	7 681 251	1 594 963		6 086 015	450 015	4 548 290
1 059 587	50 977	1 352 417	458 967		893 449	203 185	103 728
1 807 811	23 022	3 173 165	377 772	8 344	2 795 082	874 980	1 137 126
731 198	1 965	1 052 191	320 075	114	732 116	182 513	314 907
631 195	2 520	841 065	45 582	35	795 483	111 959	250 050
12 325 788	1 040 889	14 192 439	1 033 042	2 968	13 159 242	1 106 859	2 420 370
2 404 857	64 113	2 615 412	492 009	281	2 123 403	208 048	242 163
323 505	8 356	436 725	35 199	3 379	401 527	46 685	161 718
3 836 872	141 786	4 645 291	648 098	52 374	3 996 708	318 178	337 317
21 105 876	1 164 531	25 590 817	3 081 838	50 506	22 508 059	2 759 381	5 478 762
127 882		164 923	41 422		123 501	12 899	49 371
10 700		11 802			11 802	7	4 000
389	389	676			676	127	40
14 478		15 250			15 250	733	1 986
8 139 179	262 117	9 548 622	751 649	555	8 796 700	1 090 738	1 949 506
796 822	18 154	2 180 175	646 908		1 533 138	177 631	377 267
12 016 427	883 871	13 669 370	1 641 858	49 952	12 026 993	1 477 246	3 096 592
3 698 577	104 599	4 804 908	358 905	16 707	4 446 003	388 420	2 546 506
5 012 695	66 024	5 594 231	1 564 964	281	4 028 964	354 618	1 490 401
4 547 422	58 283	6 680 034	2 225 448		4 454 586	607 520	2 712 492
96 766	994	106 329	38 707		67 622	11 935	19 071
16 030 398	977 717	18 295 239	2 071 769	50 787	16 222 549	1 926 716	4 179 683
2 480 198	104 599	3 150 339	268 497	16 707	2 881 842	312 102	1 004 690
2 791 378	66 024	3 009 105	41 230		2 967 571	191 676	814 224
3 870 987	127 538	4 748 910	360 055		4 388 855	452 470	785 509
13 163 704	1 010 504	14 581 562	758 196	8 977	13 822 634	1 435 480	3 373 229
5 466 377	7 621	7 849 986	2 097 969	35	5 752 018	627 230	3 312 184
2 402 008	33 539	2 927 423	704 547	16 556	2 222 877	371 386	1 012 267
8 785 059	283 490	10 630 984	1 444 995	41 927	9 185 497	1 068 323	1 817 989
25 402 158	1 160 040	30 516 003	3 995 895	30 662	26 519 376	3 002 828	9 156 984
4 414 990	175 114	5 473 953	1 009 811	36 832	4 463 649	499 591	358 685

10-4 限额以上批发和零售业法人单位主要财务状况综合表（一）（2020年）

MAIN FINANCIAL INDICATORS OF WHOLESALE AND RETAIL SALES ABOVE THE SET SCALE Ⅰ（2020）

单位：万元

项　目	Item	法人企业数（个）Number of Corporative Enterprises (unit)	流动资产合计 Total Current Assets	应付账款 Accounts Payable
总　　计	**Total**	**10 468**	**182 393 899**	**47 141 700**
一、批发业	**Wholesale Trade**	**8 847**	**162 070 811**	**44 440 679**
1.按批发行业分组	Grouped by Sector			
农畜产品批发	Livestock products wholesale	116	1 230 455	150 515
食品、饮料及烟草制品批发	Wholesale of Foods, Beverages&Tobaccos	845	14 766 360	2 977 434
纺织、服装及日用品批发	Wholesale of Textiles, Garments and Daily-use Products	1 102	9 573 336	2 486 159
文化、体育用品及器材批发	Wholesale of Cultural and Sports Articles and Appliances	583	7 482 439	2 243 534
医药及医疗器材批发	Wholesale of Medicine and Medical Appliances	337	4 707 458	1 163 844
矿产品、建材及化工产品批发	Wholesale of Mineral Products, Building Material and Chemical Products	1 986	64 010 212	15 359 631
机械设备、五金交电及电子产品批发	Wholesale of Mechanical Equipment,Hardware and Electronic Products	3 528	47 327 257	15 665 944
贸易经纪与代理	Trade Broker and Agent	193	11 744 747	3 962 824
其他批发	Other Wholesales	157	1 228 547	444 736
2.按登记注册类型分组	Grouped by Registration Status			
内资企业	Domestic-funded	7 953	142 594 282	39 187 206
国有企业	State-owned	61	4 120 920	26 286
集体企业	Collective-owned			
股份合作企业	Share-holding Cooperative Enterprises	1	67 950	54 348
联营企业	Joint Ownership	3	12 291	2 995
有限责任公司	Limited Liabilities Companies	1 236	29 752 541	8 180 362
股份有限公司	Share-holding Limited Companies	138	16 307 542	2 938 519
私营企业	Private-owned	6 513	92 317 340	27 743 375
港、澳、台商投资企业	Funded by Entrepreneur from Hong Kong,Macao and Taiwan	622	12 262 611	2 526 972
合资经营企业（港或澳、台资）	Joint-venture(Hong Kong,Macao and Taiwan)	52	833 679	186 136
合作经营企业（港或澳、台资）	Cooperative(Hong Kong,Macao and Taiwan)	2	398 269	19 939
港、澳、台商独资经营企业	Enterprises with Sole Funds(Hong Kong,Macao and Taiwan)	548	10 790 894	2 271 222
港、澳、台商投资股份有限公司	Share-holding Corporations Ltd(Hong Kong,Macao and Taiwan)	10	169 606	30 391
外商投资企业	Foreign-funded	272	7 213 918	2 746 501
中外合资经营企业	Jointly-owned	51	1 727 456	477 155
中外合作经营企业	Cooperatively-owned	1	3 885	923
外资企业	Exclusively Foreign-owned	207	5 191 091	2 207 343
外商投资股份有限公司	Foreign-funded Investment Companies Limited	7	245 332	39 283
3.按控股情况分组	Grouped by Holding Condition			
国有控股	State-controlled	174	14 176 244	2 556 226
集体控股	Collective-controlled	20	534 704	140 341
私人控股	Private-controlled	7 407	110 354 109	32 340 801
港澳台商控股	Controlled by Entrepreneur from Hong Kong,Macao and Taiwan	600	11 675 457	2 475 707
外商控股	Foreign-funded-controlled	228	5 659 182	2 275 913
其他	Others	418	19 671 115	4 671 891
4.按经营形式分组	Grouped by Business Forms			
独立门店	Independent Stores	1 412	20 095 880	5 129 050

（10 000 yuan）

存货 Inventory	固定资产原价 Original Value of Fixed Assets	累计折旧 Accumulative Depreciation	本年折旧 Depreciation of the Year	资产总计 Total Assets	流动负债合计 Total Current Liabilities	应付账款 Accounts Payable
19 711 017	**7 564 919**	**3 568 871**	**532 485**	**224 224 357**	**156 030 372**	**42 692 789**
15 981 300	**5 238 291**	**2 357 888**	**354 088**	**198 976 375**	**139 655 633**	**38 190 427**
313 502	57 157	17 019	2 278	1 679 290	938 183	142 586
2 394 919	695 374	333 872	48 730	17 930 141	11 993 156	2 652 549
1 398 177	332 486	160 649	32 181	12 055 035	7 767 735	2 005 684
2 116 331	249 112	113 911	23 512	8 506 792	6 194 615	1 702 067
633 620	209 658	102 712	22 034	6 340 033	3 533 090	1 320 029
2 584 634	2 045 032	932 249	96 021	83 015 482	58 045 729	10 206 622
5 880 888	1 362 537	589 730	110 554	53 826 161	39 816 684	17 330 987
514 538	215 816	75 341	11 467	14 016 135	10 660 630	2 530 906
144 691	71 120	32 404	7 313	1 607 306	705 810	298 999
13 910 758	4 344 928	1 923 774	289 507	172 610 192	123 489 312	33 319 263
794 951	382 852	165 609	13 922	5 184 214	2 071 458	199 491
13 487				68 443	69 318	60 757
401	67	47	9	13 264	6 781	2 507
2 694 154	878 750	385 016	49 936	37 317 451	26 595 429	7 743 120
761 434	1 332 545	650 133	58 884	24 056 880	14 472 149	2 013 256
9 641 501	1 750 631	722 954	166 752	105 953 251	80 259 461	23 294 014
1 212 280	361 088	150 622	26 452	16 840 919	9 986 284	2 349 695
112 466	42 260	20 638	4 173	2 071 179	1 235 067	188 915
1 461	1 945	1 220	210	458 727	362 464	3 727
1 016 320	313 281	126 270	21 755	14 055 610	8 235 826	2 133 096
69 190	2 837	2 091	131	175 182	108 416	11 441
858 262	532 275	283 492	38 128	9 525 264	6 180 038	2 521 469
148 590	215 854	109 090	8 183	2 563 035	1 423 012	299 129
1 715	217	128	26	4 061	4 102	1 110
701 016	297 752	168 395	28 469	6 375 370	4 626 896	2 184 627
3 452	12 382	4 919	575	528 315	104 435	21 019
1 641 657	1 842 984	884 830	70 744	21 030 472	10 544 452	1 771 895
191 007	33 044	19 485	1 762	600 121	427 390	55 942
11 015 342	2 150 091	903 260	200 857	131 651 601	97 050 344	27 758 326
1 146 683	356 809	145 428	25 068	16 183 281	9 537 977	2 310 321
718 475	314 440	176 614	29 122	7 140 668	4 901 489	2 253 263
1 268 136	540 923	228 272	26 536	22 370 232	17 193 981	4 040 680
2 975 064	576 485	276 554	51 152	22 057 852	17 050 145	6 272 046

单位：万元

项　目 Item		法人企业数（个） Number of Corporative Enterprises (unit)	流动资产合计 Total Current Assets	应收账款 Accounts Payable
连锁总店	General Chain Stores	35	3 914 753	1 48[illegible] 9[illegible]3
连锁门店	Chain Stores	31	339 670	10[illegible] 260
其他	Others	7 369	137 720 507	37 73[illegible] 446
二、零售业	**Retail Trade Sector**	**1 621**	**20 323 089**	**2 68[illegible] 022**
1.按零售行业小类分组	Grouped by Sector			
综合零售	Integrated Retail	111	6 280 184	11[illegible] 0[illegible]8
食品、饮料及烟草制品专门零售	Special Retail of Foods, Beverages&Tobaccos	93	912 807	11[illegible] 759
纺织、服装及日用品专门零售	Special Retail of Textile, Garments and Daily-use Articles	200	2 267 254	40[illegible] 156
文化、体育用品及器材专门零售	Special Retail of Cultural and Sports Goods and Appliances	88	896 119	23[illegible] 754
医药及医疗器材专门零售	Special Retail of Medicine and Medical Appliances	40	535 605	3[illegible] 635
汽车、摩托车、燃料及零配件专门零售	Special Retail of Automobiles, Motorcycles, Fuels and Related Accessories	595	4 965 097	88[illegible] 386
家用电器及电子产品专门零售	Special Retail of Household Electrical Appliances and Electronic Products	174	1 499 677	44[illegible] 622
五金、家具及室内装修材料专门零售	Special Retail of Hardware, Furniture and Indoor Decoration Materials	69	272 126	5[illegible] 854
无店铺及其他零售	Retail without Shops and Other	251	2 694 220	39[illegible] 839
2.按登记注册类型分组	Grouped by Registration			
内资企业	Domestic-funded	1 491	14 018 510	2 33[illegible] 017
国有企业	State-owned	14	210 893	1[illegible] 449
集体企业	Collective-owned	1	8 513	3
股份合作企业	Share-holding Cooperative Enterprise	1	388	108
联营企业	Joint Ownership	3	9 988	5 265
有限责任公司	Limited Liabilities Companies	372	5 219 749	43[illegible] 727
股份有限公司	Share-holding Limited Companies	30	861 258	37[illegible] 529
私营企业	Private-owned	1 070	7 707 720	1 50[illegible] 936
港、澳、台商投资企业	Funded by Entrepreneur from Hong Kong, Macao and Taiwan	92	2 514 441	27[illegible] 537
外商投资企业	Foreign-funded	38	3 790 138	6[illegible] 468
3.按控股情况分组	Grouped by Holding Condition			
国有控股	State-controlled	81	4 873 082	43[illegible] 38[illegible]
集体控股	Collective-controlled	8	44 398	[illegible] 587
私人控股	Private-controlled	1 263	10 833 880	1 80[illegible] 462
港澳台商控股	Controlled by Entrepreneur from Hong Kong,Macao and Taiwan	80	1 439 067	15[illegible] 537
外商控股	Foreign-funded-controlled	29	1 180 608	4[illegible] 866
其他	Others	160	1 952 053	23[illegible] 18[illegible]
4.按经营形式分组	Grouped by Business Forms			
独立门店	Independent Stores	772	6 442 140	62[illegible] 041
连锁总店	General Chain Stores	95	6 591 097	63[illegible] 873
连锁门店	Chain Stores	91	1 761 032	18[illegible] 363
其他	Other	663	5 528 820	1 23[illegible] 745
5.按零售业态分组	Grouped by Retail Format			
有店铺零售	Store-based Retailing	1 181	17 461 626	1 74[illegible] 582
无店铺零售	Non-Store Retailing	440	2 861 463	93[illegible] 44[illegible]

10-4 （一）续表 （10 000 yuan）

存货 Inventory	固定资产原价 Original Value of Fixed Assets	累计折旧 Accumulative Depreciation	本年折旧 Depreciation of the Year	资产总计 Total Assets	流动负债合计 Total Current Liabilities	应付账款 Accounts Payable
263 934	45 551	19 762	5 968	4 085 675	3 730 593	1 918 751
126 592	10 061	5 933	715	359 544	251 822	147 911
12 615 711	4 606 195	2 055 639	296 253	172 473 304	118 623 074	29 851 718
3 729 717	**2 326 628**	**1 210 984**	**178 398**	**25 247 982**	**16 374 739**	**4 502 363**
456 796	737 324	452 288	37 965	7 892 061	5 226 264	1 070 691
209 403	133 779	81 140	9 894	1 258 345	494 402	168 898
947 621	129 839	80 517	12 255	2 767 324	1 604 576	528 494
186 649	204 525	76 985	6 457	1 277 490	833 278	223 216
242 438	41 648	18 392	6 675	639 406	440 083	183 436
1 090 789	910 441	424 225	87 825	6 285 617	4 148 687	584 575
203 188	42 676	20 418	3 351	1 620 942	1 077 595	338 322
48 286	59 056	28 088	3 329	521 033	253 293	43 666
344 547	67 340	28 932	10 647	2 985 764	2 296 562	1 361 065
2 993 333	1 588 943	779 944	132 063	17 089 147	11 184 462	3 442 584
12 897	270 585	108 238	12 083	554 200	250 765	28 089
77	136	128	5	8 539	8 212	4 629
127	3	1	1	403	358	92
1 364	905	503	22	10 674	5 744	5 092
1 065 335	496 485	265 561	46 875	6 198 234	4 206 117	1 859 150
196 203	177 535	108 862	13 811	1 285 862	579 394	86 215
1 717 329	643 295	296 652	59 267	9 031 234	6 133 872	1 459 318
413 856	260 652	126 347	21 523	3 566 589	1 690 012	348 155
322 528	477 033	304 693	24 812	4 592 247	3 500 265	711 624
589 725	849 356	435 326	49 515	6 735 199	4 068 526	734 707
13 275	6 489	3 407	501	53 901	32 320	13 616
2 216 139	812 841	382 184	78 128	12 674 000	8 676 848	2 723 400
320 573	164 247	84 275	15 667	1 971 503	1 012 463	174 387
179 393	279 240	198 545	14 922	1 457 795	969 485	285 843
410 612	214 455	107 246	19 664	2 355 586	1 615 096	570 410
1 447 063	1 056 432	509 873	81 048	8 142 997	4 886 872	1 067 481
763 366	510 755	265 568	37 454	8 107 469	5 353 737	1 809 691
414 534	221 092	133 080	11 718	2 324 081	1 760 942	519 832
1 104 755	538 349	302 462	48 177	6 673 436	4 373 188	1 105 359
3 216 711	2 073 368	1 092 362	150 634	21 620 842	14 037 143	3 867 151
513 007	253 259	118 622	27 763	3 627 140	2 337 596	635 212

10-4 限额以上批发和零售业法人单位主要财务状况综合表（二）（2020年）

MAIN FINANCIAL INDICATORS OF WHOLESALE AND RETAIL SALES ABOVE THE SET SCALE Ⅱ（2020）

单位：万元

项目	Item	负债合计 Total Liabilities
总　　计	**Total**	**172 819 153**
一、批发业	**Wholesale Trade**	**154 786 001**
1.按批发行业分组	Grouped by Sector	
农畜产品批发	Livestock products wholesale	1 016 154
食品、饮料及烟草制品批发	Wholesale of Foods, Beverages&Tobaccos	12 679 437
纺织、服装及日用品批发	Wholesale of Textiles, Garments and Daily-use Products	9 682 137
文化、体育用品及器材批发	Wholesale of Cultural and Sports Articles and Appliances	6 499 583
医药及医疗器材批发	Wholesale of Medicine and Medical Appliances	3 601 514
矿产品、建材及化工产品批发	Wholesale of Mineral Products, Building Material and Chemical Products	66 852 182
机械设备、五金交电及电子产品批发	Wholesale of Mechanical Equipment,Hardware and Electronic Products	42 247 683
贸易经纪与代理	Trade Broker and Agent	11 482 626
其他批发	Other Wholesales	724 675
2.按登记注册类型分组	Grouped by Registration Status	
内资企业	Domestic-funded	137 180 452
国有企业	State-owned	2 189 362
集体企业	Collective-owned	
股份合作企业	Share-holding Cooperative Enterprises	69 318
联营企业	Joint Ownership	7 714
有限责任公司	Limited Liabilities Companies	30 06[illegible] 977
股份有限公司	Share-holding Limited Companies	15 672 332
私营企业	Private-owned	89 15[illegible] 032
港、澳、台商投资企业	Funded by Entrepreneur from Hong Kong,Macao and Taiwan	11 138 295
合资经营企业（港或澳、台资）	Joint-venture(Hong Kong,Macao and Taiwan)	1 635 013
合作经营企业（港或澳、台资）	Cooperative(Hong Kong,Macao and Taiwan)	361 272
港、澳、台商独资经营企业	Enterprises with Sole Funds(Hong Kong,Macao and Taiwan)	8 980 767
港、澳、台商投资股份有限公司	Share-holding Corporations Ltd(Hong Kong,Macao and Taiwan)	108 494
外商投资企业	Foreign-funded	6 467 254
中外合资经营企业	Jointly-owned	1 502 958
中外合作经营企业	Cooperatively-owned	4 102
外资企业	Exclusively Foreign-owned	4 775 368
外商投资股份有限公司	Foreign-funded Investment Companies Limited	162 939
3.按控股情况分组	Grouped by Holding Condition	
国有控股	State-controlled	11 693 183
集体控股	Collective-controlled	483 596
私人控股	Private-controlled	108 519 326
港澳台商控股	Controlled by Entrepreneur from Hong Kong,Macao and Taiwan	10 664 132
外商控股	Foreign-funded-controlled	5 108 466
其他	Others	18 317 298
4.按经营形式分组	Grouped by Business Forms	
独立门店	Independent Stores	17 796 385

(10 000 yuan)

所有者权益合计 Total Owner's Equities	实收资本 Paid-in Capital	主营业务收入 Prime Operating Revenues	营业成本 Operating Costs	税金及附加 Sales Taxes and Extra Charges
51 476 385	**27 483 012**	**288 523 383**	**270 839 331**	**659 200**
44 268 332	**23 132 456**	**256 686 487**	**243 793 539**	**534 386**
663 136	277 965	2 578 949	2 437 490	1 503
5 249 631	1 976 763	30 639 403	28 501 836	299 526
2 450 138	1 292 353	12 630 674	11 815 474	22 667
2 088 426	1 091 627	8 230 787	7 566 590	14 231
2 738 519	641 207	7 475 047	6 326 527	19 464
16 161 727	9 114 604	93 644 069	91 118 542	75 678
11 501 569	7 477 851	82 678 488	77 965 761	88 057
2 532 555	1 069 499	17 180 606	16 704 643	10 872
882 631	190 588	1 628 464	1 356 677	2 388
35 508 652	18 898 591	227 513 211	217 280 212	492 851
2 994 852	863 081	10 892 375	10 035 894	264 905
−875	500	60 667	58 889	352
5 550	9 069	26 872	25 469	35
7 236 412	4 313 854	62 052 942	59 019 920	75 671
8 378 548	2 567 156	17 093 918	16 172 216	30 160
16 892 191	11 143 931	137 369 604	131 955 300	121 720
5 701 671	2 391 262	14 709 920	13 104 499	27 253
436 167	226 568	1 272 246	1 127 896	2 374
91 455	51 700	730 597	727 944	455
5 073 890	2 085 528	12 085 295	10 681 154	23 535
66 688	23 491	265 018	233 448	500
3 058 010	1 842 603	14 463 356	13 408 828	14 282
1 060 078	933 065	2 254 638	2 052 261	3 997
−41	3 015	9 056	6 028	38
1 600 002	757 770	12 054 239	11 222 826	9 870
365 376	132 046	66 619	58 988	223
9 337 211	3 136 956	30 072 021	28 280 264	309 753
116 524	61 097	807 213	728 486	1 690
23 211 003	13 846 121	168 270 710	160 929 680	155 465
5 518 196	2 314 415	13 550 092	11 995 447	26 468
2 032 202	929 516	12 469 475	11 617 188	10 466
4 053 195	2 844 350	31 516 976	30 242 474	30 544
4 339 895	2 008 899	31 679 923	29 802 818	142 716

单位：万元

项　目	Item	负债合计 Total Liabilities
连锁总店	General Chain Stores	3 752 [illegible]31
连锁门店	Chain Stores	275 818
其他	Others	132 551 [illegible]67
二、零售业	**Retail Trade Sector**	**18 023 153**
1.按零售行业小类分组	Grouped by Sector	
综合零售	Integrated Retail	5 730 017
食品、饮料及烟草制品专门零售	Special Retail of Foods, Beverages&Tobaccos	592 374
纺织、服装及日用品专门零售	Special Retail of Textile, Garments and Daily-use Articles	1 706 095
文化、体育用品及器材专门零售	Special Retail of Cultural and Sports Goods and Appliances	947 497
医药及医疗器材专门零售	Special Retail of Medicine and Medical Appliances	459 748
汽车、摩托车、燃料及零配件专门零售	Special Retail of Automobiles, Motorcycles, Fuels and Related Accessories	4 521 096
家用电器及电子产品专门零售	Special Retail of Household Electrical Appliances and Electronic Products	1 433 447
五金、家具及室内装修材料专门零售	Special Retail of Hardware, Furniture and Indoor Decoration Materials	272 352
无店铺及其他零售	Retail without Shops and Other	2 370 527
2.按登记注册类型分组	Grouped by Registration	
内资企业	Civil Funded	12 530 142
国有企业	State-owned	329 959
集体企业	Collective-owned	8 212
股份合作企业	Share-holding Cooperative Enterprise	358
联营企业	Joint Ownership	5 744
有限责任公司	Limited Liabilities Companies	4 408 539
股份有限公司	Share-holding Limited Companies	620 717
私营企业	Private-owned	7 166 595
港、澳、台商投资企业	Funded by Entrepreneur from Hong Kong, Macao and Taiwan	1 902 098
外商投资企业	Foreign-funded	3 590 913
3.按控股情况分组	Grouped by Holding Condition	
国有控股	State-controlled	4 231 584
集体控股	Collective-controlled	22 452
私人控股	Private-controlled	9 784 051
港澳台商控股	Controlled by Entrepreneur from Hong Kong,Macao and Taiwan	1 217 352
外商控股	Foreign-funded-controlled	1 042 688
其他	Others	1 725 026
4.按经营形式分组	Grouped by Business Forms	
独立门店	Independent Stores	5 614 390
连锁总店	General Chain Stores	5 823 100
连锁门店	Chain Stores	1 792 742
其他	Other	4 792 921
5.按零售业态分组	Grouped by Retail Format	
有店铺零售	Store-based Retailing	15 43[illegible] 066
无店铺零售	Non-Store Retailing	2 59[illegible] 087

所有者权益合计 Total Owner's Equities	实收资本 Paid-in Capital	主营业务收入 Prime Operating Revenues	营业成本 Operating Costs	税金及附加 Sales Taxes and Extra Charges
323 544	183 082	5 134 984	4 681 963	5 916
83 725	71 852	511 893	431 158	1 257
39 521 168	20 868 623	219 359 687	208 877 600	384 497
7 208 053	**4 350 556**	**31 836 896**	**27 045 793**	**124 814**
2 161 613	1 279 071	6 517 947	5 474 115	13 812
665 972	317 339	1 264 457	997 191	3 585
1 056 762	616 495	2 683 645	1 649 624	12 927
329 993	186 821	980 967	650 706	18 994
179 659	50 154	768 235	533 108	1 837
1 762 641	911 684	12 783 396	11 898 677	45 073
187 494	155 891	2 336 255	2 124 966	3 493
248 681	155 000	373 872	290 347	1 651
615 238	678 101	4 128 122	3 427 058	23 443
4 546 694	2 791 161	22 906 549	19 599 221	98 235
224 241	38 563	160 506	123 252	1 013
327	290	10 444	9 833	18
46	243	676	389	4
4 930	2 000	14 859	11 720	45
1 787 989	957 398	8 464 437	7 127 396	41 052
665 146	149 267	1 797 978	1 562 247	4 598
1 864 016	1 643 401	12 457 650	10 764 383	51 506
1 660 025	793 951	3 842 856	3 085 969	15 934
1 001 334	765 445	5 087 491	4 360 602	10 644
2 503 615	945 929	5 406 489	4 571 292	13 135
21 449	6 378	97 738	82 443	155
2 887 639	2 131 958	16 517 396	14 275 942	60 747
749 684	642 574	2 813 119	2 331 271	12 160
413 107	360 908	2 709 438	2 311 822	7 942
632 560	262 808	4 292 715	3 473 024	30 674
2 526 297	1 406 254	13 224 256	11 747 425	61 790
2 279 369	830 384	6 347 280	5 193 341	13 475
526 872	558 815	2 616 940	2 191 306	5 439
1 875 515	1 555 103	9 648 419	7 913 720	44 109
6 179 000	3 286 888	26 774 912	22 914 145	94 015
1 029 053	1 063 668	5 061 984	4 131 648	30 799

10-4 限额以上批发和零售业法人单位主要财务状况综合表（三）（2020年）
MAIN FINANCIAL INDICATORS OF WHOLESALE AND RETAIL SALES ABOVE THE SET SCALE III（2020）

单位：万元

项 目	Item	其他业务利润 Profits from Other Business	销售费用 Sale Expenses	管理费用 Management Expenses
总 计	**Total**	**1 197 186**	**9 459 618**	**5 831 207**
一、批发业	**Wholesale Trade**	**887 204**	**5 541 054**	**4 4[illegible]9 441**
1.按批发行业分组	Grouped by Sector			
农畜产品批发	Livestock products wholesale	3 111	75 416	50 375
食品、饮料及烟草制品批发	Wholesale of Foods, Beverages&Tobaccos	386 515	991 100	736 352
纺织、服装及日用品批发	Wholesale of Textiles, Garments and Daily-use Products	33 083	886 840	535 797
文化、体育用品及器材批发	Wholesale of Cultural and Sports Articles and Appliances	15 667	305 085	2[illegible]4 098
医药及医疗器材批发	Wholesale of Medicine and Medical Appliances	14 199	685 659	2[illegible]9 682
矿产品、建材及化工产品批发	Wholesale of Mineral Products, Building Material and Chemical Products	137 161	704 047	7[illegible]4 915
机械设备、五金交电及电子产品批发	Wholesale of Mechanical Equipment,Hardware and Electronic Products	149 224	1 691 885	1 5[illegible]5 310
贸易经纪与代理	Trade Broker and Agent	6 594	124 851	1[illegible]1 048
其他批发	Other Wholesales	141 650	76 171	101 864
2.按登记注册类型分组	Grouped by Registration Status			
内资企业	Domestic-funded	612 152	4 175 567	3 399 533
国有企业	State-owned	5 101	124 933	112 054
集体企业	Collective-owned			
股份合作企业	Share-holding Cooperative Enterprises	3	962	1 850
联营企业	Joint Ownership	7	730	427
有限责任公司	Limited Liabilities Companies	62 952	1 106 545	625 336
股份有限公司	Share-holding Limited Companies	162 115	322 531	295 496
私营企业	Private-owned	381 974	2 617 328	2 36[illegible] 613
港、澳、台商投资企业	Funded by Entrepreneur from Hong Kong,Macao and Taiwan	18 704	799 717	48[illegible] 414
合资经营企业（港或澳、台资）	Joint-venture(Hong Kong,Macao and Taiwan)	-102	86 572	3[illegible] 385
合作经营企业（港或澳、台资）	Cooperative(Hong Kong,Macao and Taiwan)	2 172	786	[illegible] 685
港、澳、台商独资经营企业	Enterprises with Sole Funds(Hong Kong,Macao and Taiwan)	16 599	685 890	42[illegible] 117
港、澳、台商投资股份有限公司	Share-holding Corporations Ltd(Hong Kong,Macao and Taiwan)	35	17 738	7 514
外商投资企业	Foreign-funded	256 349	565 769	566 494
中外合资经营企业	Jointly-owned	2 729	152 414	49 073
中外合作经营企业	Cooperatively-owned		1 583	2 212
外资企业	Exclusively Foreign-owned	250 967	394 824	508 163
外商投资股份有限公司	Foreign-funded Investment Companies Limited	28	8 285	6 317
3.按控股情况分组	Grouped by Holding Condition			
国有控股	State-controlled	25 034	486 369	302 506
集体控股	Collective-controlled	204	31 253	12 594
私人控股	Private-controlled	546 965	3 359 104	2 845 654
港澳台商控股	Controlled by Entrepreneur from Hong Kong,Macao and Taiwan	19 260	809 545	447 223
外商控股	Foreign-funded-controlled	251 417	412 249	520 650
其他	Others	44 324	442 535	320 813
4.按经营形式分组	Grouped by Business Forms			
独立门店	Independent Stores	44 888	798 018	535 555

（10 000 yuan）

财务费用 Financial Expenses	利息费用 Interest Expense	营业利润 Operating profits	投资收益 Profits of Investment	营业外收入 Non-operating Income	利润总额 Total Profits	应交所得税 Total Payable Tax	应付职工薪酬 Total Wages Payable	本年应交增值税 Total Value-added Payable	从业人员期末人数（人） Average Employed Persons (Persons)
1 205 850	**1 220 027**	**5 699 694**	**2 787 231**	**396 010**	**5 877 823**	**1 129 967**	**6 279 192**	**1 639 170**	**550 653**
1 092 941	**1 137 020**	**5 667 429**	**2 676 201**	**257 744**	**5 739 408**	**999 299**	**4 305 624**	**1 261 801**	**336 292**
14 943	12 065	60 600	59 251	19 275	78 592	4 093	39 584	3 588	2 829
41 538	48 262	977 650	262 897	52 360	1 017 149	180 913	639 112	234 752	52 728
110 872	69 887	404 369	205 468	24 452	412 467	223 925	531 409	109 546	48 946
75 934	56 121	48 439	23 669	14 039	56 481	21 432	244 098	72 293	26 754
6 383	22 610	430 357	184 376	8 633	431 117	72 433	322 286	121 871	23 324
407 878	510 583	1 882 552	1 215 715	43 251	1 887 147	249 669	667 000	270 927	46 202
269 598	217 691	1 585 873	563 798	78 265	1 566 995	217 006	1 671 583	410 164	121 208
152 923	197 373	158 376	118 307	14 317	168 309	14 182	98 810	27 576	7 131
12 873	2 429	119 213	42 719	3 153	121 151	15 647	91 741	11 085	7 170
1 014 570	1 000 158	4 115 859	1 601 561	200 083	4 172 381	837 924	3 293 897	1 083 157	279 071
−15 803	33 586	519 600	193 497	6 076	524 123	90 130	136 332	89 497	4 434
18	15	−1 443	−1 473	17	−1 469	4	1 881	2 776	115
55	65	445		1	447	63	554	198	26
209 276	180 235	1 255 904	244 756	55 766	1 302 730	222 650	680 368	257 537	51 936
212 506	200 567	646 851	533 559	9 721	650 410	77 408	440 183	102 360	24 317
608 489	585 691	1 694 519	631 222	128 502	1 696 158	447 669	2 034 156	630 721	198 160
42 366	101 748	1 305 775	946 636	25 438	1 300 691	97 652	529 821	132 387	34 554
34 593	34 656	102 465	129 748	3 600	105 163	2 944	41 661	10 094	2 952
4 327	7 038	−5 235	608	12	−5 233	−1 207	3 492	25	112
3 192	59 658	1 194 083	816 023	20 992	1 185 558	93 461	471 282	117 524	30 314
−275	84	6 195	239	558	6 702	1 399	7 631	3 026	758
36 005	35 115	245 794	128 004	32 223	266 335	63 722	481 905	46 257	22 667
19 580	20 660	63 825	89 630	7 419	66 975	9 551	116 321	5 598	6 813
125	125	71			42		887	21	130
13 967	9 493	185 327	37 920	24 110	202 230	52 887	353 317	39 146	15 039
1 848	4 816	−5 808	275	443	−5 438	566	9 939	780	436
147 215	218 655	1 197 082	674 310	32 027	1 228 127	173 259	542 322	183 770	22 140
8 114	1 254	22 773	2 822	244	22 614	4 304	18 380	8 066	1 581
799 659	708 185	2 285 254	787 293	156 260	2 301 965	542 159	2 526 932	816 234	237 951
38 155	95 028	1 303 541	946 287	24 270	1 296 998	98 470	535 889	132 512	33 874
16 494	14 642	171 210	38 214	28 124	191 943	54 854	369 249	42 524	15 881
83 304	99 256	687 570	227 274	16 820	697 761	126 253	312 852	78 695	24 865
67 576	104 922	608 044	273 556	25 404	621 341	99 825	542 057	179 127	52 847

单位：万元

项 目	Item	其他业务利润 Profits from Other Business	销售费用 Sale Expenses	管理费用 Management Expenses
连锁总店	General Chain Stores	1 750	272 045	55 433
连锁门店	Chain Stores	555	53 578	31 079
其他	Others	840 012	4 417 413	3 827 324
二、零售业	**Retail Trade Sector**	**309 982**	**3 918 565**	**1 381 757**
1.按零售行业小类分组	Grouped by Sector			
综合零售	Integrated Retail	125 440	937 647	235 853
食品、饮料及烟草制品专门零售	Special Retail of Foods, Beverages&Tobaccos	45	250 764	58 038
纺织、服装及日用品专门零售	Special Retail of Textile, Garments and Daily-use Articles	22 354	787 904	209 809
文化、体育用品及器材专门零售	Special Retail of Cultural and Sports Goods and Appliances	3 452	149 891	132 943
医药及医疗器材专门零售	Special Retail of Medicine and Medical Appliances	4 276	248 784	26 117
汽车、摩托车、燃料及零配件专门零售	Special Retail of Automobiles, Motorcycles, Fuels and Related Accessories	106 281	602 605	354 790
家用电器及电子产品专门零售	Special Retail of Household Electrical Appliances and Electronic Products	10 453	158 922	72 337
五金、家具及室内装修材料专门零售	Special Retail of Hardware, Furniture and Indoor Decoration Materials	4 668	65 040	32 858
无店铺及其他零售	Retail without Shops and Other	33 014	717 008	208 952
2.按登记注册类型分组	Grouped by Registration			
内资企业	Civil Funded	207 596	2 727 063	982 473
国有企业	State-owned	652	18 837	25 472
集体企业	Collective-owned		584	2
股份合作企业	Share-holding Cooperative Enterprise		168	108
联营企业	Joint Ownership		830	343
有限责任公司	Limited Liabilities Companies	41 269	1 022 605	311 803
股份有限公司	Share-holding Limited Companies	10 337	183 686	45 951
私营企业	Private-owned	155 338	1 500 354	598 793
港、澳、台商投资企业	Funded by Entrepreneur from Hong Kong, Macao and Taiwan	46 292	628 153	241 156
外商投资企业	Foreign-funded	56 094	563 348	158 138
3.按控股情况分组	Grouped by Holding Condition			
国有控股	State-controlled	22 288	675 344	203 898
集体控股	Collective-controlled		8 719	2 720
私人控股	Private-controlled	176 716	1 940 715	740 896
港澳台商控股	Controlled by Entrepreneur from Hong Kong,Macao and Taiwan	39 548	356 113	134 341
外商控股	Foreign-funded-controlled	50 195	330 867	31 736
其他	Others	21 237	606 806	158 177
4.按经营形式分组	Grouped by Business Forms			
独立门店	Independent Stores	159 205	1 053 066	512 133
连锁总店	General Chain Stores	39 108	979 656	234 222
连锁门店	Chain Stores	8 681	413 905	39 500
其他	Other	102 989	1 471 938	495 862
5.按零售业态分组	Grouped by Retail Format			
有店铺零售	Store-based Retailing	275 132	3 026 264	1 033 048
无店铺零售	Non-Store Retailing	34 850	892 301	298 719

财务费用 Financial Expenses	利息费用 Interest Expense	营业利润 Operating profits	投资收益 Profits of Investment	营业外收入 Non-operating Income	利润总额 Total Profits	应交所得税 Total Payable Tax	应付职工薪酬 Total Wages Payable	本年应交增值税 Total Value-added Payable	从业人员期末人数（人） Average Employed Persons (Persons)
7 607	6 608	133 376	3 875	3 248	133 339	24 748	83 026	38 610	6 771
1 436	258	206	−1 318	1 025	−235	165 710	32 545	369	3 600
1 016 322	1 025 232	4 925 803	2 400 088	228 067	4 984 963	709 015	3 647 996	1 043 695	273 074
112 910	**83 007**	**32 266**	**111 030**	**138 266**	**138 415**	**130 668**	**1 973 568**	**377 369**	**214 361**
30 597	37 489	−117 086	−15 073	23 411	−105 302	−2 210	435 612	56 713	47 853
−6 973	1 803	16 539	32 686	4 797	19 651	4 117	131 151	15 730	16 938
7 469	5 931	45 812	17 254	14 010	62 103	22 634	404 653	84 845	49 339
2 745	1 592	44 991	33 380	4 883	49 314	6 904	96 949	18 529	9 633
2 465	1 411	−18 677	75	2 951	−16 663	−2 770	94 857	7 838	13 321
43 489	20 705	211 596	41 558	68 674	270 828	76 417	441 039	112 366	39 284
15 466	5 387	−31 511	415	5 054	−29 286	2 761	92 446	19 781	10 118
1 443	2 327	5 734	−679	1 984	7 439	2 912	32 400	8 952	4 072
16 209	6 362	−125 131	1 416	12 503	−119 670	19 903	244 461	52 615	23 803
92 611	54 967	−40 950	75 999	103 949	42 832	116 885	1 397 839	275 499	155 149
−1 558	35	8 855	11 105	2 535	11 230	1 401	20 623	2 651	1 295
3		4		2	6	3	346	238	46
1		5			5		80	35	8
49		1 878			1 878	457	727	75	42
16 803	11 248	180 043	62 571	28 597	203 567	53 188	480 628	109 700	50 518
4 549	1 644	87 840	32 808	27 862	113 551	18 126	90 320	26 087	7 411
72 764	42 040	−319 574	−30 486	44 953	−287 405	43 710	805 116	136 713	95 829
13 145	4 544	8 603	34 538	18 642	17 576	−9 990	310 128	59 769	30 047
7 154	23 496	64 612	493	15 674	78 007	23 773	265 601	42 102	29 165
4 661	23 433	170 247	97 455	36 696	203 133	28 271	400 081	57 352	34 311
600	593	2 660	−240	3 462	5 636	1 408	4 289	1 216	359
86 145	50 591	−303 255	−20 351	62 486	−260 813	61 453	1 023 283	179 298	117 632
14 793	2 672	280	4 332	15 334	8 990	−11 152	179 634	39 597	18 989
−3 825	1 909	51 597	−244	10 976	60 603	21 345	123 742	32 840	16 710
10 535	3 809	110 737	30 078	9 312	120 866	29 342	242 540	67 067	26 360
55 077	33 782	240 566	58 354	46 998	274 426	59 688	601 884	148 315	64 501
31 688	26 752	63 225	60 310	35 836	88 666	18 917	479 351	70 024	48 711
−4 013	2 909	−151 659	−12 134	7 535	−138 766	3 667	198 096	27 366	23 309
30 157	19 564	−119 866	4 500	47 898	−85 911	48 396	694 238	131 664	77 840
84 103	67 901	248 032	111 808	121 806	345 510	112 364	1 603 337	302 060	178 405
28 807	15 106	−215 766	−778	16 460	−207 095	18 304	370 231	75 309	35 956

10−5 限额以上住宿和餐饮业法人企业主要财务状况综合表(一)（2020年）

MAIN FINANCIAL INDICAFORS OF ENTERPRISE ABOVE DESIGNATED SIZE OF HOTELS AND CATERING SERVICES I （2020）

单位：万元

项 目	Item	法人企业数（个）Number of Corporative Enterprises (unit)	流动资产合计 Total Current Assets	应收账款 Accounts Payable
总 计	**Total**	**1 801**	**5 506 162**	**286 559**
一、住宿业	**Hotels**	**550**	**3 746 241**	**116 326**
1.按住宿行业分组	Grouped by Sector			
旅游饭店	Tour Restaurant	270	2 908 848	84 922
一般旅馆	General Restaurant	252	687 406	30 038
其他住宿服务	Other Hotel Services	28	149 987	1 315
2.按登记注册类型分组	Grouped by Registration Status			
内资企业	Domestic−funded	506	2 985 034	64 752
国有企业	State−owned	18	84 815	3 797
集体企业	Collective−owned	3	4 096	139
股份合作企业	Share−holding Cooperative Enterprise			
联营企业	Joint Ownership	1	3 029	19
有限责任公司	Limited Liabilities Companies	145	2 080 763	26 539
股份有限公司	Share−holding Limited Companies	12	32 742	3 825
私营企业	Private−owned	327	779 590	30 334
港、澳、台商投资企业	Funded by Entrepreneur from Hong Kong,Macao and Taiwan	31	302 854	38 000
合资经营企业（港或澳、台资）	Joint−venture(Hong Kong,Macao and Taiwan)	9	51 874	2 810
合作经营企业（港或澳、台资）	Cooperative(Hong Kong,Macao and Taiwan)	3	76 676	530
港、澳、台商独资经营企业	Enterprises with Sole Funds(Hong Kong,Macao and Taiwan)	19	174 304	34 660
港、澳、台商投资股份有限公司	Share−holding Corporations Ltd(Hong Kong,Macao and Taiwan)			
外商投资企业	Foreign−funded	13	458 353	13 575
中外合资经营企业	Jointly−owned	6	103 087	891
中外合作经营企业	Cooperatively−owned	2	21 374	473
外资企业	Exclusively Foreign−owned	5	333 892	12 207
外商投资股份有限公司	Foreign−funded Investment Companies Limited			
3.按控股情况分组	Grouped by Holding Condition			
国有控股	State−controlled	49	671 179	15 242
集体控股	Collective−controlled	5	4 115	139
私人控股	Private−controlled	393	1 677 993	38 519
港澳台商控股	Controlled by Entrepreneur from Hong Kong,Macao and Taiwan	28	274 038	39 355
外商控股	Foreign−funded−controlled	8	421 704	12 622
其他	Others	67	697 212	12 449
4.按经营形式分组	Grouped by Business Forms			
独立门店	Independent Stores	352	2 038 850	62 470
连锁总店	General Chain Stores	6	728 963	9 313
连锁门店	Chain Stores	94	544 936	7 819
其他	Other	98	433 492	36 725
5.按星级分组	Grouped by Star Rating			
五星	Five Star	28	995 591	10 617
四星	Four Star	56	360 226	8 392
三星	Three Star	59	133 849	7 661

（10 000 yuan）

存货 Inventory	固定资产原价 Original Value of Fixed Assets	累计折旧 Accumulative Depreciation	本年折旧 Depreciation of the Year	资产总计 Total Assets	流动负债合计 Total Current Liabilities	应付账款 Accounts Payable
102 403	**2 861 975**	**1 600 260**	**137 033**	**8 329 557**	**4 431 298**	**585 132**
19 020	**2 217 535**	**1 265 231**	**76 493**	**5 579 570**	**2 655 955**	**219 537**
15 703	1 905 756	1 068 002	53 256	4 401 212	2 176 975	178 666
2 776	252 444	175 419	19 622	977 613	405 179	37 013
541	59 335	21 810	3 615	200 745	73 801	3 858
15 105	1 533 289	823 643	61 101	4 428 295	2 288 110	162 846
2 920	191 199	117 536	12 606	175 703	36 179	6 342
49	1 871	876	332	5 024	3 200	2 262
29	6 655	2 540	117	7 439	754	
5 293	976 466	494 579	37 479	2 942 880	1 412 940	85 578
669	42 585	22 871	2 867	81 149	42 845	6 351
6 146	314 514	185 241	7 699	1 216 100	792 192	62 313
2 973	473 270	273 887	7 815	592 886	257 528	50 063
724	116 435	99 549	2 320	75 754	36 212	9 501
910	135 681	66 872	505	175 031	88 469	1 514
1 339	221 154	107 466	4 990	342 101	132 848	39 048
942	210 976	167 701	7 578	558 390	110 317	6 628
515	41 655	30 736	1 004	118 241	47 913	3 553
183	34 168	27 199	1 212	52 254	24 922	1 045
244	135 153	109 767	5 361	387 895	37 483	2 030
5 451	623 928	372 667	25 574	1 100 035	672 733	31 432
49	1 876	878	333	5 043	3 203	2 262
7 800	642 415	366 686	22 568	2 345 917	1 353 407	78 857
2 770	457 029	259 655	7 303	553 213	223 028	47 438
359	142 175	115 456	5 426	482 009	87 596	4 224
2 591	350 112	149 890	15 290	1 093 353	315 988	55 326
14 533	1 510 983	898 717	63 849	3 221 087	1 580 896	134 731
232	164 156	125 751	6 727	854 282	186 716	3 100
878	76 697	36 425	4 891	684 916	391 213	23 244
3 377	465 699	204 338	1 027	819 286	497 130	58 462
4 099	762 053	474 076	15 092	1 547 599	762 411	52 748
2 083	320 967	201 398	17 765	545 299	309 212	19 918
2 276	132 198	93 049	4 289	261 928	87 654	12 267

单位：万元

项　目	Item	法人企业数（个）Number of Corporative Enterprises (unit)	流动资产合计 Total Current Assets	应收账款 Accounts Payable
二星	Two Star	9	17 508	89
一星	One Star	2	107	
其他	Others	396	2 238 961	89 567
二、餐饮业	**Catering Services**	**1 251**	**1 759 922**	**170 232**
1.按餐饮行业小类分组	Grouped by Sector			
正餐服务	Restaurant	1 065	1 005 022	95 723
快餐服务	Fast Food	63	154 764	21 219
饮料及冷饮服务	Beverages and Cold Drinks	38	430 729	4 775
餐饮配送及外卖送餐服务	Catering Delivery and Food Delivery	48	129 575	44 331
其他餐饮服务	Others	37	39 832	4 185
2.按登记注册类型分组	Grouped by Registration			
内资企业	Domestic-funded	1 135	1 358 875	150 427
国有企业	State-owned	1	2 199	13
集体企业	Collective-owned	2	1 612	
股份合作企业	Share-holding Cooperative Enterprise			
联营企业	Joint Ownership			
有限责任公司	Limited Liabilities Companies	184	274 761	22 123
股份有限公司	Share-holding Limited Companies	9	13 207	4 769
私营企业	Private-owned	939	1 067 096	113 515
其他企业	Others			
港、澳、台商投资企业	Funded by Entrepreneur from Hong Kong,Macao and Taiwan	93	310 868	17 515
合资经营企业（港或澳、台资）	Joint-venture(Hong Kong,Macao and Taiwan)	12	33 830	4 867
合作经营企业（港或澳、台资）	Cooperative(Hong Kong,Macao and Taiwan)	1	11 179	5 640
港、澳、台商独资经营企业	Enterprises with Sole Funds(Hong Kong,Macao and Taiwan)	78	264 948	5 057
港、澳、台商投资股份有限公司	Share-holding Corporations Ltd(Hong Kong,Macao and Taiwan)	2	911	-49
外商投资企业	Foreign-funded	23	90 178	2 290
中外合资经营企业	Jointly-owned	5	3 556	144
中外合作经营企业	Cooperatively-owned			
外资企业	Exclusively Foreign-owned	15	82 086	2 095
外商投资股份有限公司	Foreign-funded Investment Companies Limited			
3.按控股情况分组	Grouped by Holding Condition			
国有控股	State-controlled	9	65 756	15 365
集体控股	Collective-controlled	4	3 729	821
私人控股	Private-controlled	1 038	1 212 699	127 155
港澳台商控股	Controlled by Entrepreneur from Hong Kong,Macao and Taiwan	90	282 730	7 598
外商控股	Foreign-funded-controlled	16	83 303	2 105
其他	Others	94	111 705	17 188
4.按经营形式分组	Grouped by Business Forms			
独立门店	Independent Stores	783	581 468	75 709
连锁总店	General Chain Stores	83	610 478	11 572
连锁门店	Chain Stores	106	237 095	3 375
其他	Other	279	330 880	73 576

10-5 （一）续表 （10 000 yuan）

存货 Inventory	固定资产原价 Original Value of Fixed Assets	累计折旧 Accumulative Depreciation	本年折旧 Depreciation of the Year	资产总计 Total Assets	流动负债合计 Total Current Liabilities	应付账款 Accounts Payable
277	11 813	7 606	899	24 359	8 131	1 094
3	61	42	6	126		
10 283	990 442	489 061	38 442	3 200 260	1 488 547	133 510
83 383	**644 440**	**335 029**	**60 540**	**2 749 987**	**1 775 343**	**365 595**
59 797	311 442	173 674	33 368	1 410 612	968 630	191 168
11 875	253 696	119 911	19 515	616 735	385 388	78 093
5 700	38 962	18 998	3 684	501 755	306 127	66 352
4 850	24 649	13 365	2 316	165 360	83 146	24 728
1 161	15 691	9 082	1 657	55 526	32 052	5 254
63 867	404 548	199 592	33 684	1 962 208	1 418 646	278 973
26	105	23	18	3 233	1 360	327
159	340	261	24	1 755	811	714
9 256	136 510	56 875	7 795	397 708	331 487	85 067
303	4 630	3 013	437	15 799	11 759	2 115
54 124	262 963	139 420	25 411	1 543 714	1 073 229	190 750
11 007	163 654	96 358	15 848	580 834	223 574	34 263
1 207	6 666	2 465	571	41 652	30 531	6 155
224	5 065	3 839	223	12 977	5 702	2 034
9 566	151 722	89 982	15 032	524 813	186 382	25 960
9	201	72	22	1 392	959	115
8 509	76 238	39 080	11 008	206 946	133 123	52 359
827	1 788	1 271	269	5 353	3 246	1 934
7 476	74 412	37 774	10 738	193 058	125 364	50 340
1 090	8 969	5 782	916	71 989	53 396	12 189
215	5 156	1 333	319	8 260	2 106	884
60 364	368 307	180 454	29 548	1 773 984	1 254 556	214 523
9 915	157 535	92 040	15 281	548 041	202 989	31 168
7 485	74 413	37 774	10 739	196 990	129 797	50 366
4 314	30 060	17 646	3 737	150 724	132 500	56 465
28 038	219 614	124 926	15 302	803 206	546 834	112 117
27 709	237 160	103 881	20 493	937 099	577 514	111 016
16 019	141 345	82 751	17 991	605 804	381 001	71 555
11 617	46 322	23 471	6 754	403 878	269 993	70 906

10-5 限额以上住宿和餐饮业法人企业主要财务状况综合表(二)（2020年）

MAIN FINANCIAL INDICAFORS OF ENTERPRISE ABOVE DESIGNATED SIZE OF HOTELS AND CATERING SERVICES Ⅱ（2020）

单位：万元

项 目	Item	负债合计 Total Liabilities
总　　计	**Total**	**6 945 542**
一、住宿业	**Hotels**	**4 84[illegible] 420**
1.按住宿行业分组	Grouped by Sector	
旅游饭店	Tour Restaurant	3 83[illegible] 739
一般旅馆	General Restaurant	828 75[illegible]
其他住宿服务	Other Hotel Services	180 93[illegible]
2.按登记注册类型分组	Grouped by Registration Status	
内资企业	Domestic-funded	4 073 518
国有企业	State-owned	47 364
集体企业	Collective-owned	3 480
股份合作企业	Share-holding Cooperative Enterprise	
联营企业	Joint Ownership	754
有限责任公司	Limited Liabilities Companies	2 71[illegible] 640
股份有限公司	Share-holding Limited Companies	67 902
私营企业	Private-owned	1 23[illegible] 379
港、澳、台商投资企业	Funded by Entrepreneur from Hong Kong,Macao and Taiwan	353 706
合资经营企业（港或澳、台资）	Joint-venture(Hong Kong,Macao and Taiwan)	42 412
合作经营企业（港或澳、台资）	Cooperative(Hong Kong,Macao and Taiwan)	8[illegible] 866
港、澳、台商独资经营企业	Enterprises with Sole Funds(Hong Kong,Macao and Taiwan)	22[illegible] 429
港、澳、台商投资股份有限公司	Share-holding Corporations Ltd(Hong Kong,Macao and Taiwan)	
外商投资企业	Foreign-funded	40[illegible] 196
中外合资经营企业	Jointly-owned	9[illegible] 851
中外合作经营企业	Cooperatively-owned	32 457
外资企业	Exclusively Foreign-owned	28[illegible] 889
外商投资股份有限公司	Foreign-funded Investment Companies Limited	
3.按控股情况分组	Grouped by Holding Condition	
国有控股	State-controlled	73[illegible] 835
集体控股	Collective-controlled	[illegible] 483
私人控股	Private-controlled	2 30[illegible] 222
港澳台商控股	Controlled by Entrepreneur from Hong Kong,Macao and Taiwan	32[illegible] 205
外商控股	Foreign-funded-controlled	368 227
其他	Others	1 109 447
4.按经营形式分组	Grouped by Business Forms	
独立门店	Independent Stores	2 69[illegible] 933
连锁总店	General Chain Stores	808 355
连锁门店	Chain Stores	626 640
其他	Other	708 491
5.按星级分组	Grouped by Star Rating	
五星	Five Star	1 346 743
四星	Four Star	512 363
三星	Three Star	115 015

(10 000 yuan)

所有者权益合计 Total Owner's Equities	实收资本 Paid-in Capital	主营业务收入 Prime Operating Revenues	营业成本 Operating Costs	税金及附加 Sales Taxes and Extra Charges
1 388 777	**1 761 122**	**4 449 866**	**2 341 302**	**15 321**
732 895	**1 285 593**	**1 051 027**	**525 013**	**10 696**
563 753	1 103 697	731 892	351 934	9 099
149 328	174 062	286 813	157 571	1 253
19 814	7 833	32 323	15 509	345
349 522	1 006 069	831 308	411 343	8 012
128 339	131 326	57 301	31 191	520
1 544	2 000	3 354	1 225	1
6 685		1 083	644	3
221 769	398 609	366 578	190 074	5 372
13 247	62 554	23 320	11 414	104
−22 062	411 580	379 674	176 795	2 012
234 180	219 586	116 232	59 427	1 840
33 343	42 170	25 531	11 093	406
85 165	70 461	28 233	15 866	433
115 672	106 955	62 468	32 468	1 002
149 194	59 937	103 488	54 243	844
26 390	19 130	26 104	8 109	182
19 797	31 757	8 283	1 633	261
103 007	9 050	69 102	44 501	401
367 417	345 543	193 293	107 003	3 144
1 559	2 000	3 724	1 564	2
42 160	565 160	501 548	220 076	3 142
229 007	208 739	104 384	58 328	1 764
113 782	60 792	86 076	50 013	456
−21 030	103 358	162 003	88 030	2 189
520 675	896 311	662 479	284 225	7 215
45 926	13 200	83 103	53 186	541
58 741	81 179	111 781	86 683	318
107 553	294 903	193 665	100 919	2 623
200 856	313 833	241 842	99 405	3 382
32 936	219 324	104 510	48 370	1 375
146 130	138 062	67 746	32 551	468

单位：万元

项　目	Item	负债合计 Total Liabilities
二星	Two Star	3 183
一星	One Star	371
其他	Others	2 853 741
二、餐饮业	**Catering Services**	**2 105 122**
1.按餐饮行业小类分组	Grouped by Sector	
正餐服务	Restaurant	1 150 398
快餐服务	Fast Food	510 871
饮料及冷饮服务	Beverages and Cold Drinks	315 226
餐饮配送及外卖送餐服务	Catering Delivery and Food Delivery	94 530
其他餐饮服务	Others	35 098
2.按登记注册类型分组	Grouped by Registration	
内资企业	Domestic−funded	1 600 221
国有企业	State−owned	1 360
集体企业	Collective−owned	822
股份合作企业	Share−holding Cooperative Enterprise	
联营企业	Joint Ownership	
有限责任公司	Limited Liabilities Companies	344 274
股份有限公司	Share−holding Limited Companies	13 018
私营企业	Private−owned	1 240 747
其他企业	Others	
港、澳、台商投资企业	Funded by Entrepreneur from Hong Kong,Macao and Taiwan	333 012
合资经营企业（港或澳、台资）	Joint−venture(Hong Kong,Macao and Taiwan)	30 538
合作经营企业（港或澳、台资）	Cooperative(Hong Kong,Macao and Taiwan)	5 739
港、澳、台商独资经营企业	Enterprises with Sole Funds(Hong Kong,Macao and Taiwan)	30[illegible] 772
港、澳、台商投资股份有限公司	Share−holding Corporations Ltd(Hong Kong,Macao and Taiwan)	963
外商投资企业	Foreign−funded	16[illegible] 889
中外合资经营企业	Jointly−owned	4 908
中外合作经营企业	Cooperatively−owned	
外资企业	Exclusively Foreign−owned	15[illegible] 504
外商投资股份有限公司	Foreign−funded Investment Companies Limited	
3.按控股情况分组	Grouped by Holding Condition	
国有控股	State−controlled	52 670
集体控股	Collective−controlled	2 117
私人控股	Private−controlled	1 426 272
港澳台商控股	Controlled by Entrepreneur from Hong Kong,Macao and Taiwan	317 390
外商控股	Foreign−funded−controlled	159 937
其他	Others	145 736
4.按经营形式分组	Grouped by Business Forms	
独立门店	Independent Stores	674 533
连锁总店	General Chain Stores	632 715
连锁门店	Chain Stores	503 403
其他	Other	294 469

10-5 （二）续表（10 000 yuan）

所有者权益合计 Total Owner's Equities	实收资本 Paid-in Capital	主营业务收入 Prime Operating Revenues	营业成本 Operating Costs	税金及附加 Sales Taxes and Extra Charges
16 171	3 941	5 547	2 703	78
-245	500	962	380	1
337 047	609 932	630 420	341 605	5 392
655 882	**475 530**	**3 398 838**	**1 816 289**	**4 624**
271 338	290 013	1 862 992	910 430	3 011
105 864	94 284	787 644	500 514	1 074
185 528	15 586	384 395	154 047	110
73 830	61 642	239 365	187 673	289
19 321	14 005	124 442	63 625	142
372 293	316 762	2 379 349	1 265 443	3 819
1 873	2 500	2 180	1 499	
933	1 000	2 780	1 567	
53 405	64 246	530 362	311 881	1 758
2 781	1 841	18 930	13 797	48
313 301	247 175	1 825 097	936 700	2 012
243 212	92 586	572 941	212 092	427
11 114	5 466	39 784	18 790	33
7 238	2 551	14 932	14 209	107
224 431	84 465	516 057	178 251	287
429	104	2 168	843	
40 378	66 182	446 548	338 754	378
445	4 697	16 785	5 252	-1
37 874	61 435	418 924	329 483	377
18 319	8 665	117 944	108 176	191
6 143	2 400	8 689	7 289	17
358 018	282 563	2 022 415	1 029 040	3 369
231 042	87 698	540 652	188 380	305
37 373	61 435	419 460	329 787	377
4 988	32 769	289 679	153 617	366
139 577	175 120	935 209	483 792	1 102
304 383	112 996	1 064 187	570 492	1 261
102 717	87 124	762 724	330 799	1 287
109 205	100 289	636 718	431 206	975

10-5 限额以上住宿和餐饮业法人企业主要财务状况综合表(三)(2020年)

MAIN FINANCIAL INDICAFORS OF ENTERPRISE ABOVE DESIGNATED SIZE OF HOTELS AND CATERING SERVICES III (2020)

单位：万元

项 目	Item	其他业务利润 Profits from Other Business	销售费用 Sale Expenses	管理费用 Management Expenses
总　　计	**Total**	**20 459**	**1 641 532**	**845 523**
一、住宿业	**Hotels**	**5 881**	**294 945**	**399 244**
1.按住宿行业分组	Grouped by Sector			
旅游饭店	Tour Restaurant	5 193	207 011	285 606
一般旅馆	General Restaurant	584	74 831	95 078
其他住宿服务	Other Hotel Services	104	13 102	10 561
2.按登记注册类型分组	Grouped by Registration Status			
内资企业	Domestic-funded	4 334	249 982	314 265
国有企业	State-owned	445	17 494	20 473
集体企业	Collective-owned		2 020	580
股份合作企业	Share-holding Cooperative Enterprise			
联营企业	Joint Ownership		131	726
有限责任公司	Limited Liabilities Companies	2 880	99 424	145 050
股份有限公司	Share-holding Limited Companies	200	7 304	11 510
私营企业	Private-owned	809	123 609	135 927
港、澳、台商投资企业	Funded by Entrepreneur from Hong Kong,Macao and Taiwan	382	22 947	37 311
合资经营企业（港或澳、台资）	Joint-venture(Hong Kong,Macao and Taiwan)		7 687	13 043
合作经营企业（港或澳、台资）	Cooperative(Hong Kong,Macao and Taiwan)	14	3 540	9 284
港、澳、台商独资经营企业	Enterprises with Sole Funds(Hong Kong,Macao and Taiwan)	368	11 720	14 984
港、澳、台商投资股份有限公司	Share-holding Corporations Ltd(Hong Kong,Macao and Taiwan)			
外商投资企业	Foreign-funded	1 166	22 016	35 668
中外合资经营企业	Jointly-owned		7 026	12 573
中外合作经营企业	Cooperatively-owned	1 166	3 653	3 867
外资企业	Exclusively Foreign-owned		11 337	22 229
外商投资股份有限公司	Foreign-funded Investment Companies Limited			
3.按控股情况分组	Grouped by Holding Condition			
国有控股	State-controlled	2 490	58 373	76 481
集体控股	Collective-controlled		2 026	593
私人控股	Private-controlled	1 353	158 436	185 927
港澳台商控股	Controlled by Entrepreneur from Hong Kong,Macao and Taiwan	382	19 071	22 443
外商控股	Foreign-funded-controlled		14 359	33 771
其他	Others	1 656	42 681	66 013
4.按经营形式分组	Grouped by Business Forms			
独立门店	Independent Stores	5 029	213 068	251 554
连锁总店	General Chain Stores	78	14 788	20 701
连锁门店	Chain Stores	66	16 442	32 005
其他	Other	709	50 647	85 985
5.按星级分组	Grouped by Star Rating			
五星	Five Star	801	45 881	109 414
四星	Four Star	235	38 472	39 808
三星	Three Star	2 336	25 605	26 788

(10 000 yuan)

财务费用 Financial Expenses	利息费用 Interest Expense	营业利润 Operating profits	投资收益 Profits of Investment	营业外收入 Non-operating Income	利润总额 Total Profits	应交所得税 Total Payable Tax	应付职工薪酬 Total Wages Payable	从业人员期末人数（人） Average Employed Persons (Persons)
103 281	**42 489**	**-275 654**	**31 109**	**72 148**	**-224 692**	**18 092**	**1 224 952**	**198 251**
78 436	**35 313**	**-177 540**	**30 672**	**22 747**	**-150 716**	**4 158**	**323 340**	**40 804**
66 072	26 656	−117 227	31 028	16 958	−105 952	4 137	244 367	28 796
5 755	2 158	−46 502	−365	5 153	−31 497	8	69 817	10 683
6 609	6 499	−13 811	9	636	−13 266	14	9 157	1 325
69 971	33 056	−158 965	28 235	17 501	−135 703	1 783	256 664	32 941
−196	34	−6 742	1 687	1 478	−5 714	−516	30 143	2 568
−6		−256		3	−252	1	624	97
−96		−319		175	−150		585	62
42 781	12 998	−60 878	27 003	9 401	−43 728	2 067	122 771	14 244
649	643	−7 616	31	906	−6 748	−18	7 911	1 067
26 839	19 381	−83 155	−485	5 538	−79 110	250	94 630	14 903
4 221	2 202	−5 956	2 059	3 614	−3 854	2 512	35 624	4 236
202	30	−6 220	28	758	−5 520	88	10 609	1 228
−18	4	−734		1 498	716	594	6 696	903
4 037	2 168	998	2 031	1 358	950	1 830	18 320	2 105
4 244	55	−12 619	377	1 632	−11 159	−136	31 053	3 627
4 314		−6 093		266	−5 871	1	8 217	980
13		−1 034	297	166	−891	−214	3 588	513
−83	55	−5 493	80	1 200	−4 397	77	19 248	2 134
−2 032	723	−14 016	28 677	4 950	−10 766	−706	93 285	8 393
−6		−256		5	−251	1	659	103
40 035	24 908	−109 650	−151	6 705	−104 965	663	126 481	19 939
4 273	2 168	−3 018	2 059	2 206	−2 281	2 509	31 605	3 739
2 753	55	−11 482	80	1 330	−10 274	78	24 617	2 645
33 414	7 459	−39 118	6	7 551	−22 180	1 613	46 694	5 985
45 277	27 559	−112 376	3 905	13 696	−103 347	3 380	226 805	27 591
9 970	5 442	−12 454	333	852	−11 738	−7	20 831	2 214
13 390	480	−2 462	26 491	1 390	9 384	−415	21 977	3 819
9 799	1 831	−50 248	−57	6 810	−45 015	1 201	53 727	7 180
21 786	6 660	−28 200	2 361	2 603	−27 379	1 771	75 172	8 312
7 405	6 406	−23 254	−1	2 862	−20 880	7	38 732	5 376
18	516	−25 536	223	7 761	−8 937	1 556	31 429	4 016

单位：万元

项 目	Item	其他业务利润 Profits from Other Business	销售费用 Sale Expenses	管理费用 Management Expenses
二星	Two Star		1 355	1 024
一星	One Star			448
其他	Others	2 509	183 632	212 763
二、餐饮业	**Catering Services**	**14 578**	**1 346 587**	**45[illegible] 279**
1.按餐饮行业小类分组	Grouped by Sector			
正餐服务	Restaurant	13 170	747 891	28[illegible] 041
快餐服务	Fast Food	1 244	323 347	7[illegible] 332
饮料及冷饮服务	Beverages and Cold Drinks	17	197 796	5[illegible] 799
餐饮配送及外卖送餐服务	Catering Delivery and Food Delivery	114	25 730	2[illegible] 384
其他餐饮服务	Others	32	51 823	1[illegible] 723
2.按登记注册类型分组	Grouped by Registration			
内资企业	Domestic-funded	13 220	857 933	36[illegible] 870
国有企业	State-owned		642	[illegible] 013
集体企业	Collective-owned		927	598
股份合作企业	Share-holding Cooperative Enterprise			
联营企业	Joint Ownership			
有限责任公司	Limited Liabilities Companies	1 152	162 743	7[illegible] 175
股份有限公司	Share-holding Limited Companies	1	3 968	[illegible] 561
私营企业	Private-owned	12 067	689 653	28[illegible] 522
其他企业	Others			
港、澳、台商投资企业	Funded by Entrepreneur from Hong Kong,Macao and Taiwan	791	311 181	5[illegible] 861
合资经营企业（港或澳、台资）	Joint-venture(Hong Kong,Macao and Taiwan)	63	17 554	6 029
合作经营企业（港或澳、台资）	Cooperative(Hong Kong,Macao and Taiwan)		361	2 030
港、澳、台商独资经营企业	Enterprises with Sole Funds(Hong Kong,Macao and Taiwan)	728	291 982	4[illegible] 725
港、澳、台商投资股份有限公司	Share-holding Corporations Ltd(Hong Kong,Macao and Taiwan)		1 284	73
外商投资企业	Foreign-funded	567	177 473	40 549
中外合资经营企业	Jointly-owned		11 088	926
中外合作经营企业	Cooperatively-owned			
外资企业	Exclusively Foreign-owned	567	160 033	37 937
外商投资股份有限公司	Foreign-funded Investment Companies Limited			
3.按控股情况分组	Grouped by Holding Condition			
国有控股	State-controlled	31	4 766	6 438
集体控股	Collective-controlled	-283	1 390	696
私人控股	Private-controlled	13 535	764 647	326 509
港澳台商控股	Controlled by Entrepreneur from Hong Kong,Macao and Taiwan	728	304 174	47 131
外商控股	Foreign-funded-controlled	567	160 490	38 155
其他	Others	-1	111 121	37 350
4.按经营形式分组	Grouped by Business Forms			
独立门店	Independent Stores	10 567	333 059	161 822
连锁总店	General Chain Stores	2 723	534 898	107 791
连锁门店	Chain Stores	931	358 296	91 097
其他	Other	357	120 334	95 569

10-5 （三）续表 (10 000 yuan)

财务费用 Financial Expenses	利息费用 Interest Expense	营业利润 Operating profits	投资收益 Profits of Investment	营业外收入 Non−operating Income	利润总额 Total Profits	应交所得税 Total Payable Tax	应付职工薪酬 Total Wages Payable	从业人员期末人数（人） Average Employed Persons (Persons)
270		329	251	227	550	179	2 176	317
1		132		5	137		186	51
48 956	21 731	−101 010	27 838	9 291	−94 206	646	175 644	22 732
24 845	**7 176**	**-98 114**	**437**	**49 400**	**-73 977**	**13 933**	**901 612**	**157 447**
13 605	4 488	−79 152	−435	31 446	−58 949	5 818	461 254	84 807
8 593	1 753	−15 602	76	9 477	−16 419	3 024	245 402	43 169
1 187	607	−3 109	349	2 922	−2 766	3 684	106 004	13 899
825	285	1 433	32	3 945	5 211	697	62 800	10 795
636	44	−1 683	414	1 610	−1 054	710	26 152	4 777
17 284	6 400	−90 213	649	32 069	−71 034	7 386	607 494	108 459
−2	−9	−628			−627		1 112	122
3		−252			−252		438	128
4 546	2 090	−19 054	355	5 477	−16 827	2 466	137 140	24 131
105	86	−135		18	−132	207	6 949	926
12 632	4 235	−70 145	294	26 574	−53 195	4 713	461 854	83 152
6 705	253	−7 084	−383	9 442	−5 067	3 276	196 263	27 256
130	51	−2 786	−72	3 018	20	767	9 508	1 580
−18		−1 654		171	−1 488	−250	7 534	733
6 585	202	−2 600	−311	6 176	−3 631	2 751	178 750	24 844
8		−44		78	32	7	472	99
856	522	−817	171	7 889	2 125	3 272	97 855	21 732
43	2	−1 052		161	−1 117		2 891	622
787	493	957	171	7 605	3 841	3 270	91 802	20 692
18	186	946		2 819	3 680	1 844	32 765	3 682
−7		−634		27	−611		3 977	445
16 199	5 671	−85 495	230	28 882	−68 234	5 025	521 077	94 744
6 677	247	−3 962	−347	6 476	−4 733	2 827	185 352	25 819
787	493	512	171	7 644	3 436	3 270	92 102	20 743
1 171	579	−9 481	383	3 552	−7 514	967	66 340	12 014
7 786	3 046	−44 431	344	19 147	−31 401	2 508	234 113	43 351
5 787	2 881	−25 135	−993	15 722	−21 906	7 982	285 523	49 024
9 110	271	−21 736	469	9 590	−17 102	521	214 904	34 077
2 163	978	−6 812	618	4 942	−3 568	2 921	167 073	30 995

10−6 限额以上住宿和餐饮业法人企业经营情况综合表（2020年）

CONSOLIDATED TABLE OF ENTERPRISES ABOVE DESIGNATED SIZE OF HOTELS AND CATERING SERVICES （2020）

单位：万元

项　目	Item	法人企业数（个）Number of Corporative Enterprises (unit)	从业人员期末人数（人）Average Employed Persons (Persons)	营业额 Business Revenue
总　　计	**Total**	**1 801**	**198 251**	**4 63[illegible] 792**
一、住宿业	**Hotels**	**550**	**40 804**	**1 105 281**
1.按住宿行业小类分组	Grouped by sector			
旅游饭店	Tour Restaurant	270	28 796	76[illegible] 071
一般旅馆	General Restaurant	252	10 683	307 189
其他住宿服务	Other Hotel Services	28	1 325	3[illegible] 022
2.按登记注册类型分组	Grouped by Registration			
内资企业	Domestic−funded	506	32 941	87[illegible] 531
国有企业	State−owned	18	2 568	6[illegible] 005
集体企业	Collective−owned	3	97	[illegible] 775
股份合作企业	Share−holding Cooperative Enterprise			
联营企业	Joint Ownership	1	62	[illegible] 213
国有联营企业	State−owned Joint Ownership			
集体联营企业	Collective Joint Ownership			
国有与集体联营企业	State & Collective Joint Ownership	1	62	[illegible] 213
其他联营企业	Other Jonit Ownership			
有限责任公司	Limited Liabilities Companies	145	14 244	38[illegible] 079
国有独资公司	State−owned Companies Limited	10	2 412	5[illegible] 873
其他有限责任公司	Other Companies Limited	135	11 832	32[illegible] 205
股份有限公司	Share−holding Limited Companies	12	1 067	2[illegible] 889
私营企业	Private−owned	327	14 903	402 562
私营独资企业	Exclusively Private−owned Companies	13	434	11 039
私营合伙企业	Joint Private−owned Companies	2	23	1 415
私营有限责任公司	Private−owned Companies Limited	310	14 386	388 363
私营股份有限公司	Share−holding Private−owned Companies	2	60	1 744
其他企业	Others			
港、澳、台商投资企业	Funded by Entrepreneur from Hong Kong,Macao and Taiwan	31	4 236	123 644
合资经营企业（港或澳、台资）	Joint−venture(Hong Kong,Macao and Taiwan)	9	1 228	27 466
合作经营企业（港或澳、台资）	Cooperative(Hong Kong,Macao and Taiwan)	3	903	29 801
港、澳、台商独资经营企业	Enterprises with Sole Funds(Hong Kong,Macao and Taiwan)	19	2 105	66 377
港、澳、台商投资股份有限公司	Share−holding Corporations Ltd(Hong Kong,Macao and Taiwan)			
外商投资企业	Foreign−funded	13	3 627	108 107
中外合资经营企业	Jointly−owned	6	980	26 287
中外合作经营企业	Cooperatively−owned	2	513	8 727
外资企业	Exclusively Foreign−owned	5	2 134	73 092
外商投资股份有限公司	Foreign−funded Investment Companies Limited			
3.按控股情况分组	Grouped by Holding Condition			
国有控股	State−controlled	49	8 393	201 998
集体控股	Collective−controlled	5	103	3 152
私人控股	Private−controlled	393	19 939	530 021
港澳台商控股	Controlled by Entrepreneur from Hong Kong,Macao and Taiwan	28	3 739	111 154
外商控股	Foreign−funded−controlled	8	2 645	90 072
其他	Others	67	5 985	168 384
4.按经营形式分组	Grouped by Business Forms			
独立门店	Independent Stores	352	27 591	692 578
连锁总店	General Chain Stores	6	2 214	87 735
连锁门店	Chain Stores	94	3 819	119 702
其他	Other	98	7 180	205 266
5.按星级分组	Grouped by Star			
五星	Five Star	28	8 312	256 536
四星	Four Star	56	5 376	111 728

(10 000 yuan)

客房收入 Revenue of Rooms	餐费收入 Total Revenue of Meals	商品销售收入 Total Sales of Commodities	其他收入 Others	客房间数（间） Number of Rooms (room)	床位数（张） Number of Beds (bed)	餐位数（位） Number of Dining-seats (seat)	年末餐饮营业面积（平方米） Operating Area Catering (sq.m)
721 148	**3 532 568**	**119 513**	**260 552**	**136 736**	**193 302**	**973 951**	**4 850 953**
693 553	**235 235**	**9 969**	**166 513**	**132 126**	**186 632**	**106 913**	**2 256 277**
437 075	204 005	6 325	117 655	75 645	113 230	90 355	1 324 033
228 879	26 941	3 644	47 725	52 131	67 423	13 623	814 558
27 600	4 289		1 133	4 350	5 979	2 935	117 686
586 660	175 259	5 483	106 118	106 583	155 190	91 396	2 047 752
24 983	24 769	790	11 462	4 895	7 370	4 084	87 270
412	1 888		478	269	462	355	3 210
746			473	112	153		12 912
746			473	112	153		12 912
238 120	93 527	1 376	48 045	37 548	52 536	60 242	688 636
25 862	20 873	316	8 821	2 489	3 541	32 815	118 377
212 258	72 653	1 059	39 224	35 059	48 995	27 427	570 259
12 577	3 947	62	7 303	2 516	3 567	2 765	56 337
309 821	51 128	3 256	38 357	61 243	91 102	23 950	1 199 387
8 994	1 747	3	296	1 657	2 122	961	65 097
1 254		7	154	249	357		4 800
297 829	49 382	3 246	37 907	59 048	88 253	22 989	1 121 490
1 744				289	370		8 000
60 621	42 548	3 774	16 700	12 977	15 963	10 398	136 260
14 231	7 737	1 651	3 848	2 221	3 140	2 556	51 599
15 084	11 842	397	2 478	1 072	1 540	2 255	13 808
31 306	22 970	1 727	10 375	9 684	11 283	5 587	70 853
46 272	17 428	712	43 694	12 566	15 479	5 119	72 265
12 372	10 013	712	3 191	1 157	1 682	1 770	18 662
2 598	2 671		3 458	471	570	1 618	4 007
31 302	4 745		37 045	10 938	13 227	1 731	49 596
104 075	59 349	1 172	37 403	15 985	22 772	43 817	294 692
786	1 888		478	399	612	355	17 210
390 028	83 229	4 607	52 146	72 071	105 943	34 248	1 474 031
53 825	38 747	3 377	15 205	12 190	14 828	9 332	107 191
41 025	10 768	3	38 276	11 765	14 336	2 112	58 269
103 815	41 255	809	23 005	19 716	28 141	17 049	304 884
411 990	168 842	9 032	102 703	71 425	106 221	86 773	1 484 994
42 516	7 957	241	37 022	12 981	16 906	1 085	62 616
105 518	3 300	58	10 826	17 899	23 498	4 045	261 980
133 530	55 136	637	15 963	29 821	40 007	15 010	446 687
120 900	87 043	4 888	43 704	9 650	13 168	18 358	181 899
65 137	27 621	204	18 766	11 084	15 549	40 741	316 488

单位：万元

项　目	Item	法人企业数（个）Number of Corporative Enterprises (unit)	从业人员期末人数（人）Average Employed Persons (Persons)	营业额 Business Revenue
三星	Three Star	59	4 016	7[illegible] 474
二星	Two Star	9	317	[illegible] 760
一星	One Star	2	51	995
其他	Other	396	22 732	65[illegible] 789
二、餐饮业	**Catering Services**	**1 251**	**157 447**	**3 52[illegible] 510**
1.按餐饮行业小类分组	Grouped by sector			
正餐服务	Restaurant	1 065	84 807	1 91[illegible] 432
快餐服务	Fast Food	63	43 169	81[illegible] 307
饮料及冷饮服务	Beverages and Cold Drinks	38	13 899	41[illegible] 452
餐饮配送及外卖送餐服务	Catering Delivery and Food Delivery	48	10 795	25[illegible] 858
其他餐饮服务	Others	37	4 777	13[illegible] 462
2.按登记注册类型分组	Grouped by Registration			
内资企业	Domestic−funded	1 135	108 459	2 46[illegible] 730
国有企业	State−owned	1	122	[illegible] 622
集体企业	Collective−owned	2	128	[illegible] 557
股份合作企业	Share−holding Cooperative Enterprise			
联营企业	Joint Ownership			
国有联营企业	State−owned Joint Ownership			
集体联营企业	Collective Joint Ownership			
国有与集体联营企业	State & Collective Joint Ownership			
其他联营企业	Other Jonit Ownership			
有限责任公司	Limited Liabilities Companies	184	24 131	54[illegible] 722
国有独资公司	State−owned Companies Limited	2	886	1[illegible] 561
其他有限责任公司	Other Companies Limited	182	23 245	53[illegible] 162
股份有限公司	Share−holding Limited Companies	9	926	1[illegible] 926
私营企业	Private−owned	939	83 152	1 88[illegible] 902
私营独资企业	Exclusively Private−owned Companies	60	2 472	4[illegible] 577
私营合伙企业	Joint Private−owned Companies	6	129	[illegible] 348
私营有限责任公司	Private−owned Companies Limited	863	79 102	1 81[illegible] 644
私营股份有限公司	Share−holding Private−owned Companies	10	1 449	2[illegible] 333
其他企业	Others			
港、澳、台商投资企业	Funded by Entrepreneur from Hong Kong,Macao and Taiwan	93	27 256	59[illegible] 768
合资经营企业（港或澳、台资）	Joint−venture(Hong Kong,Macao and Taiwan)	12	1 580	4[illegible] 893
合作经营企业（港或澳、台资）	Cooperative(Hong Kong,Macao and Taiwan)	1	733	1[illegible] 861
港、澳、台商独资经营企业	Enterprises with Sole Funds(Hong Kong,Macao and Taiwan)	78	24 844	53[illegible] 840
港、澳、台商投资股份有限公司	Share−holding Corporations Ltd(Hong Kong,Macao and Taiwan)	2	99	[illegible] 163
外商投资企业	Foreign−funded	23	21 732	46[illegible] 012
中外合资经营企业	Jointly−owned	5	622	1[illegible] 820
中外合作经营企业	Cooperatively−owned			
外资企业	Exclusively Foreign−owned	15	20 692	43[illegible] 315
外商投资股份有限公司	Foreign−funded Investment Companies Limited			
3.按控股情况分组	Grouped by Holding Condition			
国有控股	State−controlled	9	3 682	12[illegible] 489
集体控股	Collective−controlled	4	445	[illegible] 764
私人控股	Private−controlled	1 038	94 744	2 09[illegible] 789
港澳台商控股	Controlled by Entrepreneur from Hong Kong,Macao and Taiwan	90	25 819	56[illegible] 163
外商控股	Foreign−funded−controlled	16	20 743	43[illegible] 890
其他	Others	94	12 014	30[illegible] 418
4.按经营形式分组	Grouped by Business Forms			
独立门店	Independent Stores	783	43 351	95[illegible] 869
连锁总店	General Chain Stores	83	49 024	1 12[illegible] 273
连锁门店	Chain Stores	106	34 077	79[illegible] 187
其他	Other	279	30 995	647 18[illegible]

10-6 续表 (10 000 yuan)

客房收入 Revenue of Rooms	餐费收入 Total Revenue of Meals	商品销售收入 Total Sales of Commodities	其他收入 Others	客房间数（间） Number of Rooms (room)	床位数（张） Number of Beds (bed)	餐位数（位） Number of Dining-seats (seat)	年末餐饮营业面积（平方米） Operating Area Catering (sq.m)
46 993	12 015	461	13 005	9 656	14 029	5 691	297 781
2 516	1 978	27	1 238	838	1 357	1 070	32 688
789	81		125	150	216	70	108
457 219	106 497	4 387	89 674	100 748	142 313	40 983	1 427 313
27 595	**3 297 333**	**109 544**	**94 039**	**4 610**	**6 670**	**867 038**	**2 594 676**
27 595	1 815 056	19 614	51 167	4 610	6 670	606 364	1 907 288
	799 411	8 383	9 513			144 644	408 982
	367 440	24 828	23 184			27 697	137 518
	206 547	37 235	8 076			42 696	78 434
	108 879	19 484	2 100			45 637	62 454
27 595	2 282 604	72 324	82 208	4 610	6 670	712 835	2 121 181
	2 180		442			548	3 264
573	1 892		93	139	150	354	7 365
2 063	512 951	15 173	19 536	336	529	127 326	388 686
	13 628	1 109	4 825			3 668	7 068
2 063	499 324	14 064	14 711	336	529	123 658	381 618
	15 509	639	3 778			1 193	5 241
24 958	1 750 072	56 513	58 359	4 135	5 991	583 414	1 716 625
513	42 639	608	818	172	258	10 659	49 402
	2 348					632	1 603
22 190	1 691 874	45 310	57 270	3 678	5 324	569 982	1 652 971
2 256	13 211	10 595	272	285	409	2 141	12 649
	569 309	27 129	1 330			85 852	277 800
	40 776	97	26			6 248	18 398
	16 861						
	509 504	27 032	1 304			79 276	258 479
	2 168					328	923
	445 420	10 091	10 502			68 351	195 695
	16 820					3 158	7 641
	417 730	10 091	10 494			63 586	182 854
47	98 860	5 398	19 183	40	80	33 020	34 472
2 227	6 179	35	324	264	381	634	16 180
22 536	1 953 783	57 536	59 933	3 777	5 433	642 347	1 883 447
	534 704	27 129	1 330			83 070	269 601
	418 297	10 091	10 502			63 766	183 321
2 785	285 511	9 355	2 767	529	776	44 201	207 655
21 299	893 507	18 962	21 101	3 727	5 380	246 152	1 065 582
	1 067 678	27 646	32 950			176 821	541 994
	752 502	34 618	11 068			130 843	375 004
6 296	583 646	28 319	28 920	883	1 290	313 222	612 096

10-7 居民消费价格总指数

CONSUMER PRICE INDICES

年 份 Year	以上年价格为100 Preceding Year=100			以1979年价格为100 1979=100		
	居民消费价格总指数 Consumer Price Index	# 食品类 Food	# 服务项目 Services	居民消费价格总指数 Consumer Price Index	# 食品类 Food	# 服务项目 Services
1979	100.0	100.0	100.0	100.0	100.0	100.0
1980	105.0	108.3	100.7	105.0	108.3	100.7
1981	110.7	117.9	101.6	116.2	127.7	102.3
1982	107.8	116.6	108.7	125.3	148.9	111.2
1983	102.0	105.9	100.9	127.8	157.7	112.2
1984	106.8	106.6	119.3	136.5	168.1	133.9
1985	122.5	128.5	117.2	167.2	216.0	156.9
1986	106.1	108.1	106.9	177.4	233.5	167.7
1987	114.4	118.7	107.4	203.0	277.1	180.1
1988	128.1	133.7	112.2	260.0	370.5	202.1
1989	125.4	126.6	125.7	326.0	469.1	254.1
1990	101.6	95.4	127.7	331.2	447.5	324.4
1991	103.0	99.2	115.4	341.2	443.9	374.4
1992	107.3	109.2	109.4	366.1	484.8	409.5
1993	120.1	122.6	120.9	439.7	594.3	495.2
1994	118.2	120.2	118.1	519.7	714.4	584.8
1995	112.4	116.7	118.1	584.1	833.7	690.5
1996	107.7	105.2	110.7	629.1	877.1	764.5
1997	103.3	100.2	118.2	649.9	878.9	903.5
1998	99.3	97.2	105.3	645.4	854.3	951.5
1999	99.3	94.5	107.7	640.9	807.3	1 024.3
2000	102.8	100.2	114.0	658.8	808.9	1 168.3
2001	97.8	97.5	99.3	644.3	788.7	1 160.1
2002	101.2	100.5	106.5	652.0	792.6	1 235.5
2003	100.7	101.2	101.6	656.6	802.1	1 255.3
2004	101.3	106.1	99.7	665.1	851.0	1 251.5
2005	101.6	104.5	100.8	675.7	889.3	1 261.5
2006	102.2	104.2	101.4	690.6	926.7	1 279.2
2007	104.1	108.6	103.4	718.9	1 006.4	1 322.7
2008	105.9	113.5	102.1	761.3	1 142.3	1 350.5
2009	98.7	98.5	99.5	751.4	1 125.2	1 343.7
2010	103.5	107.7	102.6	777.7	1 211.8	1 378.6
2011	105.4	111.9	103.0	819.7	1 356.0	1 420.0
2012	102.8	104.5	101.9	842.7	1 417.0	1 447.0
2013	102.7	102.9	105.2	865.5	1 458.1	1 522.2
2014	102.0	103.5	101.9	882.8	1 509.1	1 551.1
2015	102.2	103.2	103.8	902.2	1 557.4	1 610.0
2016	102.4	105.5	102.6	923.9	1 643.1	1 651.9
2017	101.4	98.4	101.9	936.8	1 616.8	1 683.3
2018	102.8	102.9	103.5	963.0	1 663.7	1 742.2
2019	103.4	109.0	102.8	995.7	1 813.4	1 791.0
2020	102.3	111.1	100.0	1 018.6	2 014.7	1 791.0

10-8 居民消费价格指数（2020年）
CONSUMER PRICE INDEX（2020）

以上年价格为100 (preceding year=100)

项 目	Item	指 数 Index	项 目	Item	指 数 Index
居民消费价格总指数	**Consumer Price Index**	**102.3**	鞋类	Shoes	101.1
一、食品烟酒	**Food,Tobacco and Liquor**	**107.9**	**三、居住**	**Residence**	**99.0**
食品	Food	111.1	住房保养维修及管理	Housing Maintenance and Management	100.3
其中：(1)粮食	#Grain	100.7	水电燃料	Hydropower Fuel	99.5
(2)薯类	Tubers	102.8	自有住房	Own Housing	98.6
(3)豆类	Beans	104.3	**四、生活用品及服务**	**Living Goods and Communications**	**100.7**
(4)食用油	Edible Oil	100.3	家具及室内装饰品	Furniture and Interior Decorations	100.2
(5)菜	Vegetables	103.5	家用器具	Home Appliances	98.4
(6)畜肉类	Livestock Meat	139.1	家用纺织品	Home Textiles	99.0
(7)禽肉类	Poultry	105.1	家庭日用杂品	The Family Daily Sundry Goods	99.8
(8)水产品	Aquatic Products	102.9	**五、交通和通信**	**Transportation and Communications**	**96.0**
(9)蛋类	Eggs	93.4	交通	Transportation	94.5
(10)奶类	Dairy Products	107.3	通信	Communications	99.0
(11)干鲜瓜果类	Dried and Fresh Melons and Fruits	94.0	**六、教育文化和娱乐**	**Education,Culture and Recreation**	**102.6**
(12)糖果糕点类	Confectionery,Cakes	102.9	教育	Education,Culture and Recreation	103.0
(13)调味品	Flavoring	102.1	文化娱乐	Culture and Recreation	102.0
(14)其他食品类	Other Foods	104.7	**七、医疗保健**	**Health Care**	**99.8**
烟酒	Tabacco,Liquor	101.7	药品及医疗器具	Medicine and Medical Equipment	99.5
在外餐饮	Dining Out	102.4	医疗服务	Medical Services	100.0
二、衣着	**Clothing**	**101.2**	**八、其它用品和服务**	**Other Aricles and Service**	**104.5**
服装	Garments	101.4	其他用品类	Other Aricles	110.3
服装材料	Materials for Clothing	100.1	其他服务类	Other Service	99.2

注：2016年1月起，国家统计局根据五年一次基期轮换的制度，对CPI构成分类及相应权重进行了调整。

Note: From 2016,the classification and weight of CPI have been adjusted,according to five-year period of rotation system formulated by National Bureau of Statistics of China.

10-9 住宅销售价格指数（一）（2020年）

SALES PRICES INDICES OF HOUSES（2020）

类别 Item		以上年同期为100											
		1月	2月	3月	4月	5月	6月	7月	8月	9月	10月	11月	12月
新建商品住宅	Newly-built Residential Buildings	104.3	104.3	105.2	104.8	104.9	105.3	105.9	106.2	105.3	105.1	104.9	104.1
90m²及以下	Less than 90 sq.m.	104.6	104.8	105.6	105.4	105.7	106.1	106.7	107.1	106.5	105.7	105.6	104.5
90-144m²	From 90 to 144 sq.m.	102.8	103.0	103.5	102.5	103.5	104.2	104.7	104.9	104.3	104.3	103.8	103.1
144m²以上	More than 144 sq.m.	104.8	104.4	105.5	105.3	104.5	104.7	105.4	105.5	103.9	104.6	104.4	104.3
二手住宅	Second-hand Housing	108.8	108.8	109.7	110.3	112.0	114.3	114.9	115.9	115.7	115.5	114.6	114.1
90m²及以下	Less than 90 sq.m.	110.2	109.7	110.5	111.1	112.7	115.1	116.0	117.5	117.4	117.0	116.1	115.8
90-144m²	From 90 to 144 sq.m.	106.0	106.7	108.3	109.3	111.7	114.1	114.3	115.4	115.5	115.7	114.6	113.7
144m²以上	More than 144 sq.m.	110.1	109.8	109.9	110.3	111.1	113.1	113.5	113.5	112.7	112.5	111.8	111.4

10-9 住宅销售价格指数（二）（2020年）

SALES PRICES INDICES OF HOUSES（2020）

类别 Item		以上月为100											
		1月	2月	3月	4月	5月	6月	7月	8月	9月	10月	11月	12月
新建商品住宅	Newly-built Residential Buildings	100.5	100.0	100.5	100.0	100.6	100.8	100.6	100.5	100.4	100.2	100.0	99.9
90m²及以下	Less than 90 sq.m.	100.3	100.2	100.6	99.9	100.8	100.9	100.6	100.6	100.6	100.1	100.0	99.9
90-144m²	From 90 to 144 sq.m.	100.7	100.0	100.3	99.9	100.7	100.6	100.3	100.4	100.2	100.1	100.0	99.8
144m²以上	More than 144 sq.m.	100.6	99.7	100.5	100.4	100.2	101.0	100.9	100.3	100.2	100.5	99.9	100.1
二手住宅	Second-hand Housing	100.7	100.5	101.6	101.7	101.6	101.9	101.2	101.1	101.1	100.9	100.6	100.3
90m²及以下	Less than 90 sq.m.	100.7	100.2	101.4	101.4	101.9	102.1	101.7	101.6	101.3	100.8	100.8	100.3
90-144m²	From 90 to 144 sq.m.	100.7	100.6	102.2	101.8	101.6	101.9	100.5	101.0	101.2	100.8	100.4	100.2
144m²以上	More than 144 sq.m.	100.5	100.9	101.1	102.0	101.0	101.6	100.9	100.1	100.7	101.1	100.5	100.4

10-10 工业生产者出厂价格指数
INDUSTRIAL PRODUCER PRICE INDEX

以上年价格为100 (Preceding year=100)

类 别	Item	2009	2010	2011	2012	2013	2014	2015	2016	2017	2018	2019	2020
全部工业品	General Index	95.3	101.6	101.8	99.9	98.0	99.1	97.6	99.3	101.8	100.2	100.0	99.0
按轻重工业分	Grouped by industries												
轻工业	Light Industry	96.7	101.4	102.9	99.2	98.4	98.2	98.6	100.8	101.4	99.3	100.5	100.7
重工业	Heavy Industry	92.6	101.9	101.4	100.1	97.9	99.4	97.3	98.8	102.0	100.5	99.9	98.4
按生产、生活资料分	Grouped by Means of Production and Consumer Goods												
生产资料	Means of Production	94.4	100.7	101.3	100.3	98.0	99.5	97.4	98.7	102.2	100.3	99.7	98.4
生活资料	Consumer Goods	99.3	104.5	103.5	98.7	98.1	97.7	98.4	100.8	100.9	99.7	100.9	100.6
按工业部门分	Grouped by Industrial Department												
冶金工业	Metallurgical Industry	95.6	108.4	106.7	100.7	100.2	98.6	98.0	102.1	115.5	107.4	100.3	102.9
电力工业	Power Industry	98.4	99.3	99.6	100.5	100.5	99.7	99.3	99.4	98.9	98.3	97.4	97.8
石油工业	Petroleum Industry	62.4	136.8	126.9	101.7	92.4	95.2	64.2	86.7	123.2	119.5	96.1	78.9
化学工业	Chemical Industry	98.4	101.2	102.3	101.2	99.4	100.0	99.2	98.9	102.5	95.8	100.6	97.4
机械工业	Engineering Industry	95.9	99.0	99.8	99.6	97.7	99.1	98.5	99.0	100.9	99.7	99.6	98.7
建筑材料工业	Building Materials Industry	90.1	104.2	101.1	93.9	102.5	102.9	98.8	99.7	101.8	104.4	107.1	100.0
森林工业	Timber Industry	102.6	107.4	106.0	102.8	103.6	100.6	100.4	99.3	98.2	97.9	100.4	100.1
食品工业	Food Industry	92.4	102.7	106.1	107.0	102.3	100.2	100.4	102.8	101.6	102.0	100.9	100.6
纺织工业	Textile Industry	100.2	100.3	106.1	101.2	99.6	101.6	100.4	100.2	100.3	100.1	100.5	99.0
缝纫工业	Needlework Industry	104.6	103.9	107.5	102.5	104.3	104.8	102.9	104.8	102.5	100.4	106.7	103.1
皮革工业	Leather Industry	110.3	102.2	107.4	104.9	103.1	103.0	100.9	100.4	100.1	99.2	101.8	102.1
造纸工业	Paper Industry	100.2	101.1	104.1	102.2	99.3	100.4	101.4	104.3	104.3	104.9	102.2	95.4
文教艺术用品工业	Cultural, Educational & Handicrafts Articles	103.2	101.9	101.5	101.4	100.6	99.8	99.0	100.7	100.8	97.9	100.8	97.7
其它工业	Others	108.0	119.0	113.5	95.8	91.6	94.8	91.6	103.2	101.4	97.4	104.9	108.5

10-11 工业生产者购进价格指数
INDUSTRIAL PURCHASING PRICE INDEX

以上年价格为100 (Preceding year=100)

类 别	Item	2011	2012	2013	2014	2015	2016	2017	2018	2019	2020
总指数	General Index	105.9	100.0	98.3	99.6	96.5	98.3	103.4	102.4	99.4	98.8
燃料、动力类	Fuels and Power	105.9	102.5	95.1	99.1	92.8	97.2	101.7	102.4	97.6	97.1
黑色金属材料类	Ferrous Materials	106.5	95.1	95.4	96.4	95.7	99.7	111.5	105.9	97.9	99.2
其中：钢材	Steel	106.7	92.8	92.8	94.7	93.7	99.4	110.1	103.6	98.7	99.9
其它	Others	105.9	99.9	100.4	99.9	99.9	100.2	113.9	109.6	96.6	98.0
有色金属材料及电线类	Nonferrous Metal and Electric Wire	108.3	97.9	96.5	95.8	92.8	99.8	109.1	102.3	101.2	104.5
化工原料类	Chemical Raw Materials	107.2	97.5	99.2	99.0	95.6	98.7	104.1	104.2	97.9	94.0
木材及纸浆类	Wood and Paper Pulps	107.7	100.5	99.9	100.7	98.1	96.8	106.0	103.5	92.8	99.3
建筑材料及非金属类	Building Materials and Nonmetal Minerals	105.4	97.9	102.7	107.8	91.0	95.4	113.3	119.2	113.2	101.3
其它工业原材料及半成品类	Other Industrial Raw and Processed Materials	105.0	100.8	99.1	99.4	98.3	98.8	101.9	100.2	100.2	99.4
农副产品类	Farm and Sideline Products	104.3	100.5	103.4	103.7	99.1	94.9	100.5	100.9	97.4	99.1
纺织原料类	Textile Raw Material	106.4	100.4	99.3	100.8	102.5	100.3	101.3	103.1	100.6	100.1

主要统计指标解释

社会消费品零售总额　指各种经济类型的批发零售业、住宿餐饮业和其他行业的企业（单位）或个体户，售予城乡居民用于生活消费和社会集团用于公共消费的商品金额的总和。

批发零售业商品购进总额　指从本企业以外的单位和个人购进（包括从国外直接进口）作为转卖或加工后转卖的商品金额。本指标由“从生产者购进额”、“从批发零售业购进额”、“进口额”和“其他购进”组成。这个指标反映批发零售企业从国内、国外市场上购进商品的总量。

批发零售业商品销售总额　指售予本企业以外的单位和个人的商品金额（包括对国（境）外直接出口及售给本单位消费用的商品）。本指标由“对生产经营单位批发额”、“对批发零售业批发额”、“出口额”和“对居民和社会集团商品零售额”项目组成。这个指标反映批发零售业在国内市场上销售商品以及出口商品的总量。

批发　指除零售以外的一切商品销售活动。包括对生产经营单位批发、对批发零售业批发和出口。

零售　指出售城乡居民用于生活消费商品和社会集团直接用于公用消费商品的活动。

批发零售业年末库存总额　指批发零售企业已取得所有权的全部商品。这个指标反映批发零售贸易企业的商品库存情况，对市场商品供应的保证程度。

批发零售业住宿餐饮业法人单位　指各种经济类型独立核算法人批发零售企业、住宿餐饮企业的单位个数。法人单位应同时具备以下条件：1. 依法成立，有自己的名称、组织机构和场所，能够独立承担民事责任；2. 独立拥有和使用资产，承担负债，有权与其他单位签订合同；3. 独立核算盈亏，并能够编制资产负债表。

批发业　是指从工农业生产者或从商品流通企业单位和个体户购进商品，转卖给工业、农业、建筑业、运输邮电业、住宿餐饮业、服务业等生产经营单位作为生产经营用，以及将商品转卖给其他批发企业或零售企业的商品流通企业(单位)和个体户。

零售业　是指从工农业生产者、批发业或居民购进商品，转卖给城乡居民作为生活消费和售给社会集团作为公共消费的商品流通企业(单位)和个体户。

住宿业　是指为顾客提供临时住宿服务的企业(单位)和个体户。

餐饮业　是指从事食品的烹饪、调制并直接售给居民和社会集团的企业(单位)和个体户。

居民消费价格指数　是度量消费商品及服务项目价格水平随着时间而变动的相对数，反映居民家庭购买的消费品及服务价格水平的变动情况。它是宏观经济分析、决策、调控和价格总水平监测以及国民经济核算的重要指标。其按年度计算的变动率通常被用来作为反映通货膨胀(或紧缩)程度的指标。

工业生产者出厂价格指数　反映工业企业产品第一次出售时的出厂价格的变化趋势和变动幅度。

工业生产者购进价格指数　反映工业企业作为中间投入产品的购进价格的变化趋势和变动幅度。

新建商品住宅　指新建的专供居住用的商品住房，本方案主要包括：90平方米及以下、90—144平方米、144平方米以上等。不包括新建的国家政策性住房；不包括住宅楼中作为人防用、不住人的地下室、车库等，也不包括托儿所、病房、疗养院、旅馆等具有专门用途的房屋。

二手住宅 指进入房屋市场进行交易，第二次及以上进行产权登记的住宅，包括二手商品住宅、允许上市交易的已售公房等。本方案主要包括90平方米及以下、90—144平方米、144平方米以上等分类。

90平方米及以下住宅 指住宅中套型建筑面积不大于90平方米的住宅。套型建筑面积由套内使用面积和分摊的共有建筑面积组成，报表时以销售合同中实际测绘的建筑面积为准，若销售合同为套内使用面积则需折算成建筑面积。

90平方米—144平方米住宅 指套型建筑面积大于90平方米，不超过144平方米的住宅。

144平方米以上住宅 指套型建筑面积在144平方米以上的住宅。

Explanatory Notes on Main Statistical Indicators

Total Retail Sales of Consumer Goods refer to the sum of retail sales of consumer goods sold by enterprises (establishments) or individuals in wholesale, retail trade, accommodations, catering services and other industries of various types of ownership to urban and rural households for living consumption and to social institutions for public consumption.

Total Purchases of Commodities by Wholesale and Retail Trades refer to the purchases of commodities from other establishments or individuals (including direct import from abroad) for the purpose of reselling, either with or without further processing of the commodities purchased This indicator includes the purchases from producers the purchases from wholesale and retail trades, imports and other purchases

It is used to show the total value of purchases of commodities by wholesale and retail establishments from domestic and overseas markets.

Total Sales of Commodities by Wholesale and Retail Trades refer to the value of commodities sold to other establishments and individuals (including direct export and commodities sold to the sellers themselves for consumption). This indicator includes the value of wholesale to production and operation units, the value of wholesale to wholesale and retail trades, exports and retail sales to urban and rural households and social institutions It is an indicator of the total value of sales of commodities at domestic markets and export.

Wholesale refers to all selling activities of commodities except retail trade, including wholesale to production and operation units, wholesale to wholesale and retail trades and export.

Retail Sale refers to the selling of commodities to urban and rural households for living consumption and to social institutions for direct public consumption.

Total Inventory of Wholesale and Retail Trades at the Year-end refers to the total commodities possessed by wholesale and retail enterprises, which reflects the commodity stock level of various wholesale and retail enterprises and the potential for market supply.

Corporate Units in Wholesale and Retail Trades, Accommodations and Catering Services refer to the number of corporate enterprises of various types of ownership in the wholesale and retail trades, accommodations and catering services with independent accounting systems An enterprise can be called a corporate enterprise only when it simultaneously meets the following requirements:(1)It is established according to law, with its own name, organization and location for business operation, as well as the capability to independently assume civil responsibility (2)It owns and uses its assets independently, assumes liabilities and is entitled to sign contracts with other units (3)It has an independent accounting system and is able to compile balance sheets.

Wholesale Trade refers to the commodity circulation enterprises (establishments) and individuals which purchase commodities from producers in industry and agriculture or from commodity circulation enterprises and individuals for the purpose of reselling them to establishments in industry, agriculture, construction, transportation, postal and telecommunications services, accommodations and catering services and other services for their production and operation as well as reselling them to other wholesale or retail enterprises.

Retail Trade refers to the commodity circulation enterprises (establishments) and individuals which purchase commodities from producers in industry and agriculture, wholesale trade or residents for the purpose of reselling them to urban and rural households for living consumption and to social institutions for public consumption.

Hotel Services refers to the enterprises (establishments) and individuals engaged in providing temporary accommodation to customers.

Catering Services refer to the enterprises (establishments) and individuals engaged in food cooking, seasoning and selling food directly to households and social institutions.

Consumer Price Indices measure the relative change with time in prices of consumer goods and services, reflecting the rates of change in consumer goods and services purchased by households. It is an important indicator for macroeconomic analysis, decision-making, regularization and control, supervision of general price level and national economic accounting. The annualized rates of change are generally considered as an indicator of inflation or deflation.

EX-factory Price Indices of Industrial Producers reflect the trends and degree of changes in prices of industrial products to sell the first time.

Purchasing Price Indices of Industrial Producers reflect the trends and degree of changes in prices of products as intermediate inputs.

Newly-built Houses refer to newly-built houses for residential use. The program includes: 90 square meters and below, 90-144 square meters, 144 square meters and above. Excluding new national policy-related houses, houses used as civil defense, basements, garages, nursery, wards, nursing homes, hotels and other houses used for special purposes.

Second-hand Houses refer to houses transacted for twice and above in the market, and the property registrations have been changed twice and above, including second-hand commercial houses and public houses been sold and allowed for second transaction. The program includes 90 square meters and below, 90-144 square meters, 144 square meters and above.

90 Square Meters and Below Houses refer to houses with a residential dwelling size of not more than 90 square meters. Dwelling size of the building area is composed by private usable area and public shared construction area. The program subjects to the actual construction area recorded in sales contracts.

90 Square Meters -144 Square Meters Houses refer to houses with the residential dwelling size of more than 90 square meters and no more than 144 square meters.

144 Square Meters Houses refer to houses with the residential dwelling size of more than 144 square meters.

11 第十一部分 财政收支

FISCAL REVENUE AND EXPENDITURE

CHAPTER

11-1 地方财政收支

LOCAL GOVERNMENT BUDGETARY REVENUE AND EXPENDITURE

单位：万元　　　　（10 000 yuan）

项目	Item	2016	2017	2018	2019	2020
一般公共预算收入	Local government General Budgetary Revenue	31 364 923	33 321 303	35 384 414	37 733 831	38 574 618
税收收入	Taxes	24 888 827	26 548 905	28 996 334	30 678 631	30 874 612
#增值税	Value-added Tax	6 509 463	9 912 775	10 469 728	11 637 876	10 608 212
营业税	Business Tax	3 639 382	-	-	-	-
企业所得税	Corporate Income Tax	5 695 240	6 678 536	6 806 150	7 478 100	6 751 541
个人所得税	Individual Income Tax	3 047 503	3 343 287	3 734 303	2 962 675	3 663 798
非税收入	Non-Tax Revenue	6 476 096	6 772 398	6 388 080	7 055 200	7 700 006
#专项收入	Special Program Receipts	3 823 354	3 721 265	3 891 746	3 417 080	3 234 856
行政事业性收费收入	Charge of Administrative and Units	279 760	267 919	341 452	374 018	363 407
罚没收入	Penalty Receipts	249 007	339 210	470 714	402 672	451 560
政府性基金收入	Government Fund Revenue	9 663 957	10 299 480	9 646 428	10 057 208	12 872 367
一般公共预算支出	Local Government General Budgetary Expenditure	42 110 429	45 938 003	42 825 598	45 527 336	41 784 235
#教育	Expenditure for Education	4 147 269	5 090 971	5 845 062	7 165 514	8 508 040
科学技术	Expenditure for Science and Technology	4 035 240	3 518 252	5 549 818	5 484 249	3 366 343
文化体育与传媒	Expenditure for Culture, Sport and Media	547 941	571 218	659 109	669 909	1 004 070
社会保障与就业	Expenditure for Social Safety Net and Employment Effort	1 054 524	2 397 159	1 977 496	1 769 842	973 564
医疗卫生	Expenditure for Medical and Health Care	2 012 739	2 442 264	2 814 988	3 354 865	4 411 035
节能环保	Expenditure for Energy Saving	1 402 415	2 130 427	2 524 860	3 316 349	2 298 299
城乡社区事务	Expenditure for Urban and Rural Community Affairs	5 584 938	9 829 642	8 213 591	10 154 044	5 926 794
农林水事务	Expenditure for Agriculture, Forestry and Water Conservancy	612 541	763 260	788 779	833 313	1 345 497
交通运输	Expenditure for Transportation	4 508 921	3 182 690	2 266 757	1 285 931	1 773 688
政府性基金支出	Expenditure for Government Funds	4 137 502	5 370 357	6 374 448	9 709 406	12 245 470

11-2 地方一般公共预算收支及指数

INDICES OF LOCAL GOVERNMENT GENERAL BUDGETARY REVENUE AND EXPENDITURE

年 份 Year	收入(万元) Financial Revenue (10 000 yuan)	指 数 Index		支出(万元) Expenditure (10 000 yuan)	指 数 Index	
		以1979年为100 1979=100	以上年为100 Preceding Year=100		以1979年为100 1979=100	以上年为100 Preceding Year=100
1979	1 721	100.0		2 971	100.0	
1980	3 043	176.8	176.8	4 003	134.7	134.7
1981	8 787	510.6	288.8	8 411	283.1	210.1
1982	9 163	532.4	104.3	8 815	296.7	104.8
1983	15 605	906.7	170.3	15 025	505.7	170.4
1984	29 435	1 710.3	188.6	27 954	940.9	186.0
1985	62 894	3 654.5	213.7	58 651	1 974.1	209.8
1986	74 160	4 309.1	117.9	68 073	2 291.2	116.1
1987	87 521	5 085.5	118.0	69 688	2 345.6	102.4
1988	146 521	8 513.7	167.4	110 992	3 735.8	159.3
1989	228 668	13 286.9	156.1	173 007	5 823.2	155.9
1990	217 037	12 611.1	94.9	198 073	6 666.9	114.5
1991	273 291	15 879.8	125.9	243 012	8 179.5	122.7
1992	429 599	24 962.2	157.2	420 035	14 137.8	172.8
1993	672 507	39 076.5	156.5	593 327	19 970.6	141.3
1994	743 992	43 230.2	110.6	746 181	25 115.5	125.8
1995	880 174	51 143.2	118.3	934 041	31 438.6	125.2
1996	1 317 490	76 553.7	149.7	1 380 376	46 461.7	147.8
1997	1 420 557	82 542.5	107.8	1 394 181	46 926.3	101.0
1998	1 643 884	95 519.1	115.7	1 767 714	59 499.0	126.8
1999	1 842 085	107 035.7	112.1	2 108 978	70 985.5	119.3
2000	2 219 184	128 947.3	120.5	2 250 441	75 746.9	106.7
2001	2 624 944	152 524.3	118.3	2 537 019	85 392.8	112.7
2002	2 659 287	154 519.9	101.3	3 077 761	103 593.4	121.3
2003	2 908 370	168 993.0	109.4	3 489 526	117 452.9	113.4
2004	3 214 680	186 791.4	110.5	3 775 720	127 085.8	108.2
2005	4 123 787	239 615.7	128.3	5 991 560	201 668.1	158.7
2006	5 008 827	291 041.7	121.5	5 714 231	192 333.6	95.4
2007	6 580 555	382 368.1	131.4	7 279 677	245 024.5	127.4
2008	8 003 603	465 055.4	121.6	8 898 555	299 513.8	122.2
2009	8 808 168	511 805.2	110.1	10 008 394	336 869.5	112.5
2010	11 068 166	643 124.1	125.7	12 660 668	426 141.6	126.5
2011	13 395 728	778 368.9	121.0	15 905 599	535 361.8	125.6
2012	14 820 800	861 173.7	110.6	15 690 071	528 107.4	98.6
2013	17 312 618	1 005 963.0	116.8	16 908 280	569 110.7	107.8
2014	20 827 326	1 210 187.4	120.3	21 661 841	729 109.4	128.1
2015	27 268 543	1 584 459.2	130.9	35 216 708	1 185 348.6	162.6
2016	31 364 923	1 822 482.5	115.0	42 110 429	1 417 382.3	119.6
2017	33 321 303	2 006 553.2	110.1	45 938 003	1 546 213.5	109.1
2018	35 384 414	2 130 959.5	106.2	42 825 598	1 441 454.0	93.2
2019	37 733 831	2 272 448.7	106.6	45 527 336	1 532 391.0	106.3
2020	38 574 618	2 323 083.5	102.2	41 784 235	1 406 403.1	91.8

注：一般公共预算收入2017年口径有调整，指数按可比口径计算。

Note: The caliber of Local Government General Budget in this table was adjusted and the index was calculated by comparable caliber in 2017.

11-3 地方财政收支分级情况

LOCAL BUDGETARY REVENUE AND EXPENDITURE BY LEVEL

单位：万元 （10 000 yuan）

项目	Item	2016	2017	2018	2019	2020
一般公共预算收入合计	**Total General Budgetary Revenue**	**31 364 923**	**33 321 303**	**35 384 414**	**37 733 831**	**38 574 618**
市本级	City	19 959 464	20 867 601	21 901 333	23 641 468	23 576 703
福田区	Futian	1 471 267	1 637 062	1 810 367	1 926 971	1 828 964
罗湖区	Luohu	938 218	976 259	999 621	928 522	1 370 112
盐田区	Yantian	323 957	336 725	296 545	322 846	339 440
南山区	Nanshan	1 863 735	2 378 174	2 682 160	3 087 420	3 166 471
宝安区	Baoan	2 176 532	2 356 403	2 600 271	2 671 386	2 747 901
龙岗区	Longgang	2 401 429	2 367 764	2 546 531	2 424 033	2 704 319
龙华区	Longhua	1 140 313	1 207 981	1 333 745	1 421 554	1 435 666
坪山区	Pingshan	363 142	454 656	434 494	465 208	504 640
光明区	Guangming	497 347	497 476	526 702	586 358	659 596
大鹏新区	Dapeng	229 519	241 202	252 645	232 521	208 936
深汕特别合作区	Shenzhen-Shanwei Special Cooperation Zone				25 544	31 870
一般公共预算支出合计	**Total General Budgetary Expenditure**	**42 110 429**	**45 938 003**	**42 825 598**	**45 527 336**	**41 784 235**
市本级	City	22 765 872	23 614 624	21 155 211	21 184 993	19 578 634
福田区	Futian	2 291 063	2 055 398	2 422 423	2 955 754	2 286 540
罗湖区	Luohu	1 695 761	2 780 283	2 086 359	2 196 954	1 782 709
盐田区	Yantian	678 758	682 924	545 525	680 640	597 440
南山区	Nanshan	2 739 555	2 806 726	3 344 709	3 581 702	3 262 655
宝安区	Baoan	3 236 873	4 254 218	4 368 591	4 642 853	4 206 782
龙岗区	Longgang	3 352 037	3 708 544	3 368 749	3 569 107	3 569 147
龙华区	Longhua	2 606 123	2 673 273	2 447 267	2 607 847	2 878 579
坪山区	Pingshan	1 054 961	1 380 415	1 195 523	1 502 139	1 361 707
光明区	Guangming	993 636	1 383 617	1 209 627	1 334 102	1 483 752
大鹏新区	Dapeng	695 790	597 981	681 614	648 897	653 508
深汕特别合作区	Shenzhen-Shanwei Special Cooperation Zone				622 348	122 782

主要统计指标解释

一般公共预算收入 指国家财政参与社会产品分配所取得的收入，是实现国家职能的财力保证。主要包括：

（1）各项税收：包括国内增值税、国内消费税、进口货物增值税和消费税、出口货物退增值税和消费税、营业税、企业所得税、个人所得税、资源税、城市维护建设税、房产税、印花税、城镇土地使用税、土地增值税、车船税、船舶吨税、车辆购置税、关税、耕地占用税、契税、烟叶税等。财政收入按现行分税制财政体制划分为中央本级收入和地方本级收入。

（2）非税收入：包括专项收入、行政事业性收费、罚没收入和其他收入。

一般公共预算支出 指国家财政将筹集起来的资金进行分配使用，以满足经济建设和各项事业的需要。主要包括：一般公共服务、外交、国防、公共安全、教育、科学技术、文化体育与传媒、社会保障和就业、医疗卫生与计划生育、节能环保、城乡社区、农林水、交通运输、资源勘探信息等、商业服务业等、金融、援助其他地区、国土海洋气象等、住房保障、粮油物资储备、政府债务付息等方面的支出。财政支出根据政府在经济和社会活动中的不同职权，划分为中央财政支出和地方财政支出。

Explanatory Notes on Main Statistical Indicators

General Public Budgetary Revenue refers to income for the government finance through participating in the distribution of social products. It is the financial guarantee to ensure government functioning. The contents of government revenue include the following main items:

(1) Various tax revenues, including domestic value added tax (VAT), domestic consumption tax, VAT and consumption tax from imports, VAT and consumption tax rebate for exports, business tax, corporate income tax, individual income tax, resource tax, city maintenance and construct tax, house property tax, stamp tax, urban land use tax, land appreciation tax, tax on vehicles and boat operation, ship tonnage tax, vehicle purchase tax, tariffs, farm land occupation tax, deed tax, and tobacco leaf tax, etc.

(2) Non-tax revenue, including special program receipts, charge of administrative and institutional units, penalty receipts and others non-tax receipts.

General Public Budgetary Expenditure refers to the distribution and use of the funds which the government finance has raised, so as to meet the needs of economic construction and various undertakings. It includes the following main items: expenditure for general public services, expenditure for foreign affairs, expenditure for national defence expenditure for public security, expenditure for education, expenditure for science and technology, expenditure for culture, sport and media, expenditure for social safety net and employment effort, expenditure for medical and health care and family planning, expenditure for energy conservation and environment protection, expenditure for urban and rural community affairs, expenditure for agriculture, forestry and water conservancy, expenditure for transportation, expenditure for resource exploration and information, expenditure for affairs of commerce and services, expenditure for finance, aid to other regions, expenditure for land, ocean and weather, expenditure for housing security, expenditure for grain & oil reserves, interest payment for public debts. General public budget expenditure is divided into general public budget expenditure of central government and general public budget expenditure of local government according to the different functions of the governments played in economic and social activities.

12 第十二部分 金融保险业

FINANCE AND INSURANCE

CHAPTER

12-1 国内金融机构人民币存贷款

DEPOSITS AND LOANS IN RENMINBI OF DOMESTIC FINANCIAL INSTITUTIONS

单位：亿元 (100 million yuan)

项目	Item	2017	2018	2019	2020
各项存款	**Total Deposits**	**62 760.40**	**66 890.51**	**77 671.71**	**95 096.94**
境内存款	Domestic Deposits	60 476.89	64 583.40	75 060.68	91 548.32
其中：住户存款	Household Deposits	10 807.45	13 441.61	15 971.13	18 674.43
#活期存款	Demand Deposits	6 856.52	8 502.67	10 228.81	11 485.25
定期及其他存款	Time and Other Deposits	3 950.93	4 938.94	5 742.32	7 189.18
非金融企业存款	Non-financial Corporations Deposits	27 779.15	31 465.71	37 246.29	45 297.78
#活期存款	Current Deposits	8 194.04	7 404.09	7 791.63	8 639.65
定期及其他存款	Time and Other Deposits	19 585.11	24 061.62	29 454.66	36 658.13
广义政府存款	Generalized Government Deposits	8 774.22	9 859.44	11 229.32	12 609.96
非银行业金融机构存款	Non-bank Financial Deposits	13 116.08	9 816.64	10 613.94	14 966.16
境外存款	Overseas Deposits	2 283.51	2 307.11	2 611.03	3 548.62
各项贷款	**Total Deposits**	**39 940.61**	**47 024.58**	**54 602.36**	**63 091.82**
境内贷款	Domestic Loans	39 545.69	46 596.85	54 156.91	62 604.99
其中：住户贷款	Household Loans	17 541.78	19 828.00	22 247.05	25 270.85
# 短期贷款	Short-term Loans	2 460.45	2 580.95	3 200.27	3 693.85
中长期贷款	Medium&Long-term Loans	15 081.33	17 247.05	19 046.78	21 577.00
非金融企业及机关团体贷款	Non-financial Corporations,Government and Organizations Loans	21 968.76	26 766.88	31 909.84	37 332.08
# 短期贷款	Short-term Loans	8 027.14	8 964.88	9 091.21	9 918.96
中长期贷款	Medium&Long-term Loans	11 972.29	14 816.81	18 788.99	23 777.88
票据融资	Bill Financing	952.48	1 643.06	2 489.32	1 868.28
融资租赁	Finance Lease	977.18	1 258.60	1 480.17	1 751.56
各项垫款	All Advances Money	39.67	83.53	60.15	15.40
非银行业金融机构贷款	Non-bank Financial Loans	35.15	1.96	0.03	2.06
境外贷款	Overseas Loans	394.92	427.73	445.45	486.83

注： 2015年起，人民银行调整了金融机构存贷款统计口径，2014年数据相应作了回溯调整，后同。

Note: From 2015, the statistical caliber of deposit and loan of financial institutions have been adjusted by the People's Bank of China, the date of 2014 have been adjusted by the same caliber, the same applied to the following tables.

12-2 金融机构（含外资）本外币信贷情况

SOURCES AND USES OF CREDIT FUNDS OF FINANCIAL INSTITUTIONS （INCLUDE FOREIGN FUNDS）

单位：亿元　　　　(100 million yuan)

年　份 Year	各项存款余额 All Deposits	各项贷款余额 All Loans
1990	360.65	373.98
1991	517.95	401.44
1992	801.51	643.24
1993	977.06	820.13
1994	1 413.81	1 244.87
1995	1 705.94	1 501.84
1996	2 144.28	1 851.97
1997	2 455.25	2 275.51
1998	2 881.83	2 483.84
1999	3 235.66	2 621.85
2000	3 974.12	2 955.37
2001	4 988.20	3 543.11
2002	5 941.29	4 308.43
2003	7 071.94	5 411.96
2004	8 136.21	6 571.56
2005	9 486.71	7 596.75
2006	10 616.01	8 353.82
2007	12 729.68	10 121.37
2008	14 260.94	11 234.05
2009	18 357.47	14 733.39
2010	21 937.89	16 808.12
2011	25 095.78	19 244.63
2012	29 662.40	21 808.34
2013	33 943.15	24 630.07
2014	49 969.99	28 114.22
2015	57 778.90	32 449.04
2016	64 407.81	40 526.90
2017	69 668.31	46 329.33
2018	72 550.36	52 539.79
2019	83 942.45	59 451.39
2020	101 897.31	68 020.54

12-3 金融机构（含外资）本外币分类存贷款

SOURCES AND USES OF CREDIT FUNDS OF FINANCIAL INSTITUTIONS (INCLUDE FOREIGN FUNDS)

单位：亿元 (100 million yuan)

项目	Item	2018	2019	2020
各项存款	**Total Deposits**	**72 550.36**	**83 942.45**	**101 897.31**
境内存款	Domestic Deposits	68 670.97	79 043.44	95 756.45
其中：住户存款	Household Deposits	13 810.06	16 327.05	19 031.88
#活期存款	Demand Deposits	8 736.64	10 449.45	11 725.92
定期及其他存款	Time and Other Deposits	5 073.43	5 877.60	7 305.96
非金融企业存款	Non-financial Corporations Deposits	34 898.69	40 639.63	48 828.94
#活期存款	Current Deposits	8 247.79	8 684.10	9 690.93
定期及其他存款	Time and Other Deposits	26 650.90	31 955.54	39 138.01
广义政府存款	Generalized Government Deposits	9 862.24	11 232.45	12 612.04
非银行业金融机构存款	Non-bank Financial Deposits	10 099.97	10 844.30	15 283.59
境外存款	Overseas Deposits	3 879.39	4 899.02	6 140.86
各项贷款	**Total Deposits**	**52 539.79**	**59 461.39**	**68 020.54**
境内贷款	Domestic Loans	49 877.03	57 014.34	65 637.43
其中：住户贷款	Household Loans	19 942.95	22 408.81	25 507.05
# 短期贷款	Short-term Loans	2 585.92	3 207.63	3 705.62
中长期贷款	Medium&Long-term Loans	17 357.03	19 201.18	21 801.43
非金融企业及机关团体贷款	Non-financial Corporations,Government and Organizations Loans	29 916.02	34 597.99	40 115.31
# 短期贷款	Short-term Loans	10 937.06	10 659.95	11 588.33
中长期贷款	Medium&Long-term Loans	15 631.80	19 653.14	24 702.98
票据融资	Bill Financing	1 820.06	2 595.15	1 917.35
融资租赁	Finance Lease	1 419.11	1 614.35	1 879.75
各项垫款	All Advances Money	107.98	75.41	26.90
非银行业金融机构贷款	Non-bank Financial Loans	18.06	7.53	15.06
境外贷款	Overseas Loans	2 662.75	2 447.05	2 383.11

12-4 深圳证券交易所投资者开户情况
ACCOUNT-OPENING BY INVESTORS IN SHENZHEN STOCK EXCHANGE

单位：万户 (10 000 accounts)

指标	Indicators	2014	2015	2016	2017	2018	2019	2020
年末开户总数	**Total Accounts Year-end**	**12 036.87**	**16 888.92**	**20 897.12**	**24 545.09**	**27 685.32**	**22 119.11**	**24 8[illegible]3.01**
个人	Private	11 995.30	16 839.71	20 841.00	24 482.57	27 621.26	22 060.45	24 7[illegible]8.0[illegible]
机构	Institution	40.66	49.22	56.12	62.52	64.06	58.66	[illegible]4.94
A股合计	A Shares Accounts	11 935.93	16 783.70	20 791.27	24 438.57	27 578.60	22 012.35	24 7[illegible]6.09
个人	Private	11 895.86	16 736.06	20 736.72	24 377.63	27 516.13	21 955.21	24 6[illegible]2.65
机构	Institution	40.08	47.65	54.55	60.94	62.47	57.14	[illegible]3.44
B股合计	B Shares Accounts	100.94	105.22	105.85	106.52	106.72	106.75	1[illegible]6.92
个人	Private	99.44	103.65	104.28	104.94	105.14	105.24	1[illegible]5.4[illegible]
机构	Institution	0.58	1.57	1.57	1.58	1.58	1.52	1.5[illegible]
新开户总数	**Newly Opened Accounts During the Year**	**984.74**	**4 914.84**	**4 018.31**	**3 598.69**	**226.46**	**142.28**	**2[illegible]3.82**
个人	Private	980.76	4 906.60	4 010.15	3 590.60	225.95	141.49	2[illegible]2.78
机构	Institution	3.93	8.24	8.16	8.09	0.51	0.79	1.04
A股合计	Newly Opened Accounts of A Shares	984.02	4 910.29	4 017.37	3 597.71	226.43	142.22	2[illegible]3.74
个人	Private	980.14	4 902.15	4 009.29	3 589.70	225.92	141.43	2[illegible]2.7[illegible]
机构	Institution	3.89	8.14	8.08	8.01	0.51	0.79	1.04
B股合计	Newly Opened Accounts of A Shares	0.72	4.55	0.94	0.98	0.03	0.06	0.08
个人	Private	0.62	4.45	0.86	0.90	0.03	0.06	0.07
机构	Institution	0.04	0.10	0.08	0.08	0.01		

12-5 深圳证券交易所有价证券成交总额
TOTAL VOLUME OF PRICE SECURITIES TRADING IN SHENZHEN

单位：亿元　　　　(100 million yuan)

指　标	Indicators	2012	2013	2014	2015	2016	2017	2018	2019	2020
合计	**Total**	**178 659.69**	**296 671.46**	**444 708.19**	**1 361 051.31**	**934 425.86**	**814 333.31**	**735 738.87**	**1 007 862.50**	**1 622 196.78**
股票	Stocks	150 122.41	238 462.58	366 750.87	1 224 950.00	775 979.90	616 855.01	499 774.39	730 314.79	1 228 391.66
# A股证券	A Shares	149 667.80	237 713.21	366 228.12	1 223 606.57	775 478.37	616 433.07	499 527.90	730 108.22	1 228 161.56
B股证券	B Shares	454.65	749.38	522.74	1 343.43	501.53	421.94	246.49	206.57	230.10
基金	Funds	4 952.49	5 796.68	9 753.40	48 884.71	22 085.09	19 882.32	31 053.13	23 089.80	28 711.79
债券	Bonds	23 584.79	52 412.20	68 203.92	87 216.59	136 344.37	177 595.98	204 911.35	254 445.90	364 361.95
# 国债现货	State Treasury Bond	8.62	32.65							
优先股	Preferred stocks								1.58	51.82
期权	Option								9.66	679.57

12-6 深证综合指数
SHENZHEN COMPOSITE INDEX

日历日期 Date	开市指数 Open	收市指数 Close	最高指数 High	交易日期 Exchange Date	最低指数 Low	交易日期 Exchange Date
2001-12-31	636.62	475.94	665.57	2001-06-14	438.00	2001-10-22
2002-12-31	475.14	388.76	523.38	2002-06-25	366.84	2002-01-23
2003-12-31	386.61	378.63	453.45	2003-04-16	349.86	2003-11-19
2004-12-31	377.93	315.81	472.18	2004-04-07	314.98	2004-09-13
2005-12-30	313.81	278.75	334.14	2005-03-09	235.64	2005-07-19
2006-12-29	541.07	550.59	552.93	2006-12-29	278.99	2006-01-04
2007-12-28	1 455.60	1 447.02	1 567.74	2007-10-08	547.89	2007-01-05
2008-12-31	560.17	553.30	1 576.50	2008-01-15	456.97	2008-11-04
2009-12-31	1 193.32	1 201.34	1 234.17	2009-12-03	571.13	2009-01-05
2010-12-31	1 262.19	1 290.87	1 412.64	2010-11-11	890.24	2010-07-02
2011-12-30	852.43	866.65	1 316.19	2011-01-06	828.83	2011-12-28
2012-12-31	874.56	881.17	1 020.29	2012-03-04	724.97	2012-12-04
2013-12-31	887.36	1 057.67	1 106.27	2013-10-22	815.89	2013-06-25
2014-12-31	1 055.88	1 415.19	1 504.48	2014-12-16	1 004.93	2014-04-29
2015-12-31	1 419.44	2 308.91	3 156.96	2015-06-12	1 408.99	2015-01-05
2016-12-31	2 304.48	1 969.11	2 304.49	2016-01-04	1 618.12	2016-01-27
2017-12-31	1 972.55	1 899.34	2 054.02	2017-03-17	1 753.53	2017-06-02
2018-12-31	1 903.49	1 267.87	1 966.15	2018-01-25	1 212.23	2018-10-19
2019-12-31	1 270.50	1 722.95	1 783.01	2019-04-08	1 231.83	2019-01-03
2020-12-31	1 734.63	2 329.37	2 340.89	2020-11-09	1 552.96	2020-02-04

12-7 保险费收入和赔款及给付

PREMIUMS INCOME, INDEMNITY EXPENDITURE AND PAYMENT

单位：亿元 (100 million yuan)

年　份 Year	保险费收入 Premium Income	赔款及给付支出 Indemnity Expenditure and Payment	赔款率(%) Indemnity and Payment Ratio (%)
1997	34.64	9.44	27.25
1998	34.94	9.06	25.93
1999	35.79	9.96	27.83
2000	40.66	9.64	23.71
2001	54.22	14.26	26.30
2002	65.84	18.40	27.95
2003	78.75	23.86	30.30
2004	91.77	24.44	26.63
2005	106.39	28.63	26.91
2006	134.69	35.15	26.10
2007	183.70	56.87	30.96
2008	240.82	67.94	28.21
2009	271.59	73.34	27.00
2010	361.49	73.94	20.45
2011	359.90	85.77	23.83
2012	401.27	107.71	26.84
2013	468.76	125.19	26.71
2014	548.66	155.76	28.39
2015	647.55	176.74	27.29
2016	834.45	218.55	26.19
2017	1 029.75	257.13	24.97
2018	1 191.51	364.76	30.61
2019	1 384.47	363.85	26.28
2020	1 453.51	373.78	25.72

12-8 保险公司及保险中介机构

INSURANCE COMPANIES AND INSURANCE AGENTS

单位：个 (unit)

年 份 Year	保险公司（法人机构） Insurance Companies (Legal Institution)	中 资 Domestic-Funded	外 资 Foreign-Funded	保险中介法人机构 Legal Institution of Insurance Intermediary
2013	17	14	3	126
2014	20	18	2	126
2015	20	18	2	125
2016	22	20	2	127
2017	25	23	2	129
2018	28	26	2	130
2019	27	25	2	128
2020	27	24	3	128

12-9 保险公司主要业务指标（一）（2020年）

MAIN BUSINESS OF INSURANCE COMPANIES（2020）

单位：亿元 (100 million yuan)

指标名称	Indicators	保险金额 Insurance Amount	原保险保费收入 Original Premium Income	赔付支出 Indemnity Expenditure and payment
机动车辆险	Motor Vehicles Insurance	75 852.85	205.50	118.24
企业财产险	Enterprise Property Insurance	80 231.85	25.99	10.14
家庭财产险	Household Property Insurance	227 794.86	5.48	2.45
工程险	Engineering Insurance	9 313.55	7.29	3.97
责任险	Liability Insurance	489 036.77	53.94	16.69
信用险	Credit Insurance	5 737.81	18.70	9.09
保证险	Guarantee Insurance	852.12	19.48	27.58
船舶险	Shipping Insurance	587.47	1.63	0.45
货运险	Freight Insurance	62 670.79	6.59	3.51
特殊风险	Special Insurance	9 418.32	15.65	5.78
农业险	Agricultural Insurance	5.10	0.08	0.02
健康险	Health Insurance	188 420.46	21.70	9.15
意外险	Accident Insurance	1 108 975.15	22.53	7.61
其他险	Others	9 411.99	3.05	1.74
财产险公司合计	Total Property Insurance	2 268 309.09	407.60	216.41

12-9 保险公司主要业务指标（二）（2020年）

MAIN BUSINESS OF INSURANCE COMPANIES（2020）

单位：亿元 (100 million yuan)

指标名称	Indicators	累计新增保险金额 Accumulative total Insurance Amount	原保险保费收入 Original Premium Income	赔付支出 Indemnity Expenditure and payment
人寿保险	Life Insurance	17 116.28	695.08	74.49
健康险	Health Insurance	1 814 738.35	326.11	79.30
人身意外伤害险	Accident Injury Insurance	113 219.82	24.73	3.58

主要统计指标解释

存款 指企业、机关、团体或居民根据必须收回的原则，把货币资金存入银行或其他信用机构保管并取得一定利息的一种信用活动形式。根据存款对象的不同可划分为企业存款、财政存款、机关团体存款、基本建设存款、城镇居民储蓄、农村存款等科目。它是银行信贷资金的主要来源。

贷款 指银行或其他信用机构根据资金必须归还的原则，按一定利率，为企业、个人等提供资金的一种信用活动形式。我国银行贷款分流动资金贷款、固定资产贷款、城乡个体工商户贷款以及农业贷款等科目。

住户存款 个人客户在其他存款性公司开立账户并存入资金或货币，由其他存款性公司出具存款凭证，个人客户凭存款凭证可以支取本金或利息的存款。

保险金额 指保险人承担赔偿或者给付保险金责任的最高限额。

保费 指投保人为取得保险人在约定范围内所承担赔偿责任而支付给保险人的费用。

赔款 指保险人根据保险合同的规定，向被保险人支付的赔偿保险责任损失的金额。

给付 包括死伤医疗给付和满期给付。死伤医疗给付是指保险人根据人寿保险及长期健康保险合同的规定，因被保险人在保险期内发生保险责任范围内的保险事故支付给被保险人（或受益人）的金额。满期给付是指被保险人生存期满，保险人按人寿保险合同规定支付给被保险人的满期保险金额。

Explanatory Notes on Main Statistical Indicators

Deposit is a form of credit by which enterprises, institutions, organizations or residents can put money into banks and other credit institutions for safekeeping and interest earning under the principle of free withdrawal. According to the different depositors, deposits are divided into enterprise deposits, treasury deposits, deposits of government agencies and organizations, capital construction deposits, urban savings deposits, rural deposits and other deposits. Deposits are major sources of the credit funds of banks.

Loan is a form of credit by which banks and other credit institutions provide funds at certain interest rates to enterprises and individuals in the light of the principle of unconditional repayment. Loans from Chinese banks include circulating capital loans, fixed assets loans, loans to urban and rural individuals engaged in industrial and commercial business and agricultural loans.

Savings Deposits refer to the capital which is deposited in the account opened in the reserve corporation by the individual with a deposit certificate as the proof, the principal and interest of which can be withdrew with the deposit certificate.

Amount Insured refers to the maximum that the insurant will get for the claim of the case insured.

Premium is the fee paid by the insurant to the insurer to obtain the obligation of compensation from the insurance within the agreed terms. is the compensation paid by the insurer to the insurant in accordance with the insurance contract.

Settled Claim is the compensation paid by the insurer to the insurant in accordance with the insurance contract.

Payment includes payment for death, injury or medical treatment and payment at maturity. Payment for death, injury or medical treatment refers to the money paid to the insurant (or the beneficiary) in accordance with the life or health insurance contract when the insurant encounters accidents within the insured period covered in the contract. Payment at maturity refers to the payment to the insurant in accordance with the life insurance contract at the end of the insured period.

13 第十三部分 对外经济贸易和旅游

FOREIGN TRADE AND TOURISM

CHAPTER

13-1 对外经济主要指标

MAIN INDICATORS OF FOREIGN TRADE AND ECONOMIC COOPERATION

项 目	Item	2000	2010	2017	2018	2019	2020
进出口总额(亿美元)	**Total Value of Imports and Exports (USD 100 million)**	**639.40**	**3 467.49**	**4 141.46**	**4 537.29**	**4 314.76**	**4 408.07**
出口总额	Total Exports	345.63	2 041.84	2 443.58	2 460.41	2 421.24	2 453.11
进口总额	Total Imports	293.76	1 425.66	1 697.88	2 076.88	1 893.52	1 954.97
签订利用外商直接投资协议(合同)项目(个)	Number of Projects with Contracted Foreign Capital (unit)	1 130	1 929	6 757	14 834	5 867	4 434
签订利用外商直接投资协议(合同)金额(亿美元)	Amount of Contracted Foreign Capital (USD 100 million)	17.38	56.52	368.40	282.45	205.34	235.28
实际利用外商直接投资额(亿美元)	Amount of Foreign Capital Actually Utilized (USD 100 million)	19.61	42.97	74.01	82.03	78.09	86.83
外商投资企业年底工商登记数(户)	Number of Registered Enterprises with Foreign Investment at the Year-end(unit)		29 364	50 769	65 282	67 940	68 622
投资总额(亿美元)	Total Investment (USD 100 million)		933.32	3 606.52	3 914.74	4 216.22	4 748.97
注册资本(亿美元)	Registered Capital(USD 100 million)		546.62	2 835.10	3 086.85	3 248.68	3 754.79
外商投资企业本期工商登记数(户)	Number of Registered Enterprises with Foreign Investment at the Year-end(unit)		2 585	11 162	16 010	6 015	3 210
本期投资总额(亿美元)	Total Investment(USD 100 million)		27.25	569.82	210.46	181.54	409.94
本期注册资本(亿美元)	Registered Capital(USD 100 million)		17.49	538.09	191.27	136.35	393.89

13-2 利用外资签订协议（合同）项目

NUMBER OF THE SIGNED AGREEMENTS AND CONTRACTS FOR UTILIZATION OF FOREIGN CAPITAL

单位：项　　　　(Unit)

年份 Year	总计 Total	一、按投资方式分 Grouped by Investment Mode					
		对外借款 Foreign Loans	外商直接投资 Direct Foreign Investments	#合资经营 Joint Ventures	#合作经营 Cooperative Operation	#外商独资 Soly-Funded Foreign Enterprises	外商其他投资 Other Foreign Investments
1979	169		37	7	30		132
1980	303		33	4	24	5	270
1981	578		70	13	39	18	508
1982	577		66	11	47	8	511
1983	878		253	92	149	12	625
1984	988	5	334	188	134	12	649
1985	1 203	40	282	192	73	17	881
1986	454	31	224	152	64	8	199
1987	334	13	310	231	62	17	11
1988	694	4	591	443	93	55	99
1989	711	5	647	473	94	80	59
1990	796	6	757	434	100	223	33
1991	986	6	951	534	122	295	29
1992	1 561	1	1 553	822	227	504	7
1993	3 257	2	3 255	1 735	358	1 162	
1994	2 223	2	2 221	1 049	208	964	
1995	1 638	5	1 633	764	109	760	
1996	999		999	491	38	470	
1997	1 786		957	454	30	471	829
1998	1 915		1 391	513	31	844	524
1999	1 558		797	321	15	461	761
2000	1 835		1 130	339	24	766	705
2001	1 860		1 501	396	18	1 087	359
2002	2 191		1 917	361	8	1 544	274
2003	2 573		2 254	333	6	1 913	319
2004			2 718	356	9	2 352	2 36[illegible]
2005			2 797	308	12	2 469	141
2006			3 105	269	7	2 827	62
2007			4 200	215	8	3 975	25
2008			3 046	139	11	2 896	6
2009			1 498	114	1	1 382	11
2010			1 929	124	1	1 800	
2011			2 513	149	2	2 360	
2012			2 428	134		2 289	
2013			2 056	180	5	1 870	
2014			2 490	266		2 222	
2015			3 359	488	2	2 861	3
2016			4 132	877	6	3 241	3
2017			6 757	1 261	2	5 485	3
2018			14 834	650	3	14 173	3
2019			5 867				
2020			4 434				

注：1. 根据《商务部、国家统计局关于印发〈外商投资统计制度〉的通知》从2004年开始外商投资统计制度发生变化：不再包括“对外借款”，且外商直接投资的统计口径缩小。

Note: There are two changes among the newly statistical system of foreign investment in 2004:The index was not include Foreign Loans and statistical scope of Direct Foreign Investments was reduced.

2. 本表数据来源为深圳市商务局，为广东省商务厅统计口径。

Data in this table are provided by Commerce Bureau of Shenzhen Mumicipality, the statistical caliber of the Department of Commerce of Guangdong Province.

单位：项 13-2 续表 1 continued (unit)

年 份 Year	二、按国民经济行业分 Grouped by Sector					
	农、林、牧、渔业 Agriculture, Forestry, Animal Husbandry and Fishery	工 业 Industry	建筑业 Construction	批发和零售业、住宿和餐饮业 Wholesale and Retail Sales ,Accommodation and Catering Services	交通运输、仓储和邮政业 Transportation,Storage,Postal and Telecommunications Services	信息传输、软件和信息技术服务业 Information Transmission, Software and Information Technology
1979	6	112		5	3	
1980	8	243		10	4	
1981	9	321		5	5	
1982	3	457		25	1	
1983	19	714		87	15	
1984	14	148		117	15	
1985	10	164		84	8	
1986	6	172	3	20	1	
1987	7	303		1		
1988	5	646	4	12	5	
1989	5	666		12	3	
1990	3	766	2	6	3	
1991	5	908	3	22	6	
1992	6	1 464	2	20	8	
1993	10	2 836	18	115	23	
1994	6	1 815	20	168	16	
1995	5	1 377	10	104	15	
1996	10	858	7	53	8	
1997	8	1 526	4	89	13	
1998	5	1 401	3	65	12	
1999	3	1 351	3	28	7	
2000	4	1 450	1	34	23	
2001	3	1 397	1	43	22	
2002	3	1 616	4	103	33	
2003		1 660	2	100	48	
2004	2	1 513	6	188	53	
2005	1	1 344	9	357	38	
2006	1	896	11	1 238	55	
2007	2	860	4	1 828	127	
2008		350	5	1 187	83	62
2009	1	388	3	737	28	30
2010	1	434	7	1 000	29	35
2011		1 030	6	924	23	54
2012	1	1 027	6	865	26	37
2013	1	335	6	971	27	43
2014		181	7	1 089	28	81
2015	7	163	16	1 406	43	253
2016	7	110	17	1 288	53	327
2017	6	202	41	3 036	109	784
2018	8	316	113	8 337	221	1 785
2019	4	331	66	2 713	78	943
2020	14	112	59	1 683	79	779

单位：项 13-2 续表 2 continued (unit)

年 份 Year	二、按国民经济行业分 Grouped by Sector						
	金融业 Financial Intermediation	房地产业 Real Estate	租赁和商务服务业 Leasing and Business Services	科学研究和技术服务业 Scientific Research, and Technical Services	卫生和社会工作 Health and Social Work	教育、文化、体育和娱乐业 Education,Culture Sports and Entertainment	其他行业 Others
1979		3					40
1980		14					24
1981		28					210
1982		8					33
1983		21					22
1984		31					653
1985		15					922
1986	1	14		1	1	2	233
1987	7	10					6
1988	4	11					7
1989		10		4		4	7
1990		3		5	1		7
1991	6	30		2		2	2
1992	1	51		4		4	1
1993	1	205		5	6	1	33
1994	1	135		33	5	8	15
1995	1	59		31	19	4	13
1996	2	30		11	8	3	9
1997		138		7	1		
1998		286		138	1	1	3
1999		157		9			
2000		307		13	1	2	
2001		315		77		1	1
2002	5	394		26	1		5
2003	6	439		298	1	2	17
2004	2	57		178		4	715
2005	6	77		348	1	2	514
2006	5	101		373		7	418
2007	2	49		947	1	8	372
2008	2	4	215	1 134		3	1
2009	3	15	191	95		6	1
2010	4	11	264	142		2	
2011	6	19	313	138			
2012	13	8	334	105	3	3	
2013	73	14	463	114		9	
2014	222	18	687	165		8	4
2015	405	25	808	209	2	20	2
2016	1 144	32	809	295	2	46	2
2017	741	38	1108	623	4	63	2
2018	156	55	2 211	1 512	3	114	3
2019	67	65	921	599	2	75	3
2020	39	66	885	345	10	180	183

单位：项　　　　　　　　　　　　　　　　　　　　　　　　　　13-2 续表 3 continued (unit)

年 份 Year	三、按国别(地区)分 Grouped by Country (Territory)							
	中国香港、澳门 HongKong China, Macao China	中国台湾 Taiwan China	新加坡 Singapore	韩 国 Korea Rep	日 本 Japan	泰 国 Thailand	澳大利亚 Australia	马来西亚 Malaysia
1992	1 330	88	20	5	16	8	6	3
1993	2 834	154	24	8	27	15	14	5
1994	1 885	124	29	8	25	8	7	3
1995	1 288	100	26	14	36	11	9	6
1996	760	85	15	11	15	4	6	6
1997	1 576	85	14	9	13	3	5	5
1998	1 614	119	19	7	12	1	4	2
1999	1 355	45	14	7	8		2	
2000	1 474	67	19	12	9	1	7	2
2001	1 288	179	28	22	25	3	10	6
2002	1 498	239	34	25	35	3	13	11
2003	1 852	260	25	35	33	3	14	6
2004	1 959	122	44	42	51		14	10
2005	1 974	144	51	43	45	3	9	6
2006	2 233	152	48	42	38	2	28	17
2007	3 427	165	48	50	46	6	19	10
2008	2 582	82	27	34	41	2	10	15
2009	1 142	85	17	25	24	4	9	11
2010	1 472	112	23	24	34	3	5	15
2011	1 985	125	29	37	27	2	10	12
2012	1 988	76	25	40	25	3	10	12
2013	1 611	110	29	38	22	2	12	11
2014	2 011	119	41	55	21	2	9	12
2015	2 673	164	48	91	16	2	17	26
2016	3 365	186	43	66	12	7	17	44
2017	5 717	234	54	59	27	6	26	53
2018	13 703	297	60	65	35	9	38	65
2019	4 622	280	84	88	41	13	30	65
2020	2 985	311	67	79	23	7	27	30

单位：项　　　　　　　　　　　　　　　　　　　　　　　　　　13-2 续表 4 continued (unit)

年 份 Year	三、按国别(地区)分 Grouped by Country (Territory)							
	美 国 The United States	加拿大 Canada	德 国 Germany	法 国 France	英 国 The United Kingdom	瑞 士 Switzerland	荷 兰 Netherlands	其 他 Others
1992	57	8	1	2	5		1	11
1993	104	22	2	4	16	2	3	23
1994	74	10	5	3	19		1	22
1995	71	9	3	1	18	2	4	40
1996	42	7	3	4	14	1	2	24
1997	35	8	2	3	5	3		20
1998	58	4	5	1	4	1	3	61
1999	37	12	3		4		1	70
2000	52	17	4	1	3		2	165
2001	72	14	2	2	2	2	2	203
2002	77	12	4	3	9	1	7	220
2003	72	23	2	3	7		4	234
2004	84	22	12	5	15	1	6	331
2005	100	16	14	4	24	7	9	348
2006	110	19	11	5	21	5	7	367
2007	78	15	12	3	15	2	5	299
2008	62	13	4	3	9	6	3	153
2009	49	10	7	7	5	1		102
2010	46	7	7	9	6	2	3	161
2011	51	8	15	9	7	1	2	193
2012	30	11	7	5	6	3	1	186
2013	36	12	8	9	10	4	5	137
2014	38	13	5	3	14	2	6	139
2015	65	22	10	4	14	1	6	200
2016	80	29	14	11	25	4	4	225
2017	101	32	20	17	34	4	3	370
2018	117	50	19	15	36	3	9	313
2019	135	38	19	16	42	8	7	379
2020	114	58	24	13	28	6	12	650

13-3 协议利用外资额

AMOUNT OF FOREIGN CAPITAL TO BE UTILIZED IN THE SIGNED AGREEMENTS AND CONTRACTS

单位：万美元 (USD 10 000)

年 份 Year	总 计 Total	一、按投资方式分 Grouped by Investment Mode					
		1.对外借款 Foreign Loans	2.外商直接投资 Direct Foreign Investments	# 合资经营 Joint Ventures	# 合作经营 Cooperative Operation	# 外商独资 Soly-Funded Foreign Enterprises	3.外商其他投资 Other Foreign Investments
1979	2 984		1 790	851	939		1 194
1980	27 122		23 966	1 021	13 966	8 979	3 156
1981	86 360		86 360	442	72 636	13 282	
1982	18 028		17 546	643	14 498	2 405	482
1983	33 451		29 355	8 052	17 605	3 698	4 096
1984	64 564	1 962	53 342	21 240	31 704	398	9 260
1985	102 647	19 320	79 323	18 544	58 046	2 733	4 004
1986	51 360	22 474	24 396	9 776	13 189	1 431	4 490
1987	64 893	7 812	56 675	10 993	7 370	38 312	406
1988	48 739	4 500	43 021	25 163	9 310	8 548	1 218
1989	48 904	576	46 945	25 120	11 501	10 324	1 383
1990	69 344	1 062	67 899	18 869	16 099	32 931	383
1991	115 158	5 038	108 611	35 419	23 072	50 120	1 509
1992	251 774	1 188	249 496	75 010	65 597	108 889	1 090
1993	497 737	800	496 937	211 828	71 588	213 521	
1994	298 649	15 521	283 128	92 731	47 632	142 765	
1995	359 654	13 347	346 307	125 589	63 561	157 157	
1996	168 000		168 000	99 879	26 192	41 929	
1997	176 896		135 387	63 177	10 224	59 657	41 509
1998	274 571	42 093	203 475	78 016	8 484	115 293	29 003
1999	223 018	64 077	121 017	16 345	7 242	96 585	37 924
2000	263 996	43 671	173 813	28 374	11 926	128 739	46 512
2001	400 393	50 527	272 318	43 530	82 902	145 184	77 548
2002	518 626	38 735	354 400	61 955	5 952	202 075	125 491
2003	582 896	55 570	484 687	124 831	11 157	335 571	42 639
2004			412 131	103 316	13 546	281 272	71 913
2005			525 097	68 065	2 375	437 181	43 755
2006			526 410	93 298	6 117	412 952	107 238
2007			857 155	63 948	-3 985	787 701	15 570
2008			728 283	97 963	2 007	608 434	4 914
2009			355 805	81 851	-1 622	257 953	-4 195
2010			565 197	44 503	271	508 625	-6 219
2011			763 307	121 168	11 803	616 702	-14 417
2012			626 184	83 049	1 284	519 688	177
2013			670 003	122 240	911	541 041	
2014			1 089 537	123 337	840	950 075	
2015			2 559 531	323 952	-697	2 189 932	46 344
2016			5 219 259	710 746	4 539	4 303 336	200 638
2017			3 683 974	876 256	30 847	2 505 442	271 429
2018			2 824 526	217 822	99	2 230 654	375 951
2019			2 053 445				
2020			2 352 762				

注：本表数据来源为深圳市商务局，为广东省商务厅统计口径。

Note: Data in this table are provided by Commerce Bureau of Shenzhen Mumicipality, the statistical caliber of the Department of Commerce of Guangdong Province.

单位：万美元 13-3 续表 1 continued （USD 10 000）

年份 Year	二、按国民经济行业分 Grouped by Sector					
	农、林、牧、渔业 Agriculture, Forestry, Animal Husbandry and Fishery	工业 Industry	建筑业 Construction	批发和零售业、住宿和餐饮业 Wholesale and Retail Sales ,Accommodation and Catering Services	交通运输、仓储和邮政业 Transportation,Storage,Postal and Telecommunications Services	信息传输、软件和信息技术服务业 Information Transmission, Software and Information Technology
1979	119	1 163		179	537	
1980	1 085	10 577		1 628	4 883	
1981	3 454	33 680		5 182	15 545	
1982	213	6 269		1 082	3 245	
1983	1 345	13 145		2 085	5 978	
1984	214	16 936		27 152	1 933	
1985	439	56 558		13 510	3 935	
1986	187	12 197	3 849	3 773	102	
1987	359	54 644		13		
1988	273	36 686	149	2 403	899	
1989	120	37 885		3 499	643	
1990	99	55 931	138	5 197	378	
1991	888	77 756	3 839	5 742	1 665	
1992	2 878	176 536	1 180	4 724	8 321	
1993	378	292 842	3 646	48 641	37 086	
1994	263	177 967	1 264	37 774	1 585	
1995	438	243 725	4 468	21 903	21 376	
1996	763	123 973	11 905	12 443	1 827	
1997	481	129 826	2 671	7 977	4 864	
1998	1 417	184 011	3 678	11 323	16 008	
1999	89	207 778	225	2 359	−2 439	
2000	94	216 845	−913	7 795	2 990	
2001	−202	343 834	445	5 936	6 299	
2002	98	357 927	650	15 303	29 752	
2003	699	362 144	466	18 346	40 517	
2004	1 040	246 824	525	12 230	8 923	
2005	184	227 994	20 041	42 019	41 960	
2006	84	215 287	490	78 194	39 107	
2007	−561	250 677	−24	197 432	16 890	
2008	−95	230 858	3 928	192 763	13 374	32 517
2009	52	90 645	682	64 715	51 452	2 367
2010	314	105 151	1 162	155 857	17 878	17 687
2011		262 143	1 222	144 719	20 028	16 848
2012		243 452	1 183	89 786	28 754	17 235
2013	524	122 170	594	141 389	2 490	8 517
2014	393	98 963	396	185 828	16 413	45 131
2015	1 627	112 971	6 149	292 058	36 982	189 865
2016	2 582	344 909	18 605	413 607	4 232	68 199
2017	72 941	183 512	8 733	565 083	42 376	367 195
2018	813	165 335	10 845	511 004	382 297	483 569
2019	5 126	153 006	48 408	384 295	35 728	297 129
2020	4 032	230 284	18 639	497 225	9 808	374 361

单位：万美元　　　　13-3 续表 2 continued （USD 10 000）

年 份 Year	二、按国民经济行业分 Grouped by Sector						
	金融业 Financial Intermediation	房地产业 Real Estate	租赁和商务服务业 Leasing and Business Services	科学研究和技术服务业 Scientific Research, and Technical Services	卫生和社会工作 Health and Social Work	教育、文化、体育和娱乐业 Education,Culture Sports and Entertainment	其他行业 Others
1979		538					418
1980		4 883					4 056
1981		15 675					12 824
1982		3 245					3 974
1983		6 042					4 855
1984		6 349					11 930
1985		4 928					23 277
1986	129	4 075		4	19	16	27 009
1987	6 000	2 065					1 812
1988	4 500	3 568					251
1989		4 939		108		300	1 410
1990		3 802		123	2 574		1 102
1991	5 038	17 197		240		669	2 124
1992	1 188	51 153		97		3 239	2 453
1993	2 100	77 660		94	991	2 900	31 105
1994	29	59 615		1 393	628	6 552	[illegible]
1995	2 170	51 630		1 103	625	1 250	2 965
1996	2 301	9 200		487	2 664	1 750	687
1997		29 839		426	161		651
1998	4 911	44 075		8 043	1 584	36	−5[illegible]5
1999		16 108		579	−5 037		3 355
2000	27	36 672		486	−460	158	302
2001	1 000	38 853		5 886	120	793	−2 571
2002	60 980	43 677		2 396	707	38	7 093
2003	13 654	89 112		21 947	779	2 071	23 054
2004	144	29 502		13 697		1 563	97 683
2005	8 813	61 235		36 825	993	1 371	85 662
2006	3 085	80 598		38 188	−132	4 288	67 221
2007	1 250	109 325		115 229	2 190	371	164 376
2008	594	70 910	45 135	135 320		1 351	1 628
2009	38 750	56 192	32 584	17 549		783	34
2010	4 004	130 934	76 480	52 828		2 902	
2011	−22 595	95 492	190 892	52 673		1 866	19
2012	30 563	47 192	120 366	29 983	665	17 005	
2013	160 495	34 874	167 699	28 016		3 235	
2014	505 875	17 278	157 885	59 796	−20	185	1 414
2015	1 171 149	286 294	398 707	66 585	−187	−3 589	920
2016	3 337 411	281 796	580 578	145 886	227	21 077	150
2017	1 400 925	106 256	732 402	197 858	783	5 862	48
2018	173 872	78 104	790 989	214 096	916	11 803	883
2019	140 596	74 909	614 077	263 603	211	36 211	146
2020	148 092	318 726	508 278	151 059	3 535	16 385	72 338

单位：万美元 13-3 续表 3 continued （USD 10 000）

年 份 Year	三、按国别(地区)分 Grouped by Country (Territory)							
	中国香港、澳门 HongKong China, Macao China	中国台湾 Taiwan China	新加坡 Singapore	韩 国 Korea Rep.	日 本 Japan	泰 国 Thailand	澳大利亚 Australia	马来西亚 Malaysia
1987	16 431		427		10 336	112	85	
1988	33 363	1 407	1 735		6 762			41
1989	40 214	986	328		1 131	2 585	48	
1990	54 729	4 839	3 134		1 058	1 092	550	17
1991	54 729	4 839	3 134		1 058	1 092	550	17
1992	206 231	10 814	2 151	1 174	5 843	416	3 198	1 679
1993	411 673	21 908	2 132	665	7 491	5 284	7 934	392
1994	260 535	12 075	6 996	384	2 692	1 421	184	114
1995	274 815	7 344	7 940	1 926	20 914	978	227	2 024
1996	80 115	3 376	1 847	50 895	1 120	347	340	210
1997	98 839	4 951	1 874		2 517	59		293
1998	153 002	6 375	10 002	343	15 184	1 030		
1999	111 587	2 965	6 569	7	15 842		32	−154
2000	141 259	3 976	5 359	628	1 677	7	511	300
2001	180 030	19 328	6 371	888	8 379	115	920	56
2002	205 225	26 226	5 879	1 543	1 998	−939	2 381	1 570
2003	340 288	18 290	9 916	2 608	10 027	1 165	340	96
2004	198 695	9 276	6 479	4 506	6 025	400	745	3 838
2005	265 109	1 802	13 508	861	8 802	171	−139	−237
2006	362 411	3 883	8 107	486	8 866	26	1 822	3 568
2007	667 020	4 837	5 989	2 407	4 110	242	−1 190	133
2008	618 340	−1 030	1 618	804	4 138	17	−585	678
2009	323 420	245	4 974	239	−3 251	198	−283	672
2010	449 569	980	8 180	316	3 730	61	24	517
2011	536 353	9 961	22 437	23 771	15 026	8	−67	−771
2012	508 831	6 997	2 666	939	23 173	164	−308	1 001
2013	497 375	771	24 819	3 763	7 022	179	194	−2 534
2014	961 581	4 044	9 940	1 016	11 468	28	2 741	1 757
2015	2 287 102	26 580	5 846	3 320	6 322	84	710	850
2016	4 871 076	17 212	279	12 945	6 512	560	765	11 696
2017	3 250 763	21 323	128 550	3 896	490	516	1 539	5 044
2018	2 088 660	25 923	− 2 020	2 599	8 606	1 653	1 758	3 799
2019	1 874 802	18 305	19 681	6 975	14 075	381	1 236	3 551
2020	2 026 628	36 531	39 867	4 007	26 821	6 342	2 333	1 404

单位：万美元 13-3 续表 4 continued (USD 10 [illegible]00)

年 份 Year	三、按国别(地区)分 Grouped by Country (Territory)							
	美 国 The United States	加拿大 Canada	德 国 Germany	法 国 France	英 国 The United Kingdom	瑞 士 Switzerland	荷 兰 Netherlands	其 [illegible]他 Oth[illegible]rs
1987	779			300	23			[illegible]6 400
1988	3 441	100	1 162	22	603			103
1989	2 290	63	48	249			562	400
1990	1 253	115		8	772	809		968
1991	981	34	210	392	1 700	83	819	[illegible]20
1992	4 764	4 067	31	111	5 373		5	5 9[illegible]7
1993	18 289	7 245	368	534	7 352	500	175	5 795
1994	8 010	921	222	78	2 421		25	2 571
1995	17 020	426	1 995	3 900	3 641	6	6 315	[illegible]0 183
1996	3 876	368	357	227	2 493	15	2 659	[illegible]9 755
1997	2 177	553	1 365	182		128	1 061	[illegible]2 897
1998	10 759	215	3 077	21 270	7 489		4 142	[illegible]1 683
1999	22 954	144	2 367	23 561	8 543	−17	2 853	[illegible]5 765
2000	11 611	987	3 214	26 698	11 894		1 388	[illegible]4 487
2001	5 239	997	1 224	33 920	5 987	683	−1 383	1[illegible]7 639
2002	79 346	−32	492	24 533	65 794	1 565	−199	1[illegible]3 244
2003	17 082	907	399	3 753	10 540	83	7 219	1[illegible]0 183
2004	14 007	434	2 379	2 317	11 263	140	7 154	1[illegible]4 473
2005	5 532	121	1 857	177	3 710	537	3 264	2[illegible]0 [illegible]22
2006	4 974	196	911	482	1 748	299	7 136	1[illegible]1 495
2007	7 946	572	612	751	2 267	439	3 772	1[illegible]7 248
2008	11 773	2 385	1 357	4 445	636	922	756	[illegible]2 [illegible]29
2009	4 223	198	152	−946	2 398	381	401	[illegible]2 784
2010	12 622	−2 011	−262	2 040	−1 162	−35	−1 158	[illegible]1 786
2011	34 899	204	782	31 436		−9	−70	[illegible]9 347
2012	1 600	−120	−355	−86	69	451	−5 078	[illegible]6 240
2013	3 849	−185	317	77	1 830	84	1 843	1[illegible]0 599
2014	9 196	199	85	−1 121	1 143	−7	390	[illegible]7 [illegible]77
2015	−803	6 820	1 055	79	2 664	227	1 745	2[illegible]6 930
2016	7 804	17 471	2912	223	93 199	7 829	1 265	2[illegible]3 845
2017	1 495	2 645	1 638	1 060	12 278	213	5 261	2[illegible]7 253
2018	10 587	3 962	2 826	28 018	1 081	4 012	−9 251	6[illegible]2 313
2019	8 156	4 166	− 674	790	6 599	7 192	440	[illegible]7 770
2020	30 176	6 952	1 230	141	2 106	2 111	− 890	1[illegible]7 0[illegible]3

13-4 实际利用外资额

AMOUNT OF FOREIGN CAPITAL ACTUALLY USED

单位：万美元 (USD 10 000)

年 份 Year	总 计 Total	一、按投资方式分 Grouped by Investment Mode					
		对外借款 Foreign Loans	外商直接投资 Direct Foreign Investments	# 合资经营 Joint Ventures	# 合作经营 Cooperative Operation	# 外商独资 Soly-Funded Foreign Enterprises	外商其他投资 Other Foreign Investments
1979	1 537		548	192	356		989
1980	3 264		2 755	252	1 891	612	509
1981	11 282		8 618	1 073	5 427	2 118	2 664
1982	7 379		5 771	1 114	3 823	834	1 608
1983	14 394		11 316	1 906	6 077	3 333	3 078
1984	23 013	1 962	18 640	8 008	5 990	4 642	2 411
1985	32 925	13 585	17 989	6 993	10 316	680	1 351
1986	48 933	10 860	36 450	5 124	30 241	1 085	1 623
1987	40 449	12 436	27 379	8 489	17 826	1 064	634
1988	44 429	14 430	28 716	9 644	10 085	8 987	1 283
1989	45 809	15 563	29 252	16 852	7 182	5 218	994
1990	51 857	12 360	38 994	26 849	4 917	7 228	503
1991	57 988	17 184	39 875	27 330	5 185	7 360	929
1992	71 539	25 808	44 879	20 554	8 716	15 609	852
1993	143 217	43 762	98 900	48 165	15 097	35 638	555
1994	172 959	47 367	125 046	49 312	21 388	54 346	546
1995	173 545	42 556	130 989	33 120	28 003	69 866	
1996	242 242	37 177	205 065	89 228	26 776	89 061	
1997	287 168	57 095	166 112	53 271	20 771	92 070	63 961
1998	255 222	55 717	166 357	73 762	22 354	67 561	33 148
1999	275 422	64 077	177 839	74 848	18 954	82 556	33 506
2000	296 839	43 671	196 145	71 789	19 102	103 061	57 023
2001	360 277	44 527	259 080	59 076	56 621	139 157	56 670
2002	490 220	49 511	319 101	79 480	39 550	149 642	121 608
2003	504 213	57 928	362 344	115 245	20 850	193 915	83 941
2004			234 994	48 868	6 281	169 650	126 232
2005			296 872	50 807	8 299	230 996	104 841
2006			326 852	56 623	2 609	252 313	158 419
2007			366 220	64 843	1 334	295 550	99 277
2008			403 018	43 441	2 038	354 971	75 827
2009			416 001	54 993	551	342 234	12 242
2010			429 724	63 281	1 292	341 964	17 218
2011			459 921	48 409	1 367	397 391	23 696
2012			522 944	81 675	3 949	418 054	2 768
2013			546 789	79 900	1 340	461 585	403
2014			580 469	80 834	163	484 416	
2015			649 733	57 037	1 719	581 450	9 527
2016			673 227	92 018	115	574 622	6 472
2017			740 126	194 084		501 601	44 441
2018			820 301	152 982		608 331	35 874
2019			780 944				
2020			868 257				

注：本表数据来源为深圳市商务局，为广东省商务厅统计口径。

Note: Data in this table are provided by Commerce Bureau of Shenzhen Mumicipality, the statistical caliber of the Department of Commerce of Guangdong Province.

年 份 Year	二、按国民经济行业分 Grouped by Sector					
	农、林、牧、渔业 Agriculture, Forestry, Animal Husbandry and Fishery	工 业 Industry	建筑业 Construction	批发和零售业、住宿和餐饮业 Wholesale and Retail Sales ,Accommodation and Catering Services	交通运输、仓储和邮政业 Transportation,Storage,Postal and Telecommunications Services	信息传输、软件和信息技术服务业 Information Transmission, Software and Information Technology
1979	30	645		200	31	
1980	65	1 371		424	65	
1981	226	4 738		1 467	226	
1982	148	3 099		959	148	
1983	216	6 013		1 809	273	
1984	57	8 235		5 251	881	
1985	73	6 549		1 221	1 457	
1986	138	31 874	13	974	416	
1987	232	25 216	239	387	432	
1988	383	28 645	45	1 069	917	
1989	200	27 406	53	1 530	1 071	
1990	28	32 306	6	858	440	
1991	143	34 869	12	831	894	
1992	55	44 056	122	807	300	
1993	94	74 851	54	3 216	18 514	
1994	626	113 192		6 798	18 900	
1995	433	121 125		2 305	17 195	
1996		193 141	30	11 852	6 944	
1997	64	222 822	3 195	3 318	26 095	
1998	428	156 925	7 906	7 715	35 333	
1999	1 049	195 450	412	8 794	10 182	
2000	145	222 702	5 384	5 587	12 129	
2001	294	293 765	776	9 283	9 476	
2002	27	336 943	657	13 115	18 696	
2003	824	315 730	1 102	29 410	45 608	
2004	169	145 123	2 223	11 407	12 313	
2005	146	181 804	134	14 497	21 139	
2006	146	189 097	12 690	15 423	23 308	
2007	113	181 439	7 073	53 884	19 723	
2008	207	152 987	27	80 362	30 071	1[illegible] 161
2009	111	158 939	427	127 000	8 567	[illegible] 134
2010		164 623	2	89 554	5 947	2[illegible] 705
2011	172	164 480	469	90 304	30 673	2[illegible] 697
2012	150	181 153	810	121 492	32 239	[illegible] 135
2013	65	187 485	3 224	66 716	14 732	[illegible] 258
2014	392	124 187	494	104 299	6 233	2[illegible] 184
2015		82 354	159	65 391	10 398	30 007
2016		50 294	170	55 407	12 274	35 793
2017	5	95 539	1 525	110 070	11 041	19 727
2018	3	174 025	811	89 923	48 859	4[illegible] 542
2019		90 477	916	94 028	35 943	89 325
2020		43 060	11 022	52 856	58 477	10[illegible] 061

年 份 Year	二、按国民经济行业分 Grouped by Sector						
	金融业 Financial Intermediation	房地产业 Real Estate	租赁和商务服务业 Leasing and Business Services	科学研究和技术服务业 Scientific Research, and Technical Services	卫生和社会工作 Health and Social Work	教育、文化、体育和娱乐业 Education,Culture Sports and Entertainment	其他行业 Others
1979		553					78
1980		1 175					164
1981		4 061					564
1982		2 656					369
1983		5 124					959
1984		4 412					4 177
1985		7 976					15 649
1986	8 948	2 965				6	3 599
1987	10 247	454			6	39	3 197
1988	4 168	4 652		20	161	30	4 339
1989	10 666	4 744				33	106
1990	5 913	5 576				34	6 696
1991	9 837	10 835			35		532
1992	14 008	9 503			13	17	2 658
1993	254	31 664			500		14 070
1994	5 751	14 220		132	234	1 445	11 661
1995	4 327	15 982			10 921	625	632
1996	9 339	16 970		550	1 236	68	2 112
1997	6 638	14 372		17	1 750	470	8 427
1998	12 021	31 208		234	831	548	2 073
1999		48 992		3 383	4 659	441	2 060
2000	1 579	40 473		379	1 600	377	6 484
2001	1 000	44 137		501	758	18	269
2002	58 734	51 018		2 846	1 514	63	6 607
2003	18 587	64 587		2 809	220	626	19 586
2004	1 285	18 694		6 384	100		37 196
2005	20	19 457		9 366	120	346	49 843
2006	7 266	21 097		12 841		597	44 387
2007	1 566	32 405		22 843	439	334	46 401
2008		42 717	52 587	27 852	372	675	
2009		25 249	26 634	57 935		2 005	
2010	1 591	56 872	49 597	37 460		373	
2011	7 072	45 815	54 331	39 164		1 678	66
2012	1 338	55 414	76 601	39 668	186	8 758	
2013	19 972	71 830	130 122	39 518		5 867	
2014	67 505	80 317	138 504	34 870	556	928	
2015	71 649	225 873	136 267	25 079		2 395	161
2016	106 958	191 914	209 606	10 810		1	
2017	88 726	204 094	160 434	48 787	121	13	44
2018	77 900	164 843	204 015	17 066		832	482
2019	15 222	107 292	288 321	58 105	353	962	
2020	67 513	30 065	384 759	98 311	79	18 622	432

单位：万美元　　　　13-4 续表 3 continued （USD 10 000）

年 份 Year	三、按国别(地区)分 Grouped by Country (Territory)							
	中国香港、澳门 HongKong China, Macao China	中国台湾 Taiwan China	新加坡 Singapore	韩　国 Korea Rep.	日　本 Japan	泰　国 Thailand	澳大利亚 Australia	马来西亚 Malaysia
1987	25 632		247		9 291	32	29	
1988	28 198	316	146		14 567		10	
1989	28 729	1 006	1 177		10 004		166	
1990	26 291	371	897		17 257		723	
1991	32 375	216	339	125	14 265		700	
1992	46 134	475	475		15 806	914	323	117
1993	92 455	4 532	1 197	170	20 822	1 577	155	
1994	125 890	10 671	1 270		18 740	102	645	
1995	105 172	6 954	845		32 067		520	
1996	150 126	13 665	7 525	7 094	29 860	3 381	340	2 024
1997	203 035	6 732	2 502	309	17 616	1 133	19	750
1998	182 956	3 479	1 089	352	8 959	257	56	45
1999	144 214	3 842	9 855	11 133	18 666	1 047	145	64
2000	184 531	3 940	6 023	8 136	5 113		219	1 724
2001	194 212	12 518	7 521	162	8 183	6	365	263
2002	216 516	28 876	8 449	541	10 498	1 307	687	245
2003	318 337	28 479	10 471	4 489	12 154	69	172	348
2004	125 379	4 002	4 576	411	3 215	200	345	1 354
2005	157 487	5 328	5 368	1 507	6 590	148	848	858
2006	167 338	3 044	11 352	484	4 660	31	422	587
2007	223 877	3 278	7 348	322	4 319	261	1 643	253
2008	256 893	4 565	4 280	1 339	2 887	35	264	540
2009	275 819	2 186	6 297	489	3 942	13	54	1 127
2010	310 221	1 737	9 393	472	2 774	136	148	338
2011	326 079	1 852	11 395	4 674	10 745	65	180	94
2012	379 918	4 484	6 112	19 729	5 235	51	46	1 320
2013	418 654	3 541	9 285	451	7 167	88	17	28
2014	438 748	5 635	7 143	3 708	7 027	43	25	123
2015	561 412	797	8 304	496	4 330	10	167	38
2016	599 055	761	4 004	427	7 070	30	12	158
2017	657 404	494	4 714	29 317	1 483	6		
2018	602 497	801	8 152	7 373	8 908	98		214
2019	604 627	1 291	42 851	1 125	9 352	1 421	362	192
2020	767 118	2 476	26 163	1 116	1 951	43	242	72

单位：万美元 13-4 续表 4 continued （USD 10 000）

年 份 Year	三、按国别(地区)分 Grouped by Country (Territory)							
	美 国 The United States	加拿大 Canada	德 国 Germany	法 国 France	英 国 The United Kingdom	瑞 士 Switzerland	荷 兰 Netherlands	其 他 Others
1987	3 101	899	18	1 194	6			
1988	294	150	201	501	5			41
1989	1 143	16		3 399	112			57
1990	4 011		35	1 112	235	500	337	88
1991	6 963	5		1 668	457		819	56
1992	2 029			3 225	1 109	84	633	155
1993	14 531	450		3 153	64	510	3 511	90
1994	3 371	628	130	2 206	6 662		2 520	124
1995	14 145	194	250	8 963	1 099	2 623		713
1996	10 576	162	911	2 985	1 820	794	125	10 854
1997	24 306	215	1 365	182	3 888	6		25 110
1998	4 326	364	505	24 610	9 002	188	1 601	17 433
1999	688	22 111	650	23 933	9 291	170	5 721	23 892
2000	11 498	739	3 477	26 613	11 498	1 080	3 677	28 571
2001	5 929	668	1 339	27 912	8 238	1 551	497	90 913
2002	63 310	632	1 811	24 814	49 112	1 142	2 783	79 506
2003	10 540	907	289	3 759	9 417	1 006	1 686	102 090
2004	8 189	436	517	23	3 014	200	2 266	80 827
2005	9 066	594	347	1 449	8 517	21	3 251	95 463
2006	7 129	189	2 274	186	1 536	253	2 164	125 203
2007	4 052	181	1 437	931	1 555	137	6 227	110 399
2008	7 613	244	142	870	923	30	3 037	119 356
2009	5 071	263	626	1 721	1 328	202	1 282	115 581
2010	8 960	91	381	4	1 065	558	1 805	91 581
2011	8 188	196	890	1 109	116	133	12	94 193
2012	28 437	145	395	550	84	16	669	75 753
2013	4 705	70	842	22 026	995		1 077	77 843
2014	2 875	82	168	9 365	44	440	1 462	103 581
2015	1 108	21	34		213	3	12	72 738
2016	1 424	34	37	8		6 334	391	53 472
2017	1 238	257	1 313	283	121		620	42 876
2018	806	1 130	71 898	27 228	114		538	90 544
2019	551	233	144	82	828	11	1 319	116 555
2020	1 690	141	157	365	596	1 571	20	64 536

13-5 实际外商直接投资

DIRECT FOREIGN INVESTMENTS ACTUALLY USED

单位：亿美元 (USD 100 million)

年 份 Year	实际利用外资金额 Direct Foreign Investments Actually Used	指 数(%) Indices(%) 以1979年为100 1979=100	 以上年为100 Preceding Year=100
1979	0.05	100.0	
1980	0.28	502.7	502.7
1981	0.86	1 572.6	312.8
1982	0.58	1 053.1	67.0
1983	1.13	2 065.0	196.1
1984	1.86	3 401.5	164.7
1985	1.80	3 282.7	96.5
1986	3.65	6 651.5	202.6
1987	2.74	4 996.2	75.1
1988	2.87	5 240.1	104.9
1989	2.93	5 338.0	101.9
1990	3.90	7 115.7	133.3
1991	3.99	7 276.5	102.3
1992	4.49	8 189.6	112.5
1993	9.89	18 047.4	220.4
1994	12.50	22 818.6	126.4
1995	13.10	23 903.1	104.8
1996	20.51	37 420.6	156.6
1997	16.61	30 312.4	81.0
1998	16.64	30 357.1	100.1
1999	17.78	32 452.4	106.9
2000	19.61	35 792.9	110.3
2001	25.91	47 277.4	132.1
2002	31.91	58 230.1	123.2
2003	36.23	66 121.2	113.6
2004	23.50	72 997.8	110.4
2005	29.69	92 196.2	126.3
2006	32.69	101 508.0	110.1
2007	36.62	113 689.0	112.0
2008	40.30	125 171.6	110.1
2009	41.60	129 177.1	103.2
2010	42.97	133 439.9	103.3
2011	45.99	142 780.7	107.0
2012	52.29	162 341.7	113.7
2013	54.68	169 809.4	104.6
2014	58.05	180 337.6	106.2
2015	64.97	201 797.8	111.9
2016	67.32	209 062.5	103.6
2017	74.01	229 759.7	109.9
2018	82.03	254 573.8	110.8
2019	78.09	242 359.9	95.2
2020	86.83	269 456.8	111.2
年平均增长率 Average Annual Growth Rate		**21.2**	

注：1.本表指数按可比口径计算。
Note: Data in this table are calculated at comparable scope.
2.本表数据由深圳市商务局提供，为广东省商务厅统计口径。
Data in this table are provided by Commerce Bureau of Shenzhen Mumicipality, the statistical caliber of the Department of Commerce of Guangdong Province.

13-6 外商投资企业工商登记情况（按企业类别分）（2020年末）

BUSINESS REGISTRATION OF FOREIGN INVESTED ENTERPRISES AT YEAR-END (GROUPED BY REGISTRATION STATUS) (2020)

单位：万美元 （USD 10 000）

项目	Item	期末实有 Final Actual Amount			
		户数（户） Enterprises (Unit)	投资总额 Total Investment	注册资本（认缴出资金额） Registered Capital（Subscribed Capital Contribution)	
				小计 Subtotal	#外方 Foreign Side
合计	**Total**	**68 622**	**47 489 659**	**37 547 893**	**26 500 609**
中外合资	Sino-foreign Joint Ventures	5 429	14 394 005	10 948 861	2 770 853
中外合作（法人）	Sino-foreign Cooperative Enterprises (Juridical Person)	255	732 059	303 612	141 787
中外合作（非法人）	Sino-foreign Cooperative Enterprises (Unincorporated)	84			
外资企业	Foreign-funded Enterprises	52 289	29 704 797	22 538 236	22 538 236
外商投资股份有限公司	Companies Limited by Shares with Foreign Investment	206	2 651 309	2 570 008	633 075
其他外商投资企业	Other Foreign-invested Enterprises				
合伙企业	Partnership Enterprises	621		1 179 688	416 565
普通合伙	General Partnership Enterprises	17		877	222
#特殊的普通合伙	Special General Partnership Enterprises	4			
有限合伙	Limited Partnership Enterprises	604		1 178 810	416 343
其他企业	Other Enterprises	6	7 489	7 489	92
外商投资企业分支机构	Foreign-invested Enterprises Branches	9 732			

注： 本表数据由深圳市市场监督管理局提供。
Note: Data in this table are provided by Market Supervision and Regulation Bureau of Shenzhen Municipality.

单位：万美元　　　　13-6 续表1 continued(USD 10 000)

项目 Item		本期登记 Registration of the Current Period			
		户数（户） Enterprises (Unit)	投资总额 Total Investment	注册资本（认缴出资金额） Registered Capital (Subscribed Capital Contribution) 小计 Subtotal	#外方 Foreign Side
合计	**Total**	**4 585**	**4 099 386**	**3 938 886**	**3 767 870**
中外合资	Sino-foreign Joint Ventures	382	236 585	125 363	54 029
中外合作（法人）	Sino-foreign Cooperative Enterprises (Juridical Person)				
中外合作（非法人）	Sino-foreign Cooperative Enterprises (Unincorporated)				
外资企业	Foreign-funded Enterprises	3 210	3 812 260	3 663 876	3 663 875
外商投资股份有限公司	Companies Limited by Shares with Foreign Investment	2	43 342	43 342	
其他外商投资企业	Other Foreign-invested Enterprises				
合伙企业	Partnership Enterprises	142		99 105	49 964
普通合伙	General Partnership Enterprises				
#特殊的普通合伙	Special General Partnership Enterprises				
有限合伙	Limited Partnership Enterprises	142		99 105	49 964
其他企业	Other Enterprises	2	7 200	7 200	
外商投资企业分支机构	Foreign-invested Enterprises Branches	847			

单位：万美元

13-6 续表2 continued(USD 10 000)

项目 Item		注销（户） Logouted Enterprises(unit)		吊销（户） Revoked Enterprises(unit)	
		本期注销 Logouted Enterprises of the current period	累计注销 Total Number of Logouted Enterprises	本期吊销 Revoked Enterprises of the current period	累计吊销 Total Number of Revoked Enterprises
合计	**Total**	**3 029**	**20 218**	**557**	**26 915**
中外合资	Sino-foreign Joint Ventures	303	1 634	31	1 384
中外合作（法人）	Sino-foreign Cooperative Enterprises (Juridical Person)	10	200	9	1 178
中外合作（非法人）	Sino-foreign Cooperative Enterprises (Unincorporated)	7	313	2	369
外资企业	Foreign-funded Enterprises	1 859	9 445	414	20 362
外商投资股份有限公司	Companies Limited by Shares with Foreign Investment	1	10		32
其他外商投资企业	Other Foreign-invested Enterprises				
合伙企业	Partnership Enterprises	30	68		1
普通合伙	General Partnership Enterprises		6		
#特殊的普通合伙	Special General Partnership Enterprises				
有限合伙	Limited Partnership Enterprises	30	62		1
其他企业	Other Enterprises	1	1		
外商投资企业分支机构	Foreign-invested Enterprises Branches	818	8 547	101	3 589

13-7 外商投资企业工商登记情况（按行业类别分）（2020年末）

BUSINESS REGISTRATION OF FOREIGN INVESTED ENTERPRISES AT YEAR-END (GROUPED BY SECTOR)(2020)

单位：万美元　　　　(USD 10 000)

项目	Item	期末实有 Final Actual Amount			
		户数（户） Enterprises (Unit)	投资总额 Total Investment	注册资本（认缴出资金额） Registered Capital (Subscribed Capital Contribution)	
				小计 Subtotal	#外方 Foreign Side
合计	**Total**	**68 622**	**47 489 659**	**37 547 893**	**26 50[illegible] 60[illegible]**
农、林、牧、渔业	Agriculture,Forestry,Animal Husbandry and Fishery	86	87 615	76 766	6[illegible] 662
农、林、牧、渔服务业	Agriculture,Forestry,Animal Husbandry and Fishery Services	23	49 954	41 659	3[illegible] 346
采矿业	Mining	8	26 159	15 216	[illegible] 59[illegible]
开采辅助活动	Mining Auxiliary Activities	2	147	107	107
制造业	Manufacturing	9 719	8 905 335	5 490 253	3 31[illegible] 15[illegible]
金属制品、机械和设备修理业	Metal Products Machinery and Equipment Repair Services	70	63 340	41 778	4[illegible] 912
电力、热力、燃气及水生产和供应业	Production and Supply of Electric Power,Gas and Water	194	2 275 755	1 262 841	39[illegible] 395
建筑业	Construction	662	467 895	388 943	25[illegible] 181
批发和零售业	Wholesale and Retail Trade	26 570	4 289 866	3 445 233	2 89[illegible] 26[illegible]
交通运输、仓储和邮政业	Transport,Storage and Postal Services	1 628	1 475 635	788 475	601 704
住宿和餐饮业	Hotels and Catering Services	2 504	176 954	129 368	10[illegible] 723
信息传输、软件和信息技术服务业	Information Transmission,Computer Services and Software	6 921	5 036 065	3 871 807	3 699 652
金融业	Financial Intermediation	2 766	9 783 118	10 272 979	5 633 595
房地产业	Real Estate	1 813	4 918 572	3 332 517	3 111 929
租赁和商务服务业	Leasing and Business Services	9 158	7 207 578	6 309 354	4 535 549
科学研究和技术服务业	Scientific Research and Technical Services	3 742	1 871 214	1 389 596	1 197 084
水利、环境和公共设施管理业	Management of Water Conservancy, Environment and Public facilities	74	142 780	131 398	120 429
居民服务、修理和其他服务业	Resident Services,Repair and Other Services	1 895	476 924	417 732	363 059
教育	Education	182	21 029	18 706	12 326
卫生和社会工作	Health Care and Social Work	38	32 785	16 511	11 054
文化、体育和娱乐业	Culture,Sports and Recreation	650	294 001	189 846	181 911
其他	Others	12	379	352	352

注：　本表数据由深圳市市场监督管理局提供。

Note: Data in this table are provided by Market Supervision and Regulation Bureau of Shenzhen Municipality.

单位：万美元

13-7 续表1 continued（USD 10 000）

项目	Item	本期登记 Registration of the Current Period			
		户数（户） Enterprises (Unit)	投资总额 Total Investment	注册资本（认缴出资金额） Registered Capital（Subscribed Capital Contribution)	
				小计 Subtotal	#外方 Foreign Side
合计	**Total**	**4 585**	**4 099 386**	**3 938 886**	**3 767 870**
农、林、牧、渔业	Agriculture,Forestry,Animal Husbandry and Fishery	8	2 707	2 649	2 649
农、林、牧、渔服务业	Agriculture,Forestry,Animal Husbandry and Fishery Services	2	1 469	1 469	1 469
采矿业	Mining	2	136	136	136
开采辅助活动	Mining Auxiliary Activities				
制造业	Manufacturing	89	16 057	14 741	14 529
金属制品、机械和设备修理业	Metal Products Machinery and Equipment Repair Services	1	4	4	4
电力、热力、燃气及水生产和供应业	Production and Supply of Electric Power,Gas and Water	11	288	288	230
建筑业	Construction	49	14 935	14 891	14 802
批发和零售业	Wholesale and Retail Trade	1 647	196 189	170 403	116 599
交通运输、仓储和邮政业	Transport,Storage and Postal Services	80	128 865	47 740	11 687
住宿和餐饮业	Hotels and Catering Services	330	4 349	4 243	3 908
信息传输、软件和信息技术服务业	Information Transmission,Computer Services and Software	706	1 718 793	1 658 310	1 654 625
金融业	Financial Intermediation	57	35 751	102 513	62 964
房地产业	Real Estate	104	1 513 599	1 482 321	1 482 321
租赁和商务服务业	Leasing and Business Services	806	313 794	305 083	280 865
科学研究和技术服务业	Scientific Research and Technical Services	305	73 227	64 905	59 340
水利、环境和公共设施管理业	Management of Water Conservancy, Environment and Public facilities	11	22 218	22 218	15 307
居民服务、修理和其他服务业	Resident Services,Repair and Other Services	204	44 835	37 846	37 471
教育	Education	44	4 016	3 851	3 729
卫生和社会工作	Health Care and Social Work	6	5 940	3 060	3 060
文化、体育和娱乐业	Culture,Sports and Recreation	125	3 689	3 688	3 646
其他	Others	1			

单位：万美元 13-7 续表2 continued(USD 10 000)

项目 Item		注销（户） Logouted Enterprises(unit)		吊销（户） Revoked Enterprises(unit)	
		本期注销 Logouted Enterprises of the current period	累计注销 Total Number of Logouted Enterprises	本期吊销 Revoked Enterprises of the current period	累计吊销 Total Number of Revoked Enterprises
合计	**Total**	**3 029**	**20 218**	**557**	**16 915**
农、林、牧、渔业	Agriculture,Forestry,Animal Husbandry and Fishery	4	28		95
农、林、牧、渔服务业	Agriculture,Forestry,Animal Husbandry and Fishery Services	1	7		9
采矿业	Mining		10		55
开采辅助活动	Mining Auxiliary Activities				2
制造业	Manufacturing	353	5 282	308	7 747
金属制品、机械和设备修理业	Metal Products Machinery and Equipment Repair Services	3	14		5
电力、热力、燃气及水生产和供应业	Production and Supply of Electric Power,Gas and Water	13	90	1	11
建筑业	Construction	26	131	1	121
批发和零售业	Wholesale and Retail Trade	1 161	5 683	111	2 438
交通运输、仓储和邮政业	Transport,Storage and Postal Services	66	459	9	250
住宿和餐饮业	Hotels and Catering Services	215	1 152	15	332
信息传输、软件和信息技术服务业	Information Transmission,Computer Services and Software	321	1 182	31	734
金融业	Financial Intermediation	129	307	1	27
房地产业	Real Estate	16	855	10	291
租赁和商务服务业	Leasing and Business Services	448	2 881	49	2 330
科学研究和技术服务业	Scientific Research and Technical Services	144	750	12	750
水利、环境和公共设施管理业	Management of Water Conservancy, Environment and Public facilities	2	19		23
居民服务、修理和其他服务业	Resident Services,Repair and Other Services	75	368		185
教育	Education	12	21	1	10
卫生和社会工作	Health Care and Social Work		7		12
文化、体育和娱乐业	Culture,Sports and Recreation	32	96	8	100
其他	Others	12	897		1 249

13-8 外商投资企业工商登记情况(按国别、地区分)（2020年末）

BUSINESS REGISTRATION OF FOREIGN INVESTED ENTERPRISES AT YEAR-END (GROUPEDBY COUNTRIES AND REGIONS)（2020）

单位：万美元 （USD 10 000）

项目	Item	期末实有 Final Actual Amount			
		户数（户） Enterprises (Unit)	投资总额 Total Investment	注册资本（认缴出资金额） Registered Capital（Subscribed Capital Contribution)	
				小计 Subtotal	#外方 Foreign Side
合　计	**Total**	**58 179**	**47 482 169**	**36 360 716**	**26 083 952**
一、亚洲	**Asia**	**44 549**	**40 082 278**	**31 099 320**	**22 138 418**
日本	Japan	385	357 868	186 984	169 668
韩国	Korea	487	48 793	32 133	26 909
中国香港	Hongkong China	31 227	21 201 426	15 187 275	11 601 251
中国澳门	Macao China	203	134 171	127 878	119 083
中国台湾	Taiwan China	1 719	217 245	192 765	173 815
亚洲其他国家（地区）	Other Asian Countries(Regions)	10 528	18 122 775	15 372 286	10 047 692
二、非洲	**Africa**	**330**	**87 390**	**57 048**	**50 244**
埃及	Egypt	24	893	893	893
南非	South Africa	16	225	221	208
毛里求斯	Mauritius	76	68 037	40 490	34 222
塞舌尔	Seychelles	111	14 126	11 376	10 905
非洲其他国家（地区）	Other African Countries(Regions)	103	4 108	4 069	4 017
三、欧洲	**Europe**	**1 105**	**525 095**	**240 765**	**161 869**
英国	Britain	185	171 324	68 326	28 075
德国	Germany	145	33 957	22 912	18 487
法国	France	99	124 826	45 075	31 285
俄罗斯联邦	Russian Federation	154	17 925	17 697	9 660
欧洲其他国家（地区）	Other European Countries(Regions)	522	177 064	86 756	74 361
四、拉丁美洲	**Latin America**	**976**	**2 420 712**	**1 395 692**	**1 176 392**
巴西	Brazil	29	1 739	1 739	1 129
开曼群岛	Cayman Islands	91	702 512	358 164	278 113
英属维尔京群岛	British Virgin Islands	763	1 683 769	1 012 008	878 756
拉丁美洲其他国家（地区）	Other Latin American Countries(Regions)	93	32 693	23 780	18 394
五、北美洲	**North America**	**963**	**412 954**	**301 851**	**247 988**
加拿大	Canada	211	46 547	40 715	31 811
美国	America	740	313 189	214 226	172 035
百慕大群岛	Bermuda	12	53 219	46 911	44 142
北美洲其他国家（地区）	Other North American Countries(Regions)				
六、大洋洲	**Oceania**	**561**	**376 066**	**184 175**	**173 683**
澳大利亚	Australia	181	25 394	19 098	13 703
新西兰	New Zealand	22	2 815	2 807	1 999
萨摩亚	Samoa	48	16 253	12 443	12 385
大洋洲其他国家（地区）	Other Oceanian Countries(Regions)	310	331 604	149 827	145 596
七、其他	**Others**	**9 695**	**3 577 674**	**3 081 864**	**2 135 358**

注： 本表数据来由深圳市市场监督管理局提供。
Note: Data in this table are provided by Market Supervision and Regulation Bureau of Shenzhen Municipality.

单位：万美元 13-8 续表1 continued (USD 10 000)

项目 Item		本期登记 Registration of the Current Period			
		户数（户） Enterprises (Unit)	投资总额 Total Investment	注册资本（认缴出资金额） Registered Capital (Subscribed Capital Contribution) 小计 Subtotal	#外方 Foreign Side
合　计	**Total**	**3 594**	**4 092 187**	**3 832 582**	**3 717 905**
一、亚洲	**Asia**	**3 191**	**3 986 106**	**3 747 070**	**3 638 928**
日本	Japan	12	16 154	15 747	15 712
韩国	Korea	58	2 334	2 309	1 951
中国香港	Hongkong China	1 684	375 737	336 245	333 262
中国澳门	Macao China	29	1 109	1 109	1 109
中国台湾	Taiwan China	169	19 901	19 827	19 775
亚洲其他国家（地区）	Other Asian Countries(Regions)	1 239	3 570 872	3 371 833	3 267 118
二、非洲	**Africa**	**44**	**292**	**292**	**287**
埃及	Egypt	2	7	7	7
南非	South Africa	4	26	26	21
毛里求斯	Mauritius	1	3	3	3
塞舌尔	Seychelles	5	89	89	89
非洲其他国家（地区）	Other African Countries(Regions)	32	167	167	167
三、欧洲	**Europe**	**141**	**8 649**	**8 188**	**4 755**
英国	Britain	19	4 205	3 879	888
德国	Germany	15	545	545	414
法国	France	10	55	53	33
俄罗斯联邦	Russian Federation	29	808	803	717
欧洲其他国家（地区）	Other European Countries(Regions)	68	3 035	2 908	2 703
四、拉丁美洲	**Latin America**	**30**	**20 369**	**20 369**	**20 134**
巴西	Brazil	8	60	60	60
开曼群岛	Cayman Islands	5	712	712	483
英属维尔京群岛	British Virgin Islands	10	19 199	19 199	19 199
拉丁美洲其他国家（地区）	Other Latin American Countries(Regions)	7	397	397	392
五、北美洲	**North America**	**69**	**47 803**	**27 721**	**26 169**
加拿大	Canada	20	906	906	785
美国	America	49	46 897	26 815	25 384
百慕大群岛	Bermuda				
北美洲其他国家（地区）	Other North American Countries(Regions)				
六、大洋洲	**Oceania**	**21**	**322**	**322**	**282**
澳大利亚	Australia	16	250	250	210
新西兰	New Zealand	2	36	36	36
萨摩亚	Samoa	2	22	22	22
大洋洲其他国家（地区）	Other Oceanian Countries(Regions)	1	14	14	14
七、其他	**Others**	**98**	**28 645**	**28 618**	**27 345**

单位：万美元 13-8 续表2 continued（USD 10 000）

项目	Item	注销（户）Logouted Enterprises(unit)		吊销（户）Revoked Enterprises(unit)	
		本期注销 Logouted Enterprises of the current period	累计注销 Total Number of Logouted Enterprises	本期吊销 Revoked Enterprises of the current period	累计吊销 Total Number of Revoked Enterprises
合　计	**Total**	**2 173**	**11 289**	**454**	**22 956**
一、亚洲	**Asia**	**1 744**	**9 410**	**397**	**21 026**
日本	Japan	13	131	7	186
韩国	Korea	32	140	11	263
中国香港	Hongkong China	1 145	7 290	325	18 584
中国澳门	Macao China	8	33		111
中国台湾	Taiwan China	81	545	30	1 253
亚洲其他国家（地区）	Other Asian Countries(Regions)	465	1 271	24	629
二、非洲	**Africa**	**15**	**98**	**2**	**62**
埃及	Egypt		1		7
南非	South Africa				3
毛里求斯	Mauritius	2	40		19
塞舌尔	Seychelles	12	50	1	12
非洲其他国家（地区）	Other African Countries(Regions)	1	7	1	21
三、欧洲	**Europe**	**39**	**217**	**7**	**262**
英国	Britain	5	47		75
德国	Germany	7	31	4	41
法国	France	2	21	1	25
俄罗斯联邦	Russian Federation	4	8		19
欧洲其他国家（地区）	Other European Countries(Regions)	21	110	2	102
四、拉丁美洲	**Latin America**	**38**	**439**	**20**	**508**
巴西	Brazil		4		3
开曼群岛	Cayman Islands	5	49	1	30
英属维尔京群岛	British Virgin Islands	28	363	19	434
拉丁美洲其他国家（地区）	Other Latin American Countries(Regions)	5	23		41
五、北美洲	**North America**	**54**	**354**	**17**	**835**
加拿大	Canada	6	50	4	126
美国	America	48	301	13	707
百慕大群岛	Bermuda		3		2
北美洲其他国家（地区）	Other North American Countries(Regions)				
六、大洋洲	**Oceania**	**31**	**263**	**7**	**232**
澳大利亚	Australia	6	34		103
新西兰	New Zealand	1	8		9
萨摩亚	Samoa	1	26	1	20
大洋洲其他国家（地区）	Other Oceanian Countries(Regions)	23	195	6	100
七、其他	**Others**	**252**	**508**	**4**	**31**

13-9 进出口总额

TOTAL IMPORTS AND EXPORTS

单位：万美元 （USD 10 000）

年 份 Year	进出口总额 Total Imports and Exports	出口总额 Total Exports	进口总额 Total Imports	进出口差额 Balance
1979	1 676	930	746	184
1980	1 751	1 124	627	497
1981	2 807	1 745	1 062	683
1982	2 534	1 597	937	660
1983	78 642	6 230	72 412	−66 182
1984	107 247	26 539	80 708	−54 169
1985	130 632	56 340	74 292	−17 952
1986	184 696	72 552	112 144	−39 592
1987	255 784	141 354	114 430	26 924
1988	344 277	184 949	159 328	25 621
1989	375 259	217 428	157 831	59 597
1990	1 570 136	815 165	754 971	60 194
1991	1 947 635	986 240	961 395	24 845
1992	2 357 562	1 200 019	1 157 543	42 476
1993	2 820 392	1 421 776	1 398 616	23 160
1994	3 498 281	1 830 921	1 667 360	163 561
1995	3 876 960	2 052 736	1 824 224	228 512
1996	3 905 342	2 120 781	1 784 561	336 220
1997	4 500 921	2 561 844	1 939 077	622 767
1998	4 527 417	2 639 611	1 887 806	751 805
1999	5 042 750	2 820 811	2 221 939	598 872
2000	6 393 982	3 456 333	2 937 649	518 684
2001	6 861 055	3 747 955	3 113 100	634 855
2002	8 723 148	4 655 704	4 067 444	588 260
2003	11 739 941	6 296 208	5 443 733	852 475
2004	14 728 302	7 784 632	6 943 670	840 962
2005	18 281 689	10 151 829	8 129 860	2 021 969
2006	23 738 573	13 609 556	10 129 017	3 480 539
2007	28 753 345	16 849 299	11 904 046	4 945 253
2008	29 995 499	17 971 995	12 023 504	5 948 491
2009	27 016 306	16 197 825	10 818 481	5 379 344
2010	34 674 930	20 418 355	14 256 575	6 161 780
2011	41 409 312	24 551 760	16 857 552	7 694 208
2012	46 683 020	27 136 163	19 546 857	7 589 306
2013	53 747 437	30 570 191	23 177 246	7 392 945
2014	48 774 049	28 436 157	20 337 892	8 098 265
2015	44 245 863	26 403 895	17 841 968	8 561 927
2016	39 843 893	23 754 674	16 089 218	7 665 456
2017	41 414 596	24 435 790	16 978 806	7 456 984
2018	45 372 921	24 604 111	20 768 810	3 835 301
2019	43 147 567	24 212 399	18 935 168	5 277 232
2020	44 080 709	24 531 052	19 549 657	4 981 394

注：　本表1992年以前为深圳市贸工局口径数；1993年以后为深圳海关口径数，按现行统计方法计算。

Note: The figures adopted from Shenzhen Bureau of Trade and Industry before 1992 and calculated from Shenzhen CIQ after 1993 by current statistical method.

13-10 进出口总额指数

INDICES OF TOTAL IMPORTS AND EXPORTS

年 份 Year	以上年为100 Preceding Year=100			以1979年为100 1979=100		
	进出口总额 Total Imports and Exports	出口总额 Total Exports	进口总额 Total Imports	进出口总额 Total Imports and Exports	出口总额 Total Exports	进口总额 Total Imports
1980	104.5	120.9	84.0	104.5	120.9	84.0
1981	160.3	155.2	169.4	167.5	187.6	142.4
1982	90.3	91.5	88.2	151.2	171.7	125.6
1983	3 103.5	390.1	7 728.1	4 692.2	669.9	9 706.7
1984	136.4	426.0	111.5	6 399.0	2 853.7	10 818.8
1985	121.8	212.3	92.1	7 794.3	6 058.1	9 958.7
1986	141.4	128.8	151.0	11 020.0	7 801.3	15 032.7
1987	138.5	194.8	102.0	15 261.6	15 199.4	15 339.1
1988	134.6	130.8	139.2	20 541.6	19 887.0	21 357.6
1989	109.0	117.6	99.1	22 390.2	23 379.4	21 157.0
1990	145.8	137.8	156.8	32 643.8	32 213.0	33 180.8
1991	124.0	121.0	127.3	40 478.3	38 977.7	42 239.2
1992	121.0	121.7	120.4	48 978.8	47 435.9	50 856.0
1993	119.6	118.5	120.8	58 578.6	56 211.5	61 434.0
1994	124.0	128.8	119.2	72 637.5	72 400.5	73 229.3
1995	110.8	112.1	109.4	80 482.3	81 160.9	80 112.9
1996	100.7	103.3	97.8	81 045.7	83 839.2	78 350.4
1997	115.3	120.8	108.7	93 445.7	101 277.8	85 166.9
1998	100.6	103.0	97.4	94 006.4	104 316.1	82 952.6
1999	111.4	106.9	117.7	104 706.7	111 477.0	97 634.8
2000	126.8	122.5	132.2	132 763.4	136 592.5	129 084.0
2001	107.3	108.4	106.0	142 455.1	148 066.3	136 829.0
2002	127.1	124.2	130.7	181 060.4	183 898.3	178 835.5
2003	134.6	135.2	133.8	243 707.3	248 630.5	239 281.9
2004	125.5	123.6	127.6	305 852.7	307 307.3	305 323.7
2005	124.1	130.4	117.1	379 563.2	400 728.7	357 534.1
2006	129.8	134.1	124.6	493 052.6	537 377.2	445 487.5
2007	121.1	123.8	117.5	597 086.7	665 273.0	523 447.8
2008	104.3	106.6	101.0	622 761.4	709 181.0	528 682.3
2009	89.6	89.4	89.9	557 994.2	634 007.8	475 285.4
2010	128.4	126.1	131.8	716 464.6	799 483.8	626 426.2
2011	119.4	120.2	118.2	855 458.7	960 979.5	740 435.8
2012	112.7	110.5	115.9	964 102.0	1 061 882.3	858 165.1
2013	115.1	112.7	118.5	1 109 681.4	1 196 741.4	1 016 925.6
2014	90.7	93.0	87.7	1 006 480.9	1 112 969.5	891 843.8
2015	90.7	92.9	87.7	912 878.2	1 033 948.7	782 147.0
2016	90.1	90.0	90.2	822 503.3	930 553.8	705 496.6
2017	103.9	102.9	105.5	854 580.9	957 539.9	744 298.9
2018	109.6	100.8	122.3	936 620.7	965 200.2	910 277.6
2019	95.1	98.3	91.2	890 726.3	950 722.2	830 173.2
2020	102.2	101.3	103.2	909 989.8	963 234.4	857 114.2
年平均增长率 Average Annual Growth Rate				**24.9**	**25.1**	**24.7**

13-11 进出口总额分类

TOTAL IMPORTS AND EXPORTS

单位：万美元 (USD 10 000)

项 目	Item	2016	2017	2018	2019	2020
进出口总额	**Total Imports and Exports**	**39 843 893**	**41 414 596**	**45 372 921**	**43 147 567**	**44 08[illegible] 705**
一、出口总额	**Total Exports**	**23 754 674**	**24 435 790**	**24 604 111**	**24 212 399**	**24 53[illegible] 052**
1.按隶属关系分类:	Grouped by Administrative Relationship					
①国有企业	State-owned Enterprises	2 233 973	2 235 801	1 869 957	1 891 550	1 902 525
②民营、集体和其他企业	Collective-owned and Others	10 870 609	11 978 768	12 337 624	13 197 979	13 584 452
③"三资"企业	Foreign Investment Enterprises	10 650 092	10 221 221	10 396 530	9 122 870	9 044 073
2.按贸易方式分类:	Grouped by Form of Trade					
①一般贸易	Original Trade	9 815 084	10 565 089	10 891 269	10 995 668	11 733 080
②补偿贸易	Compensation Trade					
③来料加工贸易	Processing and Assembly Trade	168 839	90 098	124 441	52 899	26 469
④进料加工贸易	Processing Trade for Imported Material	8 231 619	8 424 123	9 503 043	8 156 766	7 257 653
⑤出料加工贸易	Processing Trade for Exported Material		1 619	1 233	1 668	1 273
⑥易货贸易	Barter Trade		3	4		
⑦其他	Others	5 539 133	5 354 858	4 084 121	5 005 398	5 512 576
二、进口总额	**Total Imports**	**16 089 218**	**16 978 806**	**20 768 810**	**18 935 168**	**19 549 557**
1.按隶属关系分类:	Grouped by Administrative Relationship					
①国有企业	State-owned Enterprises	840 447	802 121	623 417	666 660	725 748
②民营、集体和其他企业	Collective-owned and Others	7 868 097	9 132 535	12 074 838	11 753 010	12 647 [illegible]08
③"三资"企业	Foreign Investment Enterprises	7 380 674	7 044 150	8 070 555	6 515 498	6 176 302
2.按贸易方式分类:	Grouped by Form of Trade					
①一般贸易	Original Trade	8 009 658	8 797 624	10 159 335	9 523 115	9 864 [illegible]31
②补偿贸易	Compensation Trade					
③来料加工贸易	Processing and Assembly Trade	180 505	96 454	135 627	67 748	23 [illegible]54
④进料加工贸易	Processing Trade for Imported Material	4 635 584	5 021 803	6 340 726	4 954 472	4 658 [illegible]53
⑤以工缴费补偿期进口的设备	Imported Equipment by Processing Fee during Compensation Period					
⑥租赁贸易	Leasing Trade	19 128	1 153	7 783	5 289	4 [illegible]70
⑦外商投资企业作为投资进口的设备	Imported Equipment and Materials as Investment of Foreign Investment Enterprises	9 404	9 531	13 432	6 285	12 [illegible]7
⑧外商投资企业进口供加工内销产品的料、件	Imported Materials and Parts of Foreign Investment Enterprises for Processing and Selling on Domestic Market					
⑨易货贸易	Barter Trade					
⑩其　他	Others	3 234 938	3 052 241	4 111 907	4 378 259	4 985 8[illegible]2

13-12 深圳市与主要国家（地区）进出口总额

SHENZHEN' S FOREIGN TRADE WITH MAIN RELATED COUNTRIES AND TERRITORIES

单位：万美元 （USD 10 000）

国家（地区）	Country（territory）	2018			2019			2020		
		合计 Total Imports and Exports	出口总额 Exports	进口总额 Imports	合计 Total Imports and Exports	出口总额 Exports	进口总额 Imports	合计 Total Imports and Exports	出口总额 Exports	进口总额 Imports
中国香港	Hongkong China	10 269 572	10 194 569	75 003	9 358 609	9 278 470	80 139	8 856 029	8 744 397	111 632
日　本	Japan	2 220 377	732 997	1 487 380	2 068 997	739 114	1 329 882	2 169 889	798 148	1 371 741
美　国	The United States	4 188 740	3 610 864	577 876	3 846 422	3 365 838	480 584	4 437 143	3 959 997	477 146
法　国	France	430 461	256 779	173 682	446 935	281 923	165 012	503 889	324 227	179 661
德　国	Germany	878 423	560 845	317 578	972 706	593 522	379 183	1 021 018	651 143	369 875
泰　国	Thailand	1 031 406	337 280	694 126	1 033 237	352 330	680 907	1 155 790	387 493	768 297
新加坡	Singapore	895 300	524 110	371 190	904 246	513 667	390 579	838 892	482 670	356 222
韩　国	Korea Rep.	2 479 705	394 566	2 085 138	2 153 093	421 917	1 731 176	2 251 175	417 310	1 833 865
中国台湾	Taiwan China	4 160 263	217 401	3 942 862	3 954 482	269 047	3 685 435	4 302 603	281 621	4 020 981
澳大利亚	Australia	564 208	309 779	254 429	594 442	330 341	264 101	532 736	351 363	181 372
印度尼西亚	Indonesia	365 768	264 834	100 934	357 309	272 036	85 273	351 296	255 513	95 784
马来西亚	Malaysia	1 383 376	280 075	1 103 301	1 801 418	319 430	1 481 989	1 771 135	270 225	1 500 911
英　国	The United Kingdom	594 456	523 527	70 929	658 051	589 464	68 587	704 372	623 153	81 220
意大利	Italy	289 426	199 405	90 021	309 253	210 872	98 381	364 761	273 721	91 040
巴　西	Brazil	290 276	212 218	78 059	312 510	232 065	80 446	411 613	265 211	146 403
加拿大	Canada	384 646	288 735	95 911	438 716	328 327	110 389	400 866	346 691	54 175
其　它	Others	14 946 518	5 696 128	9 250 389	13 937 142	6 114 037	7 823 105	14 007 501	6 098 169	7 909 332

13-13 进口主要商品金额

TOTAL VALUE OF FOREIGN IMPORTS OF MAJOR COMMODITIES

单位：万美元 (USD 10 000)

项 目	Item	2017	2018	2019	2020
集成电路	Semiconductor Integrated Circuit	5 828 447	7 506 229	7 482 869	8 22[illegible] 87[illegible]
自动数据处理设备及其部件	Automatic Data Processing Equipment and Parts	812 569	1 064 769	1 405 137	1 47[illegible] 32[illegible]
液晶显示板	LCD Monitor	517 533	458 349	334 213	28[illegible] 39[illegible]
农产品	Farm Produce	731 993	864 942	983 241	1 21[illegible] 38[illegible]
钢材	Steel	57 725	52 040	40 359	3[illegible] 88[illegible]
纺织纱线、织物及制品	Spinning, Textile and Related Products	89 626	87 815	74 395	6[illegible] 79[illegible]
成品油	Oil	35 998	10 861	10 804	[illegible] 57[illegible]
电线和电缆	Wire and Cable	76 442	81 911	66 274	7[illegible] 12[illegible]
粮食	Food	91 088	79 790	55 176	6[illegible] 34[illegible]

13-14 出口主要商品金额

TOTAL VALUE OF FOREIGN EXPORTS OF MAJOR COMMODITIES

单位：万美元 (USD 10 000)

项 目	Item	2017	2018	2019	2020
自动数据处理设备及其部件	Automatic Data Processing Equipment and Parts	2 417 171	2 452 114	2 287 442	2 494 555
服装及衣着附件	Clothing and Dresses	769 493	594 248	569 076	503 832
打印机(包括多功能一体机)	Printer(include MFP)	305 531	271 214	263 808	209 495
录、放像机	Radio Cassette Players	137 696	173 096	306 091	375 675
鞋类	Shoes	383 639	308 658	292 493	192 551
家具及其零件	Furniture and Dresses	432 842	390 054	374 512	325 072
纺织纱线、织物及制品	Spinning, Textile and Related Products	282 343	277 466	308 449	1 371 238
塑料制品	Plastic Products	424 071	391 205	578 383	522 243
液晶显示板	LCD Monitor	314 099	273 871	266 047	331 591

13-15 旅游业基本情况
BASIC CONDITIONS OF TOURISM

年 份 Year	过夜入境游客 (万人) Overnight International Tourists (10 000 persons)	外国人 Foreigners	华 侨 Overseas Chinese	港澳同胞 Compatriots from Hongkong and Macao	台 胞 Compatriots Form Taiwan
1995	185.37	35.32	1.10	131.41	17.54
1996	151.47	30.91	1.37	101.48	17.71
1997	140.41	32.00	0.75	89.49	18.17
1998	148.47	30.83	0.72	97.52	19.41
1999	158.08	35.49	1.45	101.03	20.11
2000	397.34	61.09		287.62	48.63
2001	423.87	67.95		307.33	48.59
2002	449.35	80.59		319.87	48.89
2003	435.13	69.89		331.45	33.79
2004	559.79	105.19		406.99	47.61
2005	616.45	120.24		445.31	50.90
2006	712.74	139.16		520.40	53.18
2007	831.30	161.64		615.24	54.42
2008	869.57	151.42		671.98	46.17
2009	896.36	146.38		706.15	43.83
2010	1 020.61	167.58		806.57	46.45
2011	1 104.55	171.20		886.87	46.48
2012	1 206.43	169.10		991.81	45.52
2013	1 214.89	166.82		1 004.88	43.19
2014	1 182.18	161.12		979.37	41.69
2015	1 218.70	164.65		1 011.74	42.31
2016	1 171.18	168.32		963.20	39.66
2017	1 207.01	177.56		988.20	41.25
2018	1 220.21	172.96		1 009.39	37.86
2019	1 216.95	167.60		1 012.18	37.17
2020	120.06	16.91		94.62	8.53

注： 1. 1990-1999年过夜国际游客为宾馆、酒店部分，2000年后为旅游全口径，包括：宾馆、酒店、饭店、招待所、居民家住等各种住宿设施所接待的国际游客。
Note: The figures of overnight international tourists from 1990 to 1999 have been collected from hotels and guesthouses, and from 2000, it include hotels, guesthouses, public houses and residential houses.
2. 本表数据来源为深圳市文化广电旅游体育局。
Data in this table are provided by Culture, Radio, Television, Tourism and Sports Bureau of ShenZhen Municipality.

13-15 续表 continued

年 份 Year	过夜国内游客 (万人) Overnight Domestic Tourists (10 000 persons)	旅游外汇收入 (万美元) Total Foreign Exchange Earnings from International Tourism (USD 10 000)	商品性收入 Commody Income	劳务性收入 Service Income	宾馆、酒店、度假村开房率(%) Room Occupancy Rate of Hotels and Holiday Countries (%)
1995	357.27	63 633	20 574	43 059	58.9
1996	360.55	58 384	21 489	36 895	56.3
1997	341.11	53 225	17 176	36 049	57.6
1998	340.33	59 025	18 413	40 612	55.5
1999	346.81	62 186	19 743	42 443	57.9
2000	927.71	141 100			62.5
2001	1 031.70	151 054	95 037	56 017	64.3
2002	1 073.54	172 342	98 904	73 438	64.1
2003	1 013.69	130 097	77 703	52 394	55.2
2004	1 383.14	178 723	111 496	67 227	60.6
2005	1 526.38	200 900	129 334	71 519	61.9
2006	1 604.54	226 515	147 496	79 019	62.5
2007	1 728.98	262 330	172 187	90 143	62.7
2008	1 789.73	270 865	174 835	96 030	61.5
2009	1 943.95	276 029	179 629	96 400	59.3
2010	2 264.71	317 976	204 895	113 081	62.4
2011	2 627.98	374 563	241 845	132 718	64.9
2012	2 941.29	432 879	288 947	143 932	63.0
2013	3 351.91	453 114	289 833	163 281	64.1
2014	3 808.88	456 568	309 473	147 095	67.2
2015	4 156.50	496 830	331 928	164 902	68.2
2016	4 524.56	477 100	320 700	156 400	67.6
2017	4 814.98	498 420	335 400	163 020	69.44
2018	5 187.71	511 801	348 900	162 901	69.33
2019	5 501.08	500 300	328 500	171 800	64.43
2020	4 878.75	94 300			44.98

注：1990-1999年过夜国内游客为宾馆、酒店部分，2000年后为旅游全口径，包括：宾馆、酒店、饭店、招待所、居民家住等各种住宿设施所接待的国内游客。
Note: The figures of overnight domestic tourists before from 1990 to 1999 have been collected from hotels and guesthouses, and from 2000 it include hotels , guesthouses , public houses and residential houses.

13-16 按国别分的外国旅游者人数（过夜）

NUMBER OF FOREIGN TOURISTS BY COUNTRY（Over night）

单位：人 （person）

国别	Country	1997	1998	1999	2000	2001	2002	2003	2004	2005	2006	2007	2008
合　计	**Total**	**320 076**	**308 279**	**354 911**	**610 900**	**679 464**	**805 937**	**698 867**	**1 051 896**	**1 202 373**	**1 391 612**	**1 616 415**	**1 5[illegible]4 186**
日　本	Japan	78 264	74 275	93 172	150 479	197 853	245 265	221 780	319 817	315 128	355 401	393 176	35[illegible] 515
菲律宾	Philippines	3 338	4 266	5 042	9 158	12 461	15 204	7 161	7 913	10 640	12 272	12 783	1[illegible] 422
新加坡	Singapore	19 266	24 264	29 337	42 264	53 788	59 668	37 391	66 303	76 569	81 658	90 997	7[illegible] 829
泰　国	Thailand	6 176	4 536	4 613	6 531	18 344	29 367	24 451	66 857	87 239	99 970	93 170	65 665
印度尼西亚	Indonesia	14 329	5 779	6 217	29 010	33 909	40 714	33 322	49 781	53 026	72 637	79 389	68 286
英　国	The United Kingdom	9 043	10 007	12 242	17 728	20 916	23 925	23 915	32 959	33 137	40 595	49 637	47 898
法　国	France	4 826	6 524	6 765	10 529	15 722	15 331	13 316	19 333	23 542	27 305	36 301	37 191
德　国	Germany	4 720	6 549	7 842	9 015	11 337	13 848	14 859	21 495	26 092	30 658	35 706	33 822
意大利	Italy	2 399	3 043	3 636	3 627	4 108	6 722	7 133	12 264	16 411	18 359	22 968	21 010
美　国	The United States	32 771	39 490	49 130	64 083	75 328	104 130	92 608	131 996	146 959	176 378	226 468	212 532
加拿大	Canada	6 208	8 476	9 217	11 431	14 092	16 356	14 183	21 293	26 325	30 440	36 893	36 391
澳大利亚	Australia	5 441	6 851	10 124	10 985	12 796	15 219	14 413	19 783	25 534	29 249	40 326	41 [illegible]53
新西兰	New Zealand	804	1 397	1 642	1 702	2 292	2 937	2 888	4 342	4 682	4 445	5 743	6 [illegible]66
俄罗斯	Russia	2 084	874	893	2 102	4 018	3 514	3 539	4 090	6 911	8 051	10 358	11 048
韩　国	Korea Rep.	30 885	18 696	20 133	27 612	45 172	65 443	69 068	90 640	108 688	116 976	152 234	134 340
马来西亚	Malaysia	23 269	43 931	50 554	50 537	42 186	50 516	32 075	46 536	61 256	68 624	81 513	88 255
其他	Others	76 253	49 321	44 352	164 107	115 142	97 778	86 765	136 494	180 234	218 594	248 753	267 0[illegible]2

注：本表数据来源为深圳市文化广电旅游体育局。
Note:Data in this table are provided by Culture,Radio,Television,Tourism and Sports Bureau of ShenZhen Municipality.

单位：人 13-16 续表 continued (person)

国别	Country	2009	2010	2011	2012	2013	2014	2015	2016	2017	2018	2019	2020
合 计	**Total**	**1 463 809**	**1 675 798**	**1 712016**	**1 691 045**	**1 668 230**	**1 611 200**	**1 646 515**	**1 683 168**	**1 775 639**	**1 729 624**	**1 676 024**	**169 190**
日 本	Japan	345 864	372 023	366 266	371 557	316 669	302 349	296 431	274 232	272 360	308 374	267 783	39 522
菲律宾	Philippines	15 455	13 447	15 741	15 570	21 063	25 515	12 662	13 213	14 576	17 090	17 565	1 933
新加坡	Singapore	83 411	89 400	95 785	92 840	87 256	80 735	86 402	85 421	89 383	80 054	79 073	4 263
泰 国	Thailand	45 988	40 338	35 623	37 507	38 065	24 843	30 361	30 474	36 439	37 789	36 435	1 185
印度尼西亚	Indonesia	58 338	70 727	94 257	89 292	70 707	39 286	31 369	39 497	46 316	42 707	46 171	1 227
英 国	The United Kingdom	45 590	47 749	44 486	45 172	44 752	45 530	43 303	46 974	55 415	48 835	56 475	5 870
法 国	France	39 099	40 338	40 607	38 493	43 265	43 150	42 039	43 523	43 618	38 931	37 096	2 402
德 国	Germany	34 714	41 430	41 993	40 197	40 401	42 133	41 775	41 748	46 856	40 251	46 069	7 533
意大利	Italy	22 512	22 298	23 238	20 958	21 269	21 357	22 994	24 270	24 530	21 704	24 093	770
美 国	The United States	197 168	246 880	242 128	252 622	248 450	261 736	305 909	302 872	311 866	254 889	247 239	22 355
加拿大	Canada	34 547	39 184	38 306	36 651	35 841	35 398	39 517	43 332	41 221	39 935	40 091	4 362
澳大利亚	Australia	40 949	46 871	46 667	42 795	41 405	36 606	38 117	40 202	41 596	40 150	43 089	2 821
新西兰	New Zealand	6 425	6 291	6 128	6 271	6 864	6 198	6 934	7 070	9 496	9 407	8 860	1 869
俄罗斯	Russia	13 585	17 449	20 772	19 379	20 168	17 558	14 426	15 895	21 550	21 051	24 631	2 649
韩 国	Korea Rep.	108 389	142 505	141 365	141 952	173 537	160 301	169 690	218 886	225 018	221 274	186 550	9 348
马来西亚	Malaysia	84 052	105 664	112 675	106 889	95 042	78 475	73 094	78 121	85 345	86 643	81 160	4 039
其他	Others	287 723	333 204	345 979	332 900	363 476	390 030	391 492	377 438	410 054	420 540	433 644	57 042

13-17　旅游部门主要财务指标（2020年）
MAIN FINANCIAL INDICATORS OF TOURISM（2020）

单位：万元　　　　　　　　　　　　　　　　　　　　　　　　（10 000 yuan）

指　标	Item	合　计 Total	宾馆、酒店 Hotels	旅行社 Travel Agencies	景　点 Scenic Spots
营业收入	Business Revenue	1 860 000	669 669	857 190	284 797
营业成本	Business Cost	1 317 332	309 473	811 914	185 074
营业费用	Business Expenses	194 753	119 386	45 091	15 726
营业税金及附加	Business Taxes and Extra Charges	23 609	7 725	2 140	13 30[illegible]
经营利润(主营业务利润)	Operating Profits(Main Business Profits)	525 671	351 628	88 566	8[illegible] 478
管理费用	Management Expenses	930 702	221 572	451 395	6[illegible] 576
财务费用	Financial Expenses	74 031	30 364	−6 042	1[illegible] 98[illegible]
营业利润	Business Profits	−149 147	−93 722	−379 803	−2[illegible] 155
投资收益	Earnings of Investment	18 591	6 535	3 301	8 757
营业外收支差	Non-operating Net Revenue or Expenditure	43 764	−34 656	56 745	2 978
利润总额	Total Profits	−173 684	−128 380	−325 306	−18 178
年末固定资产原值	Original Value of Fixed Assets(year-end)	2 286 174	1 270 874	19 280	996 020
年末固定资产净值	Net Value of Fixed Assets (year-end)	1 115 686	537 432	12 750	565 504
年末职工人数(人)	Number of Staff and Workers (year-end)(person)	40 841	20 278	11 448	9 [illegible]15

13-18 星级酒店基本情况（2020年末）

STATISTICS ON STAR-RATED HOTELS AT YEAR-END（2020）

单位：家 （unit）

项目	Item	合计 Total	五星 Five-star	四星 Four-star	三星 Three-star	二星 Two-star	一星 One-star	出租率（%） Room Occupancy Rate	平均房价（元/间天） Average Price (yuan/pre room)
合计	**Total**	**74**	**23**	**17**	**28**	**6**		**43**	**508.84**
福田区	Futian	15	6	2	5	2		50	597.18
罗湖区	Luohu	28	5	3	17	3		33	384.01
盐田区	Yantian	3	1	2				44	826.88
南山区	Nanshan	9	2	4	2	1		51	668.55
宝安区	Baoan	9	2	4	3			39	419.38
龙岗区	Longgang	7	5	1	1			43	321.27
龙华区	Longhua	2	2					44	606.97
坪山区	Pingshan	1		1				46	366.94
光明区	Guangming								
大鹏新区	Dapeng								

注：本表数据来源为深圳市文化广电旅游体育局。
Note:Data in this table are provided by Culture, Radio, Television, Tourism and Sports Bureau of ShenZhen Municipality.

13-19 星级酒店客房基本情况（2020年末）

STATISTICS OF STAR-RATED HOTELS AT YEAR-END（2020）

单位：间 (Unit)

项目	Item	合计 Total	五星 Five-star	四星 Four-star	三星 Three-star	二星 Two-star	一星 One-star
合计	**Total**	**18 193**	**8 555**	**4 490**	**4 667**	**481**	
福田区	Futian	3 283	2 224	265	686	108	
罗湖区	Luohu	6 717	2 047	1 046	3 314	310	
盐田区	Yantian	940	386	554			
南山区	Nanshan	2 552	915	1 323	251	63	
宝安区	Baoan	1 854	768	788	298		
龙岗区	Longgang	2 114	1 762	234	118		
龙华区	Longhua	453	453				
坪山区	Pingshan	280		280			
光明区	Guangming						
大鹏新区	Dapeng						

注：本表数据来源为深圳市文化广电旅游体育局。
Note: Data in this table are provided by Culture, Radio, Television, Tourism and Sports Bureau of ShenZhen Municipality.

13-20 星级酒店床位基本情况（2020年末）

FACILITIES OF STAR-RATED HOTELS AT YEAR-END（2020）

单位：张 (Unit)

项目	Item	合计 Total	五星 Five-star	四星 Four-star	三星 Three-star	二星 Two-star	一星 One-star
合计	**Total**	**26 338**	**11 409**	**6 633**	**7 414**	**882**	
福田区	Futian	4 451	2 890	374	1 025	162	
罗湖区	luofu	10 246	2 720	1 616	5 311	599	
盐田区	Yantian	1 621	609	1 012			
南山区	Nanshan	3 676	1 230	1 841	484	121	
宝安区	Baoan	2 461	957	1 092	412		
龙岗区	Longgang	2 836	2 357	297	182		
龙华区	Longhua	646	646				
坪山区	Pingshan	401		401			
光明区	Guangming						
大鹏新区	Dapeng						

注：本表数据来源为深圳市文化广电旅游体育局。
Note: Data in this table are provided by Culture, Radio, Television, Tourism and Sports Bureau of ShenZhen Municipality.

主要统计指标解释

进出口总额 指实际进出我国国境的货物（包括贸易和非贸易）的价值总和。主要包括对外贸易实际进出口货物，来料加工装配、补偿贸易、进料加工进出口货物，国家间及国际组织无偿援助物资和赠送品，华侨、港澳台同胞和外籍华人捐赠品，租赁期满归承租人所有的租赁货物，边境地方贸易及边境地区小额贸易进出口货物（边民互市贸易除外），中外合资、合作经营企业、外商独资经营企业进出口货物和公用物品，到、离岸价格在规定限额以上的进出口货样和广告品（无商业价值、无使用价值和免费提供出口的除外），从保税仓库提取在中国境内销售的进出口货物，以及其他进出口货物。进出口总额反映一个国家在对外经济贸易方面实际进出口货物的总规模。

利用外资 指我国政府、部门、企业和其他经济组织通过对外借款、吸收外商直接投资以及向境外发行债券、股票等方式筹借的境外资金。

外资的形式可以是现汇、实物、工业产权或专有技术等有形资本和无形资本。

我国自有外汇和中国银行自有外汇资金发放的外汇贷款购置国外设备和材料，华侨、港澳同胞的捐赠，联合国或其他国际组织的无偿赠送资金、无偿援建的项目均不属于外资范围 。

利用外资的方式有：对外借款，外国（或港澳地区）企业和经济组织或个人在我国境内开办独资企业、与我国境内的企业或组织共同开办合资企业、合作经营(企业)项目或合作开发资源，以及补偿贸易、国际租赁等。

对外借款 指我国政府、部门、企业和中国银行等单位向国际金融组织 、外国政府、企业等借用的长期、短期资本，到期需还本付息。借款按不同渠道划分为：①外国政府贷款； ②国际金融组织贷款；③外国银行贷款；④出口信贷；⑤发行债券。

外商直接投资 指外国企业和经济组织或个人（包括华侨、港澳同胞以及我在境外注册的企业）按我国有关政策、法规，在我国境内开办外商独资企业，与我国境内的企业或经济组织共同举办中外合资企业、合作经营企业或合作开发资源的投资，以及外商从企业得到收益的再投资。2002年起“外商直接投资”统计口径调整，“企业投资总额内的境外借款”只包括“企业投资总额内直接投资者对企业的贷款,即外方股东贷款”，不包括“直接投资者提供担保的第三方对企业的贷款即外方股东担保贷款”和“其他方式的企业境外借款即其他境外借款。

旅游人数 (1)入境旅游人数：指报告期内来我国观光、度假、探亲访友、就医疗养、购物、参加会议或从事经济、文化、体育、宗教活动的外国人、港澳台同胞等入境游客。统计时，外国人、港澳台同胞每入境一次统计1人次。

(2)出境人数：指中国（大陆）居民因公或因私出境前往其他国家、中国香港特别行政区、澳门特别行政区和台湾省观光、度假、探亲访友、就医疗养、购物、参加会议或从事经济、文化、体育、宗教活动的人数，即出境游客。统计时，按每出境一次统计1人次。

(3)国内旅游人数：指在报告期内在中国（大陆）观光游览、度假、探亲访友、就医疗养、购物、参加会议或从事经济、文化、体育、宗教活动的中国（大陆）居民人数，其出游的目的不是通过所从事的活动谋取报酬。统计时，国内游客按每出游一次统计1人次。

国际旅游(外汇)收入 指入境游客在中国（大陆）境内旅行、游览过程中用于交通、参观游览、住宿、餐饮、购物、娱乐等全部花费。

Explanatory Notes on Main Statistical Indicators

Total Imports and Exports refer to the real value of commodities (both trade and non–trade) imported and exported across the border of China. They mainly include actual imports and exports through foreign trade, imported and exported goods in the categories of processing and assembling of customer's materials, compensation trade, and processing of import materials, supplies and gifts as aid given gratis between governments and by international organizations, donations by overseas Chinese, compatriots in Hong Kong, Macao and Taiwan and Chinese with foreign citizenship, leasing commodities owned by tenants at the expiration of leasing period, local trade and Small–amount trade in border areas (excluding exchange trade between border residents), imported and exported commodities and articles for public use of Sino–foreign joint ventures, cooperative enterprises and ventures with sole foreign investment. Also included are import or export of samples and advertising articles above designated CIF or FOB prices (excluding goods of no trading or use value and free commodities for export), import and export goods sold in China from bonded warehouse and other import and export goods. Total imports and exports is an indicator of the total size of actual imported and exported goods of a country in foreign trade and economic cooperation.

Utilization of Foreign Capital refers to funds financed from abroad by means of loans, foreign direct investment, and issuing bonds and shares undertaken by the Chinese governments at all levels, various departments, enterprises and other economic units.

The types of foreign capital include tangible capital and intangible capital, such as remittance, goods, industrial property rights and know–how.

Those excluded are the purchases of foreign equipment and materials with loans from state–owned foreign exchange and foreign exchange owned by the Bank of China, donations by overseas Chinese, compatriots in Hong Kong and Macao, and funds and projects as aid given gratis by the United Nations and other international organizations.

Utilization of foreign capital takes the forms of loans from abroad, sole investment in enterprises in the boundary of China by foreign (or Hong Kong and Macao) enterprises, economic organizations or individuals, investment in Sino–foreign joint ventures, cooperative projects (enterprises), cooperative exploitation of natural resources with enterprises or organizations in China, compensation trade and international lease, etc.

Foreign Loans refer to long–term capital and short–term capital borrowed from international financial organizations, foreign governments and enterprises by the Chinese governments at all levels, by various departments, enterprises and the Bank of China, etc, and repaid with interest at maturity. Foreign loans can be divided according to channels into: ①loans from foreign governments; ②loans from international financial organizations; ③loans from foreign banks; ④export credit; ⑤bonds and shares issued abroad.

Foreign Direct Investment refers to investment inside China by foreign enterprises and economic organizations or individuals (including overseas Chinese, compatriots from Hong Kong and Macao, and Chinese enterprises registered abroad), following the relevant policies and laws of China, for the establishment of foreign sole investment enterprises, Sino–foreign joint ventures and cooperative enterprises or for cooperative exploitation of resources with enterprises or economic organizations in China, and re–investment of foreign entrepreneurs with the profits gained from such enterprises and corporations. Starting from 2002, the foreign direct investment statistic has been adjusted such that the overseas borrowings in total investment of enterprises only include loans to the enterprises by direct investors or, in other terms, loans by foreign shareholders, but exclude loans from the third party guaranteed by the direct investors or, in other terms, loans guaranteed by the foreign shareholders, and overseas borrowings by enterprises in other manners or, in other terms, other overseas borrowings.

Number of Tourists (1) Visitor arrivals refer to the number of foreigners, Chinese compatriots from Hong Kong, Macao and Taiwan Chinese (mainland) who come to China (mainland) for sight−seeing, vacation, visiting relatives, medical treatment, shopping, attending conference, or to engage in economic, cultural, sports and religious activities. In compiling statistics, each time of entering China is counted as one person−time.

(2) Number of Chinese residents going abroad refer to the number of Chinese (mainland) residents going to other countries, Hong Kong Special Administrative region, Macao Special Administrative region and Taiwan for on official or private purposes, for sight−seeing, vacation, visiting relatives, medical treatment, shopping, attending conference, or to engage in economic, cultural, sports and religious activities. In compiling statistics, each time of leaving is counted as one person−time.

(3) Number of domestic tourists refers to the number of Chinese (mainland) residents who travel within China (mainland) for sight−seeing, vacation, visiting relatives, medical treatment, shopping, attending conference, or to engage in economic, cultural, sports and religious activities. In compiling statistics, each time of travelling is counted as one person−time.

Foreign Exchange Earnings from International Tourism refer to the total expenditure of foreigners, overseas Chinese, Chinese compatriots from Hong Kong, Macao and Taiwan during their stay in the mainland of China on transportation, sighting, accommodation, food, shopping and entertainment.

14 第十四部分

劳动工资

LABOR FORCE AND WAGE

CHAPTER

14-1 城镇单位在岗职工人数、工资总额及平均工资

NUMBER, TOTAL WAGE BILL AND AVERAGE WAGE OF FULLY EMPLOYED STAFF AND WORKERS IN URBAN UNITS

年 份 Year	年末在岗职工人数(万人) Number of Fully Employed Staff and Workers (Year-end) (10 000 persons)	# 国有单位 State-owned Units	工资总额(万元) Total Wage Bill (10 000 yuan)	# 国有单位 State-owned Units	年平均工资(元) Average Wage (yuan)	# 国有单位 State-owned Units
1980	4.86	4.05	4 366	3 691	979	990
1981	5.31	4.51	5 930	5 046	1 132	1 119
1982	8.28	7.00	10 000	8 477	1 366	1 358
1983	12.57	10.10	16 142	12 976	1 545	1 571
1984	18.33	14.14	35 306	28 642	2 179	2 257
1985	22.66	16.84	51 912	38 465	2 418	2 427
1986	25.88	18.97	59 773	44 324	2 452	2 476
1987	32.29	22.04	80 013	54 333	2 677	2 637
1988	41.74	28.04	134 218	87 607	3 388	3 269
1989	48.24	30.34	179 042	114 650	3 858	3 917
1990	55.41	33.85	227 392	140 935	4 304	4 339
1991	64.89	38.77	307 950	175 169	5 016	4 908
1992	71.10	38.85	403 790	226 079	5 931	6 026
1993	78.11	41.45	619 647	356 949	8 145	8 854
1994	82.29	38.71	852 332	445 286	10 572	11 632
1995	88.75	40.17	1 076 083	545 013	12 276	13 709
1996	89.13	41.07	1 284 558	679 349	14 507	16 625
1997	91.18	40.92	1 479 515	744 781	16 531	18 515
1998	91.93	33.75	1 674 771	707 004	18 381	21 161
1999	92.52	32.94	1 890 338	775 020	20 714	23 602
2000	93.36	31.00	2 113 366	805 421	23 039	26 193
2001	94.88	31.31	2 441 713	968 330	25 941	31 187
2002	101.76	29.62	2 832 799	1 035 092	28 218	35 501
2003	108.20	30.10	3 259 896	1 213 966	30 611	40 893
2004	135.88	31.94	4 192 834	1 422 271	31 928	45 212
2005	165.38	35.85	5 167 453	1 640 306	32 476	47 762
2006	184.25	39.85	6 296 568	1 919 979	35 107	49 312
2007	193.04	40.03	7 335 805	2 293 671	38 798	58 347
2008	198.35	41.31	8 674 142	2 663 083	43 454	65 431
2009	220.16	42.89	10 029 764	3 051 566	46 723	72 278
2010	251.09	46.86	12 338 778	3 603 655	50 456	79 734
2011	261.43	48.92	14 384 948	4 117 941	55 143	85 218
2012	277.90	49.58	16 421 777	4 453 377	59 010	90 492
2013	445.84	48.60	28 135 080	4 310 481	62 619	90 393
2014	448.93	42.91	32 879 754	4 602 261	72 651	108 192
2015	447.41	43.18	36 627 244	5 003 862	81 034	117 432
2016	442.55	41.84	39 940 453	5 105 545	89 757	124 927
2017	447.32	41.92	44 697 603	6 232 786	100 173	150 444
2018	466.91	39.02	52 364 784	6 682 348	111 709	172 466
2019	475.04	46.12	61 109 638	9 469 789	127 757	207 654
2020	488.66	56.83	68 054 574	11 974 834	139 436	213 250

注：根据国家劳动统计报表制度的统一规定，从2013年年报起，原属于乡镇企业且符合城镇非私营单位条件的“四上”企业纳入城镇非私营单位就业人员及工资统计范围。后同。

Note: According to the provision of national labor statistics reporting form system, since the year reporting of 2013, the scope of statistics on employed persons in urban corporate unit excluding private units and labor wage covers four above designated size enterprises (refers to industrial enterprises above designated size, construction enterprises by qualification criteria, enterprises above designated size of wholesale trade, retail trade, hotels and catering services), which originally has been included township enterprises and in accordance with the condition of urban corporate unit excluding private units. The same applies to the following tables.

14-2 城镇单位在岗职工工资总额指数和年平均工资指数

RELATED INDICES OF TOTAL WAGE BILL AND AVERAGE WAGE OF FULLY EMPLOYED STAFF AND WORKERS IN URBAN UNITS

以上年为100 (preceding year=100)

年份 Year	工资总额指数 Related Indices Bill of Total Wage Bill	# 国有单位 State-owned Units	在岗职工年平均货币工资指数 Related Indices of Average Money Wage	# 国有单位 State-owned Units	在岗职工年平均实际工资指数 Related Indices of Average Real Wage	# 国有单位 State-owned Units
1980	147.9	147.3	127.3	126.1	121.2	120.1
1981	135.8	136.7	115.6	113.0	104.4	102.1
1982	168.6	168.0	120.8	121.4	112.1	112.5
1983	161.4	153.1	113.1	115.7	110.9	113.4
1984	218.7	220.7	141.0	143.7	132.0	134.5
1985	147.0	134.3	111.0	107.5	90.6	87.3
1986	115.1	115.2	101.4	102.0	95.6	96.1
1987	133.9	122.6	109.2	106.5	95.5	93.[illegible]
1988	167.7	161.2	126.6	124.0	98.8	96.8
1989	133.4	130.9	113.9	119.8	90.8	95.5
1990	127.0	122.9	111.6	110.8	109.8	109.1
1991	135.4	124.3	116.5	113.1	113.1	109.[illegible]
1992	131.1	129.1	118.2	122.8	110.2	114.4
1993	153.5	157.9	137.3	146.9	114.3	122.3
1994	137.6	124.7	129.8	131.4	109.8	111.2
1995	126.3	122.4	116.1	117.9	103.3	104.9
1996	119.4	124.6	118.2	121.3	109.7	112.5
1997	115.2	109.6	114.0	111.4	110.3	107.3
1998	113.8	95.7	110.2	112.3	111.0	113.[illegible]
1999	112.9	109.6	112.7	111.5	113.5	112.3
2000	111.8	103.9	111.2	111.0	108.2	108.0
2001	115.5	120.2	112.6	119.1	115.1	121.8
2002	116.0	106.9	108.8	113.8	107.5	112.5
2003	115.1	117.3	108.5	115.2	107.7	114.4
2004	120.7	114.1	105.6	110.6	104.2	109.1
2005	123.2	115.3	101.7	105.6	100.1	104.0
2006	121.9	117.1	108.1	103.2	105.8	101.0
2007	116.5	119.5	110.5	118.3	106.2	113.6
2008	118.2	116.1	112.0	112.1	105.8	105.9
2009	115.6	114.6	107.5	110.5	108.9	111.9
2010	123.0	118.1	108.0	110.3	104.3	106.6
2011	116.6	114.3	109.3	106.9	103.7	101.4
2012	114.2	108.1	107.0	106.2	104.1	103.3
2013	171.3	96.8	106.1	99.9	103.3	97.3
2014	116.9	106.8	116.0	119.7	113.7	117.4
2015	111.4	108.7	111.5	108.5	109.1	105.2
2016	109.0	102.0	110.8	106.4	108.2	10[illegible].9
2017	111.9	122.1	111.6	120.4	110.1	11[illegible].8
2018	117.2	107.2	111.5	114.6	108.5	11[illegible].5
2019	116.7	141.7	114.4	120.4	110.6	11[illegible].4
2020	111.4	126.5	109.1	102.7	106.6	10[illegible].4

14-3 城镇单位在岗职工工资总额指数和年平均工资指数

RELATED INDICES OF TOTAL WAGE BILL AND AVERAGE WAGE OF FULLY EMPLOYED STAFF AND WORKERS IN URBAN UNITS

以1979年为100 （1979=100）

年份 Year	工资总额指数 Related Indices Bill of Total Wage Bill	#国有单位 State-owned Units	在岗职工年平均货币工资指数 Related Indices of Average Money Wage	#国有单位 State-owned Units	在岗职工年平均实际工资指数 Related Indices of Average Real Wage	#国有单位 State-owned Units
1980	147.9	147.3	127.3	126.1	121.2	120.1
1981	200.9	201.4	147.2	142.5	126.5	122.6
1982	338.8	338.4	177.6	173.0	141.8	138.0
1983	546.8	518.0	200.9	200.1	157.3	156.5
1984	1 196.0	1 143.4	283.4	287.5	207.6	210.6
1985	1 758.5	1 535.5	314.4	309.2	188.1	184.9
1986	2 024.8	1 769.4	318.9	315.4	179.8	177.7
1987	2 710.5	2 169.0	348.1	335.9	171.7	165.4
1988	4 546.7	3 497.3	440.6	416.4	169.6	160.1
1989	6 065.1	4 576.8	501.7	499.0	154.0	152.9
1990	7 703.0	5 626.1	559.7	552.7	169.1	166.8
1991	10 431.9	6 992.8	652.3	625.2	191.3	183.1
1992	13 678.5	9 025.1	771.3	767.6	210.8	209.5
1993	20 990.8	14 249.5	1 059.2	1 127.9	240.9	256.2
1994	28 873.0	17 775.9	1 374.8	1 481.8	264.5	284.9
1995	36 452.7	21 757.0	1 596.4	1 746.4	273.2	298.9
1996	43 514.8	27 119.7	1 886.5	2 117.8	299.7	336.6
1997	50 119.1	29 731.8	2 149.7	2 358.6	330.6	362.9
1998	57 035.5	28 453.3	2 369.0	2 648.7	367.0	410.4
1999	64 393.1	31 184.8	2 669.9	2 953.3	416.5	460.9
2000	71 991.5	32 401.0	2 968.9	3 278.2	450.7	497.8
2001	83 150.2	38 946.0	3 343.0	3 904.3	518.8	606.3
2002	96 454.2	41 633.3	3 637.2	4 443.1	557.7	682.1
2003	111 018.8	48 835.9	3 946.4	5 118.5	600.6	780.3
2004	133 999.7	55 721.8	4 167.4	5 661.1	625.8	851.3
2005	165 087.6	64 247.2	4 238.2	5 978.1	626.4	885.4
2006	201 241.8	75 233.5	4 581.5	6 169.4	662.7	894.3
2007	234 446.7	89 904.0	5 062.6	7 298.4	703.8	1 015.9
2008	277 116.0	104 378.5	5 670.1	8 181.5	743.9	1 075.8
2009	320 346.1	119 617.8	6 095.4	9 040.6	810.1	1 203.8
2010	394 025.7	141 268.6	6 583.0	9 971.8	844.9	1 283.3
2011	459 039.9	161 470.0	7 195.2	10 659.9	876.2	1 301.3
2012	524 223.6	174 549.1	7 698.9	11 320.8	912.1	1 344.2
2013	897 995.0	168 963.5	8 168.5	11 309.5	942.2	1 307.9
2014	1 049 756.2	180 453.0	9 475.5	13 537.5	1 071.3	1 535.5
2015	1 169 428.4	196 152.4	10 565.2	14 688.2	1 168.8	1 630.7
2016	1 274 677.0	200 075.4	11 706.2	15 628.2	1 264.6	1 694.3
2017	1 426 363.6	244 292.1	13 064.1	18 816.4	1 392.3	2 012.8
2018	1 671 698.1	261 881.1	14 566.5	21 563.6	1 510.6	2 244.3
2019	1 950 871.7	371 085.5	16 664.1	25 962.6	1 670.7	2 612.4
2020	2 173 271.1	469 423.2	18 180.5	26 663.6	1 781.0	2 622.8
年平均增长率(%) **Average Annual Growth Rate(%)**	**27.6**	**22.9**	**13.5**	**14.6**	**7.3**	**8.3**

14-4 城镇单位在岗职工工资总额和年平均工资

TOTAL WAGE BILL AND AVERAGE WAGE OF FULLY EMPLOYED STAFF AND WORKERS IN URBAN UNITS

年份 Year	工资总额(亿元) Total Wage Bill (100 million yuan)				年平均工资(元) Average Wage (yuan)			
	合计 Total	国有单位 State-owned Units	城镇集体单位 Urban Collective-owned Units	其他单位 Units of Other Types of Ownership	合计 Total	国有单位 State-owned Units	城镇集体单位 Urban Collective-owned Units	其他单位 Units of Other Types of Ownership
1998	167.48	70.70	4.72	92.05	18 381	21 161	11 260	17 204
1999	189.03	77.50	5.38	106.15	20 714	23 602	13 228	19 53[illegible]
2000	211.34	80.54	4.85	125.94	23 039	26 193	13 234	2[illegible] 974
2001	244.17	96.83	5.00	142.34	25 941	31 187	13 427	25 98[illegible]
2002	283.28	103.51	4.32	175.45	28 218	35 501	16 969	25 54[illegible]
2003	325.99	121.40	4.02	200.58	30 611	40 893	17 061	2[illegible] 940
2004	419.28	142.23	3.29	273.77	31 928	45 212	20 256	27 868
2005	516.75	164.03	4.72	348.00	32 476	47 762	17 112	28 521
2006	629.66	192.00	3.20	434.46	35 107	49 312	20 591	3[illegible] 285
2007	733.58	229.37	3.26	500.95	38 798	58 347	21 793	3[illegible] 787
2008	867.41	266.31	3.43	597.68	43 454	65 431	25 291	37 933
2009	1 002.98	305.16	3.11	694.71	46 723	72 278	24 715	40 582
2010	1 233.88	360.37	4.15	869.36	50 456	79 734	27 801	43 939
2011	1 438.49	411.79	4.78	1 021.92	55 143	85 218	31 830	48 422
2012	1 642.18	445.34	5.59	1 191.25	59 010	90 492	34 444	52 374
2013	2 813.51	431.05	12.60	2 369.86	62 619	90 393	30 207	59 [illegible]27
2014	3 287.98	460.23	14.64	2 813.11	72 651	108 192	39 993	69 [illegible]24
2015	3 662.72	500.39	11.14	3 151.20	81 034	117 432	45 546	77 [illegible]36
2016	3 994.05	510.55	13.35	3 470.14	89 757	124 927	56 682	86 [illegible]74
2017	4 469.76	623.28	21.20	3 825.28	100 173	150 444	71 380	95 [illegible]03
2018	5 236.48	668.23	8.99	4 559.25	111 709	172 466	67 768	106 [illegible]53
2019	6 110.96	946.98	5.51	5 158.48	127 757	207 654	75 138	119 [illegible]11
2020	6 805.46	1 197.48	17.72	5 590.25	139 436	213 250	184 999	129 [illegible]16

注： 从2000年起统计口径为在岗职工。
Note: Since 2000, statistical coverage refers to the fully employed staff and workers.

14-5 分经济类型和行业城镇单位就业人员和在岗职工人数（2020年末）

NUMBER OF EMPLOYED PERSONS AND FULLY EMPLOYED STAFF AND WORKERS BY OWNERSHIP AND SECTOR IN URBAN UNITS AT YEAR-END （2020）

项　目	Item	单位就业人员年末人数（人）Number of Employed Persons (Year-end) (Person)	#女性 Female	#在岗职工年末人数 Number of Fully Employed Staff and Workers (Year-end)
总　　计	**Total**	**5 052 706**	**1 994 463**	**4 886 644**
一、按登记注册类型分	Grouped by Registration			
1.内资单位	Domestic Funded Units	3 379 935	1 250 184	3 246 708
①国有单位	State-owned Units	604 624	254 110	568 317
②集体单位	Collective-owned Units	9 829	5 833	9 685
③股份合作单位	Cooperative Units	26 763	8 708	25 563
④联营单位	Joint ownership Units	11 681	3 302	11 661
⑤有限责任公司	Limited Liability Corporations	1 744 305	595 626	1 677 138
③股份有限公司	Share-holding Corporations Ltd.	833 543	273 703	809 650
⑦其他内资单位	Others	149 190	108 902	144 694
2.港澳台商投资单位	Units with Funded from Hongkong,Macao and Taiwan	1 129 794	512 613	1 108 826
3.外商投资单位	Foreign Funded Units	542 977	231 666	531 110
二、按执行会计标准类别分	Grouped by Implementation of Accounting Standards			
1.企业	Enterprises	4 533 650	1 713 313	4 381 060
2.政府	Government	443 583	219 493	432 241
3.民间非营利组织	Private non-profit organization	73 350	60 387	71 290
4.其他	Others	2 123	1 270	2 053
三、按国民经济行业分	Grouped by Sector			
1.农、林、牧、渔业	Agriculture, Forestry, Animal Husbandry and Fishery	642	254	488
2.采矿业	Mining	3 700	483	3 693
3.制造业	Manufacturing	2 051 615	803 877	2 042 240
4.电力、热力、燃气及水生产和供应业	Production and Distribution of Electricity,Heat,Gas and Water	43 491	9 582	43 368
5.建筑业	Construction	289 381	33 657	254 636
6.批发和零售业	Wholesale and Retail Trades	303 985	158 668	295 675
7.交通运输、仓储和邮政业	Transportation, Storage and Post Services	208 132	58 013	204 698
8.住宿和餐饮业	Hotels and Catering Services	114 282	62 132	103 396
9.信息传输、软件和信息技术服务业	Information Transmission,Computer Services and Software	357 004	133 553	351 082
10.金融业	Financial Intermediation	264 082	131 124	206 323
11.房地产业	Real Estate	288 251	99 369	286 888
12.租赁和商务服务业	Leasing and Business Services	345 029	108 131	330 713
13.科学研究和技术服务业	Scientific Research and Technical Services	139 059	49 426	137 677
14.水利、环境和公共设施管理业	Management of Water Conservancy,Environment and Public Facilities	28 484	9 147	28 352
15.居民服务、修理和其他服务业	Services to Households and Other Services	34 016	18 358	33 155
16.教育	Education	215 321	151 127	207 120
17.卫生和社会工作	Health and Social Work	122 504	84 425	119 943
18.文化、体育和娱乐业	Culture,sports and Entertainment	28 117	14 316	25 958
19.公共管理、社会保障和社会组织	Public Management,Securities and Social Organization	215 611	68 821	211 239

14-6 分经济类型和行业城镇单位就业人员工资总额、平均人数和年平均工资（2020年）

TOTAL WAGE BILL, AVERAGE NUMBER AND AVERAGE WAGE OF EMPLOYED PERSONS BY OWNERSHIP AND SECTOR IN URBAN UNITS（2020）

项 目	Item	单位就业人员工资总额（万元）Total Wage Bill of Employed Persons (10000 yuan)	单位就业人员年平均人数(人) Average Number of Employed Persons(Person)	年平均工资（元）Average Wage (yuan)
总 计	**Total**	**69 242 133**	**5 042 763**	**137 310**
一、按登记注册类型分	Grouped by Registration			
1.内资单位	Domestic Funded Units	50 660 268	3 342 506	151 564
①国有单位	State-owned Units	12 258 871	594 635	206 158
②集体单位	Collective-owned Units	180 020	9 738	184 855
③股份合作单位	Cooperative Units	249 532	26 850	92 935
④联营单位	Joint ownership Units	186 902	11 571	161 530
⑤有限责任公司	Limited Liability Corporations	22 652 583	1 719 823	131 715
⑥股份有限公司	Share-holding Corporations Ltd.	13 219 840	834 180	158 477
⑦其他内资单位	Others	1 912 520	145 709	131 256
2.港澳台商投资单位	Units with Funded from Hongkong,Macao and Taiwan	12 257 978	1 133 239	108 168
3.外商投资单位	Foreign Funded Units	6 323 887	567 018	111 529
二、按执行会计标准类别分	Grouped by Implementation of Accounting Standards			
1.企业	Enterprises	58 286 473	4 528 952	128 697
2.政府	Government	10 393 172	440 040	236 187
3.民间非营利组织	Private non-profit organization	521 422	71 724	72 699
4.其他	Others	41 067	2 047	200 654
三、按国民经济行业分	Grouped by Sector			
1.农、林、牧、渔业	Agriculture, Forestry, Animal Husbandry and Fishery	6 519	605	107 754
2.采矿业	Mining	107 192	3 697	289 943
3.制造业	Manufacturing	22 501 754	2 087 432	107 795
4.电力、热力、燃气及水生产和供应业	Production and Distribution of Electricity,Heat,Gas and Water	1 125 719	43 842	256 767
5.建筑业	Construction	2 350 938	277 085	84 845
6.批发和零售业	Wholesale and Retail Trades	3 411 462	310 964	109 705
7.交通运输、仓储和邮政业	Transportation, Storage and Post Services	2 672 458	210 063	127 222
8.住宿和餐饮业	Hotels and Catering Services	638 389	112 480	56 755
9.信息传输、软件和信息技术服务业	Information Transmission,Computer Services and Software	7 868 307	348 133	226 014
10.金融业	Financial Intermediation	7 218 806	257 903	279 904
11.房地产业	Real Estate	2 882 127	285 657	100 895
12.租赁和商务服务业	Leasing and Business Services	3 574 711	337 002	106 074
13.科学研究和技术服务业	Scientific Research and Technical Services	2 495 943	136 400	182 987
14.水利、环境和公共设施管理业	Management of Water Conservancy,Environment and Public Facilities	286 136	26 002	110 044
15.居民服务、修理和其他服务业	Services to Households and Other Services	217 678	34 283	63 494
16.教育	Education	3 757 992	210 501	178 526
17.卫生和社会工作	Health and Social Work	3 092 980	120 071	257 596
18.文化、体育和娱乐业	Culture,sports and Entertainment	381 185	26 399	144 394
19.公共管理、社会保障和社会组织	Public Management,Securities and Social Organization	4 651 840	214 244	217 128

14-7 分经济类型和行业城镇单位在岗职工工资总额、平均人数和年平均工资（2020年）

TOTAL WAGE BILL，AVERAGE NUMBER AND AVERAGE WAGE OF FULLY EMPLOYED STAFF AND WORKERS BY OWNERSHIP AND SECTOR IN URBAN UNITS（2020）

项目	Item	在岗职工工资总额(万元) Total Wage Bill of Fully Employed Staff and Workers (10000 yuan)	在岗职工年平均人数(人) Average Number of Fully Employed Staff and Workers (person)	年平均工资(元) Average Wage (yuan)
总　计	**Total**	**68 054 574**	**4 880 713**	**139 436**
一、按登记注册类型分	Grouped by Registration			
1.内资单位	Domestic Funded Units	49 937 655	3 211 702	155 487
①国有单位	State-owned Units	11 974 834	561 540	213 250
②集体单位	Collective-owned Units	177 201	9 578	184 999
③股份合作单位	Cooperative Units	227 721	25 663	88 736
④联营单位	Joint ownership Units	186 838	11 558	161 659
⑤有限责任公司	Limited Liability Corporations	22 542 228	1 654 349	136 260
⑥股份有限公司	Share-holding Corporations Ltd.	12 959 522	807 224	160 544
⑦其他内资单位	Others	1 869 311	141 790	131 836
2.港澳台商投资单位	Units with Funded from Hongkong,Macao and Taiwan	12 025 750	1 115 787	107 778
3.外商投资单位	Foreign Funded Units	6 091 170	553 224	110 103
二、按执行会计标准类别分	Grouped by Implementation of Accounting Standards			
1.企业	Enterprises	57 252 238	4 380 208	130 707
2.政府	Government	10 266 136	428 537	239 562
3.民间非营利组织	Private non-profit organization	495 640	69 980	70 826
4.其他	Others	40 562	1 988	204 045
三、按国民经济行业分	Grouped by Sector			
1.农、林、牧、渔业	Agriculture, Forestry, Animal Husbandry and Fishery	6 014	501	120 042
2.采矿业	Mining	107 135	3 690	290 338
3.制造业	Manufacturing	22 371 309	2 078 880	107 612
4.电力、热力、燃气及水生产和供应业	Production and Distribution of Electricity,Heat,Gas and Water	1 123 292	43 700	257 046
5.建筑业	Construction	2 100 908	244 062	86 081
6.批发和零售业	Wholesale and Retail Trades	3 363 179	300 039	112 091
7.交通运输、仓储和邮政业	Transportation, Storage and Post Services	2 651 391	207 390	127 846
8.住宿和餐饮业	Hotels and Catering Services	620 456	102 286	60 659
9.信息传输、软件和信息技术服务业	Information Transmission,Computer Services and Software	7 804 915	342 241	228 053
10.金融业	Financial Intermediation	6 908 031	204 623	337 598
11.房地产业	Real Estate	2 858 583	280 784	101 807
12.租赁和商务服务业	Leasing and Business Services	3 440 782	322 295	106 759
13.科学研究和技术服务业	Scientific Research and Technical Services	2 468 142	134 991	182 838
14.水利、环境和公共设施管理业	Management of Water Conservancy,Environment and Public Facilities	286 108	25 935	110 317
15.居民服务、修理和其他服务业	Services to Households and Other Services	213 214	33 394	63 848
16.教育	Education	3 689 778	202 935	181 821
17.卫生和社会工作	Health and Social Work	3 055 466	117 666	259 673
18.文化、体育和娱乐业	Culture,sports and Entertainment	376 181	25 098	149 885
19.公共管理、社会保障和社会组织	Public Management,Securities and Social Organization	4 609 691	210 203	219 297

主要统计指标解释

就业人员　指在16周岁及以上，从事一定社会劳动并取得劳动报酬或经营收入的人员。这一指标反映了一定时期内全部劳动力资源的实际利用情况，是研究我国基本国情国力的重要指标。

单位就业人员　指报告期最后一日在本单位工作，并取得工资或其他形式劳动报酬的人员数。该指标为时点指标，不包括最后一日当天及以前已经与单位解除劳动合同关系的人员，是在岗职工、劳务派遣人员及其他就业人员之和。就业人员不包括：

(1)离开本单位仍保留劳动关系，并定期领取生活费的人员；

(2)在本单位实习的各类在校学生；

(3)本单位因劳务外包而使用的人员，如建筑业整建制使用的人员。

城镇私营和个体就业人员　城镇私营就业人员指在工商管理部门注册登记，其经营地址设在县城关镇(含县城关镇)以上的私营企业就业人员，包括私营企业投资者和雇工。城镇个体就业人员指在工商管理部门注册登记，并持有城镇户口或在城镇长期居住，经批准从事个体工商经营的就业人员，包括个体经营者和在个体工商户劳动的家庭帮工和雇工。

在岗职工　指在本单位工作且与本单位签订劳动合同，并由单位支付各项工资和社会保险、住房公积金的人员，以及上述人员中由于学习、病伤、产假等原因暂未工作仍由单位支付工资的人员。在岗职工还包括：

(1)应订立劳动合同而未订立劳动合同人员；

(2)处于试用期人员；

(3)编制外招用的人员，如临时人员；

(4)派往外单位工作，但工资或其他形式劳动报酬仍由本单位发放的人员(如挂职锻炼、外派工作等情况)。

工资总额　本单位在报告期内(季度或年度)直接支付给本单位全部就业人员的劳动报酬总额。包括计时工资、计件工资、奖金、津贴和补贴、加班加点工资、特殊情况下支付的工资，是在岗职工工资总额、劳务派遣人员工资总额和其他就业人员工资总额之和。

工资总额是税前工资，包括单位从个人工资中直接为其代扣或代缴的个人所得税、社会保险基金和住房公积金等个人缴纳部分，以及房费、水电费等。

工资总额不论是计入成本的还是不计入成本的，不论是以货币形式支付的还是以实物形式支付的，均应列入工资总额的计算范围。

平均工资　是指在报告期内单位发放工资的人均水平。计算公式为：

$$平均工资 = \frac{报告期工资总额}{报告期平均人数}$$

Explanatory Notes on Main Statistical Indicators

Employed Persons refer to persons aged 16 and over who are engaged in gainful employment and thus receive remuneration payment or earn business income. This indicator reflects the actual utilization of total labour force during a certain period of time and is often used for the research on China's economic situation and national power.

Persons Employed in Various Units refer to the total number of employees who work at his unit and obtain wages or other forms of payment at the end of the reporting period. This indicator is a kind of time point index and it equals to the sum of the number of employed staff and workers, labor dispatch personnel and other employed persons. Employed persons do not include:

1)persons who have left their working units while keeping their labour contract (employment relation) unchanged and receiving regular alimony;

2) all kinds of enrolled students who do internship in various units;

3)persons employed due to labor outsourcing,for example,persons employed in the organizational system of construction industry;

Persons Employed in Private Enterprises and Self-Employed Individuals in Urban Areas Persons employed in private enterprises refer to the persons employed in the private enterprises which have been registered at the departments of industrial and commercial administration for which the business operation are situated at a county town (i.e. a town where the county government is located), or at urban areas with administrative hierarchy higher than a county town. The self–employed individuals in urban areas refer to persons who hold the certificates of residence in urban areas or have resided in the urban areas for a long time and have been registered at the departments of industrial and commercial administration and approved to be engaged in individual industrial or commercial business, including self–employed persons as well as helpers and hired laborers who work in individual households.

Fully Employed Staff and Workers refer to persons who signed labor contracts with working units and working units would pay wages, social insurance and housing funds for them. Persons who have their work posts but are temporarily absent from work for reasons of study or on sick, injury or maternal leave and still receive wages from their working units are also included. Employed staff and workers also include:

1)Persons who should have signed the labor contracts but not ;

2)Employees on probation;

3)Employees beyond the staffing quota, for example, temporary employees;

4)Employees who are sent to other working units but still obtain wages from their original units (situations like on–the–job placement, expatriated assignment, etc.)

Total Wage Bill refer to the total remuneration payment to all employed persons in various units during the reporting period (by quarter or by year), including hourly–paid wages, piece–rate wages, bonuses, allowance and subsidies, overtime wages and wages paid under special circumstances. It equals to the sum of total wages of employed staff and workers, dispatch labors and other employed persons.

Total wage bill is pre−tax wages, including the personal payment of personal income tax, social insurance and housing fund, room charges, utility bills, paid or withheld by employee's units.

Total wage bill, whether or not included in cost, whether or not paid in money or in kind, shall be included in the calculation of total wage.

Average Wage refers to the average per capita wage in money terms during a certain period of time for employed persons. It shows the general level of wage income of staff and worker during a certain period of time, one major indicator to reflect the wage level. It is calculated as follows:

$$\text{Average Wage} = \frac{\text{Total Wage Bill of Employed Persons at Reference Time}}{\text{Average Number of Persons Employed at Reference Time}}$$

15 第十五部分 科学技术

SCIENCE AND TECHNOLOGY

CHAPTER

15-1 高新技术产品进出口情况

TOTAL IMPORTS AND EXPORTS OF HIGH TECHNOLOGY INDUSTRY

单位：万美元　　　　　　　　　　　　　　　　　　　　(USD 10 000)

年　份 Year	高新技术产品进出口总额 Total Imports and Exports of High Technology Industry	进　口 Imports	出　口 Exports
2001	2 335 757	1 198 796	1 136 961
2002	3 344 119	1 775 195	1 568 924
2003	5 158 146	2 643 846	2 514 300
2004	6 928 262	3 422 565	3 505 697
2005	8 868 653	4 159 435	4 709 218
2006	11 536 580	5 401 421	6 135 159
2007	13 463 800	6 209 300	7 254 500
2008	14 099 495	6 162 273	7 937 222
2009	15 345 520	6 843 409	8 502 111
2010	19 770 075	8 897 407	10 872 668
2011	22 416 000	9 936 000	12 480 000
2012	25 206 532	11 084 532	14 122 000
2013	30 784 842	13 884 285	16 900 557
2014	24 762 288	11 088 208	13 674 080
2015	25 424 844	11 391 071	14 033 773
2016	22 764 476	10 610 185	12 154 291
2017	22 775 570	11 355 379	11 420 191
2018	26 875 307	14 414 570	12 460 737
2019	24 986 736	13 270 494	11 716 242
2020	26 234 472	12 211 208	14 023 264

15-2 专利申请授权概况

PATENT APPLICATIONS EXAMINED AND GRANTED

单位：件 (piece)

年 份 Year	申请总量 Number of Patent Applications	发明专利 Invention Patent	授权总量 Number of Patents Certified	发明专利 Invention Patent	PCT国际专利申请量 Number of PCT International Patent Applications
1991	261	49	160	1	
1992	507	73	174	5	
1993	696	82	427	10	
1994	1 009	160	414	9	
1995	1 104	124	721	7	
1996	1 405	116	923	18	
1997	1 440	165	1 260	13	
1998	2 093	233	1 364	16	
1999	3 314	490	2 116	31	
2000	4 431	669	2 401	1	
2001	6 033	1 033	3 506	7	
2002	7 917	1 846	4 486	91	
2003	12 361	3 526	4 937	276	
2004	14 918	4 751	7 737	864	331
2005	20 940	8 327	8 983	917	789
2006	29 728	14 576	11 494	1 361	1 661
2007	35 808	19 198	15 552	2 257	2 170
2008	36 249	18 757	18 805	5 409	2 709
2009	42 279	20 520	25 894	8 132	3 800
2010	49 430	23 956	34 951	9 615	5 584
2011	63 522	28 823	39 363	11 826	7 933
2012	73 130	31 075	48 662	13 068	8 024
2013	80 657	32 208	49 756	10 987	10 049
2014	82 254	31 077	53 687	12 040	11 639
2015	105 481	40 028	72 120	16 957	13 308
2016	145 294	56 336	75 043	17 666	19 648
2017	177 103	60 258	94 250	18 926	20 457
2018	228 608	69 969	140 202	21 309	18 081
2019	261 502	82 852	166 609	26 051	17 459
2020	310 206	89 869	222 412	31 138	20 209

15-3 科技活动基本情况

BASIC STATISTICS ON SCIENTIFIC AND TECHNOLOGICAL ACTIVITIES

项目	Item	2009
一、研究与试验发展(R&D)经费支出（万元）	**Expenditure on R&D(10000 yuan)**	**2 79[illegible] 1[illegible]2**
按活动类型分	Grouped by Type of Activity	
基础研究	Basic Research	5 833
应用研究	Applied Research	29 436
试验发展	Experimental Development	2 760 843
按单位类型分	Grouped by Type of Unit	
科研院所	Scientific Research and Technological Development Institutions	15 772
高等院校	Institutions Of Higher Education	13 321
企业	Enterprises	2 59[illegible] 000
规模以上工业企业	Industrial Enterprises above Designated Size	2 59[illegible] 000
规模以上服务业企业	Service Enterprises above Designated Size	
建筑业	Construction	
规模以下工业企业	Industrial Enterprises below Designated Size	
其他	Others	17[illegible] 019
按资金来源分	Grouped by Sources of Funds	
政府资金	Government Appropriation Funds	13[illegible] 38[illegible]
企业资金	Self-raise Funds by Enterprise	2 631 795
境外资金	Overseas Funds	20 443
其他资金	Other Funds	12 483
二、R&D人员（人）	**R&D Personnel(person)**	**145 923**
#全时人员	Full-time Personnel	125 053
#研究人员	Researcher	83 212
三、R&D人员折合全时当量（人年）	**Full-time Equivalent of R&D Personnel(man-year)**	**123 651**
#研究人员	Researcher	74 599
基础研究	Basic Research	590
应用研究	Applied Research	2 788
试验发展	Experimental Development	120 273

2010	2011	2012	2013	2014	2015	2016	2017	2018	2019	2020
3 333 102	**4 161 363**	**4 883 738**	**5 846 115**	**6 400 662**	**7 323 851**	**8 429 693**	**9 769 377**	**11 635 386**	**13 282 829**	**15 108 088**
6 734	24 755	23 336	51 776	57 558	67 298	243 347	306 264	309 505	343 968	728 909
42 681	103 163	429 697	552 821	733 254	925 129	828 856	1 074 700	923 817	1 008 391	1 589 940
3 283 687	4 033 445	4 430 705	5 241 518	5 609 850	6 331 424	7 357 490	8 388 413	10 402 064	11 930 470	12 789 238
7 982	85 967	74 479	172 207	150 428	203 780	109 652	159 222	173 485	309 645	691 072
14 224	13 460	17 585	24 518	27 566	81 659	105 573	184 697	223 002	279 459	314 012
3 137 877	3 888 917	4 618 655	5 627 486	6 181 581	7 024 579	8 200 635	9 397 369	11 216 809	12 671 636	14 087 686
3 137 877	3 888 917	4 618 655	5 329 401	5 883 496	6 726 494	7 600 311	8 410 974	9 683 528	10 499 247	11 573 051
			298 085	298 085	298 085	560 658	787 726	1 281 739	1 612 003	1 810 870
						39 666	198 669	251 542	289 294	340 633
									271 093	363 132
173 019	173 019	173 019	21 904	41 087	13 833	13 833	28 089	22 089	22 089	15 318
130 272	177 131	214 841	298 889	295 235	355 635	407 670	608 211	671 811	749 591	1 341 671
3 050 485	3 819 046	4 626 628	5 487 436	6 011 693	6 890 041	7 952 592	9 047 206	10 907 996	12 488 010	13 699 671
139 449	141 387	22 009	19 731	17 929	16 476	13 779	25 539	10 293	181	17 945
12 895	23 799	20 260	40 059	75 805	61 699	55 652	88 421	45 286	45 047	48 801
177 756	**176 107**	**218 090**	**213 641**	**192 600**	**206 327**	**233 927**	**281 369**	**356 627**	**377 937**	**428 515**
160 139	155 511	189 832	186 056	164 103	172 608	198 556	239 606	301 839	311 428	353 644
86 093	98 734	109 581	105 769	98 978	86 351	93 603	106 818	148 037	146 868	153 729
157 429	**158 023**	**192 584**	**181 321**	**163 689**	**173 764**	**176 040**	**196 398**	**298 412**	**306 467**	**345 780**
79 481	93 180	101 760	94 181	89 256	77 869	73 831	77 504	126 635	120 442	124 404
553	1 345	1 747	1 766	1 750	2 335	4 428	5 436	5 841	6 589	13 846
3 442	5 884	16 950	15 189	18 378	20 926	15 236	20 275	21 908	24 742	33 202
153 434	150 794	173 887	164 366	143 561	150 503	156 376	170 687	270 663	275 136	298 732

15-4 规模以上工业企业科技活动情况
SCIENTIFIC AND TECHNOLOGICAL ACTIVITIES OF INDUSTRIAL ENTERPRISES ABOVE DESIGNATED SIZE

项目	Item	2009
一、企业基本情况	**Statistics on Industrial Enterprises**	
#有R&D活动企业数（个）	Number of Enterprises Having R&D Activities(unit)	[illegible] 013
#有研发机构企业数（个）	Number of Enterprises Having R&D Institutions(unit)	63[illegible]
二、科技经费支出（万元）	**Expenditure on Science and Technology Funds (10000 yuan)**	**4 046 335**
#R&D经费支出	Expenditure on R&D	2 590 000
基础研究	Basic Research	
应用研究	Applied Research	
试验发展	Experimental Development	2 590 000
三、科技活动人员（人）	**Scientists and Engineers(person)**	**186 607**
#R&D人员	R&D Personnel(person)	128 208
#全时人员	Full-time Personnel	113 565
#研究人员	Researcher	76 538
#R&D人员折合全时当量（人年）	Full-time Equivalent of R&D Personnel(man-year)	110 944
基础研究	Basic Research	
应用研究	Applied Research	
试验发展	Experimental Development	110 944
四、新产品开发经费支出（万元）	**Expenditure on New Products Development(10000 yuan)**	**2 936 794**
五、新产品销售收入（万元）	**New Product Sales Revenue(10000 yuan)**	**27 428 [illegible]75**

2010	2011	2012	2013	2014	2015	2016	2017	2018	2019	2020
798	841	928	1 009	1 181	1 304	2 117	3 507	3 489	4 987	5 893
586	673	482	457	542	830	2 147	3 562	4 348	5 713	6 882
4 849 681	**6 228 277**	**6 892 046**	**7 854 503**	**9 940 538**	**11 707 641**	**12 346 417**	**15 090 782**	**17 226 576**	**20 122 800**	**21 520 187**
3 137 877	3 888 917	4 618 655	5 329 402	5 883 496	6 726 494	7 600 311	8 410 974	9 683 529	10 499 247	11 573 051
	2 695	90	5 268	10 246	4 998	125 145	139 379	106 276	93 943	275 666
18 127	39 357	361 002	475 848	647 365	820 614	720 810	877 169	653 853	637 564	933 269
3 119 750	3 846 865	4 257 563	4 848 286	5 225 885	5 900 882	6 754 356	7 394 426	8 923 399	9 767 739	10 364 116
246 797	**239 929**	**283 887**	**267 527**	**293 258**	**293 416**	**345 387**	**414 923**	**435 390**	**467 569**	**495 630**
160 148	155 912	196 202	187 045	176 345	174 953	202 684	232 421	289 453	302 042	345 344
148 550	141 577	175 321	168 063	154 456	150 739	175 916	203 288	251 544	256 305	291 397
79 876	90 605	99 979	90 736	89 349	70 759	78 060	82 797	114 396	108 037	110 875
144 588	142 605	176 354	162 497	150 803	149 748	155 780	164 381	246 593	250 241	282 893
	91	17	250	180	83	1 794	1 822	1 943	1 505	6 487
622	1 379	12 312	10 393	12 336	13 797	12 425	14 037	13 573	15 752	25 655
143 966	141 135	164 025	151 854	138 287	135 868	141 561	148 522	231 077	232 984	250 752
2 104 077	**4 780 146**	**5 082 580**	**5 849 360**	**7 329 189**	**8 722 544**	**10 902 729**	**13 402 850**	**15 399 808**	**18 062 773**	**18 743 079**
51 782 185	**57 777 823**	**62 076 797**	**67 704 277**	**73 943 823**	**87 134 304**	**101 883 636**	**121 387 080**	**120 512 172**	**142 386 906**	**148 717 396**

15-5 创新载体情况

INNOVATION CARRIER

单位：个

项目	Item	2010
总计	**Total**	**410**
国家级	**National Level**	**38**
重点实验室	Key Laboratory	6
工程实验室	Engineering Laboratory	5
工程中心	Engineering Center	2
企业技术中心	Enterprise Technology Center	12
科技企业孵化器	Technology Enterprise Incubator	10
公共服务平台	Public Service Platform	3
其他	Others	
省级	**Provincial Level**	**22**
重点实验室	Key Laboratory	7
工程实验室	Engineering Laboratory	
工程中心	Engineering Center	15
科技企业孵化器	Technology Enterprise	
公共服务平台	Public Service Platform	
市级	**Municipal Level**	**350**
重点实验室	Key Laboratory	87
工程实验室	Engineering Laboratory	34
工程中心	Engineering Center	102
企业技术中心	Technology Enterprise Incubator	67
科技企业孵化器	Public Service Platform	3
公共服务平台	Public Service Platform	52

注： 数据为累计数。
Note: Data in this table is Cumulative data.

(unit)

2011	2012	2013	2014	2015	2016	2017	2018	2019	2020
553	**749**	**956**	**1 097**	**1 302**	**1 501**	**1 768**	**2 157**	**2 246**	**2 681**
54	**58**	**69**	**70**	**82**	**95**	**111**	**115**	**122**	**124**
9	9	10	10	12	12	12	13	15	15
9	12	17	17	22	35	36	36	36	36
6	6	8	8	8	8	13	13	18	18
15	16	18	19	24	24	31	33	33	35
11	11	12	12	12	12	15	15	15	15
4	4	4	4	4	4	4	4	4	4
							1	1	1
33	**46**	**76**	**80**	**134**	**180**	**296**	**601**	**606**	**957**
12	16	16	17	21	24	32	44	49	57
2	5	5	7	10	10	10	12	12	12
19	25	55	56	102	145	253	542	542	885
				1	1	1	3	3	3
466	**645**	**811**	**947**	**1 086**	**1 226**	**1 361**	**1 441**	**1 518**	**1 600**
111	141	163	190	211	226	238	250	259	282
75	152	211	245	296	392	439	448	448	448
111	135	154	167	183	186	196	214	244	272
89	112	135	164	184	202	224	246	279	306
9	9	36	57	76	76	98	108	108	108
71	96	112	124	136	144	166	175	180	184

主要统计指标解释

科技活动 是指在所有科学技术领域内，即自然科学、农业科学、医学科学、工程与技术科学、人文科学与社会科学中，与科技知识的产生、发展、传播和应用密切相关的全部的、有组织的、系统的科技活动。所谓有组织的、系统的科技活动，是指在一个机构的范围之内，并列入这一机构的工作计划，由这一机构的人员有计划地进行的科技活动。科技活动包括三类：(1)研究与试验发展活动（简称R&D,包括基础研究、应用研究和实验发展）；(2)科学研究与试验发展成果应用活动；(3)科技服务活动。我们的统计调查只包括前两类活动。

科技活动人员 指直接从事科技活动以及专门从事科技活动管理和为科技活动提供直接服务累计从事科技活动的实际工作时间占全年制度工作时间10%及以上的人员。（1）直接从事科技活动的人员包括：在独立核算的科学研究与技术开发机构、高等学校、各类企业及其他事业单位内设的研究室、实验室、技术开发中心及中试车间（基地）等机构中从事科技活动的研究人员、工程技术人员、技术工人及其他人员；虽不在上述机构工作，但编入科技活动项目（课题）组的人员；科技信息与文献机构中的专业技术人员；从事论文设计的研究生等。（2）专门从事科技活动管理和为科技活动提供直接服务的人员包括：独立核算的科学研究与技术开发机构、科技信息与文献机构、高等学校、各类企业及其他事业单位主管科技工作的负责人，专门从事科技活动的计划、行政、人事、财务、物资供应、设备维护、图书资料管理等工作的各类人员，但不包括保卫、医疗保健人员、司机、食堂人员、茶炉工、水暖工、清洁工等为科技活动提供间接服务的人员。

研究与试验发展（R&D） 是指在科学技术领域，为增加知识总量以及运用这些知识去创造新的应用进行的系统的创造性的活动，包括基础研究、应用研究、试验发展三类活动。

基础研究 是指为了获得关于现象和可观察事实的基本原理的新知识（揭示客观事物的本质、运动规律，获得新发现、新学说）而进行的实验性或理论性研究，它不以任何专门或特定的应用或使用为目的。其成果以科学论文和科学著作为主要形式。

应用研究 是指为获得新知识而进行的创造性研究，主要针对某一特定的目的或目标。应用研究是为了确定基础研究成果可能的用途，或是为达到预定的目标探索应采取的新方法（原理性）或新途径。其成果形式以科学论文、专著、原理性模型或发明专利为主。

试验发展 是指利用从基础研究、应用研究和实际经验所获得的现有知识，为产生新的产品、材料和装置，建立新的工艺、系统和服务，以及对已产生和建立的上述各项作实质性的改进而进行的系统性工作。其成果形式主要是专利、专有技术、具有新产品基本特征的产品原型或具有新装置基本特征的原始样机等。在社会科学领域，试验发展是指把通过基础研究、应用研究获得的知识转变成可以实施的计划（包括为进行检验和评估实施示范项目）的过程。人文科学领域没有对应的试验发展活动。

研究与试验发展人员 指参与研究与试验发展项目研究、管理和辅助工作的人员，包括项目（课题）组人员，企业科技行政管理人员和直接为项目（课题）活动提供服务的辅助人员。

全时人员 指报告年内从事R&D活动的时间占全年工作时间90%及以上的人员。

全时当量 指全时人员数加非全时人员按工作量折算为全时人员数的总和。例如：有两个全时人员和三个非全时人员（工作时间分别为20%、30%和70%，则全时当量为2+0.2+0.3+0.7=3.2人年。

政府资金 指从各级政府部门获得的计划用于科技活动的经费，包括科学事业费、科技三项费、科研基建费、科学基金、教育等部门事业费中计划用于科技活动的经费以及政府部门预算外资金中计划用于科技活动的经费等。

企业资金 指从自有资金中提取或接受其他企业委托的、科研院所和高校等事业单位接受企业委托获得的，计划用于科研和技术开发的经费。不包括来自政府、金融机构及国外的计划用于科技活动的资金。

新产品 指采用新技术原理、新设计构思研制、生产的全新产品，或在结构、材质、工艺等某一方面比原有产品有明显改进，从而显著提高了产品性能或扩大了使用功能的产品。既包括政府有关部门认定并在有效期内的新产品，也包括企业自行研制开发，未经政府有关部门认定，从投产之日起一年之内的新产品。

专利 是专利权的简称，是对发明人的发明创造经审查合格后，由专利局依据专利法授予发明人和设计人对该项发明创造享有的专有权。包括发明、实用新型和外观设计。反映拥有自主知识产权的科技和设计成果情况。

发明（专利） 指对产品、方法或者其改进所提出的新的技术方案。是国际通行的反映拥有自主知识产权技术的核心指标。

Explanatory Notes on Main Statistical Indicators

Scientific and Technological Activities refer to all those organized and systematic activities of science and technology which are closely connected with the emergence, development, diffusion and application of scientific and technological knowledge in all scientific and technological fields, such as natural sciences, agricultural science, medical science, engineering and technical science, humanities and social sciences. Organized and systematic activities refer to activities within the range of an institution, regarded as regular work of the institution and organized in a planned way by the personnel of the institution. Scientific and technological activities classified into three categories: (1) activities of research and development (R&D, it includes basic research, applied research and experiments and development). (2) applied activities of research and development; (3) service activities of science and technology. Our survey only included the first two activities.

Personnel Engaged in S&T Activities refer to personnel directly engaged in S&T activities, in the management of S&T activities, and in providing direct service to S&T activities, who spend over 10% of the total working hours in a year in S&T activities. (1) Personnel directly engaged in S&T activities include researchers, engineers, technicians and other related personnel engaged in S&T activities in independent−accounting R&D institutions, institutions of higher learning, and in research institutes, laboratories, technology development centers and central experiment workshops under enterprises and institutions. Also included people are working in S&T research project teams, professional and technical personnel working in S&T information archiving institutes, and graduate students working on the design of their thesis. (2) Personnel engaged in the management of S&T activities and in providing direct service to S&T activities include senior management people responsible for S&T activities in independent−accounting R&D institutions, S&T information archiving institutes, institutions of higher learning, and in enterprises and institutions where S&T activities are undertaken. Also included are people responsible for the planning, administration, personnel management, financial management, logistics supply, equipment maintenance, information and library management that are related with S&T activities. People providing indirect services are excluded, such as security, medical service, drivers, plumbers, cleaners and those providing catering and related service.

Research and Development (R&D) refers to systematic and creative activities in the field of science and technology aiming at increasing the knowledge and using the knowledge for new application. R&D includes 3 categories of activities: basic research, applied research and experiments and development.

Basic Research refers to empirical or theoretical research aiming at obtaining new knowledge on the fundamental principles of phenomena of observable facts to reveal the nature and law of movement of objects and to acquire new discoveries or new theories. Basic research takes no specific or designated application as the aim of the research. Results of basic research are mainly released or disseminated in the form of scientific papers or monographs.

Applied Research refers to creative research aiming at obtaining new knowledge on a specific objective or target. Purpose of the applied research is to identify the possible use of results from basic research, or to explore new (fundamental) methods or new approaches. Results of applied research are expressed in the form of scientific papers, monographs, fundamental models or invention patents.

Experimental Development refers to systematic activities aiming at using the knowledge from basic and applied researches or from practical experience to develop new products, materials and equipment, to establish new production process, systems and services, or to make substantial improvement on the existing products, process or services. Results of experiment and development activities are embodied in patents, exclusive technology, and monotype of new products or equipment. In social sciences, experiment and development activities refer to the process of converting the knowledge from basic or applied researches into feasible programs (including conduct of demonstration projects for assessment and evaluation). There are no experiment and development activities in the science of humanities.

R&D Personnel refer to persons engaged in research, management and supporting activities of R&D, including persons in the project teams, persons engaged in the management of S&T activities of enterprises and supporting staff providing direct service to the research projects.

Full-time Personnel refer to the persons who spend over 90% of the total working hours in a year on R&D activities.

Full-time Equivalent of R&D Personnel refers to the sum of the full–time persons and the full–time equivalent of part–time persons converted by workload. For instance, if there are 2 full–time persons and 3 part–time workers (20%, 30% and 70% of working hours respectively on R&D activities), the full–time equivalent is 2+0.2+0.3+0.7=3.2 person–year.

Government Funds refer to funds obtained from government agencies at all levels to be used for S&T activities, including funds for scientific undertakings, 3 kinds of funds for S&T activities, funds for capital construction for scientific researches, science funds, funds from education expenditures by education departments for S&T activities, and extra–budget funds from government agencies for S&T activities.

Enterprise Funds refer to funds raised by enterprises from their own expenditures or from other enterprises and funds received by universities or research institutions from enterprises for scientific research or technical development projects. Excluded in this category are funds from government agencies, financial institutions or from foreign institutions.

Patent is an abbreviation for the patent right and refers to the exclusive right of ownership by the inventors or designers for the creation or inventions, given from the patent offices after due process of assessment and approval in accordance with the Patent Law. Patents are granted for inventions, utility models and designs. This indicator reflects the achievements of S&T and design with independent intellectual property.

Patented Inventions refer to new technical proposals to the products or methods or their modifications. This is universal core indicator reflecting the technologies with independent intellectual property.

New Products refer to products produced with new technology and new design, or products that represent noticeable improvement in terms of structure, material, or production process so as to improve significantly the character or function of the older versions. They include new products certified by relevant government agencies within the period of certification, as well as new products designed and produced by enterprises within a year without certification by government agencies.

16 第十六部分 文化和教育

CULTURE AND EDUCATION

CHAPTER

16-1 各级各类学校数

NUMBER OF SCHOOL BY LEVEL AND TYPE

单位：所 (unit)

年 份 Year	普通高等学校 Institutions of Higher Education	中等职业学校 Vocational Secondary Schools	普通中学 Regular Secondary Schools	小 学 Primary Schools	幼儿园 Kindergartens
1979			24	226	90
1980			24	238	52
1981			26	244	32
1982			28	246	50
1983	1		30	248	69
1984	2		35	260	87
1985	2		38	258	79
1986	2		40	257	273
1987	2		43	255	187
1988	2		47	257	195
1989	2		47	264	207
1990	2		49	263	228
1991	2		51	260	257
1992	2		53	261	282
1993	3		51	267	281
1994	3		56	269	333
1995	2		62	274	349
1996	2		71	274	380
1997	2		73	275	446
1998	2		78	286	488
1999	2		83	325	560
2000	2		94	353	562
2001	3		107	377	588
2002	9		132	395	634
2003	9	25	179	376	656
2004	9	16	216	378	699
2005	9	16	245	358	744
2006	9	13	260	357	758
2007	8	13	273	347	819
2008	8	13	277	342	865
2009	8	13	285	346	974
2010	8	13	295	340	1 040
2011	9	13	299	334	1 093
2012	10	15	302	333	1 186
2013	10	15	314	335	1 313
2014	10	16	325	331	1 402
2015	12	15	335	334	1 489
2016	12	15	352	337	1 579
2017	12	15	368	342	1 683
2018	13	15	390	344	1 771
2019	13	15	417	340	1 836
2020	14	15	435	347	1 881

注： 根据教育部的统一要求及深圳实际，将普通中专、成人中专和职业高中合并统称为中等职业教育。该指标由于深圳市布局调整的原因产生了波动。

Note: According to unified requirements of the Ministry of Education and the actual situation of Shenzhen, the index, vocational secondary educa-tion was mergered by technical secondary school, specialized secondary schools for adults and vocational senior secondary schools. This index was fluctuated by layout adjusting in shenzhen.

16-2 各级各类学校教职工数

STAFF AND WORKERS BY LEVEL AND TYPE OF SCHOOL

单位：人 (person)

年 份 Year	普通高等学校 Institutions of Higher Education	中等职业学校 Vocational Secondary Schools	普通中学 Regular Secondary Schools	小 学 Primary Schools	幼儿园 Kindergartens
1986	816		2 871	3 632	
1987	972		3 182	3 959	1 619
1988	1 034		3 455	4 302	1 553
1989	1 393		3 758	4 596	1 969
1990	1 348		3 920	5 061	2 267
1991	1 381		4 308	5 388	2 716
1992	1 405		4 650	5 768	3 113
1993	1 536		5 106	6 337	4 154
1994	2 753		5 589	7 129	5 294
1995	1 187		6 063	7 666	5 929
1996	1 331		6 669	8 702	6 817
1997	1 430		7 079	9 148	8 328
1998	1 649		7 369	9 786	9 761
1999	1 819		7 886	11 449	11 505
2000	1 902		8 739	14 697	12 787
2001	2 165		9 763	17 370	14 515
2002	3 369		11 662	20 621	16 483
2003	3 820	2 029	13 379	23 382	17 778
2004	4 421	1 758	15 401	25 460	19 345
2005	5 025	1 733	18 713	30 194	21 576
2006	4 995	1 712	20 500	31 748	23 [illegible]67
2007	5 458	1 711	23 191	33 985	25 711
2008	5 796	1 791	26 044	35 816	28 483
2009	6 149	1 868	27 577	36 203	33 356
2010	6 042	2 077	28 874	37 167	38 693
2011	6 260	2 184	45 293	23 624	42 837
2012	6 823	2 739	47 733	24 805	46 617
2013	7 603	2 790	50 332	25 476	52 400
2014	8 057	3 023	53 254	26 792	57 021
2015	9 061	3 136	57 146	28 157	62 8[illegible]3
2016	9 741	3 296	62 164	29 842	68 0[illegible]7
2017	11 242	3 447	67 423	31 098	74 346
2018	13 948	3 505	74 992	32 665	78 8[illegible]0
2019	14 875	3 584	81 855	33 069	82 6[illegible]7
2020	17 276	3 767	87 758	33 573	86 7[illegible]1

注：根据全国教育事业统计口径，2014年起九年一贯制学校教职工纳入初中阶段学校统计；十二年一贯制学校、完全中学学校教职工纳入普通高中阶段学校统计。

Note:According to the statistical scope of national education, from 2014, the numbers of 9-Year Schools' educational personnel is included in senior secondary education; the numbers of 12-Year Schools and their educational personnel are included in senior secondary education.

16-3 各级各类学校专任教师数

FULL-TIME TEACHERS BY LEVEL AND TYPE OF SCHOOL

单位：人　　　　（person）

年　份 Year	普通高等学校 Institutions of Higher Education	中等职业学校 Vocational Secondary Schools	普通中学 Regular Secondary Schools	小　学 Primary Schools	幼儿园 Kindergartens
1979			752	1 588	
1980			625	1 763	159
1981			676	1 948	141
1982			860	1 954	259
1983	80		1 044	2 025	365
1984	162		1 372	2 282	575
1985	288		1 902	2 749	483
1986	406		2 138	2 977	573
1987	468		2 376	3 265	1 005
1988	524		2 603	3 571	937
1989	533		2 771	3 810	1 193
1990	484		2 915	4 221	1 317
1991	533		3 255	4 514	1 451
1992	493		3 533	4 832	1 698
1993	535		3 892	5 342	2 288
1994	978		4 290	6 015	2 745
1995	629		4 675	6 429	3 202
1996	747		5 004	7 046	3 665
1997	793		5 276	7 567	4 613
1998	865		5 502	7 940	5 257
1999	1 049		5 935	8 914	6 092
2000	1 170		6 596	11 550	7 234
2001	1 295		7 224	13 254	7 690
2002	2 080		8 643	15 763	8 893
2003	2 341	1 392	9 989	17 920	9 539
2004	2 572	1 215	11 625	19 660	10 670
2005	2 796	1 216	14 196	23 866	11 973
2006	2 905	1 234	15 678	25 203	12 815
2007	3 139	1 251	17 846	27 209	14 381
2008	3 293	1 282	20 091	28 540	15 761
2009	3 592	1 330	21 335	28 906	18 133
2010	3 550	1 534	22 417	29 769	20 786
2011	3 528	1 638	23 897	31 186	21 627
2012	3 889	1 948	25 807	33 496	24 154
2013	4 184	2 070	27 048	35 546	26 803
2014	4 462	2 279	28 320	39 115	28 782
2015	4 826	2 395	29 252	42 630	31 704
2016	5 092	2 511	30 674	46 975	33 746
2017	5 572	2 636	32 590	50 805	36 904
2018	6 644	2 694	35 544	55 160	38 431
2019	6 999	2 747	38 361	58 511	39 912
2020	8 047	2 888	41 554	60 900	40 348

注：根据全国教育事业统计口径，2013年开始小学专任教师含九年一贯制学校、十二年一贯制学校小学部的专任教师；初中专任教师含九年一贯制学校、十二年一贯制学校初中部专任教师；高中专任教师含十二年一贯制学校、完全中学学校高中部专任教师。

Note: According to the statistical scope of national education, from 2013, the numbers of fulltime teachers from primary department of 9-Year Schools and 12-Year Schools is included in the number of Primary Schools ' fulltime teachers; the numbers of fulltime teachers from junior secondary department of 9-Year Schools and 12-Year Schools is included in the number of Junior Secondary schools' fulltime teachers; the numbers of fulltime teachers from senior secondary department of 12-Year Schools and Secondary Schools(From Grade7-12) is included in the number of Senior Secondary schools ' fulltime teachers.

16-4 各级各类学校在校学生数

STUDENTS ENROLLMENT BY LEVEL AND TYPE OF SCHOOL

单位：人 (person)

年 份 Year	普通高等学校 Institutions of Higher Education	中等职业学校 Vocational Secondary Schools	普通中学 Regular Secondary Schools	小 学 Primary Schools	幼儿园 Kindergartens
1979		80	13 686	47 022	[illegible] 587
1980		142	12 296	49 168	3 377
1981		133	13 088	51 560	5 074
1982		262	17 080	54 538	[illegible] 723
1983	216	466	20 982	56 319	[illegible] 252
1984	1 236	2 009	27 636	62 021	1[illegible] 140
1985	3 206	3 766	35 334	70 277	1[illegible] 338
1986	3 478	5 225	40 208	77 884	2[illegible] 70[illegible]
1987	4 330	7 257	44 910	84 601	2[illegible] 072
1988	4 710	9 696	43 267	96 474	2[illegible] 106
1989	4 419	10 252	45 056	104 041	3[illegible] 781
1990	3 964	11 478	46 473	111 711	3[illegible] 041
1991	3 779	10 654	50 625	118 460	4[illegible] 877
1992	3 653	11 766	55 857	127 978	4[illegible] 985
1993	3 680	12 353	60 337	139 272	5[illegible] 024
1994	4 227	12 954	66 073	147 186	6[illegible] 315
1995	5 291	13 393	71 540	157 210	6[illegible] 571
1996	6 493	13 999	76 949	170 983	68 763
1997	7 601	14 790	82 155	190 192	7[illegible] 373
1998	8 497	14 386	86 009	215 652	7[illegible] 623
1999	10 568	20 385	91 260	256 060	88 322
2000	14 123	18 764	106 996	313 852	9[illegible] 164
2001	18 743	18 013	126 190	363 657	10[illegible] 083
2002	26 778	17 047	150 654	415 097	110 390
2003	32 106	17 010	179 628	469 684	12[illegible] 856
2004	41 251	18 833	211 224	526 419	13[illegible] 019
2005	45 314	21 598	240 508	566 278	147 672
2006	51 220	24 779	256 630	564 891	152 330
2007	58 910	25 978	279 180	575 160	169 496
2008	64 675	27 706	298 939	585 852	191 222
2009	66 952	28 604	316 024	589 481	221 182
2010	67 324	29 731	334 752	618 459	260 873
2011	70 004	29 336	346 942	651 307	285 146
2012	75 570	32 067	359 643	683 058	316 929
2013	82 401	33 618	371 735	730 232	368 937
2014	87 674	36 870	378 690	793 178	399 014
2015	90 511	38 145	385 221	864 841	438 498
2016	91 883	39 665	396 455	910 974	463 319
2017	96 702	39 234	417 641	964 510	504 955
2018	103 829	38 922	448 004	1 027 969	524 193
2019	113 214	39 442	477 390	1 068 992	545 [illegible]32
2020	136 184	39 134	517 630	1 091 179	559 574

16-5 各级各类学校招生数

NEW STUDENTS ENROLLMENT BY LEVEL AND TYPE OF SCHOOL

单位：人 (person)

年 份 Year	普通高等学校 Institutions of Higher Education	中等职业学校 Vocational Secondary Schools	普通中学 Regular Secondary Schools	小 学 Primary Schools	幼儿园 Kindergartens
1979			5 612	8 978	
1980			5 344	9 064	
1981			5 046	9 978	
1982			7 401	9 561	
1983	216		8 142	8 936	
1984	473		10 053	9 700	8 734
1985	1 482		12 954	11 876	10 148
1986	1 173		12 826	14 269	10 932
1987	1 573		15 121	15 191	9 344
1988	1 378		12 583	17 235	8 369
1989	1 228		16 654	18 525	15 273
1990	1 041		17 034	19 122	17 494
1991	1 126		17 956	19 634	28 493
1992	1 070		21 242	22 129	32 847
1993	1 309		22 417	26 333	37 035
1994	1 664		24 286	27 860	26 213
1995	2 134		26 463	31 198	35 630
1996	2 470		27 752	33 692	37 869
1997	2 580		29 773	37 306	33 906
1998	3 078		31 286	41 824	32 822
1999	4 211		34 380	55 876	39 019
2000	6 522		41 980	64 265	39 392
2001	7 239		48 533	72 220	50 354
2002	10 210		58 847	81 107	40 523
2003	11 915	6 108	69 711	88 203	51 989
2004	14 455	7 430	79 359	96 554	54 735
2005	15 044	8 913	92 305	101 274	58 658
2006	17 916	9 071	94 866	95 359	57 007
2007	19 396	8 439	102 093	98 106	63 442
2008	20 578	10 198	111 454	98 525	71 062
2009	20 488	10 051	113 516	103 166	87 747
2010	20 330	9 610	120 335	118 028	110 977
2011	22 914	10 223	123 382	128 091	118 843
2012	25 794	12 233	127 983	137 276	122 138
2013	27 613	12 076	131 160	147 097	143 792
2014	28 062	13 628	130 769	162 498	174 195
2015	27 653	13 691	135 326	172 097	159 728
2016	28 523	13 964	143 681	173 804	173 978
2017	31 390	13 005	152 395	181 516	202 474
2018	33 662	12 875	164 088	206 327	193 675
2019	38 045	13 835	174 054	203 957	179 844
2020	52 394	12 504	193 241	190 742	187 135

16-6 各级各类学校毕业生数

GRADUATES BY LEVEL AND TYPE OF SCHOOL

单位：人　　　　(persons)

年 份 Year	普通高等学校 Institutions of Higher Education	中等职业学校 Vocational Secondary Schools	普通中学 Regular Secondary Schools	小 学 Primary Schools	幼儿园 Kindergartens
1984			4 677	8 505	[illegible] 710
1985			7 468	10 669	[illegible] 824
1986			9 169	11 481	[illegible] 892
1987	1 028		11 401	14 411	[illegible] 529
1988	828		14 305	8 821	[illegible] 741
1989	1 491		13 388	12 947	1[illegible] 090
1990	1 334		13 914	13 363	1[illegible] 84[illegible]
1991	1 191		11 885	14 428	2[illegible] 14[illegible]
1992	1 187		14 035	16 555	27 12[illegible]
1993	1 203		14 739	17 685	30 00[illegible]
1994	1 064		15 345	19 010	1[illegible] 749
1995	1 143		17 617	20 876	3[illegible] 187
1996	1 210		18 891	21 030	25 889
1997	1 474		20 215	22 095	32 459
1998	2 126		23 651	23 871	26 560
1999	2 146		23 179	27 040	35 545
2000	2 382		24 874	33 219	39 917
2001	2 779		28 424	38 987	44 157
2002	3 927		32 503	47 025	43 912
2003	4 740	5 141	40 200	55 017	48 79[illegible]
2004	6 282	5 680	48 061	62 032	49 575
2005	9 007	5 429	58 363	75 517	54 204
2006	12 413	5 325	66 047	81 554	58 421
2007	13 568	6 836	71 162	84 734	59 134
2008	13 635	8 227	80 616	88 805	65 231
2009	17 230	8 659	85 599	91 176	72 451
2010	18 003	8 083	92 053	91 909	76 909
2011	18 311	9 075	100 845	92 979	78 547
2012	18 327	9 519	105 384	99 359	100 548
2013	18 618	8 937	109 616	98 650	118 588
2014	21 187	9 593	112 233	97 928	131 220
2015	23 397	11 413	118 481	100 181	149 362
2016	25 473	11 449	121 304	111 008	154 [illegible]55
2017	25 279	12 205	119 643	119 948	168 [illegible]00
2018	27 935	12 743	124 106	130 388	189 [illegible]24
2019	25 926	12 861	132 870	139 895	185 [illegible]42
2020	28 033	12 057	141 955	150 726	192 [illegible]07

16-7 文化事业
CULTURAL INSTITUTIONS

项 目	Item	2012	2013	2014	2015	2016	2017	2018	2019	2020
群众艺术、文化馆(座)	Art and Cultural Centers(unit)	8	8	8	8	8	8	8	8	10
公共图书馆(座)	Public Libraries (unit)	641	633	625	620	623	638	650	674	710
公共图书馆总藏量	Collection of Public Libraries	2 696	2 854	3 063	3 282	3 604	4 075	4 296	4 576	4 923
(万册件)	(10 000 books)									
博物馆、纪念馆(座)	Museums (unit)	28	37	41	41	46	47	50	52	55
广播电台(座)	Broadcasting Stations (unit)	1	1	1	1	1	1	1	1	1
电视台(座)	Television Stations (unit)	2	2	2	2	2	2	2	2	2
广播人口覆盖率(%)	Listener Rating(%)	100	100	100	100	100	100	100	100	100
电视人口覆盖率(%)	Viewer Rating(%)	100	100	100	100	100	100	100	100	100

主要统计指标解释

普通高等学校 指按照国家规定的设置标准和审批程序批准举办，通过全国普通高等教育统一招生考试，招收高中毕业生为主要培养对象，实施高等学历教育的全日制大学、独立设置的学院和高等专科学校、高等职业学校和其他机构。

电影放映企业数 指具有放映机器设备、固定或不固定的放映场所与专职或兼职的放映技术人员，经有关部门登记批准，经常为一定的观众对象放映电影的机构。包括经批准对外开放进行营业，并与电影发行放映管理机构分账的专用放映单位和军委系统租片单位。

Explanatory Notes on Main Statistical Indicators

Regular Institutions of Higher Education refer to educational establishments set up according to government standards and evaluation and approval procedures, mainly enrolling graduates from senior secondary schools through uniform national matriculation examinations and providing higher education. Such institutions include full−time universities, independent colleges, technical colleges, professional colleges, and other institutions.

Film Projection Units refer to units with film projection equipment, full or part−time projectionists, permanent or non−permanent cinemas, approved by and registered with related administrative departments to show films regularly for certain groups of audience, including film projection units which have been approved to give commercial shows and share profits with administrative agencies of film circulation and projection, as well as film renting units of the military system.

17 第十七部分

卫生、社会保障和社会福利业

PUBLIC HEALTH,SOCIAL SECURITY AND SOCIAL WELFARE

CHAPTER

17-1 卫生事业（一）

PUBLIC HEALTH（Ⅰ）

年 份 Year	一、医疗卫生机构数合计（个） Health Care Institutions (unit)	1. 医院合计 Total Hospitals	# 综合医院 General Hospitals	2. 疗养院 Sanatoriums	3. 门诊部、私人诊所、企事业内部医务室 Outpatient Departments, Private Clinic and Clinic in Enterprises	4. 专科疾病防治院 Specialized Prevention & Treatment Stations	5. 疾病预防控制中心（卫生防疫站） Disease Prevention and Control Centers (Antiepidemic Stations)
1979	62	25	25		31	1	1
1980	74	24	24		44	1	1
1981	77	24	24		47	1	1
1982	121	26	26		87	1	2
1983	128	30	28		91	1	2
1984	150	29	26		109	2	6
1985	215	31	27		169	2	6
1986	297	32	28	1	243	2	7
1987	311	34	30	1	253	2	7
1988	308	35	30	1	249	4	6
1989	332	35	29	1	271	5	6
1990	354	38	32	1	291	4	6
1991	360	41	35	1	293	4	6
1992	397	45	37	1	326	4	6
1993	400	45	37	1	324	3	8
1994	496	48	38	1	416	3	8
1995	506	63	53	1	407	6	8
1996	1 422	65	54	1	1 314	7	8
1997	1 126	72	59	1	1 011	7	8
1998	899	72	59	1	784	7	8
1999	687	71	58	1	574	7	7
2000	683	72	59	1	568	4	7
2001	723	75	62	1	600	4	7
2002	761	77	62	1	638	5	7
2003	893	85	68	1	759	5	7
2004	856	87	71	1	706	6	7
2005	1 063	97	78	1	902	7	7
2006	1 692	99	80	1	1 529	7	7
2007	1 781	101	81	1	1 615	7	7
2008	1 806	100	79	1	1 638	7	7
2009	1 963	101	79	1	1 794	7	7
2010	1 827	107	79	1	1 651	7	7
2011	1 854	110	78	1	1 676	7	8
2012	2 008	115	80	1	1 823	7	9
2013	2 228	117	79	1	2 038	8	10
2014	2 532	122	80	1	2 338	8	11
2015	2 946	123	77	1	2 751	8	11
2016	3 339	134	78	1	3 114	8	11
2017	3 492	135	77	1	3 238	8	10
2018	3 806	139	78	1	3 544	8	10
2019	4 459	144	76	1	4 123	8	10
2020	4 686	144	76	1	4 316	7	10

注： 自2002年开始计划生育指导中心、药检所等不记入卫生事业机构中；医生仅统计执业医师与执业助理医师，护士仅统计注册护士，未取得执业证的医师和未注册的护士计入其他卫生技术人员，不得从事医护工作。

Note: The number of health care institutions since 2002 does not include the number of birth-control centers and medicines and chemical reagent test labs. The number of doctors just include licensed doctors and licensed assistant doctors, the number of nurses include registered nurses only.

17-1（一） 续表 1 continued

年 份 Year	6. 妇幼保健院 Women and Children Care Agencies	7. 医学科学研究机构 Institutions of Medical Science	8. 其他卫生机构 Other Health Care Institutions	二、床位数(张) Beds(bed)	1. 医院病床 Hospital Beds	(1)综合医院 General Hospitals
1979	1		3	597	597	597
1980	1		3	643	643	643
1981	1		3	790	790	790
1982	1		4	717	717	717
1983	1		3	1 023	1 023	965
1984	1		3	1 634	1 634	[illegible]
1985	1	1	5	1 885	1 885	[illegible]
1986	5	1	6	2 112	2 028	[illegible]
1987	6	2	6	2 309	2 225	[illegible]
1988	5	2	6	2 580	2 496	[illegible]
1989	5	2	7	2 922	2 838	[illegible]
1990	5	2	7	3 192	3 108	[illegible]
1991	6	2	7	3 582	3 498	[illegible]
1992	6	2	7	4 550	4 466	[illegible]
1993	7	4	8	5 252	5 168	[illegible]
1994	7	4	9	6 124	6 040	[illegible]
1995	7	4	10	6 724	6 640	[illegible]
1996	7	4	16	7 455	7 105	[illegible]
1997	7	4	16	8 288	7 813	[illegible]
1998	7	4	16	8 899	8 353	[illegible]
1999	7	4	16	9 332	8 720	[illegible]
2000	7	4	20	10 294	9 616	[illegible]
2001	7	4	25	11 159	10 542	[illegible]
2002	7	3	23	12 404	11 808	[illegible]
2003	7	3	26	13 588	12 607	[illegible]
2004	7	3	39	15 069	14 186	[illegible]
2005	7	3	39	16 824	15 577	[illegible]
2006	7	3	39	17 553	16 193	[illegible]
2007	7	3	40	18 086	16 766	[illegible]
2008	7	3	43	19 913	18 435	[illegible]
2009	7	3	43	21 399	19 872	[illegible]
2010	7	3	44	22 842	21 166	[illegible]
2011	7	3	42	24 079	22 322	[illegible]
2012	7	3	43	27 984	26 124	[illegible]
2013	9	3	42	29 261	27 079	[illegible]
2014	10	3	39	31 042	28 853	[illegible]
2015	10	3	39	33 771	31 425	[illegible]
2016	10	3	58	41 512	38 124	[illegible]
2017	10	2	88	43 868	39 899	[illegible]
2018	10	1	93	47 551	43 569	[illegible]
2019	10	1	162	51 318	47 366	[illegible]
2020	10	1	197	62 904	57 642	[illegible]

年 份 Year	(2) 专科医院 Specialized Hospitals	2.其他医疗卫生机构 Other Health Care Institutions	三、卫生工作人员数（人） Medical Personnel (person)	1. 卫生技术人员 Medical Technical Personnel	(1)执业医师 Licensed Doctors
1979			1 214	988	364
1980			1 335	1 088	438
1981			1 514	1 270	518
1982			1 967	1 609	708
1983	58		2 910	2 343	1 073
1984	179		3 869	3 064	1 484
1985	285		4 861	3 857	1 862
1986	279	84	5 800	4 657	2 217
1987	284	84	6 354	5 117	2 408
1988	410	84	7 115	5 715	2 754
1989	533	84	7 923	6 451	3 103
1990	548	84	8 619	6 996	3 426
1991	651	84	9 405	7 618	3 737
1992	983	84	10 643	8 571	4 247
1993	1 022	84	12 261	9 888	4 798
1994	1 196	84	13 853	11 034	5 347
1995	1 289	84	15 591	12 449	6 050
1996	1 328	350	17 925	14 652	7 266
1997	1 589	475	18 553	14 932	7 400
1998	1 593	546	18 707	14 975	7 191
1999	1 600	612	18 841	15 143	7 062
2000	1 633	678	19 691	15 720	7 418
2001	1 623	617	21 362	17 135	8 097
2002	1 789	596	23 100	18 615	7 853
2003	1 789	981	26 178	21 234	8 909
2004	2 061	883	28 593	22 895	9 846
2005	2 245	1 247	31 577	25 681	10 961
2006	2 247	1 360	53 441	43 266	16 238
2007	2 441	1 320	59 170	46 877	17 450
2008	2 953	1 478	63 488	50 608	18 807
2009	3 355	1 527	67 028	53 778	19 963
2010	3 692	1 676	67 678	54 081	20 122
2011	4 120	1 757	71 969	58 059	21 517
2012	4 830	1 860	76 684	61 961	22 831
2013	4 983	2 182	82 105	65 782	24 221
2014	5 792	2 189	86 535	69 936	25 728
2015	7 064	2 346	92 682	74 884	27 834
2016	9 309	3 388	96 955	78 826	29 300
2017	10 450	3 969	104 363	85 282	31 838
2018	11 353	3 982	114 882	93 660	34 747
2019	13 147	3 952	125 096	102 788	38 519
2020	18 125	5 262	130 324	106 261	40 757

注： 由于卫生工作人员统计口径的变化，而使该类人数指标产生了较大的增幅。
Note: Because of changing of statistics range, the data of medical personnel increased substantially.

17-1（一） 续表 3 continued

年 份 Year	执业中医师 Licensed Doctors of Chinese Medicine	(2) 执业助理医师 Licensed Assistant Doctors	中医执业助理医师 Licensed Assistant Doctors of Traditional Chinese Medicine	(3) 注册护士 Registered Nurses	(4) 药剂人员 Pharmacists	(5) 检验人员 Laboratory Technicians	(6) 其它 Others	2.其他技术人员 Other Technical Personnel
1979	96			138	22	32	432	
1980	88			186	31	41	392	13
1981	98			237	46	48	421	15
1982	116			323	76	60	442	5
1983	141			551	121	91	507	21
1984	171			716	173	125	566	41
1985	243			997	222	158	618	29
1986	304			1 246	260	211	723	44
1987	341			1 450	292	257	710	48
1988	374			1 734	409	283	535	86
1989	433			1 971	431	321	625	85
1990	463			2 145	475	355	595	118
1991	503			2 372	539	365	605	156
1992	579			2 705	630	375	614	183
1993	650			3 225	744	464	657	169
1994	739			3 625	823	538	701	318
1995	823			4 034	906	612	847	386
1996	1 292			4 654	1 005	664	1 063	427
1997	1 122			4 828	1 063	708	933	519
1998	928			5 025	1 111	760	888	502
1999	879			5 230	1 108	812	931	514
2000	919			5 425	1 130	847	900	589
2001	958			5 945	1 194	871	1 028	505
2002	865	407	28	6 635	1 292	965	1 463	300
2003	939	530	41	7 321	1 499	1 085	1 890	1 [illegible]56
2004	1 015	521	42	7 975	1 569	1 219	1 765	1 [illegible]43
2005	1 134	658	45	8 981	1 710	1 362	2 009	1 [illegible]91
2006	1 548	1 347	110	16 583	2 796	2 340	3 962	2 [illegible]17
2007	1 625	1 335	121	17 869	2 876	2 190	5 157	1 [illegible]74
2008	1 873	1 366	93	19 339	2 979	2 382	5 735	2 [illegible]72
2009	2 017	1 425	155	21 008	3 046	2 578	5 758	2 [illegible]71
2010	2 151	1 109	85	21 866	2 896	2 486	5 602	2 [illegible]13
2011	2 230	1 140	89	23 987	3 021	2 615	5 779	2 [illegible]32
2012	2 649	1 111	124	25 931	3 143	2 652	6 293	2 [illegible]92
2013	2 911	1 137	284	28 035	3 343	3 022	6 024	2 [illegible]92
2014	3 069	1 130	103	29 723	3 469	3 086	6 800	2 [illegible]79
2015	3 452	1 173	119	31 717	3 607	3 216	7 337	2 [illegible]33
2016	3 616	1 259	115	34 065	3 644	3 364	7 194	3 [illegible]8
2017	4 079	1 460	148	36 389	3 842	3 517	8 236	4 [illegible]4
2018	4 630	1 574	172	40 309	4 029	3 739	9 262	5 [illegible]9
2019	5 277	1 796	212	44 273	4 210	3 934	10 056	6 [illegible]5
2020	5 657	1 819	219	46 202	4 316	4 117	9 050	8 4[illegible]6

17-1（一） 续表 4 continued

年 份 Year	3.管理人员 Managerial Personnel	4.工勤人员 Logistics Workers	四、医疗机构总诊疗人次(万人次) Total Patients Treated	五、入院人次(万人次) Total Inpatients (10 000 persons)	六、病床使用率(%) Utilization Rate of Beds (%)	七、病床周转次数(次) Turnover of Beds(time)
1979	123	103				
1980	112	122				
1981	120	109	148	1.41		
1982	168	185	169	1.97		
1983	193	353	212	3.44		
1984	221	543	280	4.11		
1985	354	621	345	4.88		
1986	394	705	389	4.68	66.2	24.4
1987	411	778	461	5.84	73.6	22.2
1988	465	849	563	6.97	75.6	28.8
1989	517	870	607	7.87	78.4	29.0
1990	463	1 042	729	8.73	81.4	29.0
1991	514	1 117	840	10.08	85.2	30.3
1992	645	1 244	976	11.40	81.9	28.0
1993	965	1 239	1 050	12.59	80.3	26.6
1994	1 108	1 393	1 057	12.81	70.8	23.2
1995	1 195	1 561	1 202	13.07	65.0	20.8
1996	1 252	1 594	1 168	14.63	64.3	21.5
1997	1 426	1 676	1 231	16.15	67.4	21.9
1998	1 381	1 849	1 386	19.05	68.6	24.1
1999	1 386	1 698	1 520	21.12	69.3	24.5
2000	1 479	1 803	1 699	26.61	75.4	28.3
2001	1 729	1 893	1 912	30.23	77.3	29.4
2002	1 753	1 932	2 062	35.74	80.0	30.6
2003	1 807	2 081	3 052	41.57	84.0	33.5
2004	2 100	2 355	3 514	49.00	82.4	34.9
2005	2 367	2 338	4 055	54.68	79.9	34.6
2006	3 058	5 000	5 170	59.24	81.6	35.6
2007	3 450	6 869	5 954	68.09	87.5	38.6
2008	3 867	6 941	6 842	75.34	89.1	37.9
2009	3 925	7 154	7 549	79.70	86.1	38.4
2010	4 060	7 324	8 127	89.1	89.2	40.1
2011	3 638	8 040	8 878	96.2	90.5	41.4
2012	3 557	8 974	8 638	105.4	85.8	40.1
2013	3 620	10 111	9 112	109.4	84.2	38.4
2014	3 590	10 230	8 853	119.4	85.5	39.4
2015	4 092	10 773	8 901	124.1	84.0	38.1
2016	4 182	9 949	9 598	138.4	85.2	39.0
2017	4 447	10 120	9 960	150.8	84.8	39.3
2018	5 182	10 471	9 986	162.0	84.0	39.6
2019	5 890	10 083	10 812	182.2	82.5	40.1
2020	6 171	9 436	9 002	150.8	66.6	31.2

注： 根据最新国家卫生统计调查制度，从2012年开始总诊疗人次变更统计口径，不包括健康体检和计划免疫人次。

Note: According to the latest national health system, from 2012, the statistics range of Total Patients Treated has changed, not including health examination and planned immunization personnel.

17-1 卫生事业（二）

PUBLIC HEALTH（Ⅱ）

项目	Item	2014	2015	2016	2017	2018	2019	2020
总诊疗人次（万人次）	Total Patients Treated (10000 person-times)	8 852.6	8 900.6	9 598.3	9 959.8	9 985.9	10 811.7	9 [illegible]1.3
#门诊人次（万人次）	#Outpatient Visits (10000 person-times)	7 685.6	7 834.3	8 417.0	8 815.4	8 982.9	9 720.8	8 [illegible]0.7
急诊人次（万人次）	Emergency Visits (10000 person-times)	724.5	708.2	789.1	749.9	673.8	764.0	6[illegible]0.4
出院人次（万人次）	Number of Discharged Patients(10000 person-times)	119.3	123.9	138.2	150.3	161.9	181.7	1[illegible]1.1
出院病人平均住院日（日）	Average Stay Days in Hospital(day)	7.7	7.9	7.8	7.7	7.6	7.4	[illegible].7
门诊病人次均医疗费用（元）	The Average Medical Expenses Of Outpatient Every Time(yuan)	201.7	218.4	230.4	246.9	278.5	293.2	325[illegible]
住院病人次均医疗费用（元）	The Average Medical Expenses Of Discharged Patients Every Time(yuan)	8 243.3	9 117.2	9 547.0	10 124.1	11 367.8	12 138.8	14 164.5

17-2 体育事业

BASIC STATISTICS ON SPORTS

项目	Item	2014	2015	2016	2017	2018	2019	2020
二级运动员发展人数（人）	New Number of Athletes of Grade II(person)	541	499	420	477	522	449	374
二级裁判员发展人数（人）	New Number of Referees of Grade II(person)	652	543	376	413	425	435	439
举办单项比赛次数（次）	Number of Individual Sports Activities(times)	119	167	230	299	342	43	3
全民健身活动情况	Nationwide Body-building Activities							
#举办1000人以上的群体健身活动次数（次）	Number of Nationwide Body-building Activities more than 1000 persons(times)	200	200	145	160	150	167	34
参加活动人数（万人）	Number of Persons Taking Part in(10 000 persons)	380	375	246	251	230	262	144
国民体质测试（受测人数）（人）	National Physical Fitness Test (number of subjects) (person)	91 268	62 507	60 809	64 305	70 641	54610	45 780
国民体质合格以上率（%）	Pass Rate of National Physical Fitness Test(%)	89.8	88.5	91.8	92.0	89.7	90.6	91.4

注： 2015年开始，国民体质测试（受测人数）不含学生测试人数。
Note: From 2015, the national physical test (the number of people subjects) does not contain the number of students tested.

17−3 建立最低生活保障制度以来历年低保情况

LIST OF MINIMUM STANDARD OF LIVING SECURITY

年 份 Year	户 数（户） Households (Household)	人 数（人） Persons (Person)	最低生活保障金 （万元） Minimum Subsistence Allowance (10 000 yuan)	人均最低生活保障标准 （元/月） Minimum Standard of Living per person (yuan/month)
1998	771	2 014	212	
1999	1 150	3 145	375	
2000	1 372	3 783	559	
2001	1 796	4 978	730	
2002	2 783	8 478	1 288	
2003	3 718	11 203	1 972	
2004	4 467	13 364	2 427	
2005	4 887	14 602	3 523	344
2006	5 103	15 026	3 700	351
2007	5 105	14 833	4 049	361
2008	4 962	14 214	4 513	[illegible]
2009	4 885	13 601	5 522	[illegible]
2010	4 470	12 220	4 122	450
2011	4 009	10 716	4 752	510
2012	3 320	8 598	5 358	550
2013	2 866	7 095	3 658	550
2014	2 787	6 729	3 688	620
2015	2 653	6 309	4 715	800
2016	2 550	5 916	4 301	8[illegible]
2017	2 280	5 126	4 464	900
2018	1 861	4 013	4 052	1 070
2019	1 495	3 055	3 373	1 160
2020	1 715	3 505	3 649	1 250

17-4 社会养老机构、救助管理站基本情况

BASIC STATISTICS ON SOCIAL PENSION INSTITUTIONS AND RELIEF MANAGEMENT STATIONS

年 份 Year	提供住宿的社会养老机构 Social Pension Institutions that Provide Accommodation			编办登记生活无着人员救助管理站 Relief Management Stations for registering unaccompanied persons		
	单位（个） Units（unit）	床位数（张） Beds（bed）	年末收养人数（人） Year-end Population Housed（person）	单位（个） Units（unit）	床位数（张） Beds（bed）	年度累计救助人数（人次） Number of Rescued Persons Yearly（person-time）
2003	26	2 919		3	700	1 322
2004	26	2 919		3	700	12 075
2005	26	2 919	2 340	3	700	15 948
2006	27	3 419	2 457	3	700	19 440
2007	27	2 288	1 316	3	700	26 980
2008	29	2 797	1 530	3	700	38 976
2009	30	3 597	1 760	3	740	35 292
2010	30	3 597	1 742	3	810	51 375
2011	30	4 597	1 869	3	830	21 721
2012	31	5 194	2 063	3	830	23 815
2013	31	4 908	2 554	3	820	25 109
2014	31	5 996	2 448	3	820	23 024
2015	31	6 662	2 745	3	850	22 116
2016	34	7 116	3 213	3	600	25 238
2017	35	8 247	3 384	3	600	30 322
2018	45	9 497	3 719	3	624	20 179
2019	47	10 209	4 303	3	804	10 063
2020	44	10 562	3 835	3	484	8 094

注： 救助管理站2003年人数为2003年8月至2003年12月。
Note: Number of relief management stations in 2003 is from Aug 2003 to Dec 2003.

17-5 社会保险基本情况

BASIC STATISTICS OF SOCIAL INSURANCE

单位：万人 （10 000 persons）

项目	Item	2018	2019	2020
基本养老保险年末参保人数	Basic Pension Insurance Participants at Year-end	1 157.77	1 214.71	1 2[illegible]9.69
城镇职工基本养老保险年末参保人数	Urban Employees Basic pension Insurance Participants at Year-end	1 157.00	1 213.69	1 268.55
城镇居民基本养老保险年末参保人数	Basic pension Insurance for Urban Residents Participants at Year-end	0.78	1.02	1.13
基本医疗保险年末参保人数	Basic Medical Care Insurance Participants at Year-end	1 466.92	1 536.60	1 603.56
城镇职工基本医疗保险年末参保人数	Urban Employees Basic Medical Care Insurance Participants at Year-end	1 195.25	1 239.57	1 30[illegible].93
城镇居民基本医疗保险年末参保人数	Basic Medical Care Insurance for Urban Residents Participants at Year-end	271.67	297.02	305.53
失业保险年末参保人数	Unemployment Insurance Participants at Year-end	1 127.36	1 166.64	1 22[illegible].[illegible]4
工伤保险年末参保人数	Work Injury Insurance Participants at Year-end	1 140.38	1 186.15	1 241.74
生育保险年末参保人数	Maternity Insurance Participants at Year-end	1 202.62	1 246.71	1 304.79

主要统计指标解释

卫生技术人员 指从事卫生技术工作并在卫生事业机构领取劳动报酬的专业人员。包括中医师、西医师、中西医结合高级医师、护师、中药师、西药师、检验师、其他技师、中医士、西医士、护士、助产士、中药剂士、西药剂士、检验士、其他技士、其他中医、护理员、中药剂员、西药剂员、检验员以及其他初级卫生技术人员。

执业医师 指具有《医师执业证》及其“级别”为“执业医师”且实际从事医疗、预防保健工作的人员，不包括实际从事管理工作的执业医师。执业医师类别分为临床、中医、口腔和公共卫生。

执业助理医师 指具有《医师执业证》及其“级别”为“执业助理医师”且实际从事医疗、预防保健工作的人员，不包括实际从事管理工作的执业助理医师。执业助理医师类别同样分为临床、中医、口腔和公共卫生四类。

Explanatory Notes on Main Statistical Indicators

Medical Technical Personnel refer to all permanent and contract medical staff and workers employed by medical institutions, including doctors of Chinese and Western medicine, senior doctors who integrate traditional Chinese therapeutics with Western therapeutics in practice, senior nurses, pharmacists of Chinese and Western medicine, laboratory specialists, other specialists, paramedics of Chinese and Western medicine, nurses, midwives, druggists in Chinese and Western medicine, laboratory technicians, other technicians, other practitioners of Chinese medicine, nursing attendants, pharmacological workers of Chinese and Western medicine, laboratory workers, and other primary medical personnel.

Licensed Doctors refer to the medical workers who have obtained the licenses of qualified doctors and are employed in medical treatment, disease prevention or healthcare institutions, excluding the licensed doctors engaged in management job. The classification of licensed doctors is clinician, Chinese medicine, dentist and public health.

Licensed Assistant Doctors refer to the medical workers who have obtained the licenses of qualified assistant doctors and are employed in medical treatment, disease prevention or healthcare institutions, excluding the licensed assistant doctors engaged in management job. The classification of licensed assistant doctors is clinician, Chinese medicine, dentist and public health.

18 第十八部分

城市建设和环境保护

URBAN CONSTRUCTIO N AND ENVIRONMENTAL PROTECTION

CHAPTER

18-1 城市建设及公用设施
URBAN CONSTRUCTIONS AND PUBLIC UTILITY

指 标 名 称	Indicators	2015	2016	2017	2018	2019	2020
一、城市园林绿化	**Parks,Gardens and Green Areas in Urban Districts**						
绿化覆盖面积（公顷）	Coverage Area of Afforestation (hectare)	99 841	99 841	101 860	101 842	101 822	101 267
其中：建成区（公顷）	Developed Areas(hectare)	40 590	41 638	41 726	41 738	41 685	41 457
建成区绿化覆盖率（%）	Green Coverage Rate in Developed Areas(%)	45	45	45	45	43	43
绿地面积（公顷）	Area of Green Areas(hectare)	97 850	97 870	97 889	97 901	97 709	97 175
其中：建成区（公顷）	Developed Areas(hectare)	35 289	36 191	36 267	35 912	35 902	35 704
建成区绿地率（%）	Rate of Green Areas in Developed Areas(%)	39.2	39.2	39.2	38.7	37.4	37.4
公园绿地面积（公顷）	Public Green Areas(hectare)	19 241	19 588	19 980	19 992	20 077	20 160
公园数（个）	Number of Parks(unit)	911	921	942	973	1 090	1 206
公园面积（公顷）	Area of Parks(hectare)	21 955	21 958	21 968	30 980	31 085	31 466
二、市政及环卫设施	**Public Facilities and Environmental Sanitation in urban Districts**						
实有铺装道路总长度（公里）	Total Length of Actual paved Roads(1000 m)	6 447	6 556	6 668	6 443	6 124	6 521
实有城市道路面积（万平方米）	Area of Actual urban Roads(10 000 sq.m)	11 838	11 920	12 151	11 849	11 374	12 235
城市排水管道总长度（公里）	Total Length of Sewer Pipelines(1000 m)	12 331	13 507	13 815	15 992	15 201	16 632
污水处理厂设计规模（万吨/日）	Design Scale of Sewage Disposal(10 000 tons/day)	480	520	520	580	625	625
道路照明灯（盏）	Number of Street Lights(unit)	305 062	405 500	406 566	432 964	479 357	520 581
生活垃圾转运站座数（座）	Waste Transfer Stations(set)	895	895	965	962	961	944
公共厕所数量（座）	Public Toilets(set)	2 610	3 343	3 343	3 343	3 446	3 557
市容环卫专用车辆（辆）	Special Vehicle for Municipal Sanitation(set)	1 724	2 456	2 825	3 348	3 713	4 257

18-2　城市环境
URBAN ENVIRONMENT

年　份 Year	水资源总量（亿立方米） Water Resources (100 million m³)	森林面积（公顷） Area of Woods (hectare)	森林覆盖率（%） Forest coverage (%)	空气中二氧化硫日均值（微克/立方米） Daily Average Concentration of SO_2 in the Air (ug/m³)	空气中二氧化氮日均值（微克/立方米） Daily Average Concentration of NO_2 in the Air (ug/m³)	空气中可吸入颗粒物日均值（微克/立方米） Daily Average Concentration of PM[illegible] in the Air (ug/m³)
2001	25.5			27	58	63
2002	15.68			18	50	6[illegible]
2003	16.29			20	57	70
2004	13.84			24	72	76
2005	19.93	72 619	38.9	21	39	64
2006	20.34	72 053	38.9	30	53	64
2007	17.57	72 224	39.0	23	54	64
2008	27.09	72 263	39.2	16	47	63
2009	18.86	73 202	39.7	13	42	57
2010	18.70	73 200	39.7	11	45	57
2011	14.48	80 227	41.1	11	48	57
2012	19.56	80 968	41.5	10	40	54
2013	25.20	82 866	41.5	11	40	52
2014	21.51	82 868	41.5	9	35	53
2015	18.49	82 915	41.5	8	33	[illegible]9
2016	30.40	80 840	40.9	8	33	[illegible]2
2017	19.58	79 339	40.0	8	30	[illegible]5
2018	22.64	78 543	39.8	7	29	[illegible]4
2019	20.62	78 816	39.8	5	25	[illegible]2
2020	17.17	78 054	39.4	6	23	[illegible]

18-2 续表 1 continued

年 份 Year	空气质量优良（二级）天数（天） Days of Air Quality Equal to or Above Grade II (day)	灰霾日（天） Days of Haze (day)	城市饮用水源水质达标率（%） Rate of Urban Drinking Water Quality Reaching Standard (%)	生活垃圾清运量（万吨） Consumption Wastes Collected and Transported (10 000 tons)	生活垃圾无害化处理率（%） Treatment Rate of Consumption Wastes (%)	工业废气排放量（亿立方米） Volume of Industrial Waste Gas Emission(100 million cubic meters)
2001	364	95	93.45	122	100	4 683.98
2002	363	104	96.11	129	100	7 313.37
2003	349	147	97.13	325	69.2	820.64
2004	344	187	96.71	325	81.0	1 082.42
2005	360	161	98.11	333	90.0	1 389.74
2006	359	147	98.07	360	93.7	1 264.02
2007	361	153	98.86	407	94.1	1 917.96
2008	364	154	99.87	441	94.2	1 631.61
2009	364	115	100	476	94.3	1 740.67
2010	356	115	100	479	94.6	1 683.53
2011	362	112	100	482	95.0	1 871.46
2012	365	77	100	490	95.1	2 136.96
2013	324	98	100	522	98.4	2 181.63
2014	348	68	100	541	100	2 214.89
2015	340	35	100	575	100	2 312.25
2016	354	27	100	572	100	2 779.52
2017	343	22	100	619	100	3 005.02
2018	345	20	100	702	100	3 322.77
2019	332	9	100	760	100	3 624.81
2020	355	3	100	716	100	4 168.54

注：1.从2017年开始，生活垃圾清运量、无害化处理量和处理率口径均有调整。
Note: From 2017,the statistical caliber of Consumption Wastes Collected and Transported, Consumption Wastes Harmless Disposal and Treatment Rate have been adjusted.
2.工业污染类指标为上报国家版数据，最终数据以国家定库为准。
The data of industrial pollution indicators are submitted to the national version, and the final data shall be subject to the national database.

18-2 续表 2 continued

年　份 Year	工业二氧化硫排放总量（万吨） Volume of Industrial Sulphur Dioxide Emission (10 000 tons)	工业氮氧化物排放总量（万吨） Volume of Industrial Nitrogen Oxide Emission (10 000 tons)	一般工业固体废物产生量（万吨） General Industrial Solid Wastes Produced (10000 tons)	城市区域环境噪声均值（分贝） Average Noise Value of Urban Environment(dB)	城市道路交通噪声均值（分贝） Average Noise Value of Urban Road Traffic(dB)
2001	3.93		49.97	56.1	6[illegible].3
2002	4.09		49.64	56.0	6[illegible].2
2003	4.55		68.67	56.0	6[illegible].5
2004	4.36		95.49	56.1	6[illegible].2
2005	4.35		104.07	56.2	6[illegible].4
2006	4.24	3.60	132.02	56.5	6[illegible].6
2007	3.83	7.23	193.55	56.5	6[illegible].4
2008	3.42	5.01	175.42	56.5	6[illegible].2
2009	3.23	4.28	173.11	56.8	69.3
2010	3.30	2.57	184.82	56.7	69.2
2011	0.95	3.30	169.52	56.7	69.[illegible]
2012	0.98	2.99	152.82	56.9	68.9
2013	0.57	1.84	123.84	56.8	68.[illegible]
2014	0.53	1.43	141.42	56.8	68.3
2015	0.41	1.07	124.63	56.8	69.3
2016	0.47	1.14	142.13	56.9	69.5
2017	0.13	0.66	165.21	57.5	70.[illegible]
2018	0.01	0.56	116.49	57.2	69.[illegible]
2019	0.12	0.50	228.96	57.1	69.7
2020	0.08	0.41	241.34	56.2	68.9

18-3 用电量、供水量

ELECTRICITY CONSUMPTION AND TAP WATER SUPPLY

年 份 Year	用电总量 (万千瓦小时) Total Electricity Consumption (10 000 kWh)	农、林、牧、渔业 Farming, Forestry Animal Husbandry and Fishery	工 业 Industry	建筑业 Construction	交通运输、仓储、邮政业 Transportation, Storage and Post Services	信息传输、软件和信息技术服务业 Information Transmission, Software and Information Technology
1994	879 100	11 609	503 780	26 502	14 229	
1995	913 600	11 258	499 757	27 081	15 877	
1996	1 014 427	13 041	547 085	26 138	22 364	
1997	1 125 781	14 558	617 016	23 974	20 571	
1998	1 294 332	16 225	644 973	25 805	21 982	
1999	1 498 759	22 045	749 834	36 735	28 215	
2000	1 903 494	34 659	1 018 794	42 482	24 329	
2001	2 122 871	48 247	1 168 146	50 425	28 584	
2002	2 599 161	114 324	1 472 361	60 653	36 477	
2003	3 234 299	172 253	1 793 262	57 644	37 904	
2004	3 903 060	228 808	2 234 774	62 493	41 722	
2005	4 402 089	252 793	2 462 690	81 148		
2006	4 872 038	245 405	2 790 275	85 968	41 541	91 925
2007	5 678 193	241 447	3 331 541	94 212	54 364	94 400
2008	5 837 586	225 570	3 462 946	96 540	58 013	102 807
2009	5 856 808	113 898	3 237 528	75 192	84 721	114 674
2010	6 635 475	29 049	4 161 345	63 880	108 383	59 286
2011	6 960 198	24 658	4 186 359	62 642	151 177	70 315
2012	7 221 044	22 116	4 232 405	62 331	176 093	83 141
2013	7 297 680	22 003	4 393 588	72 041	182 803	84 425
2014	7 886 841	24 325	4 731 235	90 222	208 186	87 900
2015	8 155 442	24 601	4 795 635	96 380	226 320	103 032
2016	8 510 789	25 184	4 839 234	104 212	265 857	119 802
2017	8 844 861	25 787	4 872 227	112 545	349 749	151 986
2018	9 172 307	14 862	4 909 845	101 710	396 421	149 589
2019	9 839 910	16 421	5 038 785	131 577	431 291	197 358
2020	9 833 430	16 858	4 915 970	163 926	399 639	244 280

18-3 续表 continued

年 份 Year	批发和零售业、住宿和餐饮业 Wholesale and Retail Trades,Hotels and Catering Services	金融、房地产、租赁和商务服务业 Banking,Real Estate Trade, Leasing and Business Services	公共事业及管理组织 Public Service and Management Organizations	城乡居民生活用电 Residential Electricity Consumption	公共供水综合生产能力 (万立方米/日) Comprehensive production capacity of public water supply (10000 m³/day)	公共供水总量(万立方米) Volume of Tap Water Supply (10000 m³)
1994	102 166		125 292	95 447	244	52 308
1995	105 512		128 134	125 834	268	57 408
1996	121 650		132 108	151 795	328	64 743
1997	150 755		124 155	174 576	328	70 194
1998	168 155		150 517	266 520	339	79 596
1999	176 589		195 198	289 927	364	86 560
2000	218 196		231 113	333 585	380	92 068
2001	226 547		248 025	352 722	390	97 334
2002	347 290		245 553	322 334	412	108 070
2003	374 271		389 140	409 616	442	122 795
2004	428 738		445 363	460 985	508	135 026
2005	380 550		687 479	537 429	534	139 487
2006	400 936	472 581	149 949	583 485	591	145 227
2007	430 487	529 424	182 882	717 521	638	154 230
2008	431 764	558 283	197 898	702 181	670	156 956
2009	466 208	717 667	254 082	791 322	670	150 094
2010	475 271	706 670	263 752	766 538	692	156 470
2011	501 705	774 252	293 417	894 161	692	161 480
2012	526 599	758 050	315 756	1 043 007	692	160 360
2013	588 761	680 041	317 648	1 039 391	674	159 139
2014	521 487	682 603	335 878	1 203 653	675	164 132
2015	559 474	755 442	368 900	1 248 873	674	169 698
2016	579 285	830 797	402 706	1 343 218	709	199 342
2017	600 755	891 335	429 257	1 409 230	709	174 887
2018	617 224	927 099	671 644	1 383 914	700	179 498
2019	680 971	1 111 117	765 990	1 466 400	697	182 216
2020	728 862	1 101 311	717 332	1 545 252	721	177 532

18-4 公共交通

PUBLIC TRANSPORTATION

年 份 Year	年末实有公共汽车(辆) Number of Buses (year-end)	出租小汽车(辆) Taxi (unit)	年末公共汽车营运线路条数(条) Number of Operating Bus Lines (year-end)	公共汽车客运总人数(万人次) Number of Passengers Carried of Bus Lines (10 000 person-times)	轨道交通线路长度(公里) Length of Operation Lines(km)	轨道交通客运总量(万人次) Volume of Passenger Traffic of Operation Lines(10 000 person-times)	轨道交通线路条数(条) Number of Operation Lines(line)
1979	12	10	2				
1980	38	160	3				
1981	44	199	6				
1982	52	233	7				
1983	88	860	9	1 399			
1984	132	1 226	19	2 974			
1985	153	1 700	27	5 184			
1986	171	1 794	29	5 827			
1987	205	1 896	32	9 068			
1988	248	2 305	37	16 399			
1989	305	2 365	38	16 747			
1990	403	2 394	42	21 947			
1991	501	3 152	51	19 821			
1992	507	6 083	55	27 248			
1993	851	6 212	61	30 600			
1994	1 144	7 400	68	31 020			
1995	1 468	8 255	80	35 390			
1996	1 784	8 505	89	35 495			
1997	2 128	8 505	125	36 202			
1998	2 461	8 505	137	37 250			
1999	2 772	8 505	145	40 600			
2000	2 920	8 505	131	42 800			
2001	3 495	8 505	138	47 072			
2002	3 495	9 705	138	51 714			
2003	4 885	10 255	185	50 719			
2004	5 376	10 305	208	100 820			
2005	6 091	10 305	227	101 621	22	5 766	2
2006	7 305	10 305	277	123 084	23	8 990	2
2007	8 188	11 205	316	135 668	24	11 765	2
2008	8 396	12 991	340	145 701	25	13 550	2
2009	11 928	13 411	578	213 603	25	13 823	2
2010	12 456	14 340	758	228 058	64	16 271	4
2011	15 365	14 735	825	223 735	177	45 985	5
2012	14 546	15 300	854	228 305	177	78 129	5
2013	14 617	15 973	881	220 178	177	91 715	5
2014	15 074	16 275	886	225 739	177	103 675	5
2015	15 120	16 596	903	206 892	177	112 188	5
2016	15 483	17 842	976	186 799	285	129 713	8
2017	17 430	18 379	992	165 425	297	165 545	9
2018	17 177	21 551	981	162 882	297	188 651	9
2019	17 110	21 498	933	158 973	316	203 216	9
2020	17 004	21 358	907	105 377	423	163 022	12

注： 由于指标调整，本表中指标口径2009年以前为“公共大巴”口径，2009年及以后为“公共汽车”口径，包括原大巴、中巴、小巴。

Note: After the adjustment in 2009, the statistical scope of Buses include Large-sized buses, medium-sized buses and small-sized buses, while it just refers to large-sized buses before.

18-5 气象情况
CLIMATE

年 份 Year	平均气温(摄氏度) Mean Air Temperature (℃)	降水量(毫米) Precipitation (mm)	日照时数(小时) Sunshine Duration (hour)	平均相对湿度(%) Mean Relative Humidity (%)
1990	23.0	1 396.9	1 842.1	76
1995	22.5	2 309.8	1 858.2	74
2000	23.4	2 533.6	1 939.5	75
2001	23.6	2 747.3	1 811.3	74
2002	23.7	1 608.1	1 975.0	72
2003	23.9	1 833.4	1 655.3	74
2004	23.6	1 299.4	1 921.5	71
2005	23.2	2 143.6	1 574.3	70
2006	23.4	1 936.5	1 624.3	73
2007	23.5	1 581.5	1 937.1	70
2008	22.8	2 710.0	1 907.6	69
2009	23.2	1 611.0	1 987.3	70
2010	23.0	1 634.0	1 775.6	73
2011	22.6	1 269.7	2 054.4	71
2012	23.1	1 554.8	1 781.5	79
2013	23.1	2 203.6	1 906.6	75
2014	23.2	1 725.5	2 034.6	73
2015	23.9	1 500.8	1 964.3	72
2016	23.2	2 490.6	1 759.3	79
2017	23.6	1 967.1	1 919.1	77
2018	23.4	1 957.2	1 905.5	76
2019	24.0	1 880.1	1 868.7	78
2020	23.8	1 581.8	1 954.0	76

主要统计指标解释

水资源总量 指当地降水形成的地表和地下产水总量，即地表径流量与降水入渗补给量之和。

工业固体废物产生量 指工业企业在生产过程中产生的固体状、半固体状和高浓度液体状废弃物的总量，包括冶炼废渣、粉煤灰、炉渣、煤矸石、化工废渣、尾矿、放射性废渣和其它废渣等；不包括矿山开采的剥离废石和掘进废石（煤矸石和呈酸性或碱性的废石除外）。酸性或碱性废石是指采掘的废石其流经水、雨淋水PH值小于4或PH值大于10.5者。

生活垃圾清运量 指报告期收集和运送到各生活垃圾处理厂(场)和生活垃圾最终消纳点的生活垃圾数量。生活垃圾指城市日常生活或为城市日常生活提供服务的活动中产生的固体废物以及法律行政规定的视为城市生活垃圾的固体废物。

生活垃圾无害化处理率 指报告期生活垃圾无害化处理量与生活垃圾产生量的比率。在统计上，由于生活垃圾产生量不易取得，可用清运量代替。计算公式为：

$$\text{生活垃圾无害化处理率}=\frac{\text{生活垃圾无害化处理量}}{\text{生活垃圾产生量}}\times 100\%$$

Explanatory Notes on Main Statistical Indicators

Total Water Resources refers to total volume of surface water and groundwater and is measured as run–off for surface water and replenishment of groundwater with rainfall in local area.

Volume of Industrial Solid Wastes Produced refers to the total volume of solid, semi solid or high concentration liquid residues produced by industrial enterprises in their production process, including residues from melting, slag, powdered coal ash, gangue, chemical residues, tailings, radioactive residues and other residues, but excluding stripped or dug stones in mining (except gangue and acid or alkali waste stones, which are waste stones washed or soaked by water with a PH value smaller than 4 or larger than 10.5).

Consumption Wastes Transported refers to volume of consumption wastes collected and transported to disposal factories or sites during the reference period. Consumption wastes are solid wastes produced from urban households or from service activities for urban households, and solid wastes regarded by laws and regulations as urban consumption wastes.

Ratio of Consumption Wastes Treated refers to consumption wastes treated over that produced. In practical statistics, as it is difficult to estimate, the volume of consumption wastes produced is replaced with that transported. It is calculated as:

$$\text{Ratio of consumption wastes treated} = \frac{\text{consumption wastes treated}}{\text{consumption wastes produced}} \times 100\%$$

19 第十九部分 人民生活

PEOPLE'S LIVELIHOOD

CHAPTER

19-1 城镇单位在岗职工年平均工资

AVERAGE WAGE OF FULLY EMPLOYED STAFF AND WORKERS IN URBAN UNITS

年 份 Year	在岗职工年平均工资(元) Average Wage of Fully Employed Staff and Workers (yuan)	国有单位 State-owned Units	城镇集体单位 Urban Collective-owned Units	其他单位 Units of Other Types of Ownership
1979	769	785	688	
1980	979	990	922	687
1981	1 132	1 119	1 211	1 156
1982	1 366	1 358	1 410	1 363
1983	1 545	1 571	1 470	1 528
1984	2 179	2 257	1 805	2 023
1985	2 418	2 427	1 932	2 753
1986	2 452	2 476	2 048	2 637
1987	2 677	2 637	3 223	3 021
1988	3 388	3 267	2 737	3 615
1989	3 858	3 917	2 855	3 733
1990	4 304	4 339	3 348	4 203
1991	5 016	4 908	3 984	5 240
1992	5 931	6 026	4 435	6 270
1993	8 145	8 854	5 681	7 633
1994	10 572	11 632	7 076	10 208
1995	12 276	13 709	7 229	12 184
1996	14 507	16 625	8 668	13 685
1997	16 531	18 515	10 320	15 872
1998	18 381	21 161	11 260	17 204
1999	20 714	23 602	13 228	19 530
2000	23 039	26 193	13 234	21 974
2001	25 941	31 187	13 427	23 981
2002	28 218	35 501	16 969	25 544
2003	30 611	40 893	17 061	26 940
2004	31 928	45 212	20 256	27 868
2005	32 476	47 762	17 112	28 521
2006	35 107	49 312	20 591	31 286
2007	38 798	58 347	21 793	33 787
2008	43 454	65 431	25 291	37 933
2009	46 723	72 278	24 715	40 582
2010	50 456	79 734	27 801	43 939
2011	55 143	85 218	31 830	48 422
2012	59 010	90 492	34 444	52 374
2013	62 619	90 393	30 207	59 627
2014	72 651	108 192	39 993	69 224
2015	81 034	117 432	45 546	77 436
2016	89 757	124 927	56 682	86 374
2017	100 173	150 444	71 380	95 203
2018	111 709	172 466	67 768	106 353
2019	127 757	207 654	75 138	119 411
2020	139 436	213 250	184 999	129 716

19-2 居民家庭生活基本情况

BASIC CONDITIONS OF PERMANENT HOUSEHOLDS

年 份 Year	平均每户家庭人口 (人) Average Persons per Household (person)	平均每户就业人口 (人) Average Employees per Household (person)	平均每一就业者负担人口 (人) Persons Supported by Each Employee (person)	平均每人每月可支配收入(元) Per Capita Monthly Disposable Income(yuan)	平均每人每月消费性支出(元) Per Capita Monthly Consumption Expenditures(yuan)
1988	3.90	2.17	1.80	214.10	1[illegible]5.45
1989	3.92	2.16	1.82	304.71	2[illegible]6.59
1990	3.81	2.16	1.76	343.95	305.92
1991	3.78	2.21	1.71	380.31	3[illegible]7.93
1992	3.73	2.23	1.67	481.94	41[illegible].54
1993	3.59	2.14	1.68	644.72	51[illegible].97
1994	3.60	2.10	1.72	875.27	78[illegible].43
1995	3.61	2.06	1.75	1 064.22	91[illegible].86
1996	3.50	2.06	1.70	1 357.97	1 08[illegible].00
1997	3.46	2.03	1.70	1 548.23	1 21[illegible].53
1998	3.48	1.96	1.78	1 601.16	1 230.35
1999	3.41	1.89	1.80	1 626.70	1 169.48
2000	3.42	1.86	1.84	1 742.14	1 358.89
2001	3.43	1.82	1.88	1 896.66	1 418.73
2002	3.32	1.86	1.79	2 078.39	1 577.[illegible]6
2003	3.38	1.80	1.88	2 161.32	1 663.[illegible]6
2004	3.34	1.68	1.99	2 299.70	1 630.[illegible]0
2005	3.35	1.73	1.94	1 791.20	1 325.[illegible]9
2006	3.33	1.80	1.85	1 880.59	1 385.[illegible]8
2007	3.29	1.83	1.80	2 025.12	1 539.[illegible]4
2008	3.25	1.59	2.04	2 227.44	1 648.2[illegible]
2009	3.24	1.66	1.95	2 437.04	1 793.8[illegible]
2010	3.22	1.68	1.92	2 698.41	1 900.5[illegible]
2011	3.15	1.67	1.89	3 042.09	2 006.6[illegible]
2012	3.21	1.70	1.89	3 395.16	2 227.3[illegible]
2013	3.19	1.68	1.90	3 721.09	2 401.0[illegible]
2014	2.20	1.40	1.57	3 412.33	2 404.40
2015	2.24	1.39	1.61	3 719.44	2 696.60
2016	2.26	1.40	1.61	4 057.92	3 040.05
2017	2.31	1.43	1.62	4 411.50	3 193.34
2018	2.46	1.53	1.61	4 795.30	3 377.92
2019	2.55	1.54	1.66	5 210.20	3 592.72
2020	2.63	1.51	1.74	5 406.48	3 381.75

注：从2014年起，国家统计局开展了城乡一体化住户收支与生活状况调查，19-2至19-6表数据来源于此调查样本，与2013年及之前住户调查的调查范围、调查方法、指标口径有所不同。

Note: The NBS started an integrated household income and expenditure survey in 2014, including both urban and rural households. The data shown in Tables 19-2 to 19-6 are compiled on the basis of the survey. The coverage, methodology and definitions used in the survey are different from those used for the separate urban and rural household surveys prior to 2014.

19-3 一体化住户调查样本调查户基本情况（2020年）

ASIC CONDITIONS OF INTEGRATED HOUSEHOLD AND EXPENDITURE SURVEY（2020）

单位：人 （person）

指标名称	Item	2020
样本量（户）	Sample Size（household）	1 240
户均常住成员	Average Resident per Household	2.63
户均常住从业人数	Employed Resident Persons per Household	1.51
每一从业人员负担人口	Average Number of Dependents per Employed Person	1.74
恩格尔系数（%）	Engel Coefficient（%）	30.8
人均住房建筑面积（平方米/人）	Per Capita Floor Space of Residential Building（sq.m/person）	22.58

19-4 居民人均可支配收入（2020年）

PER CAPITA DISPOSABLE INCOME OF PERMANENT HOUSEHOLDS（2020）

单位：元 （yuan）

指标名称	Item	2020
可支配收入	**Per Capita Disposable Income**	**64 877.70**
一、工资性收入	**Income from Wages and Salaries**	**53 676.77**
(一)工资	Wages	49 835.99
(二)实物福利	Welfare	1 165.93
(三)其他	Others	2 674.86
二、经营净收入	**Net Business Income**	**6 991.97**
(一)第一产业净收入	Net Income of Primary Industry	
(二)第二产业净收入	Net Income of Secondary Industry	802.94
(三)第三产业净收入	Net Income of Tertiary Industry	6 189.03
三、财产净收入	**Net Income from Properties**	**6 452.25**
其中：出租房屋净收入	Net Income from Rent	2 207.49
四、转移净收入	**Net Income from Transfer**	**-2 243.30**
(一)转移性收入	Income from Transfer	3 825.65
#养老金或离退休金	Old-age Pension or Retired Pay	2 884.66
(二)转移性支出	Expenses on Transfer	6 068.95
#外来从业人员寄给家人的支出	Expenditure for Sending to Their Families	999.76
赡养支出	Expenditure for Support	602.31

19-5 居民人均消费支出（2020年）

PER CAPITA CONSUMPTION EXPENDITURE OF PERMANENT HOUSEHOLDS（2020）

单位：元 （yuan）

指标名称	Item	2020
居民生活消费支出	**Daily Consumption Expenditure**	**40 5[illegible]1.05**
一、食品烟酒	**Food,Tobacco and Liquor**	**12 5[illegible].39**
(一)食品	Food	8 5[illegible].69
(二)烟酒	Tobacco and Liquor	6[illegible]2.56
(三)饮料	Drink	29[illegible].43
(四)饮食服务	Catering	2 93[illegible].71
二、衣着	**Clothing**	**1 78[illegible].59**
(一)衣类	Clothes	1 45[illegible].67
(二)鞋类	Shoes	32[illegible].92
三、居住	**Residence**	**11 94[illegible].16**
其中：租赁房房租	Rent	3 85[illegible].84
四、生活用品及服务	**Household Facilities, Articles and Services**	**2 28[illegible].45**
(一)家具及室内装饰品	Furniture and Interior Decoration	22[illegible].39
(二)家用器具	Household Appliances	484.48
(三)家用纺织品	Home Textiles	153.23
(四)家庭日用杂品	Family Daily Groceries	582.55
(五)个人用品	personal Belongings	608.31
(六)家庭服务	Domestic Service	229.[illegible]0
五、交通通信	**Transport and Communications**	**5 642.[illegible]1**
(一)交通	Transport	4 127.[illegible]9
(二)通信	Communications	1 515.[illegible]3
六、教育文化娱乐	**Education, Cultural and Recreation**	**3 712.[illegible]3**
(一)教育	Education	2 588.[illegible]7
(二)文化娱乐	Cultural and Recreation	1 124.[illegible]6
七、医疗保健	**Health Care and Medical Services**	**1 671.[illegible]6**
(一)医疗器具及药品	Medical Apparatus and Medicine	491.[illegible]
(二)医疗服务	Medical Services	1 179.4[illegible]
八、其他用品及服务	**Miscellaneous Goods and Services**	**1 033.2[illegible]**
(一)其他用品	Miscellaneous Goods	318.1[illegible]
(二)其他服务	Miscellaneous Services	715.1

主要统计指标解释

可支配收入 指调查户在调查期内获得的、可用于最终消费支出和储蓄的总和，即调查户可以用来自由支配的收入。可支配收入既包括现金，也包括实物收入。按照收入的来源，可支配收入包含四项，分别为：工资性收入、经营净收入、财产净收入和转移净收入。计算公式为：

可支配收入 = 工资性收入 + 经营净收入 + 财产净收入 + 转移净收入

其中：经营净收入 = 经营收入 － 经营费用 － 生产性固定资产折旧 － 生产税

财产净收入 = 财产性收入 － 财产性支出

转移净收入 = 转移性收入 － 转移性支出

消费支出 指住户用于满足家庭日常生活消费需要的全部支出，包括用于消费品的支出和用于服务性消费的支出。根据用途不同，消费支出可划分为食品烟酒、衣着、居住、生活用品及服务、交通通信、教育文化娱乐、医疗保健、其他用品及服务八大类。根据来源不同，消费支出可划分为现金消费支出、实物消费支出（含自产自用、来自单位、来自政府和其他社会组织）。

Explanatory Notes on Main Statistical Indicators

Disposable Income of Households Disposable Income of Households refers to the income of households for purpose of final expenditure and savings. It includes income both in cash and in kind. By sources of income, disposable income includes four categories: income from wages and salaries, net business income, net income from properties and net income from transfer.

Consumption Expenditure of Households Consumption Expenditure of Households refers to all expenditure of households for living expenditure to satisfy family daily living. It includes expenditure in cash and in kind. It includes eight categories: food, tobacco and liquor; clothing; residence; household facilities, articles and services; transport and communications; education, cultural and recreational activities; health care and medical services, and miscellaneous goods and services.

中国统计出版社有限公司最新图书简目

（仅供参考,以实际出版为准）

统计资料

中国统计年鉴
中国第三次全国农业普查综合资料
中国-东盟国家统计手册
中国农产品价格调查年鉴
中国贸易外经统计年鉴
大中型批发零售和住宿餐饮企业统计年鉴
中国环境统计年鉴
中国房地产统计年鉴
中国人口和就业统计年鉴
中国科技统计年鉴
中国文化及相关产业统计年鉴
中国基本单位统计年鉴
中国民族统计年鉴

中国统计摘要
国际统计年鉴
中国农村统计年鉴
中国城市统计年鉴
中国零售和餐饮连锁企业统计年鉴
中国住户调查年鉴
中国能源统计年鉴
中国投资领域统计年鉴
中国劳动统计年鉴
中国高技术产业统计年鉴
中国妇女儿童状况统计资料
中国教育统计年鉴
中国残疾人事业统计年鉴

中国第三产业统计年鉴
金砖国家联合统计手册
中国县域统计年鉴
中国价格统计年鉴
中国商品交易市场统计年鉴
中国工业统计年鉴
中国建筑业统计年鉴
长江经济带发展统计年鉴
中国社会统计年鉴
全国企业创新调查年鉴
中国青年发展状况统计年鉴
中国教育经费统计年鉴
中国电力统计年鉴

省级综合统计年鉴系列

北京 天津 河北 山西 内蒙古 辽宁 吉林 黑龙江 上海 江苏 浙江 安徽 福建 江西 山东
河南 湖北 湖南 广东 广西 海南 重庆 四川 贵州 云南 西藏 陕西 甘肃 青海 宁夏
新疆 新疆生产建设兵团

市(县)级综合统计年鉴系列

滨海新区 石家庄 唐山 邯郸 邢台 保定 承德 沧州 衡水 太原 大同 晋城 晋中 长治 忻州
朔州 临汾 运城 国民经济核算初级教程（第二版） 国民经济核算教程（第五版） 概率统计基础 阳泉 吕梁
呼和浩特 包头 鄂尔多斯 赤峰 大连 长春 四平 延吉 延边 哈尔滨 齐齐哈尔 黑龙江垦区 浦东新区 南京
无锡 徐州 常州 苏州 南通 淮安 盐城 扬州 镇江 宿迁 江阴 丹阳 海门 张家港 通州
如东 杭州 宁波 绍兴 台州 温州 金华 嘉兴 湖州 丽水 舟山 合肥 安庆 福州 厦门
漳州 宁德 龙岩 莆田 泉州 三明 南平 思明 南昌 上饶 抚州 赣州 九江 景德镇 宁都
济南 青岛 枣庄 潍坊 聊城 郑州 洛阳 三门峡 南阳 商丘 平顶山 信阳 济源 武汉 宜昌
十堰 荆州 荆门 咸宁 黄冈 长沙 广州 东莞 惠州 深圳 汕尾 珠海 南宁 桂林 柳州
防城港 贵港 梧州 玉林 钦州 海口 三亚 儋州 成都 贵阳 毕节 黔南 昆明 文山 德宏
西安 安康 延安 汉中 渭南 商洛 榆林 银川 兰州 庆阳 乌鲁木齐

调查年鉴系列

天津 内蒙古 上海 河南 湖北 湖南 广西 重庆 四川 云南 甘肃 宁夏 南宁 桂林 贵港
昆明

统计方法应用/实用手册

Python数据分析基础（第二版）
国民经济核算初级教程（第二版）
全国统计专业技术资格考试系列考试用书:
全国统计专业技术资格考试系列考试用书:

非参数统计（第五版）
国民经济核算教程（第五版）
统计业务知识（第四版修订版）
统计相关知识（第四版）

现代金融投资统计分析（第四版）
概率统计基础
统计业务知识学习指导与习题
统计相关知识学习指导与习题

统计通俗读物/统计科普图书

领导干部统计知识问答（第二版）
中国国民经济核算知识问答（修订版）

统计公文写作及会议办理实用手册
地区生产总值核算国际比较研究

大数据在统计工作中的应用案例汇编
新中国统计制度方法的发展与改革

重点图书

第七次全国人口普查年鉴
新编英汉汉英统计大词典
挑大学选专业2020—考研择校指南

第四次全国经济普查地图集中国经济普查年鉴2018
中国国民经济核算体系2016
挑大学选专业2020—高考志愿填报指南

国民经济行业分类注释
中华医学统计百科全书

发行部电话：（010）63376907 63376908 63376909 同楫行书店电话：（010）68783171 68783172
地址：北京市丰台区西三环南路甲6号 邮政编码：100073 网址：http://www.zgtjcbs.com